刘晓峰 刘晨 主编

历史与文化

亚洲史中的日本古代研究

清华大学出版社
北京

内容简介

本书汇集国内外日本古代史研究领域的重要作者，从东亚区域史的视角，考察日本古代历史发展和文化特点，包括日本社会、日本史学思想、国际交流史和伦理思想等主要话题板块，从多个角度解读古代的东亚世界、文化发展和地区间的交往等。

本书的主要读者群体是国内的日本历史研究、日本问题和中日交流等相关领域的专门学者和高等院校相关专业的学生。

图书在版编目（CIP）数据

历史与文化：亚洲史中的日本古代研究 / 刘晓峰，刘晨主编 . — 北京：清华大学出版社，2021.10

ISBN 978-7-302-58325-7

Ⅰ. ①历…　Ⅱ. ①刘…　②刘…　Ⅲ. ①日本－古代史－研究　Ⅳ. ①K313.207

中国版本图书馆 CIP 数据核字（2021）第 105186 号

责任编辑：梁　斐　高翔飞
封面设计：何凤霞
责任校对：赵丽敏
责任印制：宋　林

出版发行：清华大学出版社
　　　　网　　　址：http://www.tup.com.cn, http://www.wqbook.com
　　　　地　　　址：北京清华大学学研大厦A座　　　　邮　　编：100084
　　　　社 总 机：010-62770175　　　　　　　　　　邮　　购：010-62786544
　　　　投稿与读者服务：010-62776969, c-service@tup.tsinghua.edu.cn
　　　　质量反馈：010-62772015, zhiliang@tup.tsinghua.edu.cn
印 装 者：小森印刷霸州有限公司
经　　销：全国新华书店
开　　本：170mm×240mm　　　印　　张：26.75　　　字　　数：462千字
版　　次：2021年10月第1版　　　　　　　　　印　　次：2021年10月第1次印刷
定　　价：98.00元

产品编号：088415-01

前　言

很高兴这本研究日本古代史的论文集即将出版了。对于日本史研究，这是一件非常值得祝贺的事情。本论文集分成古代日本的社会结构、伦理制度与社会制度研究、时空观念与史籍研究、异域交流与文化传播等四个部分，主题则是一个，即如何从大陆的视野看日本的历史与文化发展。

日本古代史是东亚历史一个重要的组成部分。在东亚文化圈，日本是非常重要的一员，也是非常特殊的一员。从古以来海洋隔绝了大陆和日本列岛，在交通工具尚未发达的古代，打破海洋的阻隔并不容易。因为有了海洋的阻隔，日本对大陆文化的吸收和中国周边很多国家不同，日本古代史有自己独特的发展历程。早在弥生时代，日本就接受大陆稻作技术，进入农业社会发展时期；隋唐之际，更是冒骇浪惊涛之险，遣使入贡，以极其积极的态度引入大陆文化，从而完成了自己的律令国家文化建设。在政治史、宗教史、文化史诸多层面上，这次文化的积极引入对后来的发展意义究竟大到何种程度，可能是我们至今仍旧没有完全认识到的。战后日本思想史研究的大家丸山真男晚年非常重视"古层"这个观念。他指出日本思想发展的过程中，在对外来思想的接受过程中，一直有沉积于最下层的"古层"存在。"古层"源于日本人的言语、地理环境、生产方式、宗教等诸多方面，具有强大的连贯性。依靠"古层"的力量，日本人在摄取外来文化的同时又修正之。"古层"是一个非常日本式的暧昧提法，如果追究所谓"古层"究竟"古"到历史的哪一个层面，相当多的日本学者都语焉不详。但在思考日本文化时，"古层"却很容易成为日本文化特殊论的思想武器。然而回首看日本历史的发展进程，我们会看到从旧石器时代起欧亚大陆古代文明与离岛之间的影响与被影响关系一直密切存在，特别是以中国为中心的东亚文化圈的影响一直是持续性存在的。以中国为中心的大陆文化对日本的影响，并不是简单地使用卑弥呼政权的朝贡、隋唐时期的律令制度等几项有记录的历史事项可以概括的。因为在漫长的历史岁月之中，这种影响无时不在，而且持续不间断。

当然，作为东亚文化核心的中国的文化，也不是完全独立发展起来的。欧亚大陆是地球上最大的一块陆地，它是人类历史发展进程中最重要的舞台。从这块陆地的不同地区诞生出了诸多古代文明的源头，成长起了古代世界各种不同的精神文化与物质文化，而不同地区的各种文化互相影响和碰撞，又带来了一次次文化的进步和发展。所以，欧亚大陆文化的一个个大大小小的进步和发展，在很多时代几乎是整个人类精神力量推动的结果。这一切是周边离岛很难自动生成的。这直接导致大陆文化和周边离岛之间文化发展程度出现高度断层，并导致两者之间一直存在长时期的影响与被影响的文化关系。所以，认真分析日本文化中来自大陆文化的影响，我们会看到这影响首先是持久的——因为它自远古到前近代一直存在，其次是多层面的、层积式的。持久的，多层面、层积式的影响关系，是我们理解和思考古代中国与日本之间文化关系的一个基本框架。可以说，日本思想发展过程中如果真正存在一个"古层"，那么来自大陆文明的影响，一定就是这不断积累的"古层"的组成部分。这正是我们一直重视从大陆与日本的关系来研究日本的学术出发点，也是我们对"古层"持有批判态度的地方。

然而，今天当我们重新阅读《历史意识的"古层"》《日本思想史中的古层》《原型·古层·执拗低音》这些文章时，我们在思考另外一个问题：为什么丸山真男的晚年思想会发生这种"转向"？正如研究者们所总结的那样，晚年丸山真男的这一转向并不是偶然的心血来潮。伴随拓展阅读，我们知道丸山真男1952年就已经开始在中西文化交融的历史进程中寻找日本国家的"特质"，他执着于寻找日本文化的"个体性"，在日本人的思考方式中寻找"原型"。在1972年发表的《历史认识的"古层"》中提出的"古层"概念，与抽象的"原型"、形象的"执拗低音"一样，都是沿着同一个思维方向的探索过程中的不同展示。那么，推动他一点点关注"古层"的原动力何在？与此相关的是我们的自我学术反省。多年来我们站在中国文化立场上思考最多的是发挥文化影响的一方，其影响是如何发挥的，但很少站在另一个立场上，去思考作为文化接受的一方究竟是如何接受的。我们知道，信息在编码与译码过程中，由于主观因素的干扰，难免会发生信息失真与变形。信息经过编码发生的变形和经过译码出现的扭曲，导致传播过程永远伴随着丢失和误传。日本在接收大陆文化的过程中发生一系列变异是必然的，而如果在一系列变异中存在某些共同的属性，历史就为我们打开了研究文化影响过程的另一扇门。我们可能会看到,在诸如佛教、儒教、律令、汉字、筷子等相同的文化要素之外,还存在着一系列变异的、不同的文化要素。就其属性而言,它们与完全从大陆传来的文化要素在性质上有很多不同。正如我们通过东亚内部的共同性要素可以看到区域文化的共性一样,这些不同的文化要素本质上是构成东亚文化多元性最重要的资源。我们经常能够看到,我们熟悉的生活细节因遭遇到这些不同的文化要素而发生明显的变化。当饮茶在日本变成茶道,当插花在日本变成花道,当诗歌在日本变成歌道,历史学者可以在源头上追寻大陆文化要素的介入,却没有办法完全用这些介入的文化要素给最后的变化结果提出完整的解释。

而这很可能就是丸山真男这一代学者曾面临的学术困境。当他遭遇日本的近代思维并在学理上要给予说明的时候,一如我们遭遇到诸如明末"资本主义萌芽"的种种复杂变化时一样,看到了历史演进复杂而繁复的曲折变化。不论是以原型、古层还是执拗低音来表示,这些与内涵于本国文化的现代性存在互文互动的概念背后,实际上是努力要从深层对更为复杂的历史实相给予解释的企图。一如当全球化时代到来,许多学者尝试用现代化理论给予东亚的历史一整套完全的逻辑解释时,蓦然发现仅仅使用现代化的共同性要素并不具备完全解释东亚近代演进过程的可能性。

曾经的汉字文化圈如今是全世界最有活力的地带,是经济发展最迅速的地区,也是社会整体文化发展变化最激烈的地区。从经济角度看,这一地区有着中国重要的贸易对象,仅仅中日韩之间的贸易规模就远远超过了中国与整个欧盟之间的贸易规模。这一地区也是思想观念、宗教信仰、文化传统、生活习俗等各方面与中国相似度最高的地区。从日本的经济起飞到亚洲四小龙、四小虎的发展,一直到中国大陆的经济高速成长,一旦我们细致观察整个东亚地区的变化,就不难发现这些国家和地区内部出现的、区别于现代化共同性要素的一部分同质性变异,而这些同质性变异的存在,毫无疑问是与这一地区古老的文化传统密切相关的。尽管我们没有使用"古层"这一类的学术概念来加以表现,但我们看得到它的存在,并从中看得到世界演进变化的多种可能性。或者,我们就应该把这些看成是全球化时代东亚地区为世界提供的、宝贵的多元性资源。

进入 21 世纪 20 年代,整个世界的文化发展已经进入了一个巨大的转换期。因应新的时代要求、增进亚洲内部的文明对话显示出越来越大的必要性,促进东亚区域文化的建设也越来越成为迫切的时代呼唤。我们深知应对共同挑战,迈向美好未来，不仅需要经济、科技力量，也需要文化、文明力量。从长远的文化发展角度看，包括中国在内的东亚各国如何整合自己的历史文化资源，也是新时代的重要课题。这样巨大的课题需要很多基础研究做支撑。成为这一基础研究的一个重要部分，正是我们编辑这本论文集的期望所在。

刘晓峰　刘晨

2021 年 4 月 8 日　清华园

目　录

时空观念与史籍研究

异域交流与文化传播

结束语

后　记

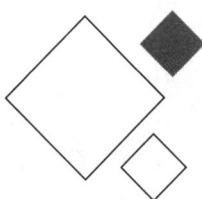

日本古代的
社会结构

律令时代日本的婚姻形态

○ 李　卓　　南开大学

婚姻，是指两性结合，并由此形成社会制度所承认的夫妻关系，即男女两性的合法结合。婚姻是产生家庭、家族的前提，家庭与家族则是由缔结婚姻而产生的必然结果，正所谓"有夫有妇，然后为家"[①]。婚姻家庭是人类社会发展到一定阶段才出现的社会形式，故社会发展进程与婚姻形态有着密切关系。在儒家礼制中，婚礼占有极其重要的地位，被视为诸礼之本[②]，法制也对婚姻有着严格的规范。受中华文化影响，日本早期的历史呈跨越式发展，这一特征致使婚姻、家庭形态这些生活方式中最不活跃的因素远远落后于生产力的发展，得以在较长的历史时期内保持较强的生命力，并强烈影响着日本人的生活。至律令时代，日本人虽模仿唐制制定了相关的法律，但现实生活中的许多内容与唐朝相去甚远，尤其以婚姻方面最为典型。

一、婚姻形态——招婿婚

所谓婚姻形态，首先指的是嫁娶方式。人类历史上曾经有过各种不同的嫁娶方式，主要有两类——女娶男嫁的从妻居与男娶女嫁的从夫居。女娶男嫁的从妻居，是先于男娶女嫁而存在的，在世界上很多国家与地区都曾经存在。从人类学的角度

---

① 《周礼·地官·小司徒》注，阮元编：《十三经注疏》（清嘉庆刊本），北京：中华书局，2009 年，第 1532 页。
② 《礼记·昏义》："夫礼，始于冠，本与昏，重于丧祭，尊于朝聘，和于乡社，此礼之大体也。"阮元编：《十三经注疏》（清嘉庆刊本），第 3648 页。

来说，从妻居属母系氏族社会末期的对偶婚，由于妇女在生产和生活中地位重要，在婚姻中也是以女方为主，男方随女方居住，世系按母系计算。这种婚姻还不稳定，依据的是自然法则，尚不具备嫁与娶的社会性内涵。

母系氏族社会后期，男子逐渐成为农业和手工业生产的主要承担者，他们的劳动成为获取维持家庭生活资料的主要来源，因此他们在家庭和社会中的地位提高了，相反，妇女的地位逐渐下降，最终导致父权制战胜母权制，母系氏族社会让位于父系氏族社会。在这一阶段，世系按父系计算，财产按父系继承，并形成了以男子为支配者的父权制大家庭。此后，随着生产力的发展和私有财产的积累，父亲明确要求由亲生子女继承财产，因而要求夫妇之间必须有独占性的同居，对偶婚制也就逐渐让位于以一夫一妻制为特征的个体婚制，并最终形成了男娶女嫁的从夫居婚姻。可以说，男娶女嫁，还是女娶男嫁，是父权与夫权成立与否的标志。

伏羲"始制嫁娶，以俪皮为礼"是中国古老的传说[①]，至迟在周代，男娶女嫁的聘娶婚已确定下来，并从此成为封建礼法所承认的、在中国历史上被广泛使用的标准婚姻形态，至今人们常说的"男大当婚，女大当嫁"也是来自对这种婚姻形态的认同。男尊女卑、男主女从是嫁娶婚的根本原则，父母之命，媒妁之言，非礼勿婚是聘娶婚成立的必要条件。

处于原始社会末期的日本，在中华文化的影响下迅速进入阶级社会，但母权制不曾受过剧烈冲击，恩格斯所说的母权制让位于父权制这种"女性的具有世界历史意义的失败"[②]在日本发生甚迟。就婚姻形态来讲，日本长期流行的是与男娶女嫁正相反的招婿婚，直到武家社会形成之后才开始向男娶女嫁的嫁娶婚转变。招婿，即男到女家落户，中国称之为入赘。在中国，入赘是有女无男家庭出于传香火和年老后赡养考虑做出的无奈选择，它只是在父系家庭有缺陷时的一种补救措施，并不是普遍的现象。日本的招婿婚则是古代社会盛行的婚姻形态，其形式和内容及其功能也与招婿截然不同。招婿婚是以女方为婚姻的主体、夫从妻居的婚姻形态，它是从大和时代的"访妻婚"发展而来的。

"访妻"在日语中称"妻问"（つまどい），指男女双方结婚后并不在一起居住，而是各居母家，过婚姻生活则通过男到女家造访来实现，或短期居住，或暮合朝离，

---

① 司马贞：《史记·补三皇本纪》，引自李贽：《史纲评要》卷一《三皇五帝纪》，北京：中华书局，1974 年，第 4 页。

② 《马克思恩格斯全集》第二一卷，北京：人民出版社，1965 年，第 69 页。

故这种婚姻被称作"访妻婚"。我国云南永宁纳西族地区在中华人民共和国成立后仍存在着的、与其类似的婚姻形态就被称作"走访婚"。① 这种访妻婚，主要是基于双方夫妇生活的需要。女方一直住在娘家，她和丈夫居住的房间叫"妻屋"。丈夫晚间到妻家与妻子同居，或实行短暂的"从妻居"。"访"与"被访"的对象可以发生变化，男女双方是不稳定的两性关系。不言而喻，在这种婚姻中，女性始终居于主导地位，她们与娘家的关系也很密切。

大化改新之后，日本的政治制度、经济生活较过去发生了很大变化，模仿中国制度建立的中央与地方行政组织取代了过去的氏族组织，家庭在夫妻生活中的地位越来越重要，婚姻也由过去的夫妻生活不固定的"访妻"逐渐变成招婿，即男到女家落户的比较固定的从妇居。但考察现存正仓院的奈良时代户籍、计账资料，可知夫妇分居的现象仍大量存在。② 如在神龟三年（726 年）山背国爱宕郡云上里③ 计账残简中可见，该乡二里 29 户居民中，只有乡户主的妻子载入计账，其他成年男女的配偶均无记载。绝不是说他们没有配偶或家庭，因为 32 名成年男女（男 26、女 6）有自己的子女，说明他们的配偶住在其他里，不是这个家庭的正式成员，故未载入计账。④ 在《续日本纪》和《万叶集》中也可以看到夫妇分居的情况。⑤ 不过，从总的趋势看，除了贵族社会的男子为了畅行无阻地享受一夫多妻的自由而仍对访妻婚乐此不疲之外，普通农民家庭则逐渐以招婿婚代替了访妻婚。

在招婿婚之下，未婚男女的交往是很自由的，婚姻往往是这种交往的延续和结果，已婚男女也可与有妇之夫或有夫之妇往来。当时人们并无贞节观及通奸"罪"的意识，认为婚姻只是当事人双方自己的事。尤其是当亲子关系与男女恋情发生矛盾时，许多人都会让亲子关系服从男女恋情，私订终身。如《万叶集》中有这样的和歌：

"不愿告阿母，此心已隐藏，愿随君外去，不论到何方。"

① 参见严汝娴、宋兆麟：《永宁纳西族的母系制》，昆明：云南人民出版社，1983 年。
② 如现存御野国户籍计账资料所见 20 岁以上成年男子夫妇同籍率：味蜂间郡春部里 39.8%，本巢郡栗栖太里 28.6%，加毛郡半布里 46.8%。南部昇："籍帐研究史的两个问题"，载《日本史研究》，1984 年 4 期。
③ 里，日本古代行政区划单位之一。
④ 『宁乐遗文』上，東京：東京堂，1944 年，第 144-186 页。
⑤ 如《续日本后纪》仁明天皇承和十年条记载："左京职言，近江国坂田郡人尾张连继主祖父比知麻吕，三条三坊人也，而父秋成偏随母居，已附外籍者，继主一人，男一人，删改编籍贯附三条三坊。"承和十二年条载："河内国讚良郡人相模椽从六位下广江连乙枝赐姓大枝朝臣贯右京一条四坊，乙枝者从四位下大枝朝臣永山之子也，未编籍帐，其父死亡，由是冒母姓，贯河内国，父族怜之，依实上请，乃蒙归本"。《万叶集》第 3471："已妻置他里，思家在远方，欲来寻一见，道路亦何长。"杨烈译：《万叶集》，第 625 页。

"矶畔骏河海，葛藤长海滨，我今凭信汝，违背我双亲。"①

从和歌中可以看出家长的意志并不是决定性的。当然，在访妻婚发展到招婿婚的过程中，父权制也在日益成长。婚姻最终还是要征得"婚主"——女方父母的同意的，婚仪的主持者是女方的父亲，但那只不过是对事实上的婚姻予以承认的一种形式，与嫁娶婚下"父母之命"决定子女的婚姻性质完全不同。不过，女子择夫的自主性已经比访妻婚时期大大缩小。父权为主，夫权为次，这无疑是家长权在特殊历史条件下的表现。

招婿婚的婚礼与繁缛的嫁娶婚婚礼相比，仪式完全不同。整个婚礼过程完全是女娶男嫁，从头至尾都以女方为主进行，男方父母从始至终并不露面，这是与嫁娶婚的根本不同之所在。如成书于平安时代后期的故事集《今昔物语集》中，明确表现为由家长主持的婚姻仪式共 30 例，这些家长毫无例外都是女方的家长。②除此之外，招婿婚的婚礼还有一些明显有别于嫁娶婚礼之处。首先，招婿婚成立的前提是男女当事人双方的意愿，不必受家长意志的左右，以父亲出面求婚并不代表家长专制，而完全是在当事人自由结合基础上的一种形式；其次，中国古代婚礼要经过从议婚到结婚的"六礼"（纳采、问名、纳吉、纳征、请期、亲迎），而招婿婚礼只是为了承认和公开女婿的身份，过程相对简单；第三，由于招婿婚下的家庭尚不固定，夫妇双方没有共同的经济利益，因而整个婚姻过程并不伴随财产的授受，不具备嫁娶婚下买卖婚姻的性质；第四，招婿婚在很近的范围内选择婚姻对象，以村内联姻为主，至多不过是在相邻的村内寻求配偶。

律令时代婚姻的解除也与婚姻的缔结一样是男女双方的自由，丈夫不再来"访"，妻子不纳丈夫入户，都表明婚姻的终结，既有夫弃妻，也有妻休夫，反映出婚姻关系中压迫与被压迫尚不十分明显，谁也不用为一次失败的婚姻付出终身的代价，要求女性从一而终的节烈观在当时并不存在。所以，律令中虽也有弃妻的"七出"，但法律条文并没有什么实际意义。总之，在古代日本社会，很长时间内男女在婚姻中的地位是比较平等的。

---

① 杨烈译：《万叶集》下册，长沙：湖南人民出版社，1984 年，第 577、597 页。
② 高群逸枝：『日本婚姻史』，東京：至文堂，1990 年，第 106 页。

二、婚姻关系——一夫多妻

随着对偶婚的发展，人类社会产生了一夫一妻制度。促使一夫一妻代替对偶婚制的原因不是自然选择，而是社会动力，即私有财产的出现。由于大量财富集中于一人手中，并且是男子之手，这种财富要求传给这一男子的子女。于是，子女由属于母方氏族的成员变成属于父方氏族的成员，世系计算由父系取代了母系，实行了子女承袭父方财产的新的继承制度。从此，妇女的地位发生了根本的变化，形成了男尊女卑的制度和观念。这种以私有制为基础的一夫一妻制的个体家庭是建立在丈夫的统治之上的，其目的就是生育出确凿无疑的出自一定父亲的子女。之所以需要确定出自一定的父亲，是因为子女将来要以亲生的继承人的资格继承他们父亲的财产。

一夫一妻制是私有制的产物，从一开始就具有它的特殊性质，即只要求女性的性关系与婚姻关系完全一致，即所谓从一而终，对男子却没有这种限制。于是男人除了娶妻之外，可以名正言顺地纳妾。

中国男子纳妾的历史，如同中国的古老文明一样，也是世界上最为悠久的。在殷墟出土的卜辞中，"妃""嫔""妾"等字均已出现。然而，允许纳妾，并不能说中国历史上的婚姻制度是一夫多妻制。因为无论从礼制，还是从法律的角度，都是以一夫一妻为原则，可以纳妾，但正妻只有一个。因为在宗法制下，实行嫡长子承继宗祧，必须区别嫡庶，多妻将导致"并嫡"，造成家族秩序的混乱，故在中国古代礼法中，妻妾有着严格的区别，并严禁妻妾失序。唐律规定"诸以妻为妾，以婢为妻者，徒二年"，因为，"以妻为妾，以婢为妻，违别议约，便亏夫妇之正道，黩人伦之彝则，颠倒冠履，紊乱礼经"。[①] 所以说，中国历史上的婚姻制度是以多妾制为补充的严格的一夫一妻制。这种制度既维护了宗法制，也使男人享有婚外性自由，是父权与夫权制的产物。

多妻是对偶婚的特征之一。由于访妻婚和招婿婚的存在，日本古代社会一夫多妻现象非常突出。《魏志·倭人传》记载邪马台国的风俗是"大人皆四、五妇，下户或二、三妇"，还记载"其风俗不淫"，意思是说一夫多妻并不属淫乱。在日本古代，直到律令诞生之前，"妾"的称呼并不存在，说明多妻之间是平等的。即使在皇室，似乎也和民间一样，早期的大王的妻室都称"后"，而将众多"后"中的一个地位最

---

① 刘俊文撰：《堂律疏议笺解》卷十三《户婚》，北京：中华书局，1996 年，第 1016 页。

高者称作"大后"，是六世纪后期至七世纪前期推古天皇时的事情。在《古事记》《日本书纪》的记事中，古代大王、王子几乎无一例外地实行多妻制。醉心于中国文化的圣德太子也不例外，他一生共有四位妻子，最初与苏我马子的女儿刀自古郎女结婚，很有政略婚姻的味道，接着又与推古天皇的女儿菟道贝鲔皇女结婚，其身份由推古天皇的侄子（推古天皇是圣德太子的姑姑）变成了女婿。

多妻现象在现存奈良时代的户籍、计账亦有反映。如大宝二年（702 年）御野国春部里 28 户中，有妾身份者 9 人；养老五年（721 年）下总国大岛乡 28 户中，有妾身份者 11 人[①]，说明律令制时代庶民之多妻家庭也不在少数。

虽然自律令时代起日本有了妾的概念，但是妻妾在现实生活中并不像中国那样具有明显的礼制、法制上的差异。在平安时代的贵族社会内，由于盛行多妻，便在称呼上分为嫡妻与妾妻。区别嫡妻与妾妻的标志，就是随着从妇居的渐渐普及，把同居的妻子称为"嫡妻"，而把实行访妻婚的妻子称作"妾妻"。如贵族藤原道长有两个妻，一个是左大臣源雅信的女儿伦子，一个是左大臣源高明的女儿明子。因藤原道长与伦子同居，故称伦子为嫡妻，明子为妾妻。两人并无明显的身份高低之分，所以有的学者认为，这只不过是律令式的区别方法，实际上两妻是居于同等地位的。[②]嫡妻与妾妻的地位也并非一成不变，如藤原道长的儿子赖通 18 岁时与具平亲王的女儿隆姬结婚，在妻家准备的宅第与妻同居。后来具平亲王去世，三条天皇有意让赖通与自己的女儿褆子结婚。这件事情马上引起隆姬及其族人的恐慌，因为这就意味着隆姬要从嫡妻变为妾妻。后来此事由于赖通的拒绝和隆姬之母的反对而没有成功（《小右记》）。[③]在民间，也有这样的事例：三河国的一个郡司有两个以养蚕为业的妻子，A 妻一度养蚕没有养好，郡司便离开 A 妻，住到 B 妻家，B 妻当然就成为嫡妻，A 妻变成妾妻。后来，A 妻的养蚕事业又恢复了往日的繁荣，郡司又回到 A 妻家与其同居，于是，A 妻又成了嫡妻，B 妻则变成妾妻。[④]当然，从这几个例子也可以看出嫡妻与妾妻在事实上存在着主次之别，但这种区别是随着招婿婚这种对偶婚的发展而产生的，人们已经不再满足于暮合朝离的访妻式婚姻，而对夫妻同居充满渴望，嫡妻、妾妻的是否同居之分与中国妻妾的尊卑贵贱之分具有本质上的不同。最主要

---

① 『寧楽遺文』上，東京：東京堂，1944 年，第 1—31 頁。
② 大竹秀男：『家と女性の歴史』，東京：弘文堂，1984 年，第 77 頁。
③ 高群逸枝：『日本婚姻史』，東京：至文堂，1990 年，第 132 頁。
④ 高群逸枝：『日本婚姻史』，東京：至文堂，1990 年，第 133—134 頁。

的一点还在于在招婿婚存在的情况下，家庭尚不固定，夫妇双方也没有共同的经济利益。劳动妇女作为生产活动中的主力，以自己的能力可以独立生存并抚养子女，贵族家庭的女子不仅本身都具有一定文化和生活能力，而且倚仗家庭的势力与财富也能独立生存，故与丈夫之间还没有形成经济上的依赖关系，人们之所以不在乎妻与妾的名分，根本原因就在于在这个名分后面没有实质性的经济内涵。

　　从法律上，律令的制定者还是注意到了一夫多妻制存在这一现实，并在制定律令时力求将唐律中一夫一妻制的规定与本国一夫多妻的现状相调和，于是将"前妻"称为妻，将"后妻"称为妾，在形式上使日本律令与唐律令得到了统一。但在实际操作上，却变中国的妻妾有别为妻妾无别或差别甚小。在法律的解释上，或"妾与妻同体"，或"次妻与妻同"。[①] 所以，妾不仅具有合法的配偶身份，而且与妻一样，同属于丈夫的二等亲[②]，可继承丈夫的遗产。从这些内容来看，尽管日本律中也模仿唐律规定"凡娶妻更娶者，徒一年，女家杖一百，离之"[③]，似乎在禁止重婚，维护一夫一妻制，实际上又有照搬唐律之嫌，既强调一夫一妻制，又承认妾的法律地位，自相矛盾，因而不可能得到真正的贯彻。

　　由于日本的父权制确立较迟，古代日本妇女早先在婚姻生活中享有较大的自由。但是随着生产力的发展，男子在生产中的地位日益超过女性，女性地位的下降是必然趋势。在这一趋势中，首当其冲的就是那些远离生产活动的贵族社会的妇女。至平安时代，一妻多夫的情况已经少见，一夫多妻占据了主流，社会风气也发生了明显的变化。虽然在婚姻形态上仍实行招婿婚，贵族社会的男子甚至更偏爱访妻婚，但实际上妇女已经沦为一夫多妻制下男性的纵欲对象。当时贵族社会盛行以女儿作为缔结政略婚姻的工具，希图通过婚姻关系与皇室或有势力的贵族发生联系，以换得荣华富贵，因而都希望多生女孩。表面看来，这是对女性的重视，而实际上女性已经成为贵族家庭用来攀附权势的工具，被剥夺了独立的人格。平安时代的女性文学作品真实地描绘了这一不合理婚姻制度下贵族妇女的不幸命运和悲惨遭遇。女作家藤原道纲母、紫式部、和泉式部和清少纳言等就是那个时代没有逃脱男性纵欲对象及男性附属品命运的女性，她们以其杰出的才华创造了日本文学史上的辉煌杰作，

---

① 国书刊行会编：『令集会』第 1 册卷 10「户令」，東京：国书刊行会，1912 年，第 336 頁。

② 国书刊行会编：『令集会』第 2 册卷 28「仪制令」，東京：国书刊行会，1913 年，第 214 頁。

③ 《户婚律》逸文（编者注：日本《户婚律》已亡佚）。

而就其作品的内涵说来，不过是"对女性社会地位的本质的绝望"[1]的流露。至于这些"平安才女"个人，不仅其生卒年月不为后人所知，就连属于她们自己的名字都没有。人们只知道她们是某某人的母亲（如藤原道纲母），或某某人的女儿（如菅原孝标女），或担任某官职（如清少纳言、紫式部）。总之，访妻婚实际上是单方面有利于贵族男子行使多妻的自由。男人畅行无阻地行使一夫多妻的"自由"，是以女性失去自由为前提的，这是贵族社会的男子对访妻婚乐此不疲的根本原因。

三、通婚范围——近亲通婚

同姓通婚，是中国古代最重要的婚姻禁忌之一，周代礼制中有着严格的同姓不婚的规定[2]。这一禁忌的出现，主要是出于生物学上的理由。中国古代姓氏合一之前，姓代表着同一血缘团体，如果同姓联姻，则等于族内通婚。古人虽然还不能科学地解释近亲通婚的危害，但是已经认识到族内通婚将带来人种退化的危害。[3]同姓不婚，还有人伦关系的考虑。《白虎通·嫁娶》所说"不娶同姓者何？重人伦，防淫佚，耻与禽兽同也"，就是汉儒从伦常角度的解释，把同姓相娶比作禽兽之行，并把同姓不得婚娶作为区别于动物的最重要的人伦道德。担心人伦的丧失、湮灭会导致社会人际关系的变动，引起以名分为根基的社会秩序的混乱，从而导致宗法关系的动摇。在中国古代社会，同姓不婚原则为人们严格遵守，直至被写进法律，《唐律·户婚》规定"诸同姓为婚者，各徒二年，缌麻以上以奸论"。[4]《唐律》还在"十恶"中设"内乱"[5]罪，近亲相奸被视作禽兽行为，要受到法律严惩。

当日本人制定律令的时候，尽管在许多方面都模仿了唐制，很多法律条文也很相似，但"同姓不婚"的禁忌和近亲相奸的"内乱"罪都被舍弃掉了，仅在"八虐"之一的"不孝"最后，加上"奸父祖妾"，并改唐律的处绞刑为三年徒刑。这里需要注意的是，日本律的"不孝"只是对尊亲属的犯罪，并没有"乱伦"的含义在里面，

---

[1] 家永三郎：「源氏物語時代の婚姻生活」，『家族史研究』第 2 集，東京：大月書店，1980 年，第 71 页。

[2] 如"取妻不取同姓，故买妾不知其姓则卜之"（《礼记·曲礼》）。"娶妻避其同姓"（《国语·晋语》）。"男女辨姓，礼之大司也"（《左传》昭公元年）。

[3] 如"男女同姓，其生不蕃"（《左传》僖公二十三年）。"同姓不婚，恶不殖也"（《国语·晋语》）。

[4] 刘俊文撰：《唐律疏议笺解》，北京：中华书局，1996 年，第 1033 页。

[5] 内乱，"谓奸小功以上亲、父祖妾及与和者"。《唐律疏议》曰："左传云：'女有家，男有室，无相渎。易此则乱'。若有禽兽其行，朋淫于家，紊乱礼经，故曰'内乱'。"

实际上"乱伦"也包括与亲属之间的不正当行为。"同姓不婚"的禁忌不入日本律是有原因的。

在日本古代，由于社会发展的滞后，更由于人类学知识的欠乏，近亲通婚是非常流行的习惯。尤其在皇族和贵族社会内，近亲通婚的现象更为普遍。即使在律令制时代，除去同父同母子女间的婚姻之外，几乎所有的近亲婚都被社会所承认。

皇室是近亲通婚的典型。古代早期，大王一族为了维护家族血统的纯正，一般要从王女中遴选大后。到律令时代，根据这一传统，对后宫制度做出了明确规定：天皇在拥有皇后之外，还可以有妃二人、夫人三人、嫔四人。"后宫职员令"没有对皇后的出身做出明确规定，但是规定妃的出身必须是四品以上。根据"公式令"的"凡应叙，亲王四品，诸王五位"的规定，从一品至四品是专门授予亲王（包括内亲王、即天皇的姐妹及皇女），可见，皇后也一定是内亲王出身。据记载，从五世纪中期的第 17 代天皇履中天皇（有较可信的资料记载之始）到第 45 代天皇圣武天皇（729—749 年在位，立非皇族出身女子为皇后之始）的 23 代男天皇中，除一人无偶、三人有偶而未立后（第 39 代弘文天皇系未立后而死，其妃为叔伯妹）、一人配偶不详外，有 17 代天皇的皇后都是在皇族中产生的（见表 1）。

归纳起来，这 17 位天皇与皇后的关系是：

1. 天皇与姑姑二人：履中、雄略；

2. 天皇与远房姑姑二人：安闲、宣化；

3. 天皇与同父异母妹二人：敏达、用明；

4. 天皇与堂妹四人：允恭、安康、孝德，弘文；

5. 天皇与侄女四人：钦明、舒明、天智、天武；

6. 天皇与远房妹二人：仁贤（四代血亲）、继体；

7. 天皇与远房侄女一人：显宗。

这里体现出古代皇室婚配的两大特征：

第一个特征是近亲通婚，最近者乃是同父异母兄妹通婚，如在第 29 代钦明天皇的子女中，出现了两对夫妻（第 30 代敏达天皇和他的异母妹、后来成为推古天皇的额田部皇女；第 31 代用明天皇和他的异母妹穴穗部间人皇女，他们结婚后生下圣德太子）。

第二个特征是不同辈分的乱伦婚配。有四位天皇的皇后是亲侄女或远房侄女，属血缘卑亲属；四位皇后是天皇的姑姑或远房姑姑，属血缘尊亲属。

近亲通婚加上乱伦婚配，使得皇室内的人伦关系变得极其混乱。仅举两例：

第41代天皇持统女帝（鸬野赞良皇女，686—697年在位）与第43代天皇元明女帝（阿部皇女，707—715年在位）本是同父异母姐妹，而鸬野赞良皇女当了叔叔天武天皇（？—686年）的皇后，所生之子草璧皇子长大以后，又娶阿部皇女为妃，姐妹二人就变成了婆媳。

天智天皇与天武天皇兄弟及其子女的婚姻，更具近亲通婚加上乱伦婚配的典型性。天智天皇（626—671年）至少有十个女儿，在婚姻情况有明确记载的八个皇女中，有四人成了同胞弟弟天武天皇的妻室（其中第二皇女鸬野赞良皇女为天武天皇的皇后，鸬野赞良皇女在天武天皇去世后，即位为持统天皇），也有皇女的婚姻对象是天武天皇的皇子。既有叔叔与侄女通婚，也有堂兄妹通婚。

表1　古代天皇皇后关系一览表 [1]

代数	天皇名	皇后名	皇后之父名	与天皇关系	备注
17	履中	草香幡梭皇女	应神天皇	姑姑	
18	反正	未立后			夫人津野媛
19	允恭	忍坂大中姬命	稚渟毛二派皇子	堂妹	
20	安康	中蒂姬命	履中天皇	堂妹	
21	雄略	草香幡梭姬皇女	仁德天皇	姑姑	
22	清宁	无偶			
23	显宗	难波小野王	丘稚子王	远房侄女	
24	仁贤	春日大娘皇女	雄略天皇	远房妹	
25	武烈	春日娘子	不详	不详	
26	继体	手白香皇女	仁贤	远房妹	
27	安闲	春日山田皇女	仁贤	远房姑姑	
28	宣化	橘仲姬皇女	仁贤	远房姑姑	
29	钦明	石姬皇女	宣化	侄女	
30	敏达	额田部皇女	钦明	同父异母妹	皇后为推古女帝
31	用明	穴穗部间人皇女	钦明	同父异母妹	
32	崇俊	未立后			妃大伴小手子
34	舒明	宝皇女	茅渟王	侄女	皇后为皇极、齐明女帝
36	孝德	间人皇女	舒明	堂妹	
38	天智	倭姬王	古人大兄皇子	侄女	
39	弘文	妃十市皇女	天武天皇	堂妹	未及立候
40	天武	鸬野赞良皇女	天智	侄女	皇后为持统女帝
42	文武	未立后			夫人藤原宫子
45	圣武	藤原安宿媛	藤原不比等		

注：本表中未纳入的第33代（推古）、35代（皇极）、37代（齐明）、41代（持统）、43代（元明）、44代（元正）天皇为女天皇。

---

[1]　参照儿玉幸：『日本史小百科·天皇』，東京：近藤出版社，1978年。

在天武天皇的七个女儿中，则有三个与天智天皇的儿子结婚。这种婚姻是典型的族内婚，日本学者称之为"父系近亲婚"①。直到九世纪中叶以前，皇族的女性几乎都与男性皇族成员结婚，使近亲结婚在极其有限的通婚范围内重复发生，造成皇室内的血缘关系、婚姻关系都很复杂。

皇室之外，贵族社会也多存在近亲通婚。如著名的万叶歌人大伴坂上大郎女的第三任丈夫就是其同父异母兄大伴宿奈麻吕，所生女儿坂上大娘与其另一异母兄大伴旅人之子大伴家持结婚。再如，发动"乙巳之变"的功臣中臣镰足之子藤原不比等及其族人的女儿除了与皇室通婚之外，大都是与本族男子结婚。藤原不比等本人的妻子之一就是同父异母妹五百重。他先让长女藤原宫子给文武天皇当夫人，生下首皇子，即后来的圣武天皇。接着，藤原不比等又把另一个女儿光明子立为圣武天皇的皇后，以达到控制天皇的目的。于是，藤原宫子与藤原光明子这一对同父异母姐妹也变成了婆媳。像这样的例子还很多，比如藤原氏势力居顶峰期的藤原道长先把长女彰子送入宫中成为一条天皇的皇后，生下后一条天皇、后朱雀天皇，藤原道长又把三女儿威子、四女儿嬉子送入宫中，分别成为后一条天皇的皇后、后朱雀天皇的妃子，等于姨妈降嫁自己的外甥。

近亲通婚是日本古代婚姻形态的一大特征，依儒家礼教看来不仅都属于不折不扣的乱伦，且罪在十恶不赦的"内乱"。这种近亲婚之所以在日本长期存在，与日本社会长期存在的"访妻婚"有直接关系。在这种婚姻形态下，父亲不是家族的一员，子女也各随生母在异处生长，同父异母之兄妹实则与外人无异，通婚也就成为自然。而生活在一起的母子、母女关系和同胞兄弟姐妹这种"同胞"关系则最亲密，最受重视。故访妻婚下唯一的禁忌就是同父同母兄弟姐妹之间的婚姻关系。如据《日本书纪》所载，允恭天皇的太子木梨轻皇子因与同母妹轻大娘皇女发生了性关系而受到了严厉惩罚，其弟乘机夺得了皇位继承权②，就是同父同母兄妹之间通婚禁忌的反映。除此之外，有同父异母兄妹结婚的，叔侄之间结婚的，甚至也有异父同母结婚的③，但似乎为数不多。参与制定《大宝律令》《养老律令》的重要人物藤原不比等也是与同父异母妹结婚，说明日本人未将同姓不婚的禁忌写入律令绝不是偶然的疏漏，

---

① 西野悠纪子：「律令体制下における氏族と近亲婚」，女性史總合研究会編『日本女性史・第1卷・原始，古代』，東京：東京大学出版会，1982年，第116頁。

② 『日本书纪』允恭纪二十四年条。

③ 如奈良时代贵族、左大臣橘奈良麻吕的父母就是异父同母兄妹。其父是橘三千代与皇族美努王的儿子橘诸兄，其母是橘三千代与藤原不比等的女儿多比能。但异父同母兄妹通婚之例比较少见。

而是有意拒绝，因为这种法律根本就不符合当时日本的风俗。

古代日本模仿唐朝制度与文化实施改革，显示出改变面貌、迅速建立文明国家的愿望。而不可忽视的现实是，日本对外来文化的吸收与模仿，是建立在其固有社会秩序基础之上的。尽管唐代文明对周边国家影响强劲，但许多内容最终没有渡过海峡传到日本。事实上，中日两国当时的婚姻形态差异明显，且对后来的历史影响深远。

日本古代的家族与村落

○ ［日］今津胜纪　冈山大学

如何理解古代社会的基本结构，是日本古代史研究的一个主要课题。在日本，自近代历史学成立以来，学者们便为此倾注了许多心血。在研究中，他们关注的主要对象是留存于正仓院的户籍、计账等一类材料，且主流观点为"户籍实态说"，即认为在古代，户籍、计账中所反映的父系之户便是当时家族的实际形态。然而，随着史料批判的深入，自"户籍拟制说"出现以来，其理论基础出现了动摇。目前流行的学说认为，日本古代社会既不是父系，也不是母系，而是双系制的社会。[①]在日本，这一学说对古代史研究产生了很大影响，但并不符合当时的实际情况，终究只是从理论中推导出的结论。在此，我希望探讨一下当时的家族与村落的实际情况。

一、日本古代的村落

现在通行的理解将户籍、计账中所见的由父系家庭组成的户视为一种虚构，由此描绘出一幅未开化的古代社会图像，即由"母子＋丈夫"这种非独立的、流动的小家庭组成共同体，首长（chief）便是这一共同体的代表。这是因为，该理论轻视甚至是否定了家庭共同体的存在以及村落结合，而认为即便在 8 世纪的奈良时代，还原封不动地残存着原始的共同体。然而，其所展现的绝非当时社会的实际

---

① 吉田孝：『律令国家と古代の社会』，東京：岩波書店，1983 年。

情况。

　　让我们首先考察一下日本古代的村落。日本律令国家的地方行政制度模仿中国，由"国、郡、里"的结构组成，不过其末端的组织却与中国大不相同。日本的《养老户令·为里条》中规定"凡户。以五十户为里。每里置长一人。（掌。检校户口。课殖农桑。禁察非违。催驱赋役。）若山谷阻险。地远人稀之处。随便量置"，即规定五十户编成里。不过，对日本令的母本——中国令——中与此部分相应的条文进行复原，便会发现中国令在人为的行政组织"里"中设置"里正"，在自然的组织"村"中设置"村正"。也就是说，日本令中脱落了对村的规定，虽然有对"里"的规定，却没有对"村"的规定。

　　有观点认为这正是日本古代的村缺乏作为村落共同体内在实质的证据，不过这也许是因为，中国的村正负责管理村门，而日本古代的村却没有村门和外墙。本来，律令国家是否需要将末端的社会组织纳入机构之内，是受到当时政治权力的状态和国家形态制约的，村没有组织成行政机构，并不意味着村就不是独立的共同团体。

　　构成里的"五十户制"在 7 世纪中叶是存在的。假设也存在着律令制下"一户一兵士"的原则，那么一个里出五十名兵士，这又对应着军团的基本单位"队"。[①]另外，封户也以五十为基数，里这一组织也对应着古代国家的俸禄制度。事实上，户的种类很多，这些原则终究不过是一种理念，大致可以认为，律令制下的里基本上是一种服务于军事和征税的行政组织。

　　正像这样，里很明显是人为划分的行政组织，但行政的实现不可能完全脱离由人们构成的现实社会组织，所以我们其实也能够从史料中一窥"村"的究竟。里和"村"的关系，直到现在也还是个问题。不过现在的情况是，可以确定里（乡，五十户）由数个村组成，正因为如此，从养老元年（717 年）至天平十二年（740 年）左右一直实行的乡里制下的里（コザト kozato）便几乎与村是对应的。通常，乡由两个到三个左右的里（コザト kozato）组成。户的组成大体上是每一户二十人左右，因此五十户（里、乡）就约有一千人左右的人口。由于这五十户（里、乡）的内部大约包含三个自然形成的村，所以古代自然形成的人的聚落——村的人口规模大约是三百人。古代的村便是由这种人口规模组成的。

---

① 直木孝次郎：「軍団の兵数と配備の範囲について」，『飛鳥奈良時代の研究』，東京：塙書房，1975 年初出，1960 年・1962 年。

考察这种村的性质时，一件重要的史料是出土自石川县津幡町加茂遗迹的嘉祥二年（849 年）榜示札（布告板）[1]。这份榜示札是加贺郡收到加贺国下达的官符后发出的加贺郡符，由郡司的下属官员"田领"传达到各"村"，在以深见村为首的各个乡、驿中张榜公示。此物约略相当于古代一张纸的大小，长 30 厘米、宽 60 厘米，将纸上书写的文书内容原封不动地转写到木板上，由于长时间放在室外展示，所以涂了墨的文字部分凸了出来，由此留下了文字。此物记载了八条禁止项目，包括与当时的农业经营相关的十分细致的命令，其中引人注目的是"禁断不劳作沟堰百姓状"一条。

这是在命令百姓不得怠慢用水管理，在农耕社会中用水管理是社会性的共同劳动。与该点相关的《养老杂令·取水溉田条》有规定："凡取水溉田。皆从下始。依次而用。其欲缘渠造碾硙。经国郡司。公私无妨者。听之。即须修治渠堰者。先役用水之家"，原则上日常的渠堰修治由"用水之家"进行。又有《养老杂令集解·逸文古记》里关于"役用水之家"这一部分有注解"不堪修理者，差发人夫修治，以近及远"，因此可推测，超过用水之家管理的部分适用向男性征发的力役，亦即杂徭。还有这样的事例：在修筑山城国的葛野川等大规模的治水管理中曾征发过以万为单位的役丁，可见条里的开发等工程中当然也适用杂徭，不过日常的渠堰管理基本上由用水之家自主管理。考虑到这份榜示札是向以深见村为首的各个乡、驿传达，则践行这种日常用水管理的只能是村落。并非所有的社会性共同劳动都被组织成了杂徭，只有承担超越村落范围的社会性必须劳动以及应中央政府需要的劳动才是杂徭。无论如何，原则上由村落进行的日常管理，在此确实有着国家不加介入的、村落自身的秩序。同时这也是国家下达告知的对象，是广为人知的例子。石川县加茂遗迹的榜示札所显示的内容，恐怕正与这种国家法相吻合。村未被编入国家机构当中，但确实是法律上人格得到承认的社会性共同团体。古代社会的基础正是这些村的存在。

---

[1] 「石川·加茂遗迹」，『木簡研究』23，石川県埋蔵文化財センター編『発見！古代のお触れ書き　石川県加茂遺跡出土加賀郡牓示札』，東京：大修館書店，2001 年。

二、日本古代的婚姻与家族

接下来，当时的家族，其实际状态是怎么样的呢？

先来谈婚姻，众所周知，描述日本古代婚姻的有"走婚（妻问婚）"一词。一般来说，走婚（妻问婚）解读为"走访妻子"之意，日本古代的男性走访女家（也有女性走访男家），这样往来之后婚姻得到成立。律令里对离婚的规定，如《户令·结婚条》中规定："凡结婚已定。无故三月不成。及逃亡一月不还。若没落外番。一年不还。及犯徒罪以上。女家欲离者。听之。虽已成。其夫没落外番。有子五年。无子三年不归。及逃亡。有子三年。无子二年不出者。并听改嫁。"[①] 在本条的《古记》中对"无故三月不成"有注："男夫，无障故不来。"这里显示出是男方去往女方处，当时的法律家认为这种交往便是婚姻的实际情况。

古代的婚姻从这种男女的交往开始，关口裕子将其视为尚未达到现在的一夫一妻婚（即单婚）、缺乏连续性和排他性的男女一对的配偶关系，称之为"对偶婚"[②]。此理论设想了一种状态——在日本古代，父家长制尚未确立、妻子并不从属于丈夫，还认为在当时的夫妻关系中，母子间的羁绊很稳固，但妻子与丈夫的关系只在情投意合期间持续，并不稳定，妻子的性并没有被丈夫排他性地独占，这是此理论的特点。但是，这种婚姻的实际情况并不明确，古代男女的性爱和恋爱的实际状况等不清楚的地方还有很多。处在婚姻关系中的男女在多大程度上选择了同居呢？关于结婚后的住所，在妻方、夫方、新居等处居住都是有可能的。但是选择了同居的情况下又根据怎样的规则和原理来进行呢？同居后的男女配偶关系在多大程度上是不稳定的呢？这些都有待于今后的研究来揭示。

对于当时的社会组织，现在通行的学说是吉田孝提出的双系制学说。日本古代有称为"氏"的组织，代表氏的"氏上"按照惯例是根据其与王权之间的政治关系，从包括旁系在内的广阔范围内遴选出来的，日本古代氏的构成总在不断变动。而且，同属一个氏族的男女亦有婚姻，从这些事例可见，这个组织并非是伴随着外婚制的、父系单系的出身集团。在中国，父系的出身集团——宗族十分明确，对父方、母方

---

① 译者注：原文中有一段现代日语解释原文，但原文似无需用现代汉语再加复述。因有重复之感，故略译。

② 関口裕子：「気の向く間のみ継続する結婚とその下での諸事象」，『日本古代婚姻史の研究』，東京：塙書房，1993 年，第 289–415 頁。

亲族的称谓也各自有差；与此相对，日本古代对父方和母方的亲族并不加以区分。吉田孝着眼于上述双方的差异，认为这种亲族称谓对双方的亲族组织同时适用，却对直系亲属和旁系亲属加以区别，由此可见，其并不适用于包括旁系亲属在内的"扩大家族"，当时的基本单位是由母子和丈夫组成的小家庭。究竟归属于父方还是母方的血缘集团听凭个人的选择，吉田提出，在这个社会里，以个人为中心的父方、母方的亲属（kindred）都大有意义，亦即可理解成双系制的社会。

此种理论的特点是其立论并不以户籍、计账为依据——它们显示出按照父系编成的户的存在。难道户籍、计账全都是虚构的吗？户籍实态说主张户籍、计账中所见的户反映了当时的家族，这一学说本来就不可能不加变通地成立。以下这点是用不着多说的——户的形态相当多样，无法想象其编成与现实中的各种关系毫不相干。目前的理论认为，户籍、计账中记载的婴幼儿均只有单亲，或者说见不到双亲，还有到了结婚年纪的人也被单独记载，此等事例显示出户籍、计账只是虚构之物；户主与其父并不同籍，这说明了父家长式的关系并不存在。这类设想全都陷入了思维的僵局，即将当时的家族形态理解成"完全"的形态。然而，这类设想是未经证实的。迄今为止的理论难道不是过于静态地、理念性地把握古代社会吗？这点是重大的缺陷，我们需要更贴近古代社会的实际状态。

户籍、计账的精确度随着时代的推移而下降，这点是毫无疑问的。现存最古老的户籍——《大宝二年（702 年）御野国加毛郡半布里户籍》并不完整，据推测全体包含 58 户，其中 54 户（1119 人）的内容都基本上保存完好，是很好的史料（『大日本古文书』1，57~96）。古代的户籍、计账中有记载的户在多大程度上反映了现实，这里存在争论。对其中性别和年龄有完备记录的 1115 人进行统计，下面的图 1 显示了他们的人口结构。观察半布里的年龄结构，其中 8 岁以下的人口占到全体的 21%。男子 8~15 岁、女子 8~13 岁的人口占 25%，上述人口约占总人口的一半。如此，半布里的人口结构呈现出典型的金字塔型。法瑞斯（W.W.Farris）运用人口统计学的方法对此进行分析，半布里户籍中的平均寿命是男性 32.5 岁，女性 27.75 岁，大部分人在 40~50 岁死亡，5 岁以下的婴幼儿死亡率几乎超过 50%，1000 人中的出生率为50 人，死亡率为 40 人，成长率（出生率—死亡率）达到 10 人 ①。

---

① W.W.Farris,*Population,Disease and Land in Early Japan*,645–900.Cambridge,Harvard University Press，1985.

男性　　　　　女性

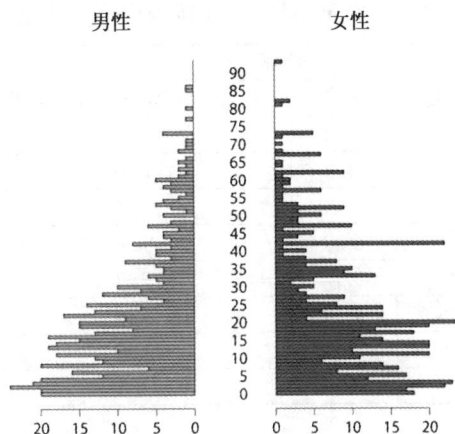

图 1　半布里户籍中的人口构成

这一成长率高得异常，但这其实与在多大程度上看重婴幼儿的死亡率有关。当时用虚岁计算年龄，而户籍、计账的制作是在 6 月份，因而无法正确掌握 0 岁儿童的情况。因此这一部分会有误差。不过，古代因饥馑和流行病肆虐，年轻人大量死亡，这是毫无疑问的事实。奈良时代的平均寿命为 30 岁左右，这一计算结果应该没有太大出入。为了维持《半布里户籍》里所见的社会，需要相当频繁的人口生产，古代社会是多产多死型、流动性高的社会。

如此，《御野国加毛郡半布里户籍》的人口结构显示出一个多产多死型的社会，生存条件严苛，长成为 30 岁的成年男性、女性的可能性很低。这一年龄段的人口是承担生命再生产任务的中心，他们当中父母均已离世的大概也不少。包括兄弟姐妹在内，人们与亲近的血亲死别并非罕见之事。也就是说，可以认为破碎的家庭是经常出现的。在古代社会的现实面前，"母子＋丈夫"组成的小家庭实在是太脆弱了，无论在什么意义上都不可能成为社会的单位。

丧偶之人估计也不在少数，表 1 统计了《半布里户籍》中与妻子同籍的"某"与"某妻"的年龄差，妾不在计算之列。由此可见，若以丈夫为标准观察，则十几岁的丈夫有三例，其中的两例中妻子年长若干岁。而从整体上看，虽也有年长的妻子，但多数情况下是男性的年龄较大。二十几岁的丈夫与妻子的年龄差平均为 2.87 岁，丈夫的年龄比妻子大。而这里希望大家留意的是，丈夫为四十多岁的，与妻子的平均年龄差为 4.96 岁，丈夫为七十多岁的，与妻子的平均年龄差为 12.29 岁，年轻男女间的年龄差没有大差距，但是随着年龄的增大，这个差距就扩大了。

表 1　半布里户籍中夫妇间的平均年龄差

年代	半布里						西海道	
	夫	例数	户主	例数	非户主	例数	夫	例数
80	12.50	2	12.50	2	—	—	12.00	1
70	12.29	7	14.40	5	7.00	2	31.00	3
60	9.40	15	10.00	11	7.75	4	8.00	9
50	7.18	27	6.00	14	8.34	13	4.48	23
40	4.96	25	0.57	7	6.67	18	2.77	31
30	2.64	25	4.75	4	2.24	21	1.88	34
20	2.87	16	0.00	2	3.29	14	0.56	18
10	− 0.67	3	—	—	− 0.67	3	—	—

　　另外，与非户主阶层相比较，这种现象在户主阶层里尤其明显。在半布里，如果将范围限定在户主进行分析，则现存的 54 名户主中，15~25 位曾经再婚[①]。虽然无法掌握正确的数字，但毫无疑问可以设想当中存在相当高的再婚率。《日本灵异记》里可见到丧妻之后的富裕男性与贫穷女性再婚的例子，这种丧偶以及与此相伴而生的配偶关系的重组是相当频繁的。

表 2　各年龄段的鳏寡数量

年龄	鳏	寡
90	0	0
85	0	0
80	0	0
75	2	16
70	4	34
65	2	33
60	2	38
55	1	56
50	0	32
45	0	2
40	0	0
计	11	211

　　与此相关的是，《天平十一年（739 年）出云国大税赈给历名账》完好地保存了里（コザト kozato）中丧妻之“鳏”与丧夫之“寡”的记录，表 2 是对其的统计（『大

---

① 今津勝紀：「大宝二年御野国加毛郡半布里戸籍をめぐって」，『岡山大学学内共同研究“自然と人間の共生”報告書　文学部サブテーマ：“環境”と文化・文明・歴史』，2003 年。

日本古文書』2—201~247)。这是记载支给了赈给的鳏与寡历名的账簿，以 60 岁以上、成为支给对象的男女为比较对象，可见男女比例达到 1∶12，寡远比鳏多。半布里的年龄结构中，这一年龄层的男女比例的实际数量是 24∶28，并没有那么明显的差距，但是同样计算相当于鳏寡的人口的话，比例则达到 2∶17。这一现象意味着，长寿高龄的男性有妻子，而同样情况的女性则没有丈夫。这种现象是因丧妻的男性与年轻女性再婚而出现的。长寿的男性中再次组成家庭的也是以户主阶层为主力。上述配偶关系的结构如图 2 所示。

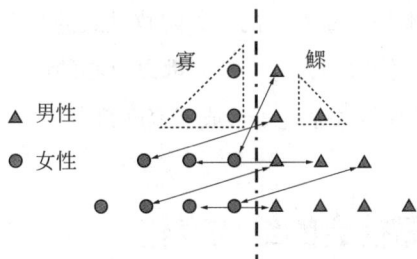

图 2　对偶关系概念图

　　正如上述，可以说古代社会的流动性高，当时小家庭的破裂是经常发生的。仅靠"母子＋丈夫"的单婚小家庭，说到底不可能维持包括生命在内的再生产。如果父母亲一辈的寿命短暂，那么对于人的生存来说，无论父亲还是母亲任何一方的同一辈亲属之间的血缘关系就有了重要的意义。恐怕这一范围内的家庭间结合是一种有效的扶助系统，村或集落的内部也存在着数个家庭组合。在此期间，长寿成年男性的家庭中配偶关系频繁地重组，这些长寿男性必然发挥着血缘关系连锁中心的功能。

　　从配偶关系的结构中便可发现，婚姻中的男女对称性关系崩溃，以特定的成年男性为中心，父方、母方的血缘横向连锁，再次组成了家庭。当时的编户原则是从户主开始，遍举男系、女系双方的亲属关系，基本上把不超出堂表兄妹范围之内的亲族都组织起来，编户的时候起核心作用的很明显就是成年男子[1]。位于血缘关系连锁中心的是成年男性，在兄弟姐妹、堂（兄弟姐妹）、表（兄弟姐妹）这种以同辈为中心的横向延伸的血缘关系范围内结成的家庭组合，承担着最基本的相互扶助的职能。但是，即使是这种家庭间的结合，也受到组合中家庭流动性的限制，不断地频繁重组。

---

① 杉本一樹：『日本古代文書の研究』，東京：吉川弘文館，2001 年。

另外，在家庭的重组上希望大家注意的是，即使同为男性，频繁地重组家庭的也是身为户主的成年男性，户主家庭与非户主家庭中再婚的情况是不一样的。也就是说，婚姻的结构形成了双重结构。根据考古学中对多遗体埋葬的血缘关系进行验证所得到的成果，在列岛社会，弥生时代以来占主流的是双系制原则，但古坟时代后期（6世纪）后出现了父系直系的原理[①]。在奈良时代（8世纪）能够确认的婚姻双重结构恐怕基本上也是与之对应的。一个家庭组合之中，父系因素和非父系因素混合在一起，父系旁系亲属的家庭中显然表现出了强烈的非父系的性质。

日本的古代社会绝不是什么安定的、田园牧歌式的社会，而是流动性高、不稳定的社会。至少在古坟时代后期，每一辈人都以核心的成年男性为中心重新组成了家庭，通过以其为中心的血缘关系连锁形成了家庭组合[②]。

三、结语：列岛社会的结构变化

进入6世纪，列岛中央部分的上层结构出现了巨大变化，例如出现了世袭王权等，这些也影响到了列岛社会的底层。在列岛社会的底层中占统治地位的是双系的关系，但到了古坟时代后期，在部分地区出现了父系的原则。如果这一现象没有覆盖整个列岛社会的话，这种父系原则的成立就需要从"政治"性的因素出发加以说明，这可能是军事性的产物。正好在这一时期国造出现了，他们以军事作为侍奉王权的主要内容，父系的显现这一现象不会与此毫无关系。

国造实行的军事编成，其内容虽尚不清楚，但大致是从自己周围的村落和集落的上层中遴选出强壮的男性。古坟时代后期，各地出现了群集坟，对于这些有着横穴式石室的后期古坟，从古至今通常的解释是，这是随着有实力的农民阶层的成长而爆发性地构筑起来的。然而其分布并不均匀，列岛各地有疏有密，现在认为它们的分布跟与大和王权之间有政治关联的物品的分布是相对应的[③]。群集坟的陪葬品有

---

① 田中良之：『古墳時代親族構造の研究』，東京：柏書房，1995年。清家章：『古墳時代の埋葬原理と親族構造』，大阪：大阪大学出版会，2010年。

② 今津勝紀：『日本古代の税制と社会』，東京：塙書房，2012年。

③ 西嶋定生：「古墳と大和政権」，『岡山史学』10，1961年；白石太一郎：「畿内の後期大形群集墳に関する一試考」，『古代学研究』42・43，1966年；和田晴吾：「古墳時代は国家段階か」，『権力と国家と戦争』，『古代史の論點』4，都出比呂志、田中琢，東京：小学館，1998年。

阶级差别，经常可见上层以刀陪葬的情况[1]，这些太刀等武器装备全都是男性的物品。士兵是男性，这一规则可能很久以前就存在了，不过与列岛中枢拥有前所未有权威的王权相结合的士兵却是在此时才首次出现。"身为大和王权的士兵"这一点被赋予特殊的社会意义，大概正是从这个时候开始的。在各地域将其组织起来的正是国造。可以推测，以这些国造的军事编成为媒介，在列岛社会中，父系开始逐渐抬头。6世纪的列岛社会开始了从中枢部分直达基层的文明历史性的转变。

（译者：许美祺）

---

[1]　新納泉：「裝飾付大刀と古墳時代後期の兵制」，『考古学研究』30-33，1983年。

古代东国的内乱与武士的出现

○ ［日］川尻秋生　早稻田大学

笔者过去一直研究日本的古代东国（现在的关东地区）史，尤其是对 10 世纪上半叶起于坂东的平将门之乱以及由此引出的武士出现提出了新的学说。在本文中，笔者希望概括以上诸点，阐明在日本从古代走向中世的过渡期中，东国具有的一种历史特质。

一、古代的东国

所谓"东国"，自古以来都是一个意思，指的是在大和王权看来位于东边的地域。然而随着时代的变迁，这个词的范围也出现了变化。在 672 年的壬申之乱时，东国指的是美浓国、尾张国以东；天平十二年（740 年）以后，圣武天皇行幸的"关东"指的是位于东海道的铃鹿关和东山道的不破关以东的诸国。相当于现在的关东地区（一都六县）的范围在当时被称为"坂东"。

东国自古以来就设置着作为大王经济和军事基础的名代（带有大王宫号的部民），伴造是名代在当地的统治者，从这些伴造中提拔出舍人和采女侍奉大王。另外，众所周知的是东国也利用渡来人设置了牧。因此，一旦出现了什么内乱，主谋者都计划着逃亡东国，在此处重整旗鼓。具体的例子有壬申之乱、平安时代初期的药子之变与承和之变等。

然而另一方面，东国对于大和政权来说也是一个军事上的威胁。担当九州防备任务的防人和为戒备东北虾夷而设置的镇兵（为了征夷而设的士兵）都由东国军团的士兵担任，这是一个传统。这不仅是因为东国的士兵强壮有力，同时可能也有消耗东国军事实力的打算。本来，足以与国家相对抗的将门之乱以及作为武家政权的镰仓幕府都是在东国兴起的。

坂东这一地域的划分，与多贺城（陆奥国国府，征夷的军事据点）的建立几乎同时。设置这一地区的目的是为了确保征夷士兵的来源以及军粮的征发地。

东国这一地区，在大和王权看来包含着两面性，既是经济和军事的基础，同时又是军事上的威胁。

二、平安时代的东国与平将门之乱

在了解了上述东国前史的基础上，我们来看看平安时代的东国。

9世纪的东国，最明显的是治安的恶化尤为明显。上总国（千叶县中部）出现了这样的情况：前任国司不肯归国，与现任国司对抗，凭借暴力拒绝纳税[①]。这大概是前任国司利用其地位积聚了大量土地的缘故吧。这类国司被称作"本地国司"（土著国司）。

另外，大约从9世纪末期开始，坂东出现了许多盗贼团伙（群盗）。尤其严重的是运输业者强抢马匹，他们被称为"俅马之党"。出现群盗的国和设置了"御牧"的国是一致的，所以这很明显与牧的经营大有干系。

另外，这些国之中有宇多法皇和阳成上皇私设的牧，他们还把家司送过去当经营者。庄园恐怕也是同样的情况，某些与京都的上流贵族结下主从关系的人仗着主人的权势进行经营。对这样的牧和庄司，连国司也无从下手。

与此种治安恶化相对应的是，平高望在9世纪末以上总介的身份下坂东，这大概是因为其武勇过人的缘故。后来，他在坂东定居下来（土著），与各地的实力派（恐怕就是土著国司和郡司）结成姻亲，迎娶他们的女儿。当时的婚姻形态是访妻婚，孩子由母方养育并继承其财产。高望子嗣们的根据地（营所）遍布常陆国（茨城县）西部、东部和上总国等地，也反映出这一点。

限于篇幅，本文无法详细说明平将门之乱[②]的过程，不过这次内乱大体上可分为

① 『日本三代实录』元庆八年（884年）八月四日条。

② 译者注：平将门是平安时代中期关东豪族，皇室高望王之孙，曾出仕于藤原忠平。

两大部分。一是一族之间的内斗，二是对国家的谋反。第一阶段主要是围绕着父亲遗留田产的继承权和女性问题与伯父们进行争斗[①]，第二阶段则是将门火攻常陆国府并将其占领，向谋反发展以后的阶段。这件事情的背景是，藤原玄明在常陆国经营着大量的田地，却没有上缴足够的税，与国司产生了对立。他遭到国司追捕后逃到了将门处，将门为了制止对藤原的追捕而造访常陆国府，结果却演变成火烧并占领国府。在此之后将门占领了整个坂东地区，自称新皇（新的天皇）。在日本历史上，除他之外没有人敢公然自称新的天皇。

一般认为，叛乱的原因是将门与关白太政大臣藤原忠平之间缔结了主从关系。确实，将门的武勇无双是事实，但也不能过分拔高这一点。之前提到的藤原玄明与国司产生对立的原因，也当然是因为他与京都的贵族保持着主从关系的缘故。

这种地方豪族与权门的关系自9世纪以来就屡屡成为政府头疼的问题，成为治安恶化与税金欠缴的原因。面对这种状况，国家授予受领国司强大的处理各种国务的权限，如征税权、军事权等，以图稳定地方。与此种国家方针相对立的就是将门等人，也可以说这便是将门之乱的原因。

将门谋反的消息是天庆二年（939年）十二月传到京都的，而同一时期在濑户内海地区也爆发了藤原纯友的谋反，从年末到年初，政府忙于应付，焦头烂额。后来在天庆三年（940年）的正月，朝廷颁下太政官符，承诺将赐予讨伐将门及其副将兴世王的人以破格恩赏，同时派出了征东军。这份官符发挥了巨大的作用。下野国的豪族藤原秀乡与父亲为将门所杀的平贞盛互相呼应，结果在征东军抵达前就杀死了将门。这一切便草草收场了。

就像这样，将门的谋反只花了几个月就平定了，因此过去都把将门之乱看成是一次短暂的叛乱。不过笔者认为，将门之乱对后世的影响是非常巨大的。就这一点，我们接下来深入探讨。

三、武士的出现

讲起日本的历史，"武士"是不可或缺的存在。然而对其出现形式，至今尚无定论。

[①] 译者注：关于平将门与伯父之间围绕女性的争夺说法较多，较为常见的说法是将门娶伯父良兼之女为妻子，但没有沿用平安时代贵族常见的"访妻婚"，而是与妻子居住在自己的领地，这使得伯父通过联姻控制将门领地的计划落空。

大致上可以分为三种观点：A.在地领主武士论，B.职能制武士论，C.国衙军制论。

A学说认为，伴随着律令制的变质，以国司为中心的地方社会逐渐丧失了检察机能，治安在不断恶化。为了应对这种情况，庄园领主等在地领主出于自卫的需要而武装起来，由此而诞生了武士。因此也就是说，这一学说认为武士是在地方上出现的。

B学说把武士理解为以守护京都为职能的集团，是为了维持平安京的治安，出于王权的考虑而产生的。这一学说认为武士是从京都开始出现的。

C学说认为，为了稳定治安，朝廷向国内的武勇之士下达了镇压命令，而他们最终成长为武士，所以平高望、藤原秀乡等人就是最初的武士，这种思路被称作国衙军制论。但是，在同时代的史料中没有实例表明他们曾被称作"武士"。

笔者采纳B学说。只不过，有一种见解认为武士起源于律令制下的五卫府，笔者不采纳这一说法。关于此点，说明如下。9世纪的著名武官有小野、坂上氏，然而他们的"武"并没有持续到10世纪。在10世纪，他们已经不走"武"道，而是投身于明经道、明法道等"文"道。在当时，有所谓的"文章经国思想"。这种中国式的思想主张以"文"来统治国家，同时9世纪的日本没有发生大规模的战乱，所以作为唐风文化的一部分被吸收了进来。因此我认为，律令制下的武官和武士并没有直接的关联。

笔者特别关注当时的人们是如何看待武士的这一问题。让我们看看几条史料。左卫门尉藤原范基喜好武艺，对此藤原实资在自己的日记《小右记》中批评道"万人所不许，内外共非武者种胤"[①]。这说明，所谓武士，并非只要武力强大就可以，还得内外（双亲）都属于武士血统。

成于院政时期的故事集《今昔物语集》中也有一则故事，藤原保昌在受到著名盗贼袴垂的攻击时一动也不动，对此文中描述道"并非继承家的兵"，对于其没有子嗣的事情，文中也说是"不在家之故"（卷二十五）。从这些例子可见，武士（兵）应该出生在适当的"家"，其血统很受重视。

那么，这个"家"究竟是什么呢？以藤原道长为主人公的历史物语《荣花物语》中提到11世纪初期担任内里警备的武者时，列举出平维叙、平维时、源赖光、赖亲，说他们都是"满仲、贞盛的子孙"（卷五）。

还有，在《今昔物语集》中，如果并非身为武士而与盗贼作战的话，会在很

---

① 长元元年（1028年）七月二十四日条。

长时间里成为人们议论的话题，而且还要声明自己"亦非满仲、贞盛之孙"（卷二十五）。由此看来，早期的武士基本上只局限于镇压了将门之乱的源经基、平贞盛的子孙。

另一方面，源平两氏形成"家"的时间大约在 10 世纪末。据《今昔物语集》称，平贞盛召集自己的侄子以及侄子的儿子等，把他们收为养子（卷二十五）。因为是故事，所以可能被认为可信度不高，不过贞盛一流的平氏里确实几乎每个人的名字里都带有"维"这个字，因此《今昔物语集》的故事应该是史实。平氏一族积极周旋于上流贵族中，以使自己一族的人晋升到更高的位阶或者获取官职。而反过来说，万一发生了什么案件，他们也要设法压下去。这些情况表明，这一时期武士的"家"已经建立起来了。以我个人之见，应该把武士的确立放在这个时期。

不过，武士的出现并不仅与实际武力的积蓄和"家"的形成相关。本来，为何武士会只局限于源满仲和平贞盛的子孙呢？这一点必须得弄清楚。这两人的共同点是他们均为将门之乱的镇压者或是其子孙，满仲是经基的儿子。因此，有必要讨论一下后世是如何看待将门之乱的。

首先，在起于安和二年（969 年）的安和之变中，左大臣源高明突然以谋反的罪名被流放到大宰府，这在宫中引起了很大骚动。《日本纪略》是这样记载这件事情的："宫中骚动，殆如天庆之大乱"。恐怕从天庆二年十二月将门把坂东收归手中、藤原纯友突然谋反，到天庆三年二月将门被杀为止的这段记忆一直都存在于人们的脑海里。

接下来要指出的是坂东诸国税负的减轻。一般来说，国司必须负担在自己任期内的税负，但是坂东诸国的许多国司只要缴纳相当于任期一半的部分就可以了。至于其理由，乃是由于"一旦乱逆之费"而获准了免税，时间长达两年（《东大寺文书》卷二十二），因谋反而造成的消耗便是其原因。这个谋反，说的就是将门之乱，自此之后坂东八国的税只缴纳两年份即可（《中右记》保延元年（1135 年）正月条）。这份报告不再就此深入了，不过，在平安时代可见到许多以将门之乱为开端或以其为先例的仪式（年中行事）以及石清水临时祭等祭祀。

另一方面，直到很久以后，将门之乱还作为战乱的先例被人们想起。治承四年（1180 年）九月，听到源赖朝在伊豆国举兵这一消息时，藤原兼实连赖朝这个名字都不知道，就在自己的日记《玉叶》中写道："那个义朝的儿子，大概是在谋划谋叛吧。完全跟将门一样。"

在两个时间段里，人们最经常想起将门之乱。一个是上述的 12 世纪后半期的源平争乱期，另一个是 14 世纪前半的南北朝动乱期。将门之乱距离前者已经 250 年，而距离后者实际上已经超过了 400 年。也就是说，在发生大规模战乱的时候，人们一定会想起将门之乱。将门之乱不是一次性的内乱，而是一直为贵族铭记、代代相传的战乱记忆，换言之是被不断讲述的精神创伤。

在秀乡一流的藤原氏身上我们可以确认这一点。在追讨将门的过程中立下最大功劳的是藤原秀乡。他以此功绩被赐予从四位下，确立了军事贵族的地位。但是秀乡的儿子千晴因安和之变而遭到连坐，通往武家栋梁的道路就此断绝。

但是，这一族在很久之后都一直保持着一大特点，就是在没落为中流贵族之后也代代被任命为镇守府将军。镇守府被认为是保护王土免受虾夷侵犯的北方要塞，设置在胆泽城（岩手县奥州市）。

当然，镇守府将军也会由源平两氏担任，但是秀乡流藤原氏能够屡次获得任命的理由，大概是因为王权在秀乡流藤原氏身上感觉到一种其他氏族所没有的"异能"。这种"异能"就是"辟邪之武"（驱除邪恶之物的武力）。也就是说，对于平定将门之乱的镇压者，人们不仅期待着其物理上的"武"，也期待着其精神上的"武"。

这样一想，就能很好地理解为何以将门之乱为契机的仪式在很久以后也一直流传，以及为何由这些镇压者产生了武士这些问题了。还有，要成为一个武士仅仅长于武力还是不够的这一点也就可以理解了。

四、结语

以上通过东国的内乱，概览了武士出现的过程，而最后笔者希望阐述一个尝试性的理论，亦即，过去的研究都把武士的出现和兴盛视为"必然"，但这种想法真的没问题吗？当然，历史学中没有"假如"，所以我无法断言。但是，难道没有"偶然"的可能性吗？

近年来，日本的近代史研究中出现了这样的研究，在对江户时代末期的政治混乱加以评价的同时，探讨明治时代以后日本是否有可能不走军事国家的道路。即使在东亚范围内也存在着不同性质的"武士"，我认为对于这一点也有必要从同样的视角出发展开讨论。

（译者：许美祺）

山陵制度变化中所见的"承和转换期"

○ ［日］黑羽亮太　山口大学

一、日本平安时代史的"90后"

笔者身为 20 世纪 80 年代生人，经常因为日常生活中的一些小事意识到"90后"所生活的世界与我们所生活的世界恐怕完全不同。而 20 世纪 90 年代对于日本平安时代史而言，也是孕育新的研究潮流、催生大量重要研究成果的时期，日本平安时代史的研究水准得到了显著提高。[①]

由 8 世纪末至 12 世纪末的近四百年时间，在研究史上称为平安时代，被视为日本由古代进入中世的转变期。与经过王朝交替从而进入新历史时代的中国大陆和朝鲜半岛不同，日本列岛由古代转入中世的过程并不经历王朝的更替，因此我们可以想见，在平安时代的日本列岛上，发生了某种彻底的、本质的变化，使得日本的社会性质发生了变化。黑田俊雄曾经提倡以"权门体制"这一概念为核心，把握日本中世社会的性质[②]，针对这一概念，虽然也有学者加以批判[③]，然而至今为止"权门体制"一词仍然是日本史学界理解日本中世社会的基本概念。

---

① 上島享:『日本中世社会の形成と王権』，名古屋:名古屋大学出版会，2010 年;川端新:『荘園制成立史の研究』，京都:思文閣出版，2000 年;佐藤泰弘:『日本中世の黎明』，京都:京都大学学術出版会，2001 年。

② 黒田俊雄:「中世の国家と天皇」，『黒田俊雄著作集 1』，京都:法蔵館，1994 年;初出 1963 年。

③ 石井進:「中世国家論の諸問題」，『石井進著作集 1』，東京:岩波書店，2004 年;初出 1964 年。

笔者曾经有幸在北京大学留学,虽然时间只有短短的三个月,但因此有机会接触到中国的日本史研究,当时我最深刻的感受就是难以解释平安时代以后的日本史。无论是支撑权门体制的"权门势家",或是多层的"职的体系",在此之后的前近代日本史上,"家族"都是重要的要素之一。这一点与中国有很大的不同,中国历史上直到清朝为止,一直存在强有力的王朝,因此相较之下家族的影响力就不像前近代日本一样巨大。笔者希望针对"承和的转换期"这一问题提出自己的看法,承和年间是近年来日本史研究关注的焦点,被视为平安时代前期律令国家开始在性质上发生根本变化的重要节点,在这一时期里,诞生了被称为"院宫王臣家"的家族势力,他们的势力不断壮大,最终在数百年后开花结果,发展成为了所谓的"权门势家"。也就是说,承和年间是家族势力形成的时代。①

虽然说平安时代是由古代向中世转变的时代,但是这一转变毕竟是发生在近四百年的这样一个相对长时段的时间内,关于这一变化究竟在这四百年间的何时发生,以及如何描述变化后的国家形态,日本史学界仍然存在众多不同的声音。本次的报告无暇一一触及所有说法,仅基于报告者的基本立场,对相关研究进行简单整理。

平安时代史研究的第一步是"王朝国家论",所谓的"王朝国家"指的是在10世纪初律令国家在经过一系列政治改革之后形成的、位于古代国家与中世国家过渡期的国家状态,这一状态在12世纪末镰仓幕府成立、日本转型为中世国家之后完成了其历史使命。②然而这里所提及的由律令国家主动推进的改革,并未得到足够的实证检验,因此这一定义中所谓的"过渡性的国家状态",其存在也显得很勉强。针对"王朝国家论",大津透提出"古代国家发生性质变化的分界线在10世纪后半期"的观点③,将这之后的古代国家称为"后期律令国家",也就是以古代日本的律令国家的第二形态来解释这一时代的国家性质。然而现在已经有严密的论述证明了不应当用律令体制来理解11世纪之后的日本国家。④

---

① 市大樹:「九世紀畿内地域の富豪層と院宮王臣家・諸司」,『ヒストリア』163,1999 年;吉川真司:「院宮王臣家」,同編『平安京』,東京:吉川弘文館,2002 年;吉江崇:「平安前期の王権と政治」,『岩波講座日本歴史 4』,東京:岩波書店,2015 年。

② 下向井龍彦:「平安時代史研究の新潮流をめぐって」,『日本古代・中世史 研究と資料』15,1997 年。

③ 大津透:「平安時代収取制度の研究」,同「律令国家の展開過程」,「律令国家支配構造の研究」,東京:岩波書店,1993 年。

④ 佐藤全敏:「摂関期と律令制」,『日本史研究』452,2000 年。

同时，吉川真司认为 10 世纪后半期里发生的变化是中世社会的起源，以"初期权门政治"一词来描述权门体制正式确立（后期摄关政治期）之前时期的政治特征。[1]"初期权门政治"这个用词本身还并没有完全被学界接受[2]，然而，将 10 世纪后半期视为中世国家成立期的观点在近二十年来得到了深化[3]。

虽然如此，近年来仍然有许多研究以王朝国家论作为理论的根基[4]，针对这些论点，我们有必要找出更多材料证据来证明 10 世纪末至 11 世纪初的时代足以作为中世国家成立期。正如佐藤泰弘所指出，无论是王朝国家论还是后期律令国家论，它们的理论根据其实都是"太政官政治论"，也就是直到 11 世纪以后，太政官政治仍然照旧运作这一事实[5]，然而这样的观点存在过分重视（太政官政治的）具体政治形式，而不注意政治的内在变化与政治实际上的影响和政治空间的问题。假如从这一角度出发，针对身居政治中心的权力者（天皇）的分析[6]将会是一个有效的研究视角。

堀裕的研究关注天皇的死亡，指出了 11 世纪初开始，天皇从未于在位时去世的事实，以堀裕的形容就是"不去世的天皇"的出现。[7]吉江崇以准御斋会为研究题材，指出这些初看下与御斋会相同的国家性仪式，本质上是脱离了律令天皇制束缚的天皇与官司以私人名义运营的仪式，由此他以 10 世纪后半出现的准御斋会为论据，论证了律令天皇制向中世的转换。[8]此外，中町美香子的研究则分析了皇太子的居所，指出直到 10 世纪后半为止，皇太子的居所都被内包于天皇宫之内，而之后皇太子的居所则优先受到血亲（母后）居所的影响，次任天皇与天皇的监护人同居的状态一直到院政期。[9]而笔者的研究也是受到这些前辈学人深刻影响的产物。

笔者目前研究的中心"山陵"，是天皇的坟墓，也可以说是天皇死后的居所，可

① 吉川真司：「摂関政治の転成」，『律令官僚制の研究』，東京：塙書房，1998 年；初出 1995 年。

② 佐藤泰弘前掲『日本中世の黎明』，佐藤全敏前掲「摂関期と律令制」。

③ 佐藤泰弘前掲『日本中世の黎明』。告井幸男：『摂関期貴族社会の研究』，東京：塙書房，2005 年。渕原智幸：『平安期東北支配の研究』，東京：塙書房，2013 年。小原嘉記：「中世初期の地方支配と国衙官人構成」，『日本史研究』582，2011 年。

④ 今正秀：『藤原良房』，東京：山川出版社，2012 年；渡邊誠：『平安時代貿易管理制度史の研究』，京都：思文閣出版，2012 年。

⑤ 佐藤泰弘：「律令国家の諸段階」，前掲『日本中世の黎明』所収，初出 1995 年。

⑥ 富田昌弘：「室町殿と天皇」，『日本史研究』319，1989 年。

⑦ 堀裕：「天皇の死の歴史的位置」，『史林』81，1998 年。

⑧ 吉江崇：「『准御斎会』成立の歴史的位置」，『日本史研究』468，2001 年。

⑨ 中町美香子：「平安時代の皇太子在所と宮都」，『史林』85，2002 年。

以想见天皇制的变化也会直接地反映在山陵制度的变化上。假如关注天皇陵的名字我们会发现，11世纪前的天皇陵是以所在地命名的，而在11世纪初的一条天皇陵之后的天皇陵则被称为"某某寺陵"，转为以寺院名称呼。这一名称的变化说明，至今为止由国家经营修建管理的天皇陵，在此之后改为修建在寺院之内，管理也私家化了。这一点也与直到清朝为止都在修建大规模皇帝陵的中国形成了鲜明的对照。①

本文是在上述优秀的先行研究的基础之上，对本人此前观点的一点延伸。我将先对日本律令山陵制度的特质以及山陵研究的问题点进行简单的确认，然后展开具体的考察。

二、日本律令山陵制的特质与问题的所在

由于从大陆引进了律令体制这一新的支配系统，在日本列岛上也出现了律令国家。在律令体制形成的过程中，倭国的大王成为日本律令制下的天皇，大王的坟墓"古坟"也成为律令天皇的山陵。本文探讨的律令山陵制，毫无疑问是律令制度的一个侧面。就像以天皇为君主的律令制度是由官僚制与公民制支撑的一样，山陵作为天皇死后的居所，是由诸陵寮和陵户为基础支持其运营的，这可以说是说明律令山陵制作为律令制度一部分的最直接的论据。

山陵对于日本律令国家的意义从以下侧面也可见一斑。天平胜宝元年（749年）4月1日，圣武天皇行幸东大寺，表达了对陆奥国出产黄金一事的感谢之情。圣武天皇表示，陆奥产金是"依蒙三宝之神验，天神地神相护佑，天皇御灵惠赐福而显灵之物，当常怀此念"的事情，将陆奥产金的原因归结于三宝（佛法）、天地神祇与天皇御灵的保佑，并下令"赐大神宫等以神田、祝部。允许各寺垦田，礼敬僧纲等僧尼，赐治，新造之寺赐官寺之位，赐大御陵守之职一二人。"向诸神社进献封户与神职人员，允许寺院垦田并允许新造寺成为官寺，此外还向各山陵增置陵户（《续日本纪》同日条）。

简而言之，圣武天皇的想法就是，日本的律令国家是由镇座于神社内的诸神灵、寺院内的诸佛菩萨，以及沉眠于山陵中的历代天皇三者保护其安泰的，正因为如此，他才会有增加侍奉神社的祝部与侍奉寺院的僧尼，以及侍奉山陵的陵户的举动。由

---

① 黑羽亮太：「『円成寺陵』の歴史的位置」，『史林』96，2013年。

此可知，天平年间，山陵是足以与寺院、神社并称的存在，陵户也是不低于僧尼和祝部的身份。本报告要检讨的对象，就是原本有足以与神佛并称的地位的日本律令山陵制度的变容。

至今为止的研究论及山陵的变化之时，都重视山陵与佛教思想及寺院组织的关系，山陵制度在历史展开中逐渐加深了与寺院的关系，这一点已经经过周到的考察，成为众所周知的事实[1]，针对这一事实本身，笔者也没有异议。然而由于直到近年为止对于平安时代后期的考察都不够充分[2]，日本的山陵研究对于山陵与寺院的结合究竟是在怎样的背景与契机下发生的，又经历了怎样的过程，这些具体的问题都没法详细考察，因此也无法论证其意义。而且，与寺院的结合本身是否就足以作为律令山陵制度发生根本性变化的契机，这一问题都仍然值得讨论。因此，本文将针对承和年间发生的两大变化，即太上天皇的薄葬和陵寺的出现，提出笔者自己的见解。

三、太上天皇与山陵

承和期的淳和与嵯峨两位太上天皇都没有修建山陵，这一薄葬现象在至今为止的山陵研究中也受到了关注。然而淳和天皇绝非轻视山陵的影响力，举例而言，确立天皇即位需要派遣使者向山陵报告的先例的人，就是淳和天皇。一般认为，这是受到药子之变的影响，意识到了山陵的权威对于维持皇统的重要意义的举动。

然而，就是这样重视山陵权威的淳和天皇，却在临终时留下遗诏，下令不营造山陵。这一点从《延喜式》的陵墓历名（日本律令国家的天皇陵管理簿）中不载淳和天皇陵也可以得到证实。虽然他不造山陵，我们却知道淳和天皇遗骨的埋葬地所在，这个地方被称为"大原山陵"（《日本文德天皇实录》嘉祥三年（850 年）十月巳酉条），由此我们可以知道，确切来说应该是修建了淳和天皇的陵墓，只是这个陵墓不作为律令国家管理下的山陵存在。淳和的这一方针，在当时就受到了部分人的反对，其中最著名的是藤原吉野。

---

[1]　福山敏男：「中尊寺金色堂の性格」，『寺院建築史の研究』下，東京：中央公論美術出版，1983 年。
大石雅章：「葬礼にみる佛教儀礼化の発生と展開」，『日本中世社会と寺院』，大阪：清文堂出版，2004 年。
[2]　黒羽亮太：「『円成寺陵』の歴史的位置」，『史林』96，2013 年。

史料 1 :《续日本后纪》承和七年（840 年）5 月辛巳条

> 中纳言藤原朝臣吉野奏言，昔宇治稚彦皇子者，我朝之贤明也。此皇
> 子遗教，自使散骨，后世效之。然是亲王之事，而非帝王之迹。我国自上古，
> 不起山陵，所未闻也。山陵犹宗庙也。纵无宗庙者，臣子何处仰。

这条史料作为论证当时存在视山陵为宗庙的意识的证据，一直以来被学者所关注。然而，这条史料内除此之外还有值得重视的问题。吉野举出了宇治稚彦散骨的例子，指出宇治稚彦虽然是"本朝之贤明"，但是他的散骨毕竟"是亲王之事，而非帝王之迹"。也就是说前朝虽然存在散骨的先例，但是先例中的人毕竟只是亲王，散骨的举动不符合身为"帝王"的淳和的身份。淳和太上天皇身为"帝王"而不营造山陵，这件事情没有先例，也就是说，淳和天皇虽然退位成为太上天皇，但是他的"帝王"身份并没有发生变化，身为帝王就必须修建山陵，这是藤原吉野的主张。

然而淳和上皇不营造山陵的遗志得到了嵯峨太上天皇的同意，而且嵯峨太上天皇过世时也同样没有营造山陵，由此产生了连续两代太上天皇不营造山陵的先例，因此逐渐形成了一旦天皇退位成为太上天皇，就可以不营造山陵的观念。可以说，这造成了退位后的天皇不再是"帝王"的认识，换言之，天皇的人身与天皇位之间的乖离由此而生。

那么不在律令国家管理下的太上天皇们的陵墓要怎么运营管理呢？嵯峨天皇驾崩之时，留下"院中之人可着丧服而给丧事，天下吏民不得着服而供事今上"的遗言，将服丧的对象限定于院内之人，而一般的官人与百姓则像通常一样侍奉天皇。此外，葬礼的从者也使用"院中近习者"，至于葬礼结束后陵墓的管理，则提出"子中长者，私置守塚，三年之后停之"的处理方式（《续日本后纪》承和九年（842 年）七月丁未条）。遗言中出现的"院"，毫无疑问是嵯峨上皇过世的嵯峨院，因此嵯峨上皇的遗命其实就是他的葬礼要用他自家的私财运作。设置守塚的"子中长者"，指的也是嵯峨上皇这部分私有财产的继承者。同时"长绝祭祀"这一点也很重要，由于不举办国家性的山陵祭祀，使得对嵯峨上皇的追悼供养成为私人性质、家族性质的行为。

然而平安末期的山陵使却前往了位于"大觉寺内北方之山"的嵯峨山陵[①]，这一位置描述与《续日本后纪》承和九年七月戊申条的"择山北幽泽之地，定山陵"的

---

① 『山槐记』元历元年（1184 年）8 月 23 日条。

记录以及《日本三代实录》元庆五年（881年）12月10日条的"大觉寺，是嵯峨太上天皇旧居也。又嵯峨太上天皇、太皇太后、淳和大后三陵在其近则"的描述也不矛盾。嵯峨山陵营建于距离嵯峨院不远之处，而这一区域在院政期被大觉寺纳入寺领范围之内。此外，在葛野郡的班田图社里13坪内出现的"宇智内亲王御墓"，被证明了是嵯峨天皇的皇女有智子内亲王的陵墓[1]，可知嵯峨天皇一家人的坟墓多数都集中在嵯峨院周围地区。考虑到嵯峨上皇的葬仪是由嵯峨院一手运营的，那么不难想象嵯峨山陵也是由作为嵯峨上皇的私财的嵯峨院负责管理，而此后嵯峨院成为了大觉寺，因此嵯峨山陵的管理权也转移到了大觉寺，最终成为大觉寺领的一部分。

如果这一推断无误，那么嵯峨院的运营方式和圆融院一致。圆融院原本是圆融上皇的居所，后来派生出了管理院的私财的机能[2]，而嵯峨院对嵯峨山陵的管理可以说是其起源。反过来说，之所以嵯峨与淳和不营造国家性的山陵，正是天皇（私人性质）的"家"的形成[3]，换言之是天皇（太上天皇）私人（性质）的侧面扩大而导致的。

经过承和年间两位太上天皇的薄葬，形成了这样的惯例，只要天皇退位成为太上天皇，就不再是"帝王"，就可能以脱离国家管理的形式修建私人性质的陵墓。

四、文德天皇的山陵政策

文德天皇埋葬在平安京郊外的真原岳，文德天皇的山陵最初被称为真原山陵，后来改称为田邑山陵，他的山陵有一个值得注目的问题，那就是《延喜式》陵墓历名里"神代三陵，于山城国葛野郡田邑山陵南原祭之，兆域东西一町，南北一町"的记载。也就是说，在田邑山陵边上设有祭祀传说中的皇祖神的设施。这一设施的设置时间最晚也不会晚于光孝天皇的时代，应该是清和、阳成天皇时期的产物。此前对此做过相关研究的山田邦和认为这是幼帝清和天皇和摄政藤原良房建设的文德天皇陵的一环。[4]

然而如前所述，在这时的山陵被视为宗庙，这一点通过史料1也得到了证实。

---

① 西山良平:「葛野郡班田図」，金田章裕その他編『日本古代荘園図』，東京：東京大学出版会，1996年。
② 黒羽亮太:「円融寺と浄妙寺」，『日本史研究』633，2015年。
③ 吉江崇:「平安前期の王権と政治」，『岩波講座日本歴史4』，東京：岩波書店，2015年。
④ 山田邦和:「始祖王陵としての「神代三陵」」，花園大学考古学研究室20周年記念論集編集委員会編：『花園大学考古学研究論叢』，京都：花園大学考古学研究室20周年記念論集編集委員会，2001年。

而在中国，宗庙祭祀（祭祀祖先）和郊祀（祭祀天神）构成了皇帝祭祀的基本。^① 文德天皇在齐衡三年（856 年）十一月，实施了桓武天皇以来日本第三次的郊祀。考虑到唐朝的郊祀是在向太庙告庙之后进行的，文德天皇的这一次郊祀是在向光仁天皇陵（相当于太庙）的山陵奉告之后进行的，相较之下，桓武朝的郊祀则没有这一步骤，由此可以知道比起桓武时期，这次郊祀是在对唐朝的宗庙祭祀与郊祀仪礼有更为深入的理解之后进行的。^②

如果回顾中国的宗庙与郊祀逐渐成型的两汉时期我们会发现，宗庙最初被称为"陵旁之庙"，是设置在每个皇帝的山陵旁边的，然而这一制度在后汉被废止，明帝以后的宗教祭祀采取了将神主（位牌）供入光武帝的世祖庙的形式^③，由此形成了将诸皇帝的神主集中到一个中心的宗庙内进行祭祀的太庙制，此后又从山陵前迁往京内形成了京庙。

此外需要注意的是，在唐玄宗朝，皇帝祭祀的地点里还增加了太清宫。^④ 所谓的太清宫，是位于长安的玄元皇帝庙，也就是祭祀老子的庙。唐朝奉老子为远祖，老子被称为"大圣祖"并被神格化^⑤，由此玄宗朝以后的祭祀变成了"太清宫—太庙—南郊"的三段式祭祀。

如此一看，前述文德天皇在向太庙（光仁天皇陵）奉告之后进行的郊祀，毫无疑问是以更接近唐朝的祭祀方式举行的郊祀仪式。皇祖神的神代三陵远在日向国，将其迁灵至平安京周边加以祭祀，似可在这一唐风的皇帝祭祀仪式的延长线上加以理解（神代三陵—光仁陵（太庙）—南郊），这一点正与唐朝将"大圣祖"老子在长安的太清宫加以祭祀一样。

史料 2：《日本文德天皇实录》天安二年（858 年）9 月甲子条（文德天皇崩传）

帝初自登宸极，垂心政事，性甚明察，能知人奸，专思天下升平之化，不好巡幸游览之事。仁寿齐衡之间，颇得嘉瑞以荐陵庙。至于禁网渐密宪法颇峻，天下以为明。帝察察，官署屡闻补替迁除之事，吏人还怀废罢解

---

① 金子修一：「中国の皇帝制」，『講座　前近代の天皇』5，東京：青木書店，1995 年。
② 吉江崇：「荷前別貢幣の成立」，『史林』84-1，2001 年。
③ 金子修一：「漢代における郊祀・宗廟制度の形成とその運用」，『中国古代皇帝祭祀の研究』，東京：岩波書店，2006 年。
④ 金子修一：「唐代における郊祀・宗廟の運用」，前揭『中国古代皇帝祭祀の研究』所収。
⑤ 福永光司：「昊天上帝と天皇大帝と元始天尊」，『道教思想史研究』東京：岩波書店，1987 年。

散之忧。又圣体羸病，频废万机，抚运不长，在位已短，天之降命盖有数欤。

于时春秋卅有二。

从薨传中看来文德天皇似乎是一个重视山陵祭祀的人。考虑到史料 2 薨传的特点，其中或许有一定的美化，不能完全相信，但是小原嘉记已经通过研究证明其中关于人事部分的记述基本是基于事实的。[1] 的确，与前后的天皇相比，文德天皇的治世中频繁改元，这些改元的原因都是"祥瑞"，而以向山陵报告祥瑞为由派遣山陵使的记录也散见于史料上。

在平安京郊外祭祀神代三陵一事，私见认为这也是文德天皇山陵政策的一环，这并非如山田所说的是藤原良房想要强调清和天皇正统性的举动，反而应当理解为年少的文德天皇在藤原良房的势力逐渐强化的背景下采取的、强化天皇权威施策的一部分。因为藤原良房是文德天皇的叔父，在幼帝清和天皇登基后才获得天皇的外祖父的外戚地位，因此今正秀对于文德朝时期藤原良房的权力不做正面评价，同时将史料 2 中的"圣体羸病，频废万机"一句反过来理解，认为这是文德天皇虽然病弱，却有强烈的掌权施政的意志的表现。[2] 然而无论文德天皇究竟是否有这个意愿，这份薨传都很好地传递了文德天皇由于病弱而不能很好地亲政的现实，而在仁明朝时已经升上右大臣高位，领导太政官政治运作的藤原良房，在文德朝是政治运行的中心这一点是无法否认的。

可以推想，就是在这样的政治环境中，文德天皇选定了位于"皇祖神"祭祀所北方的山岳作为自己的山陵所在地。当我们注意到文德指定"真原岳"为山陵，并将此处山陵称为真原山陵的时候，不难意识到这和"因山为陵"的唐朝山陵的行事风格的类似性。文德天皇陵位于山城国葛野郡田邑乡（后来由真原山陵改称为田邑山陵），与后来又称作仁和寺陵的后田邑山陵一样，位于离仁和寺不远之处，而在仁和寺周边能够称为"山岳"的地方，首先想到的自然是"双之岳"（双ヶ岳）。天安寺是安置在田邑山陵"陵边"修行三昧的僧侣们的地方，正是田邑山陵的"陵寺"，而天安寺别称"双丘寺"，那么可以知道田邑山陵就位于离"双ヶ岳"不远的地方。报告者认为这两座山丘的其中之一被称为"真原岳"，而这就是文德天皇陵的所在地。

这种将自然山脉本身作为皇帝陵的造陵方式，初见于唐太宗为文德皇后修建的

---

① 小原嘉記：「権任国司論」，『続日本紀研究』355，2005 年。

② 今正秀前揭『藤原良房』，東京：山川出版社，2012 年。

昭陵，此后唐太宗本人也葬于昭陵内①。此外如"于陵侧建佛寺"②所描述的一样，这里修建有由高宗李治为太宗所建的陵寺。隋唐时期除此之外尚有其他在陵旁营建陵寺的例子，也就是说，唐朝时期的山陵制度与陵寺制度并不互斥，是可以并存的。

而日本的陵寺的诞生则是文德天皇将清凉殿作为嘉祥寺的堂舍，移筑于深草山陵旁，这也被视为日本陵寺制度的转折点。③然而陵寺的出现并没有从根本上改变律令山陵制，如果考虑到这是偏好唐风祭祀的文德天皇所推行的政策，更能相信文德天皇并没有此意。再次强调，报告者认为，这一时代最重要的变化是承和年间接连两任太上天皇都没有营造山陵这一点。

由于接连两任太上天皇都没有营造山陵，由此产生了脱离律令国家管理的（太上天皇的）陵墓，这些陵墓最初由太上天皇的家族管理，此后则发展为由寺院管辖的新型关系。受此影响，天皇山陵镇护国家的守护性质也逐渐削弱，反之其单纯作为遗骨所在地的性质得到了强化。由太上天皇而生的私人家族的一面，最终也覆盖了天皇本身。在第2部分提到过，山陵曾经是足以与神社并称的神圣之处，这一点一直持续到10世纪中叶，然而到11世纪以后，却逐渐被视为污秽的场所。产生这一变化的原因，正是因为山陵失去了其神圣性，而成了单纯的遗骨埋藏处之故。

五、由国家的山陵到家族的墓

清和天皇让位成为太上天皇之后，也没有营建山陵，然而因为已经有了承和年间的先例，这时候群臣中并没有出现明确的反对意见。由此，太上天皇逐渐脱离了"帝王"的身份，与山陵渐行渐远，此后随着"不去世的天皇"的情况的出现，律令国家的山陵走向了衰亡。这句话听起来似乎非常的理所当然，要考虑律令山陵制的性质变化，律令国家不再营造"律令国家的山陵"这一点显然是最重要的。除了山陵之外，在承和年间，律令天皇制的其他代表性政策也逐渐被放弃，或者是发生了性质上的变化。④

---

① 杨宽：《中国古代陵寝制度史研究》，上海：上海古籍出版社，1985 年。

② 《旧唐书》本纪四，高宗永徽六年（655 年）春正月壬辰朔条。

③ 西山良平：「『陵寺』の誕生」，大山喬平教授退官記念会編『日本国家の史的特質　古代・中世』，京都：思文閣出版，1997 年。

④ 黒羽亮太：「救急料と九世紀賑給財源の再検討」，『日本史研究』645，2016 年。

脱离国家管理的山陵由各天皇的私家进行管理，由此天皇的陵墓不再是律令国家的山陵而成为私家的陵墓。此后嵯峨院成为大觉寺，再后来统一管理大觉寺与檀林寺等寺院的淳和院也在一场大火中被烧毁，改建成了佛寺。天皇院就这样逐渐转化为了佛寺，陵墓的管理者也变成了寺院，至此，国家将管理陵墓的责任委托给了寺院。

山陵与寺院的关系逐渐深化的过程，也正是律令国家的山陵逐渐沦落为单纯的墓地的过程，这也与天皇神圣性逐渐消失的过程相一致。此前人们认为，先代天皇的神灵沉睡于山陵之内，这也被认为是天皇神圣性的由来；而随着山陵逐渐沦落为单纯的墓地，天皇的神圣性也不再被寄托于此，一旦天皇离开天皇位就只是一介俗人，天皇个人与天皇位的分割也是由此出现的，而这也正是天皇作为人的属性的侧面逐渐扩大的过程。

（译者：梁晓弈）

中古时代职业雇佣兵的典型
——杂贺众研究

○ 丁诺舟　南开大学

一、引言

受阿富汗战争、伊拉克战争及全球范围内的反恐怖主义战争的影响，诸如"雇佣兵""民间保安公司"等用语开始频繁出现于新闻中，"雇佣兵"这一概念开始为世人所知。"雇佣兵"的存在贯穿了整个人类文明社会的战争史，作为战场上的独特力量活跃至今。

一般认为，雇佣兵与有组织的雇佣兵团是欧洲的特产，建立在"御恩"和"奉公"基础上的日本中世的严密的武士制度没留下雇佣兵"插足"的余地。实际上并非如此，在日本的中世活跃着各式各样的雇佣兵团，虽然其战斗方式、组织形态具有明显的日本特色，却也都具有"雇佣兵"的基本特征，本文拟从活跃于日本中世的众多雇佣兵组织中选取扎根于纪州杂贺地区的杂贺众雇佣兵作为研究的中心，在分析杂贺众个性及雇佣兵共性的基础之上，探讨日本中世时期雇佣兵的相关特性。

之所以选取杂贺众作为研究中心，是因为在笔者看来，杂贺众雇佣兵具有双重特殊性。杂贺众是雇佣兵，其身上自然具备着雇佣兵的共同特征，雇佣兵的"共同特征"即是与其他士兵相区别的特殊性之一。此外，杂贺众受其内部组织结构、所处地理位置影响，具有明显不同于其他雇佣兵的独特个性，这就是杂贺众的第二重特殊性。可以说在中世战场的所有士兵中，杂贺众雇佣兵是雇佣兵的典型代表；而在中世的雇佣兵中，杂贺众又是相对特殊的集团。这种双重特殊性使得通过对杂贺众雇佣兵进行研究，既可以发现雇佣兵与其他非雇佣兵之间的差异，又能够探知不同政治结构、地域特征下的雇佣兵集团间的差异。而这两方面都是探求雇佣兵的存在价值以及思考雇佣兵驾驭方式的重要基础，甚至有可能通过杂贺众雇佣兵的研究，找寻其与现代雇佣兵的共同和相异之处，进而思索雇佣兵存在的历史和现实意义。

二、何谓杂贺众雇佣兵

"杂贺众"雇佣兵这一名称来源于其根据地的地名，杂贺（さいか）是指位于纪伊国西北部（现在的和歌山市及海南市的一部分）的"杂贺庄""十乡""中乡（中川乡）""南乡（三上乡）""宫乡（社家乡）"五个区域的联合，经常被称为"五组"或"五搦"。众多学者认为，史料上出现的"惣国"指的同样是杂贺，因而也常使用"纪伊惣国""杂贺惣国"等用语。[①] 杂贺众雇佣兵则是指以这五个相互联合的区域为据点的雇佣兵集团，主要活跃于中世末期的 15、16 世纪。他们拥有着数以千计的火绳枪[②]，具有极高的军事实力，在后期甚至通过雇佣兵活动（特别是海上雇佣兵）获得了海运和海上贸易经营权。[③]

作为雇佣兵活动在中世日本战场上的杂贺众并非一枝独秀，各种雇佣兵长期积极地活跃于日本的战场上。现存的众多历史记录和文书中，屡屡可见雇佣兵的身影。大同四年（公元 809 年）6 月 11 日的"太政官符"记录有以征收"兵士钱"来

---

① 武内善信：「天正三年の杂贺年寄众关系史料」，『本愿寺史料研究所报』第二十七号，2002 年 11 月 30 日。

② 本愿寺众多起请文都提到了杂贺铁炮的数量，后文有专门章节进行论述。

③ 需要特别提出的是本文的研究对象"杂贺众"与"杂贺一向众"并非同一个概念，"杂贺众"这一称呼与是否是本愿寺门徒无关，是以"五组"为基础结成的地缘集团；"杂贺一向众"是指以鹭森御坊为中心结成的本愿寺门徒集团，以道场为单位，以五个"本末关系"（性应寺末、真光寺末、净光寺末、直末、方はつれ）为基轴，完全打破"五组"结构的独特组织，其组织结构和领导方式与杂贺众五组截然不同。正如武内善信所指出的，二者的构成存在横断关系，虽然杂贺众中的部分人员同时也属于杂贺一向众，但二者的管理分别属于各自独特的体系。此外，如无特别说明，本文中所指的杂贺并非生活在杂贺地区的所有居民，而是特指以杂贺为中心根据地从事雇佣兵活动的人员，即杂贺雇佣兵众。和歌山市神职取缔所重刻的《纪伊续风土记》中有关于大河内某人于 1575 年追随杂贺孙市参加战争的记载，可见在杂贺众雇佣兵队长麾下同样存在非杂贺本地的人员。

免除应被征兵者的兵役，并用征来的钱雇佣其他士兵的事例；"明衡往来"中记载有"参议藤原某向前将军平某借护卫之兵"。这一时期，地方官或有势力者经常会将武艺优秀者作为"郎党"雇佣为自己的私兵，因而会出现此种雇佣兵使用权借用的事例。

进入中世后，关于雇佣兵的记载更是频繁。根据《愚管抄》记载，1177 年 6 月的鹿谷阴谋中，多田行纲提到自己能召集的士兵"不给钱就不会行动"，后白河法皇则为此招徕了寺产丰富的法胜寺主持俊宽以便给予金钱资助，这里提到的被金钱驱使的士兵无疑是雇佣兵。[①] 可见，在中世的早期，雇佣兵已经被以天皇为代表的上层统治者所认识和接受。

自镰仓幕府时代起，封建分封制度渐占主流，武士开始被束缚于土地义务，雇佣兵一时呈现衰落景象，但在不久后的南北朝时代，小规模的海贼众，以及被称为"恶党""野伏""野武士"的半农武装集团等待价而沽的雇佣兵仍然横行于世。也正是在雇佣兵活动相对衰落的这一时期，雇佣兵的分工开始出现并发展，到了中世晚期的战国时期，以配备大量火枪为特色的杂贺众、根来众，以忍者、间谍为卖点的伊贺、甲贺成为职能高度分工化的雇佣兵集团的突出代表。战国时期战争的频繁度和规模剧增，雇佣兵越来越频繁地出现于战场，武田信玄麾下存在着被称为"牢（浪）人众"的外籍[②]雇佣兵团，武田军还在攻打骏河之时，特别雇佣伊势地区的海贼以强化水军力量[③]；毛利元就与村上水军，织田信长与九鬼嘉隆也存在着明确的雇佣关系。[④]

在上述富有个性的雇佣兵中，杂贺众是最为活跃、最有典型意义的一支雇佣兵集团。[⑤]

---

① 慈円:『愚管抄』卷 5，经济雑誌社编『國史大系』14，東京：经济雑誌社，1897—1901 年，第 497-539 頁。

② 虽然中世的日本也有被称为"国"的划分，但此处的外籍是指雇主统治区域之外。

③ 柴辻俊六:『武田信玄合戦録』，東京：角川学芸出版，2006 年，第 98-101 頁。

④ 北川建次等编:『瀬戸内海事典』，广岛：南南社，2007 年，第 135-139 頁。

⑤ 除此之外，中世的日本还存在着相对特殊的雇佣兵，这些士兵与雇佣兵的定义并不完全相符、却又具有典型的雇佣兵特征，可以称为"准雇佣兵"。"准雇佣兵"大致有两种，一种是不以获取金钱为主要目的，而是希望凭借战争功绩获取主人的"感状"，以求在仕途中更加顺利；另一种则是自备武具和兵粮，以"阵借り"为名义出卖自己的战斗技能，并不以金钱恩赏为目的，希望借战功提升自己的名望的士兵，此种士兵不免使人联想到荷马史诗中为荣誉而战的希腊英雄们。

三、杂贺众的组织结构

最明确地展示杂贺众构成、领导结构的雇佣契约是"汤河直春起请文"[①]，此起请文是研究杂贺众的重要史料之一，不但明确地列出了杂贺众的主要组成部分，而且还列有各部分首领的姓名和画押，著名的雇佣兵将领杂贺孙市（十乡 铃木孙一）的名字也是在此史料中第一次出现。

这一起请文是杂贺众与汤河直春签订的类似于"契约书"的文书。汤河直春是纪州本地的大名，其父亲汤河直光曾雇佣杂贺众、根来众对抗三好氏兄弟并获得了胜利，这一起请文一般被看作汤河直春接替父亲后为维持与杂贺的良好关系而交换的契约确认书。

从这一史料中，我们可以读取杂贺众的许多重要信息。首先是地域关系，除"野上"之外，杂贺众的主要五个组成部分明确地分列其中，而"五组"之一的杂贺庄内部的三个最重要的部分本乡、冈和凑（杂贺水军的来源）被列在最上方，每个地区组织的后面都有区域领袖的签名和画押。

第二是组织关系，杂贺众并非统一的组织，没有可以代表整个杂贺众的领袖出面与雇主签订合约，各区域组织的领袖可以被看作拥有相对固定成员的不同级别的雇佣兵队长或"大将"[②]，这些队长代表自己属下的人员在契约上签字，以"列名"的形式结成雇佣关系。因而虽然笼统地将杂贺区域的雇佣兵团体称为杂贺众，但实际上杂贺众是具有地缘联系的多支相对独立的雇佣兵集团的集合概念。根据路易斯·弗洛伊斯的记述，各区域的雇佣兵集团通过类似合议制的手段进行自治，在合议制之上设立"年寄众"，负责协调各区域利益，争取使杂贺众在行动上保持一致，这一点可以从"汤河直春起请文"中，同意此"御请"的杂贺各领袖签名于同一文书，而非各自与雇主订立独立的契约中看出。

然而，杂贺各雇佣兵集团各自为战的情况并不少见，"准如样御代替之节纪州御末寺御请书"[③]中有杂贺众大部分领袖的签名，却没有岛本左卫门大夫这一重要人物的签名，真光寺末派的其他重要人物也未在此签名。大概是在石山合战后期，岛

---

① 東京湯川家文書（1977 年）『和歌山市史』（和歌山市）第四卷战国 231 号（一五六二）。

② 区域组织领袖一般在自己区域中起到雇佣兵队长的功能，但是非区域组织首领却实际上拥有雇佣队长权力的人也是存在的，比如著名的佐武伊贺守，这样的这种雇佣兵队长与区域联系相对较弱，可以组织、领导超越区域限制的雇佣兵军团，对于雇主的选择也更加自由灵活。

③ 武内善信:「天正三年の杂贺年寄众関係史料」,『本愿寺史料研究所報』第二十七号,2002 年 11 月 30 日。

本左卫门大夫反对与织田信长媾和，不但自己拒绝接受共同行动（御请），而且利用一向宗的影响力，要求从属于真光寺末派的佣兵队长拒绝这一战略，从而无视了其他地区的共同行动，拒绝了此"御请"。由此可见，每一个区域雇佣兵集团具有相对较强的独立自主性，可以拒绝参与杂贺众其他同行的行动。这种通过合议进行自治，自主决定雇主，必要时与同业者联合行动的雇佣兵形态与中欧中世的德意志地区的雇佣兵（Landsknecht）具有极大相似性。

四、杂贺众雇佣兵得以产生、发展的条件

一般认为杂贺众的活跃期是 15、16 世纪，其间以 1570—1580 年间的石山合战为最鼎盛时期。杂贺众这一雇佣兵团为何能够在此时的日本繁盛一时呢？

从外部条件来看，首先，当时的日本处于封建割据、争霸最为激烈的战国时期，中央权力虽然存在，但无论是天皇还是室町幕府都没有维持国家统一管理的能力，因而此时的日本内部实际上处于类似今日国际社会的"无政府状态"。在这种状态下，没有任何强制力能够禁止或"不提倡"雇佣兵贸易，这一特质构成了雇佣兵发展的政治基础。不仅如此，"无政府状态"的直接表现是大小割据势力遍布全日本，群雄割据，围绕着区域统治权、领土和资源进行的战争接连不断，光是 1570 年一年发生在京都附近地区的大战役就有近十次。雇佣兵的武器改善和人员增加全都要靠金钱支持，而战争则是雇佣兵获取金钱的最主要途径，不断参与战争是雇佣兵扩大再生产的必备条件，而这一时期高频度的战争为杂贺众的生存和发展提供了沃土。1467 年至 1477 年的两畠山之争中，杂贺众的竞争对手根来众势力已经成熟，在战争中极为活跃，但仅有少数且无组织的杂贺众雇佣兵参加了此次纷争，史料的记载也相当模糊，但是经过应仁之乱等一系列的战斗后，时至 1535 年，杂贺已经可以派遣出有组织的 300 人规模的火枪分队[1]，到了石山合战之时更是成了战斗主力，如路易斯·弗洛伊斯记载的"他们（杂贺众）凭借战场上的武勇，在日本享有盛名"[2]。由此证明，频繁的战争为雇佣兵提供了广阔的市场，是雇佣兵成长的重要条件。

① 橿原市史编纂委员会编：『私心記』，『橿原市史 史料第二卷』，橿原：橿原市，1986 年，第 578-579 页。

② 路易斯·弗洛伊斯著，松田毅一、川崎桃太訳：『全訳フロイス日本史』，東京：中央公論社，1977 年，第 178-180 页。

其次，在战争伤亡导致的绝对性兵员不足的同时，这一时期的日本，体制内士兵存在相对性不足，急需其他兵源弥补空白。[①] 以领地分封为基础的武士制度所能提供的兵员有限且昂贵，而武士在战场上的死亡会造成一系列的社会结构伤害（比如转封），甚至波及生活资料生产。为了解决兵员问题，室町幕府时代已经开始将非武士阶层、具有一定雇佣兵性质的"足轻"[②]投入战争，使战争的规模大为扩张，战争规模的扩大必然会导致对更多兵员的需求。同时战争又必然伴随着人员的消耗，在本统治区域能够征召的兵员使用殆尽之后，雇佣其他地区的士兵则成为必然选择。研究纪州附近的近畿地区，特别是京阪地区的知行地分配状况可以发现，公家的领地大多散布于这一地区，能够提供士兵的土地比其他地区要少。在经历了长期的战乱后，不得不从周边的纪伊地区招募士兵。简而言之，由战死造成的绝对性兵源不足和渴望胜利所造成的相对性兵员不足是雇佣兵市场繁荣的前提条件。

再次，战国时期日本的众多地区生产力水平较高，农民上交的作为地租的粮食除了供不参加劳动的统治阶级食用之外，有余粮卖到市场，有能力为不直接参加农业生产劳动的人口提供维持生存的粮食[③]；同时，界町、博多等贸易据点商业发达，各地的手工艺品乃至西洋的舶来品通过这些贸易据点被卖往全国各地，金钱流动通畅。[④]这两点要素伴随着不断深化的社会分工体系，作为社会分工一支的雇佣兵贸易也就呼之欲出了。最根本地讲，雇佣兵协助作战的目的是获取金钱或实物，雇主有足够剩余钱财、实物可以支付是雇佣兵贸易成立的条件，而雇主手中的剩余钱财和实物的多寡与生产力（就当时而言尤其是农业生产力）水平密不可分。[⑤]对雇佣兵这样不直接参加农业生产活动的职业而言，粮食的商品化是必不可少的条件。从这个意义上讲，从宏观角度而言，如果经济处于"自给自足"状态，生产不需要分工、生活不需要交易的话，那么即使有金钱也无法购买到粮食，大规模的雇佣兵组织和

---

① 只要存在战争需求，士兵永远处于相对不足状态。导致士兵相对不足的是对胜利的渴望，冲突各方都希望尽可能增强自己的战斗力以确保胜利，而此种增强的渴望并没有明确的目标或终点，士兵相对不足的根源正在于这种永不知足。同时，士兵与工人不同，工人生产出的产品需要稳定的持续性市场，不希望市场忽大忽小，但"战争市场"则恰好相反，需要的是"一掷赌输赢"，即在短时间内输出尽可能多的战斗力，取得胜利后"战争市场"可以短期消失。这一特点决定了没有任何一个国家或一个势力能在战争之前确信自己拥有了充足的兵力，战国时期的日本诸大名自然不例外。

② 足轻开始自平安时代，最初其作用与服侍斯巴达士兵的西洛特相似，作为武士的随从，负责搬运、土木建筑等，但是到了战国时期后，足轻开始实际加入战斗。参见一条兼良著《樵谈治要》。

③ 木村茂光编：『日本農業史Ⅳ　中世』，東京：吉川弘文館，2010 年，第 300—332 頁。

④ 任鴻章：『東アジアの中の日本歴史 4　近世日本と日中貿易』，東京：六興出版，1988 年，第 450—453 頁。

⑤ 木村茂光编：『日本農業史Ⅳ　中世』，東京：吉川弘文館，2010 年，第 320—322 頁。

长期雇佣兵作战根本不可能维持。从微观角度而言，如果商品交换不发达，可能购买到的商品局限性大，金钱的实际作用不高，则雇佣兵职业的吸引力会下降，雇佣兵产业的活跃性也不会太高。与商品化进程相伴随，社会分工的发展在战国时代也进入了高潮，特别是在近畿地区，社会分工非常细化。① 社会分工的深入程度对雇佣兵的活跃至关重要，雇佣兵本身即为职业分工所产生的一种职业，作为专业的士兵专注于战争事务，脱离了粮食生产，因此衣食住行等日常生活都必须依赖相关职业的人员。正是有提供衣食住行服务的职业人员存在，雇佣兵才得以生存。可以说 15 世纪以来的农业发展、社会劳动分工的深化以及地区乃至国际商业交流是杂贺众雇佣兵发展的经济基础。

最后，来自社会舆论的认可，至少不抵制是促进雇佣兵发展的思想基础。就如同《日内瓦公约》附加议定书所展示的那样，为数不少的文化在其发展的各个时期都鄙视雇佣兵活动，马基雅维利就是突出的代表。在中世的日本，自然也存在关于雇佣兵的负面评价，例如德川家的大久保彦左卫门记载于《三河物语》中的言论即为典型。他认为雇佣兵是不可靠的，只有世代居住此地的普代家臣才最为可靠。② 但是，如铃木真哉所说的，在 16 世纪的日本，只要雇佣兵不怠战，达成了与报酬相应的作战任务，则无论是统治者还是一般百姓对雇佣兵很少抱有成见。③ 根据路易斯·弗洛伊斯的说法，杂贺众更是由于其强大的作战能力而保有极佳的口碑。

从内部条件来看，首先，纪州杂贺地区土地相对贫瘠，而且良质土地分布不均，宫乡、南乡地质相对较好，杂贺庄、十乡土地则相对较差，不适于大规模谷物生产④，杂贺地区内部为争抢土地时常发生战斗。⑤ 地力的低下使得杂贺地区农业生产水平较近畿的其他地区落后，粮食出产率较低⑥，这一状况直接导致杂贺地区人口相对过剩，这与古典后期的雅典状况相似，雅典即便拥有海外殖民空间可以缓解人口压力，尚有大量色诺芬一般的雇佣兵涌现，没有其他路径舒缓人口压力的杂贺地区居民只得"外出务工"。但是，中世日本的经济与社会结构均较为封闭，在其他的地区

---

① 木村茂光编:『日本農業史Ⅳ　中世』，東京:吉川弘文館，2010 年，第 326—330 頁。

② 大久保彦左衛門著，小林賢章訳:『現代語訳　三河物語』，牛頓普雷斯，2004 年，第 231 頁。

③ 鈴木真哉:『戦国鉄砲・傭兵隊——天下人に逆らった紀州雑賀衆』，東京:平凡社，2004 年，第 89—90 頁。

④ 鈴木真哉:『戦国鉄砲・傭兵隊——天下人に逆らった紀州雑賀衆』，東京:平凡社，2004 年，第 8—9 頁。

⑤ 『佐武伊賀働書』，转引自武内雅人:「史料解題の改訂と補遺」(『紀州経済史文化史研究所紀要』第 32 号)，需要注意的是杂贺众最初的雇佣兵活动就是被雇佣于协助附近村庄争抢土地。

⑥ 鈴木真哉:『戦国鉄砲・傭兵隊——天下人に逆らった紀州雑賀衆』，東京:平凡社，2004 年，第 8—12 頁。

务农，成为"小作人"的道路被法令所禁止，想要脱离农业，进入町中从事工商业也并不容易，因为"座""问屋"等行会严格控制着这些职业。在双重封闭① 的中世日本不可能存在像工业化社会一样的自由劳动力流动，从事雇佣兵活动是"外出务工"方式中屈指可数的选择之一。

其次，杂贺地区独特的自治体制使得大规模雇佣兵活动成为可能。杂贺地区虽然也有大名、国侍等统治阶层存在，但实际管理权限相对较小。如前文列举的"汤河直春起请文"所展示的那样，杂贺地区的实际管理方式是一种类似合议制的自治体制，这种体制甚至给路易斯·弗洛伊斯以"农民们的共和国"② 这一印象。杂贺内部各地区的独立性相对较强，虽然同样需要与地缘关系较为密切且势力强大的大名保持好关系（例如日高地区的汤河家），但无需对某一上级大名或管理者效忠或尽分封义务。这一特性在两方面促进了杂贺众雇佣兵的活跃：一方面，杂贺内部各区域的较强独立性使得杂贺众的决策单位小巧灵活，一小组雇佣兵就可以决定是否接受某一契约③，回应战争契约的迅速程度远超过庞大的统一决策单位，可谓"船小好掉头"，具有更强的适应性、应激性和活力。另一方面，杂贺众相对独立的政治地位使得其在接受契约时，只需要考虑报酬是否合理、人员伤亡预计、战争结果对杂贺众未来发展影响等实际操作性问题，无需顾忌雇主是否是自己封主的敌人或封主盟友的敌人、战争契约的达成是否会危及封主利益等效忠义务问题，这就大大扩展了杂贺众雇主的范围。

再次，杂贺众雇佣兵的根据地——纪州地区的地理位置对雇佣兵活动极其有利。虽说战国时期各地区均战争不断，但是近畿地区的战争无论是在频繁程度上还是在规模上都远超过其他地区。纪州地区位于近畿边缘，并不处于战争高发区的中心地带，又距其不远。这一地理位置为杂贺的佣兵活动带来双重优势。一方面，与冲突中心有一定距离使得大战的主战场很少发生在杂贺地区，除去丰臣秀吉灭亡杂贺众的纪州讨伐和杂贺内部的争斗之外，战火极少波及杂贺本土，这使得杂贺众的基础生活

---

① 经济结构的封闭表现在农业和手工业均为家族内生产，极少雇佣外人从业，社会结构的封闭是指农民、武士被束缚于所在"藩"，不得擅自脱离，这一束缚在江户幕府时代最为突出。

② 路易斯·弗洛伊斯著，松田毅一、川崎桃太訳：『全訳フロイス日本史』，東京：中央公論社，1977 年，第 178—180 頁。

③ 最好的例子即为以佐武伊贺守为中心的小规模雇佣兵团体，其多次雇佣兵活动均是自主订立的契约，相关内容均记录于其自己所著的『佐武伊賀働書』，参考『佐武伊賀働書』，转引自武内雅人：「史料解題の改訂と補遺」，『紀州経済史文化史研究所紀要』第 32 号。

设施和当地经济生产极少遭到破坏，战略后方相对安全、稳定；另一方面，与冲突中心距离相对不远的地理位置使得杂贺众在接到契约后可以迅速抵达战场，更重要的是，在当时的农业生产水平和交通水平条件下，士兵的远距离行军能力和进行持久战斗的能力都是较低的[①]，观察杂贺众的活跃范围，可以发现即使借助水军，其最远的远征活动也只能到达四国地区的长宗我部统治区和中国地区的毛利统治区，可谓非常有限。但是这一有限的活动范围却基本涵盖了这一时期的战争冲突高发区，杂贺众雇佣兵因此可以在有限的活动范围之内获得相对充足的参战机会。从这一角度来讲，杂贺众所处的地理位置提供了其力所能及的丰富战争市场资源，这一优势在杂贺雇佣兵形成和发展初期，武器装备简陋、军事训练松弛、粮食筹备能力较低时显得至关重要。

最后，杂贺地区的杂贺庄、十乡临近海洋，且与日本对外的门户"界町"联系紧密，相对容易接触西方新鲜事物，这些新事物对提高杂贺众的战斗力起着或直接或间接的作用。来自"南蛮"的新事物中，对杂贺众雇佣兵发展影响最深的无疑是火枪（火绳枪），这一来自葡萄牙的先进武器甚至成了杂贺众、根来众的代名词，对杂贺众雇佣兵的特色化和战斗力增强有着至关重要的作用，火枪与杂贺众的关系后文会专门叙述。

在上述内因与外因共同作用下，杂贺众雇佣兵应运而生并且不断发展壮大。

五、杂贺众参与的主要战争及其特点

有关杂贺众雇佣兵活动的记载最早出现于实从的日记《私心记》，其中 1535 年 6 月 17 日条中记载了"杂贺众共计 300 人"前往大阪进行支援。[②]但杂贺众的此次来援究竟参加了哪场战役并不清楚，从时间上看，有可能与细川晴元和三好元长之争相关。有关杂贺众参加的主要战争，有可信史料进行明确记载的主要有以下几场，见表 1：

---

① 到了征讨朝鲜半岛之时，控制着全国土地的丰臣秀吉才有能力统一发配兵粮，在此之前先地调达是应对远征供粮的主要手段。

② 橿原市史编纂委员会编：『私心记』，『橿原市史　史料第二卷』，橿原：橿原市，1986 年，第 578-579 页。

表 1　杂贺众参加的主要战争一览表

年代	冲突双方	杂贺众雇主	史料
1536 年	本愿寺对抗细川晴元之战	本愿寺	本愿寺文书（证如的感谢信）
1570—1580 年	石山合战①	双方	《信长公记》 路易斯·弗洛伊斯《日本史》 本愿寺文书等众多
1581 年	十河存宝对抗长宗我部元亲	十河存宝	《昔阿波物语》 《三好记》
1582 年	织田信孝对抗长宗我部元亲	双方	神宫文库所藏文书 《元亲记》
1584 年	小牧之战	德川家康	《宇野主水日记》 《耶稣会日本年报》等众多资料
1585 年	丰臣秀吉纪州攻略	双方	《小早川家文书》《丰鉴》等众多资料

　　仅从表 1 所列出的几场重要战役，我们就已经可以读出有关杂贺众雇佣兵，甚至所有雇佣兵的众多特征。

　　首先，从表 1 第一栏可以看出，杂贺众雇佣兵参加武装冲突的时间密度非常之高。如前文所述，表格所列举的仅仅是有明确史料记载的重要战役，并未包含杂贺众参与的全部战争。但即便如此，1570 年至 1585 年的短短 15 年间，杂贺众几乎每年都会参与大规模战争，而且足迹遍及其行动力所能及的各个地区。我们不妨把这一时期看作杂贺众雇佣兵活动的鼎盛时期，而这一时期恰好也是地方争霸走向尾声，各地区的实力者以"上洛"为目的前往京都，在近畿地区引发武装冲突的最高潮时期。从这两个时期的重合，我们不难看出多方参与的持续战乱是雇佣兵发展的最佳沃土，也是雇佣兵所最为憧憬的社会环境。

　　其次，从表格的第三栏我们会发现，杂贺众的雇主并不确定，而且上一场战争的敌人很可能会成为下一场战争的雇主，反之原本的雇主很可能在几年内转变为敌人。在细川晴元和三好元长之争中，杂贺众在本愿寺的斡旋下协助细川作战，但细川晴元在胜利之后，惧怕本愿寺势力过大形成威胁，因而攻击本愿寺时，杂贺众则站在本愿寺一边。此后杂贺众更是接受了十河存宝的契约为之战斗，而十河存宝与杂贺众曾经击败的三好元长家系很近。这种现象在进入战国时代中期之后越加明显，杂贺众于 1581 年时尚且协助织田信长一方参加战斗，到了 1582 年却又与织田的对

---

①　历时十年的石山合战包含了数次休战、媾和和关系破裂，涉及大量具体战役，后文会分别说明，但在此处合称为"石山合战"。

手长宗我部定下了相对长期的雇佣契约。造成这一现象的原因并不复杂，与现代商业体系下丰富多彩的广告渠道不同，战国时期的雇佣兵自我宣传的方式非常有限，大体可以归结为两种，第一种是直接性宣传，即在战斗中表现自己的"武勇""善战"，以获取"观战者"的赏识，第二种则是要靠优良口碑的口耳相传，雇佣兵的名声会因曾经的雇主的好评得到显扬，如前文所述，一些雇佣兵以"感谢状"为参战目的即是为提高自己的知名度。第一种宣传方式中所提到的"观战者"一般是指交战双方，优秀的作战能力不单会令雇主满意，而且会令交战的对手心生敬意，进而产生雇佣的期望，而这种期望在适当的时机会转变为实际的雇佣契约。曾经与杂贺众在战场上对抗的大名，在不久之后就会将杂贺众雇佣为自己的一分子，原因大概正是在此，而反过来这也导致了杂贺众不断游走于冲突双方阵营之中，不断变换自己的主顾。

再次，在同一场战争中，杂贺众雇佣兵同时为冲突双方效力的战例非常之多，在表格列举的主要战役中几乎占有一半数额，而且需要特别注意的是丰臣秀吉纪州征伐的直接目的就是消灭杂贺众，即便如此杂贺众的一部分——"冈众"依然受丰臣秀吉所雇佣袭击同乡。[1] 即使对于雇佣兵来说，这种现象也是非常少见的。在日本，同一派系（家族）的人员在一场冲突中分别为冲突双方效力的情况却并不罕见，[2]一般认为，这种布局是为了无论哪一方胜利，自己的血脉都能得以维持。然而，杂贺众绝非抱着此种想法而为交战双方服务的，首先杂贺众只是一个松散的地域组合，虽说各地区有"名家"存在，但决不会为是了为了延续血脉而决定协助双方。在笔者看来，这一现象说明，杂贺众是松散的多支雇佣兵集团的区域联合，虽然在共同利益的基础上能够取得一定程度上的一致，在作战中具有团结性，但是一旦有报酬优越的契约送上门来，各雇佣兵队长"大将"往往首先考虑自己雇佣兵队的利益而非整个杂贺众共同的利益，加之杂贺众各区域的自治体制使得各雇佣兵队长可以相对自主地接受雇佣契约；反过来由于杂贺众的作战能力驰名在外，当听说自己的对手雇佣杂贺众作战之后，尚未雇佣杂贺众的一方不免也希望通过雇佣杂贺众来中和对手的战略优势，而杂贺的雇佣兵队长也基于上述原理接受了雇佣契约，于是造成战场上杂贺众雇佣兵同室操戈的情况频发。如果杂贺众中存在可以对全体发号施令的"总

---

[1]　铃木真哉：『戦国鉄砲・傭兵隊——天下人に逆らった紀州雑賀衆』，東京：平凡社，2004 年，第 205 頁。

[2]　1156 年保元之乱，平家的领袖平清盛站在后白河天皇一边，而其叔叔平忠正则协助后白河天皇的敌人藤原赖长，与此类似，源氏的头领源为义站在藤原赖长一边，但其子源义朝却协助后白河天皇作战。参见平信范：「兵範記」7 月 10 日条，『京都大学史料叢書』，京都：思文閣出版。此外在关原合战之时，真田家两兄弟分别从属于东军和西军。

队长"的话，此类同室操戈应当是可以避免的，但是正如《汤河起请文》所展示的那样，各个队长都可以根据各自的判断签订契约，随着各自的主顾参加战斗，一览表中杂贺众的大规模同室操戈也就不可避免了。这一特性是由杂贺众独特的组织结构和自治体系所决定的，即使是在世界雇佣兵同行中也属于特例。

最后，我们来考察一下与杂贺众订立契约的雇主们的特点。经过观察，我们会发现，杂贺众的雇主的共性非常之少，从军事实力上讲，既有足以争夺天下的织田信长，又有被围困于石山只求自保的本愿寺；从经济富裕程度来讲，既有富甲四国地区的长宗我部家，又有仅为一部将、出手并不阔绰的十河存宝；从对杂贺众存在的态度来讲，既有希望铲除杂贺众、根除战争隐患的丰臣秀吉，又有希望暂时与杂贺众保持提携关系的德川家康；从宗教角度来讲，既有被称为"第六天魔王"的佛教之敌织田信长，又有净土真宗的中枢本能寺。可以说，杂贺众的雇主五花八门，政治立场、军事实力、经济水平、宗教态度等方面截然不同，但他们却都不约而同地雇佣杂贺众为其效力，其原因固然如前文所述，杂贺众因作战有力而扬名在外，但其中更涉及雇佣兵的一项重要优势，即相较于养兵、练兵而言，使用雇佣兵更加经济实惠。

六、杂贺众雇佣兵作战的其他特征

上文通过表格所直观展示的内容观察了杂贺众在战场上表现出的特性，下面我们暂且抛开表格，讨论从史料中可以读取的有关杂贺众作战的细节问题。

首先，提到杂贺众就一定会说到火枪，雇主之所以选择雇佣杂贺众，在很大程度上是看重其拥有的火枪资源，这一特色是除根来众以外的其他雇佣兵所不具备的。石山合战中本愿寺的雇佣契约中甚至专门要求杂贺众派出"火枪（步兵）"。[1] "杂贺众＝火枪众"这一观念或事实是如何形成的呢？

杂贺众拥有大量火枪的事实散见于众多史料之中，"昔阿波物语"中记载杂贺众的凑众就拥有三千挺火枪，[2] 石山合战中本愿寺也一再雇佣使用火枪的杂贺众参战，其总数上千人；单是石山本愿寺所藏的一封文书就中就写有要求杂贺众支援"火枪

---

① 该史料源自本愿寺藏文书，但其中仅记载本愿寺向杂贺众要求"三百铁炮"，大部分学者认为本愿寺要求的是熟悉铁炮的士兵三百人，而非三百门铁炮，这种契约语言的简化也可以看出杂贺众与铁炮的紧密联系。

② 道知（二鬼岛道智斋）：『昔阿波物语』，『四国史料集』，東京：人物往来社，1966 年。

三百"的内容，一般学者认为本愿寺寻求的并不是武器火枪，而是 300 名惯于火枪作战的杂贺众雇佣兵，因为没有常备军事力量的本愿寺单纯要求送来 300 挺火枪是没有意义的。杂贺众不仅熟悉于使用火枪作战，而且发明并演练出适合火枪作战的独特阵法[1]，在战术上也占据优势。毫无疑问，杂贺众保有火枪的数量对于一般地方自治体而言足可称得上天文数字，甚至远远超过一般的大名。如果长篠合战真的存在的话，那么织田信长将其势力范围内的所有火枪调集在一起的总数量方能与杂贺众的火枪数持平。

其次，拥有强大的水军[2]也是杂贺众的重要特色之一，同一支雇佣兵势力兼备强大的陆上和水上武装在世界历史上是极为少见的。对于雇佣兵来说，作战领域的专门化至关重要，同时接受多种作战领域的契约虽然能够扩大经营范围，但其训练和装备购置的集中力就会被分散，作战领域多而不精对雇佣兵来说是非常危险的，因而，一般的雇佣兵都会将自己接受订单的范围局限于陆战或水战。瑞士雇佣兵及德意志雇佣兵都专注于陆战，把水上作战机会留给了半海盗半雇佣兵的集团。

水战与陆战迥异，与使用双脚即可移动的陆战不同，水战必须使用船只，船只是水战的核心单位。从事水战所需求的士兵在数量上和质量上的"门槛"都高于从事陆战的士兵[3]，能够有能力组织起水军的地方势力寥寥无几，而且不可忽视的是，对于那些能够满足上述条件，组建起水军的人来说，有远比从事雇佣兵活动更加利润丰厚且适合于他们的职业——海盗，比起替人作战收取报酬，抢劫商船的收入自然更高。上述原因导致在历史上很少出现同时拥有陆战和水战能力的雇佣兵集团，而且除日本之外，很少有专门从事海上雇佣兵事业却为沦为海盗的势力[4]，在这种陆

---

[1] 与织田信长的"三段构"相类似，杂贺众的铁炮阵形分为前后两排，交替射击以掩护更换弹药的战友。

[2] 杂贺众的水上作战部队的战斗范围仅限于濑户内海及附近的河流，没有在外海作战的能力，因此一般不称"海军"而称为"水军"。

[3] 进行水战至少需要考虑以下要素：1. 船只的购置；2. 船只的武装；3. 战损船只的修复；4. 专业化的船员。前三项需要高额的资金作为支撑，其耗费金额远非制备陆战士兵的武器和装甲便及，与之相比火枪的价格尚且微不足道。第四项则需要一定规模且经过训练的人员，从事陆战的雇佣兵集团的成员数量相对随意，少则数人，多则上百人，在当今世界则既有被称为"one man army"的个人雇佣兵，也有像黑水公司那样的大规模雇佣兵集团；同时参加陆战对专门训练的要求相对较低，只要能够使用武器就能成为最低限度的战斗力。然而水战则完全不同，如果要从事水上战斗，就必须筹集足以驾驭船只并且进行战斗的士兵数，而且无论是驾驭船只还是在船上进行战斗都需要专门的训练，驾驭船只自不用说，未经过训练的士兵甚至无法在船上站稳脚步，更不用说参加战斗了。

[4] 即便是在日本，著名的村上水军、九鬼水军也均具备海盗的某些特性。参见北川建次等编：『濑户内海事典』，广岛：南南社，2007 年。

战占主流的风潮中，杂贺众雇佣兵水陆皆能的特色更加突出。

杂贺众无疑是历史上罕见的横跨陆上作战和水上作战的雇佣兵集团，水陆皆能的特性使得杂贺众雇佣兵的战略意义以及随之而来的危险性进一步提升。

最后，几乎所有雇主在雇用杂贺众进行作战后，都会很快警觉到其潜在的危险性，进而对杂贺众发动军事攻击的战例也屡见不鲜。正如菊池良生所说，雇佣兵如果战功显著就会被视为危险品，而战斗不力则会被雇主抛弃。[1] 如果说杂贺众协助细川晴元击败三好氏后，细川攻击杂贺众的直接雇主本愿寺是对杂贺众的间接攻击的话，那么织田信长、丰臣秀吉在杂贺众的辅助下取得战争优势后，立即着手的纪州杂贺攻略则明显是感受到杂贺众的危险，希望防患于未然。造成杂贺众的雇主欲灭杂贺众而后快的直接原因自然在于杂贺众的强大战斗实力，尤其是其掌握有大量的火枪，对雇主的威胁过高，但各雇主不能放任杂贺众存在的根本原因，在笔者看来同样源自雇佣兵的特性。

第一个特性是雇佣兵没有固定的效忠对象，在战场上协助的势力自然是不确定的。对雇主来说，这一特性是双刃剑，雇佣兵既可以救自己于水火，又可能使得敌人如虎添翼。虽说明智的雇主会在非战争时期也和雇佣兵保持良好关系，但这毕竟不是战争契约关系，没有道理阻止雇佣兵接受其他雇主的订单，而那些雇主在日后成为敌人的可能性是很高的，为了避免日后之患，细川、织田都选择了在取得战略优势之后，立即攻击杂贺众，削弱其实力。杂贺众于 1535 年协助细川晴元后，1536年就遭到了细川的攻击[2]；于 1577 年年初尚与织田信长合作，2 月就遭到了织田信长的攻击[3]，从雇主转化为敌人的时间非常之短。在这些雇主看来，奋勇作战的杂贺众雇佣兵毫无疑问会有大量的伤亡，储备的粮食、弹药等战略物资也大量消耗，因而每一个契约结束之际都是杂贺众最为虚弱之时，在此时攻击杂贺众不仅最为安全，而且能给杂贺众以最大打击，使其短时间内无法为其他势力服务，织田信长更是在战胜杂贺众后，要求杂贺众各首领签署表示对自己效忠的文书[4]，从中可以看出织田信长试图独占杂贺众雇佣兵的使用权。

---

[1] 菊池良生：『傭兵の二千年史』，東京：講談社，第 189–205 頁。

[2] 塙保己一編：『細川両家記』，『群書類従』，東京：温故学会，1988 年，第 380 合戦部 12。

[3] 太田牛一：『信長公記』町田本（http://www.page.sannet.ne.jp/gutoku2/kouki.html 2013 年 1 月 29 日）

[4] 太田牛一：『信長公記』町田本（http://www.page.sannet.ne.jp/gutoku2/kouki.html 2013 年 1 月 29 日）
签名的人是杂贺各地区的名门望族或实权者，但其中部分人非常明确地是被称为"大将"的雇佣兵队长。

七、结语

雇佣兵的存在有其合理性和必然性。雇佣兵的作用不是简单地将雇主的"经济优势"转化成"军事优势",也不是内忧外患国家的"救命稻草",从杂贺众参加的众多战役中我们会发现能够驾驭雇佣兵的国家或势力往往是军事实力和经济实力都较强的一方,因而从结果论而言,雇佣兵更多地是让业已强大的国家(或私人)获得更大的优势。从矛盾论的意义上讲,雇佣兵存在的意义是促使矛盾一方吃掉另一方,而不是排中、维持平衡。雇佣兵并不一定能让富裕而军力虚弱的国家用钱买来安全与荣耀,也不会让弱国通过出卖国家利益而苟延残喘、勉强维持。上述两种国家或势力雇佣雇佣兵的话,只会如雇佣杂贺众的石山本愿寺那样被夺走主导权,雇佣兵对上述两种国家或势力的作用是摧毁性的。

雇佣兵真正的用武之地,应当是作为拥有强大常备军的国家或势力的辅助部队出现,更确切地说是特殊问题应对专家和尖兵,如同以"火枪"为自身特色的杂贺众同时充当攻城和守城的中坚力量,却极少参加大规模白刃战那样,雇主只有在了解自己所雇佣的雇佣兵自身特点的基础上,充分发挥雇佣兵优势,并将雇佣兵与常备非雇佣兵融为一体,使其通力合作,才能真正意义上通过"外力"强化自身的武装力量,同时还能减少常备军,特别是本国居民人口的损失,也就间接减少了国家的财产负担和社会问题。

关于殿上受领的研究

〇 ［日］佐藤泰弘　甲南大学

一、引言

受领是 9 世纪后半期在国司制度改革的背景下产生的，他们担负着向朝廷进贡和劳役的责任，同时也具有地方行政的决定权。被封为受领的人一般是国司的地方长官，但是在公卿兼任地方长官的情况下，作为次官的"介"自然就会成为受领。10世纪末期，受领在改变地方行政机构的同时，也将土地税纳入向农民征收的课税中，从而加重了农民的赋税。这些税收也是受领聚积巨额财富的来源。

20 世纪 90 年代以降，关于受领地方统治的研究有了很大的进展。但是，受领作为贵族社会的一员，我认为仍具有一定的研究空间。

受领在贵族社会虽然地位并不那么高，但是他们以财力服务于上级贵族却是众所周知的。例如，11 世纪初期受领就以雄厚的经济实力效力于极具权势的藤原道长。11 世纪末期，院政的开创者白河上皇建造寺院和举行佛事的巨大经费开支也都是由受领负担的。

像这种受领与摄政家或摄政院（上皇）的关系令人瞩目，然而，受领与天皇的关系目前尚未被充分研究，基于此，笔者开始着手关于殿上受领的研究。

所谓殿上受领是指允许在天皇的居所清凉殿侍奉的受领，也就是说，允许升殿的受领。换言之，也可以叫作"天皇的受领"。

虽然一般认为天皇封殿上受领的目的是攫取受领的财富，但在这方面学者们并未开展详细的研究，因此本稿试图以介绍殿上受领的具体事例、基本事实为切入点进行详细探讨。

二、堀河天皇的殿上受领

1. 殿上受领的服务

关于殿上受领的史料大多是片段性的，但是，关于堀河天皇的殿上受领却留下了相对较多的史料，下面介绍几例。

（1）康和四年（1102年）二月十九日，为了轮读大般若经，在皇宫中组织了佛经的抄写工作。抄经主要由白河院等公卿、藏人、护持僧等分工完成，这些人中增加了殿上受领9人。[①]

（2）康和五年（1103年）正月，堀河天皇的皇子（宗仁亲王、后来的鸟羽天皇）诞生，（皇室）举办了产养仪式。产养是指庆祝皇子诞生的仪式，是在其出生后的第三、第五、第七、第九日夜间举行的仪式。第五日夜间正值正月二十，白河上皇将命人准备好的酒食和皇子的衣服赠予了"政院的殿上受领"。在当时效力的殿上人中有尾张守藤原长实、播磨守藤原基隆、丹后守藤原家保。[②] 这三人皆为殿上受领。

（3）堀河天皇的姐姐令子内亲王任职于斋院。斋院是贺茂家服侍皇族的女性。然而，康和元年（1099年）六月，令子内亲王因病辞退了斋院的职位。此后，内亲王的居所不定，也曾在皇宫的弘徽殿生活过。康和五年（1103年），天皇与内亲王同游时，天皇命殿上受领准备了三人份的服装，封赏了服侍内亲王的下级女官。[③]

（4）嘉承元年（1106年）三月，作为令子内亲王宅邸的二条堀川亭竣工。此宅邸由受封为殿上受领的播磨守藤原基隆建造。而且，内亲王所用日常调度、服装、服侍内亲王的女官的服装天皇也命殿上受领准备。此外，天皇以"特别贡品"的名义募集经费，得到了纪伊守藤原有佐的响应。[④]

---

① 载于《中右记》康和四年二月十九日。
② 载于《中右记》康和五年正月二十日。
③ 载于《殿历》康和五年十一月十五日。
④ 载于《中右记》嘉承元年三月二日。

（5）嘉承二年（1107 年）七月十九日，堀河天皇驾崩，有很多人参与办理葬礼和祈冥福佛事的工作，其中，以下 11 人是殿上受领。[1]

乳母子	播磨守	藤原基隆◇○		出云守	藤原家保
亲信	大宰权帅	大江匡房 △		近江守	平 时范◇○
	武藏守	源 显俊 ○		若狭守	源 俊亲
	越前守	藤原仲实 ○△		加贺守	藤原敦兼 ○
	丹波守	源 季房◇○△		备前守	源 国教 ○
	美作守	藤原通季			

殿上受领提供了葬礼所需的木材和人工（上述标记◇符号的），筹措了葬礼费用的丝绸和布匹（上述标记○符号的）。另外，办理葬礼的亲信的伙食等事宜由播磨守藤原基隆提供。除此之外的人，曾在天皇在位期间缴纳了很多米和丝绸（上述标记△符号的），此时仍有剩余的用于葬礼和祈冥福。

2. 殿上受领与后院

关于堀河天皇的殿上受领的记载除以上所述还有很多。殿上受领经常也与普通殿上人一样负责仪式事务。但是，殿上受领与普通殿上人的不同之处，恐怕是以其对天皇家的经济服务而著称。经济服务包括产养、内亲王的皇宫、日常调度、佛事，葬礼等天皇身边的事情，即所谓的与天皇家产相关的事情。虽然支撑天皇家产的不仅仅是殿上受领，但经济服务可以说是殿上受领的工作特点。

然而，关于堀河天皇的殿上受领的记载为何留存的如此之多呢？其中的一个原因应该是《殿历》和《中右记》之类详细的贵族日记被保存下来了，但更重要的是因为当时白河院曾掌管后院。关于堀河天皇的葬礼，藤原宗忠在日记中有如下的记载："帝王驾崩之时，应该使用后院的东西和人工。但是数年来，后院由白河法皇统领，很多东西无法支配。因此完全没有用于葬礼的财源。"[2]

后院本是天皇的别宫，是管理天皇私人财产的机构。各地的庄园等也由后院管理。后院本应由历代天皇继承，但白河院在堀河天皇继位之时，没有将后院的管理权交给天皇，而由太上皇掌握，这一点具有重要的政治意义。

---

[1] 载于《中右记》嘉承二年七月二十四日。

[2] 载于《中右记》嘉承二年七月二十四日"凡帝王晏驾之时，寻后院之物并人夫所召仕也。而年来法王为御领。仍成恐不宛用。故全无其用途也"。

堀河天皇没能掌管后院，只能直接用殿上受领带来的财富，因此很多殿上受领的记载才被保留下来了吧。但是，没有后院的监管殿上受领的财富是如何管理的呢？这是今后研究的课题。

三、殿上受领的实态

1. 从《西宫记》看殿上受领

殿上受领是殿上人的一种。10世纪后期的仪式书《西宫记》中记载，当时殿上人的名额是固定的，"除了殿上的侍臣，亲王、公卿、一世源氏及外国受领吏，御简（日给简）上记载的人数为30人"。[①] 可以看出，这里的外国受领吏是殿上受领，殿上受领是殿上人的编外人员。

另外，据《西宫记》记载："外国的受领依据天皇对其信任度，在他所在国的权威也不同。"[②] 虽为殿上受领，在他所在国也有权威。本来，受领即使不是殿上受领，也能够高居地方行政的顶点，特别是在天皇权威能够发挥作用的、有威望的贵族庄园。

还有，据《西宫记》记载："殿上受领从任期结束到被放还的期间是不能在殿上伺候的，但据说也有某国司在被放还后随意升殿的，是作为编外人员登载在日给简中"。[③] 由此，我们可以看出殿上受领任期结束后，也有作为前任受领继续升殿的。

2. 升殿许可与殿上受领的开创

受封为殿上受领的人物有天皇的乳母子、与天皇有血缘关系的人、有过侍奉经历的近臣，他们被委任受领的经过和理由多种多样。成为受领后多久才能获得升殿的资格呢？

作为堀河天皇的殿上受领武藏守源显俊，康和五年（1103年）十一月一日被委任为受领，翌年的长治元年（1104年）七月二十七日被准升殿。有（像这样）成为受领后要经过一段时间才能获得升殿资格的。但是圆融天皇时期，源通理在天延二

① 《西宫记》卷十"殿上侍臣、除亲王、公卿、一世源氏以及外国受领吏等付御简之数卅人"。
② 《西宫记》卷十"外国受领吏，以殿上寄，得国中威"。
③ 《西宫记》卷十"如此升殿之辈，任秩既讫，未放还间，不可候殿上。而或国司任意升殿，放还讫，即数外付简云云"。

年（974年）二月七日被委任为讃岐介，翌日就被允许升殿。[①] 像这样被委任受领后直接获得升殿资格的事情应该还很多。[②]

那么殿上受领的制度起源于何时呢？9世纪末，宇多天皇完善了升殿制度。当初天皇允许受领升殿是将其作为亲信的。众所周知，宇多天皇是拥护国司政策实施的，将受领作为亲信也符合宇多天皇的做法。

3. 朱雀天皇与藤原成国

朱雀天皇时期的天庆八年（945年），在殿上受领形成初期的具体事例中，发生过播磨介藤原成国被解职的事件。

成国于天庆七年（944年）二月二十一日被委任为播磨介，翌年成国上京，向朝廷控诉高家使者在出使国的暴力行径。行使暴力的虽然是关白太政大臣藤原忠平的使者，但成国却没提忠平的名字而直接控诉了"高家"。对此，朱雀天皇根据关白忠平的提案，命令成国说清楚使者的姓名，但却反而成为问责成国的问题了。因此，最后成国的升殿资格被取消，播磨介也被解职了。[③]

有威望的贵族以经营庄园为目的向地方派遣使者，引起了地方的混乱，这样的事情在9世纪后半期成为政治性问题。成国的控诉就是以此为背景的。成国的态度尽管有不可理解之处，但成国是殿上受领，是因为期待朱雀天皇的支持与庇护才控诉的。

此事件的主要史料来自忠平的日记，日记中也仅仅记载了事情经过的片段。从中可以看出忠平对于控告自己的成国进行反击的侧面，以及朱雀天皇听任于关白忠平的一个侧面。

且说朱雀天皇与成国的关系，朱雀天皇是在村上天皇让位后继承天皇之位的。播磨介被解职后，成国成为检非违史，但在天历元年（947年），发生了与另外两名检非违史违背敕命的事件。其他两人被指罪状，成国却无罪。翌年正月，成国要被定罪的时候，朱雀天皇亲自给忠平写了书信。书信的内容不尽而知，但朱雀天皇是希望为成国减刑的吧！[④]

---

① 载于《亲信卿记》天延二年二月八日。
② 译者注：《权记》长保元年二月二日条提到根据旧历殿上受领在受领后继续升殿。由此推知受领之后即获得升殿资格的事情不少。（原文：前近江介则忠朝臣如旧可令候殿上宣旨下之。）
③ 载于《本朝世纪》天庆八年十月十五日、《贞信公纪抄》七月十四日—八月十九日。
④ 载于《贞信公纪抄》天历元年闰七月二十三日、八月六日、同二年正月十四日、《北山抄》。

4. 圆融天皇与藤原景舒

殿上受领是天皇的亲信，即使天皇退位，二者的关系也能维系。

具体实例有作为圆融天皇的殿上受领伊贺守藤原景舒。还有在天延二年（974年）十一月一日，因为朔日冬至的诸阵觐见派遣殿上人之际，作为殿上人一员受到接见的美浓守橘恒平。[①] 圆融天皇在退位后仍与景舒有来往，宽和元年（985年）正值正月朝廷任命官员（除目）之际，圆融院向花山天皇递交了书信，推荐圆融院的院司作为受领。除目之后圆融院向天皇致谢，意思是上奏加贺的事情如愿以偿。[②] 此处虽没有出现人名，但是永延元年（987年）六月，藤原景舒成为加贺守是确定无疑的事情。受领的任期为四年，圆融院推荐的加贺守就是景舒。

再有从宽和元年开始的四年后，即永祚元年（989年）正月的除目，各院可以推荐受领，圆融院推荐了院司源重文。此举被称为"院分加贺"。在景舒任加贺守期满后，圆融院推荐了重文。[③]

四、一条天皇的殿上受领

1. 除籍的原则

据《西宫记》记载，殿上受领在任期结束后仍有继续升殿的。但是，一条天皇时期将此制度进行了改革。据《西宫记》内书记载，永延年间（987—989年）以降，天皇颁布的圣旨规定殿上受领任期结束后禁止升殿。内书中例举了适用此制度的最初案例，即：大和守藤原佐时，美浓守源远资，大宰大弐藤原共政三人。大和守藤原佐时永延元年（987年）六月任职，美浓守源远资任期结束于永延元年（987年）（《日本纪略》永延元年七月二十六日）。大宰大弐藤原共政就任于宽和二年（986年）正月（《二中历》）。此圣旨在颁布时期适用于在职受领，因此在永延元年颁布的可能性最大。

此圣旨被后代继承下来，长保二年（1000年）的贵族日记记载："按去年制定的

---

① 载于《亲信卿记》天延二年十一月一日。
② 载于《小右记》宽和元年正月二十五日—二十九日。
③ 载于《小右记》永祚元年（989年）正月二十三日、二十五日《尊卑分脉》。

规定，受领可在殿上候旨，但任期结束后，不准再升殿。"① 此外，宽治七年（1093 年）的贵族日记这样记载："若不兼官职的国司（殿上受领）任期结束，必须除籍，这是常规。"② 这与上述事例中圣旨的意思相同。

但也有例外：长保二年（1000 年）二月二日前近江介源则忠被允许升殿。则忠于长德二年（996 年）正月成为近江介，长保二年正月任期结束，却直接被允许升殿（《权记》长保二年二月二日）。之后，二月二十五日彰子受封为中宫皇后，则忠成为中宫权亮。则忠被允许升殿，是为了同时侍奉一条天皇和皇后彰子吧。

2. 未济（任期未满）受领的除籍

永祚元年（989 年）十二月，殿上简除名了藤原理兼、藤原景齐、藤原时清三位殿上受领，与之前所述不同，其原因是"本任未济"。③

所谓"本任未济"是指受领的任职期未结束之意。受领在任职期满后，应该交纳的东西要向朝廷交纳，为了证明在使国履行了应该履行的职责，还需要整理各种账簿。将全部文书进行整理完成审查叫作"公文堪济"，"放还"，也即为解除责任。三位被除籍的受领虽然任期结束，但是尚未完成自己的职责。

藤原理兼在天元五年（982 年）受封为备前守，宽和二年（986 年）正月任期结束，之后又过了四年。藤原景齐在永延元年（987 年）出任"前越前守"，作为殿上人，他的职责是做祭使和仪式的工作，在任期结束后至少又过了三年。藤原时清在天元四年（981 年）任土佐守，任期结束后又过了数年。

这三人在先前永延的圣旨颁布之前已经作为前司升殿了，可以不接受后来颁布的圣旨，但是因为公文尚未颁布就作为殿上人在皇宫活动，所以被除籍。与此相关的规定有"受领任期结束两年内若公文未颁布不能任用"。④ 此规定制定的时期尚未知，但先前三人被除籍，或许与此有关。

3. 藤原兼家与殿上受领

如上所述，一条天皇即位后加强了对殿上受领的统治。一条天皇继位是在宽和

---

① 《权记》长保 二年二月二日 "先年有起请，受领吏候殿上者，去任之后，不得上殿"。

② 《中右记》宽治七年正月一日（凡无兼官国司秩满之时，必除殿上籍常例事也）。

③ 《小右记》永祚元年十二月二十七日 "依本任事未济，今日被除殿上简"，《小记目录》卷十八受领事。

④ 《权记》长德四年（998 年）八月十六日 "受领之吏，去任二年之中，不堪公文之辈，不可叙用之由，当时新制也"。

二年（986 年）六月，当时天皇才只有 7 岁。经过永延年间（987—989 年），即便到了永祚元年（989 年）也只有 10 岁。天皇尚幼，对殿上受领的统治应该是摄政的藤原兼家的意志。

一条天皇即位后，于宽和三年（987 年）三月向诸国发布了数条太政官符，这表明了一条天皇即位后实施改革的决心。这也是摄政兼家的意志，但其中也有向出使国的各位受领实施暴政发出告诫之意。[①] 兼家具有统治受领的意图，殿上受领的统治被认为是其中的一个环节。

从殿上受领是一条天皇的亲信这一点来考虑，应该还能看到别的层面。一条天皇的殿上受领是由谁挑选呢？年幼的一条天皇显然无法挑人。摄政兼家和天皇之母藤原诠子也有选人的可能，但更有可能是由天皇之父圆融院选出殿上受领。

因公文未颁布被除籍的三位不是一条天皇统治时期任职的受领。藤原理兼受封为备前守是在圆融天皇时期，赴任结束之际天皇赐其御衣。理兼被认为是圆融天皇的殿上受领。藤原景齐作为圆融院的殿上受领、院司侍奉藤原景舒的兄弟，其本人服务于圆融院的可能性很大。藤原时清与圆融院的关系不详。但是时清和景齐的姐妹都是藤原兼家的妻子，与兼家关系颇深，人们认为圆融天皇正是因此才封他们为殿上受领。而且，圆融院选择殿上受领的人选也一定要是天皇的亲信。

但是圆融院与兼家的关系并不和谐，与诠子的关系也很淡漠。在这种情况下，兼家为了排除一条天皇身边圆融院的势力，加强对受领的统治，才实施殿上受领的除籍制度。后来藤原理兼和藤原景齐在兼家去世后马上在正历元年（990 年）再次获得升殿资格。[②]

五、结语

最后，笔者想作一下简单总结，来明确本文的主旨。

殿上受领支撑了天皇的私人仪式。我们可以认为加封殿上受领是天皇向受领获取财富的手段。而且，对于受领的人选来源，天皇首先考虑的是摄政家或摄政院。但是，天皇与殿上受领的关系不仅仅局限于经济方面，也有另外一面，那就是殿上

---

① 永延二年十一月八日尾张国郡司百姓等解《平安遗文》339。
② 载于《小右记》正历元年九月一日。

受领是天皇的亲信。

实际上，殿上受领在殿上侍奉之时，受领在京侍奉。11 世纪后半期，受领在京的倾向增强，受领在京作为先决条件使殿上受领在京成为可能。

以上所述有推测之处，也留下了许多继续探讨的课题。关于殿上受领的事例，笔者今后还将认真收集并展开研究。

（译者：寇淑婷）

丰臣政权的历史地位

○ ［日］谷彻也　立命馆大学

在考察日本自中世迈向近世这一过程时，一个重要的问题就是如何评价丰臣政权所发挥的作用。笔者希望通过对丰臣政权研究史主要脉络的梳理，在引出今后研究课题的同时，对若干问题进行考察，以便寻求解决这一问题的突破口。

一、先行研究的潮流

如果我们把从社会制度和时代区分的角度对日本历史中丰臣政权的地位问题的研究脉络加以总结，可以将其划分为四个研究时期。下面笔者将分别对这四个时期的相关内容进行简要概括，以理解其特征。

1. 20 世纪 50 年代以前

这一时期里，就日本近世社会到底近似于西方社会制度中的哪一阶段，出现了三种学说。提倡"封建制再编成说"的中村吉治，将以在地武士为基础的中世定义为前期封建制，将以大名为基础的近世定义为后期封建制。于是镰仓时期的集权式封建制在南北朝时期瓦解，至室町时期变为分权式封建制，到战国时期转变为无秩序社会，那么战国期、织田期、丰臣期、德川初期，就都被视为集权式封建社会再次形成的时期。[①] 而提出"初期绝对主义说"的服部之总，则认为织田期、丰臣期、

---

① 中村吉治：『日本封建制再編成史』，東京：三笠書房，1939 年。

65

德川初期与同时代的西方一样，是早期绝对主义的时代。西方在此之后逐步向真正的绝对主义转变，日本则因为检地和锁国的实施使得"计划中"的道路流产，并再次转向纯粹的封建体制。[1] 另外，提倡"纯粹封建说"的藤田五郎，认为这一时期是从中世的农奴式封建制向近世的纯粹封建制转变的过程，并将战国期、织田期、丰臣期、德川初期视作封建式支配强化，打压小资本产生的反动性政权。[2] 20世纪50年代以前的这些研究的特征在于，倾向于将丰臣政权与织田政权和初期江户幕府作为一个整体进行讨论，以及对检地和锁国政策视为旧时代产物病加以否定的评价。

2. 20世纪50年代

20世纪50年代，尾藤正英对上述诸封建制学说的批判，使得这些学说变成了需要被超越的对象。于是在这一时期里，太阁检地在封建制变迁和成立的相关研究中受到重视，进而产生了著名的"太阁检地争论"。提出"太阁检地封建革命说"的安良城盛昭，将战国期之前界定为奴隶制，认为由于太阁检地，封建式的土地所有制得以确立，农奴制得以普遍形成（小农自立）。[3] 另一方面，后藤阳一主张"太阁检地封建反动说"，将丰臣期视为隶农制的成立期，认为太阁检地将"村请"的主体设定为"役家"这一点阻碍了小农自立的存在。[4] 此外，提出太阁检地相对革新说的宫川满同样认为丰臣期属于隶农制的成立期，但是认为太阁检地虽然通过掌握和促进小农自立的再生产，打破了战国大名权力构成的基础，但同时也包含有妥协和反动的内容，评价其为相对性的革新政策。[5] 20世纪50年代的这些研究的特征在于，极关注太阁检地将丰臣政权分为前后期并对各自的意义进行研究，以及社会经济史（特别是土地制度）在研究中比重的上升。

3. 20世纪六七十年代

在这一时期，近世史研究中幕藩制构造论、幕藩制国家论研究正盛，丰臣政权作为幕藩制成立期的意义被广泛讨论。胁田修认为丰臣期是阻碍农奴制向隶农制转

---

① 服部之総：「初期絶対主義と本格の絶対主義」，『服部之総全集』八巻，東京：福村出版，1974年（初出1948年）。
② 藤田五郎：「近世農政史論——日本封建社会史研究序説」，東京：御茶ノ水書房，1950年。
③ 安良城盛昭：「太閤検地の歴史的意義」，『幕藩体制社会の成立と構造』，東京：御茶ノ水書房，1959年（初出1954年）。
④ 後藤陽一：「封建権力と村落構成」，社会経済史学会編『封建領主制の確立』，東京：有斐閣，1957年。
⑤ 宮川満：「太閤検地について」，『宮川満著作集』第5冊，東京：第一書房，1999年（初出1956年）。

变的封建制再度形成及强化时期，并对石高制的成立极为重视。① 继承安良城学说的佐佐木润之介和山口启二，以小百姓的农奴化，和作为战国大名自我否定结果的兵农分离制度的展开为前提，将丰臣期视为初期幕藩制国家加以理解。② 朝尾直弘将近世封建制社会的逻辑结构序列解释为兵农分离—石高制—锁国，认为织田政权末期是作为导致幕藩制国家形成主要力量的"将军权力"形成的关键期。③ 20 世纪六七十年代相关研究的特征在于，从封建制争论向分析丰臣政权结构方向转移，以及将近世社会的特质归纳为兵农分离、石高制、军役、锁国等多样性的制度内容。

4. 20 世纪八九十年代

在这一时期，对战国期的研究兴起，丰臣期则被作为中世向近世转移期的最终时期加以讨论。胜俣镇夫认为，在战国期日本发生了从庄园制向村町制（普遍认为这种制度一直延续到了近代）的转变，并以此为依据将视角集中在战国大名的地域国家之上。对于丰臣政权，他的评价是，虽然具有一定的意义，但也只不过就是战国期以来地域国家统合于一体的存在而已。④ 藤木久志则对 20 世纪六七十年代兵农分离等各种制度将中世与近世相隔绝的研究理论进行了批判，高度评价中世的村落为"自力更生之村"，并指出这一性质到近世也一直存在；但因为自力更生也意味着死伤相伴的惨祸同时存在，所以丰臣政权发布了将民众从"自力"状态中解放出来的"丰臣和平令"（即总无事令），得到了民众的认可。⑤ 20 世纪八九十年代的研究特征在于，丰臣期重新被作为自战国期连续而来的时期加以认识，以及被支配者（特别是村落）视角而非权力视角受到重视等。而这一时期的研究理论到现在为止，则作为通说而确立下来，并以此为基础进行着学术再生产。可以说，即使从迄今为止的研究史动态来看，像现在这样的研究动向也是比较特殊的情况。

---

① 脇田修：「近世封建制の成立—信長政権を中心に—」，『封建国家の権力構造』，東京：創文社，1967 年。

② 佐々木潤之介：「兵農分離制の確立」，『幕藩制国家論』上，東京：東京大学出版会，1984 年（初出 1975 年）。山口啓二：「豊臣政権の構造」，『山口啓二著作集　第二巻　幕藩制社会の成立』，東京：校倉書房，2008 年（初出 1964 年）。

③ 朝尾直弘：「序にかえて」，『朝尾直弘著作集』第 1 巻，東京：岩波書店，2003 年（初出 1967 年）。朝尾直弘：「将軍権力の創出」，『朝尾直弘著作集』第 3 巻，東京：岩波書店，2004 年（初出 1970—1974 年）。

④ 勝俣鎮夫：『戦国時代論』，東京：岩波書店，1996 年。

⑤ 藤木久志：『豊臣平和令と戦国社会』，東京：東京大学出版会，1998 年。同『村と領主の戦国世界』東京：東京大学出版会，1997 年。

二、引出的课题

自 21 世纪最初的十年以来到现在为止，对于上述研究的批判和再检证的工作一直在进行，太阁检地和兵农分离，以及"总无事令"等的历史意义逐渐被否定，或是逐渐被相对化。然而，在理论框架的结论上，则并未如 20 世纪八九十年代一般大量出现，可以说新理论体系亟待构建。接下来本文便试图从上一章所见之研究潮流中归纳出三点特征，以探索建构新体系之时可以依据的着眼点。

1. 封建制学说的继承、发展和消化

朝尾直弘已经指出，20 世纪六七十年代的研究，是在强烈地感受到既有学说的存在感，并以其为范式而进行的。[①] 胁田修氏的论述是对于中村吉治学说的继承，佐佐木润之介对安良城盛昭学说进行了批判性的继承。藤田五郎的学说则被铃木良一等人继承[②]，而就在最近，服部之总的学说则被藤田达生所用。[③] 然而，朝尾直弘对围绕封建制而进行的讨论加以批判，认为其有倒退回以土地制度为中心的国内矛盾研究的倾向，并引用作为日本近世史研究黎明期的内田银藏[④] 的研究，指出应该从世界史认知的角度来讨论近世日本的特殊性。在朝尾氏的论述产生阶段，封建制学说并不是作为其研究的基础或是范本加以继承的东西，而应该依据当下的课题方向，作为对这些论述的重新解释对象在变化。因此，就现状而言，我们也应该避免简单地原样套用封建制概念这一学说，而对如何消化吸收其研究成果加以重视。

2. 钟摆型分析手法

如果我们对第一部分所述的研究倾向加以关注的话，就会发现，为了搞清丰臣期的特性而进行的分析手法主要可以分为两类。第一类是以多层次、复合性的制度对社会构造进行描述的方法（也就是说多中心的论述，本文称其为多元性制度论）。20 世纪 50 年代以前的研究以农村统治和货币经济等为中心，从种种论点出发对社会制度进行论述。而 20 世纪六七十年代的研究则是以兵农分离、石高制、军役、锁国

---

① 朝尾直弘：『近世の政治と経済（Ⅰ）』，『朝尾直弘著作集』第 8 卷，東京：岩波書店，2004 年（初出 1969 年）。

② 鈴木良一：『豊臣秀吉』，東京：岩波書店，1954 年。

③ 藤田達生：『日本近世国家成立史の研究』，東京：校倉書房，2001 年。

④ 内田銀蔵：『日本近世史』，東京：富山房，1903 年；同《近世の日本》，東京：富山房，1919 年。

为关键词来析出幕藩制社会的特质。从这种意义上说，两个时期的研究实际上具有相似性。第二类则是从单一的法令和政策基调的完成程度来理解社会和构造的方法（也就是说以单一核心为主的论述，本文称其为一元性原理论）。20世纪50年代的研究将焦点集中于土地制度（特别是太阁检地），对革命的太阁检地使得小农自立得以推进这一内容的论述是研究的中心。而20世纪八九十年代的研究则将落脚点放在村落，"和平"得以实现，被认为是反映了民众渴望的"丰臣和平令"得到施行的结果。

而且，我们并不应该将这种多元性制度论和一元性原理论这两种分析手法交替（即钟摆式）出现视为偶然，而应当认为这是在既有的理论体系基础之上，对其进行克服和扬弃过程中所产生的必然。20世纪六七十年代的研究为了解构安良城理论而引出了构成近世社会的诸要素，20世纪八九十年代的研究则以从领主阶级向村落这一视角上转换而对之前研究成功地进行了批判。

如果是这样的话，那么为了超越20世纪八九十年代的理论体系，不也就意味着我们有必要在将领主与村落的相互关系纳入研究视野的同时，再次以多元制度为着眼点，对这一时期的社会变化进行重新理解吗？虽然这只能算是对构造论进行的再建构，却绝不意味着对20世纪六七十年代构造论进行照搬活用。那么，我们应该注意哪些内容呢？

3. 安良城学说的影响力——坚固的丰臣政权形象

无论我们采取何种分析手法，安良城盛昭提出的学说，都是在研究丰臣政权时无法逃避的内容。因为这是使丰臣政权作为一个特定的研究对象而成立的，在研究史上具有极其重要地位的学说。因此，近年以来的研究虽然一定程度上克服了将太阁检地作为革命性政策的论调，然而即便如此，后续的研究者依然未能从安良城学说的束缚中解脱出来。

太阁检地封建革命说，实际上建构了一个"丰臣政权拥有将自己的法令和政策在社会中贯彻执行（或者说可以贯彻执行）的权力"的形象。这一点被20世纪六七十年代"最终达成集权"性质的丰臣政权形象所继承，在20世纪八九十年代则以"推进和平"的丰臣政权形象得到再创造。虽然衡量其形象的尺度从太阁检地变为兵农分离和"丰臣和平令"，评价也从革命变为集权国家和和平，但依然具有一定的方向性，其中贯彻始终、共通的政权形象一直存在。

我们有必要首先从这一印象当中脱离出来。正如宫川满已经指出的那样，太阁检地是存在着妥协和边界的。当然，兵农分离、石高制、锁国也是有很多特例的制度。像这样，我们应该将尚残留着改变和修正余地的法令和政策加以实施这一点作为丰臣政权的特征（本文希望将其称为软构造性）而加以积极的评价，应该将近世社会基础的形成假定为纠缠和妥协的产物。

三、若干的考察

接下来，我们试图在前文关于研究史的整理基础之上，对丰臣政权的软构造性加以若干考察。笔者认为政权的法令和政策并未贯彻当初设计实施时的意图，而是在下述的三个局面中有所取舍，进行了变化。

1. 政权内部（秀吉—奉行）

虽然丰臣秀吉一直被看作是一个独裁者，不过在秀吉完成政治决策的过程中，作为判断材料的信息被更改的情况是时有发生的。天正十五年（1587 年）七月发生了村上氏对岛津氏船只的海盗行为，奉行增田长盛等人在秀吉得知消息之前，对村上氏发出了惩治恶党的命令。诸奉行进行信息控制的结果，就是秀吉将对村上氏的处理交给了其所归属的毛利氏来进行。[1] 与之相同的还有，对于诸大名和传教士等的处理，由于石田三成等奉行的工作和从中协调，使得秀吉的意志发生改变的情况也是存在的。[2]

另外，秀吉的政策也时常被偶发的政治情况所左右。在全国统一的过程中，对东国的政策（对后北条氏的处置）就是在软化和出兵的两种路线上反复波折。[3] 朝鲜出兵的时候，作出战争难以为继判断的奉行们，向秀吉提供了可以将其思路引向议和方向的报告。[4]

如上所述，秀吉的意志中是存在着可变的柔软部分的。奉行（取次）作为秀吉与大名之间关系的缓冲材料，会根据政权的方针和实际情况做出折中的处理。

---

① 　岸田裕之：「能島村上武吉・元吉と統一政権」，『大名領国の経済構造』，東京：岩波書店，2001 年。
② 　跡部信：「秀吉独裁制の権力構造」，『大阪城天守閣紀要』37，2009 年。
③ 　竹井英文：『織豊政権と東国社会』東京：吉川弘文館，2012 年。
④ 　佐島顕子：「豊臣政権の情報伝達について」，『九州史学』96 號，1989 年。

2. 领主层（政权—大名、公家、寺社）

虽然丰臣政权被看作是一个插手大名为首的领主层领国支配的强势权力，但实际上政权所颁布的政策，有很多都是根据领主的自行解释加以实施的。对于太阁检地的实施方法，我们的确可以看到政权直接派出奉行进行这一具有典型性的情况，不过当检地是交由大名委托执行的时候，检地方法往往是根据所在地域所独有的习惯加以改变的。基于检地得出的各国石高也是在考虑到各国不同的情况下，或是设定为与实际石高数有所不同的数值，或是根据实际需要对石高数进行追加的情况也是存在的。另外，在进行禁刀（刀狩）之时，丰臣政权的政策是将百姓所有的全部武器加以收缴，但毛利领国内其实只是机械性地命令每人上交太刀和胁指短刀各一把的"套装"了事而已。[1]

像这样的事例，通常作为政权政策执行不彻底的证据，用来反驳丰臣政权集权说。然而，笔者认为这并不表明政权政策的不彻底，而正是从根本上要求政策彻底执行的表现。例如，在天正十八年（1590 年）的奥羽处置当中，秀吉的命令在其所派遣的奉行（石田三成等）的实施过程中发生了更改。[2] 如果即便是政权直属的奉行也会结合地方实际情况对政策意图进行合理的改动的话，那么在大名领国内执行的时候自然就会作出更多的变动了。在刚刚由战国状态被统合起来的日本，不同的地域之间的社会状态区别是相当巨大的，对这样状态下的日本强制执行一致的政策，起码对于这一时期的统治权力来说应该是无力做到的。与之相比，笔者认为政权如何进行必要的数值统计和严守政策核心思路才是更受到重视的内容。

3. 在地（政权、大名、公家、寺社—村、町 / 村落上层—下层）

就算在政策实施的现场，也可以确认政权的原则发生了扭曲。初期的检地之时，由领主派出的奉行或是代官与当地的百姓之间关系的处理是很重要的问题，不过即使这样，在检地结束之后依然存在着很多隐瞒田地面积的村落。家户数和人口数的再普查（人扫）之中，也有很多为了逃避劳役负担而过少申报赋课对象的村落。[3]

太阁检地之时，近江国箕浦的井户村村民与六所领有的土地在检地账上被登记在被官（小作人）（译者注：附属于地主的隶农）的名下，因为害怕失去土地的产权，

---

① 藤木久志：『豊臣平和令と戦国社会』，東京：東京大学出版会，1998 年。

② 小林清治：『奥羽仕置の構造』，東京：吉川弘文館，2003 年。

③ 横田冬彦：「近世的身分制度の成立」，朝尾直弘编：『日本の近世 7』，東京：中央公論社，1992 年。

他还特意与人签下了确认土地归属自己的契约书。村落上层作为领主统治的终端，或是成为领主的代官，或是作为乡绅被赋予一定的等级，在作为庄屋（村长）主持村内事务的同时，也可以维护自己的利益。

像这样，领主与村落之间关系复杂，同时村落内部也同样存在着上层百姓和下层百姓之间的上下关系，在这样的状态下来自政权的政策无法按照原样就此施行，而是渐渐地发生着质变。虽然说村落内部的这种不平等状态，在进入江户时代以后，通过初期村方骚动中庄屋等上层百姓被逐渐排除的过程而逐渐得以改善，但笔者认为政策的核心思想与其施行状态之间的断裂，却在时代流转之后愈发积重难返。

四、结语

如上所述，最终形成的日本近世社会其实是一个与最初的设想有所不同的东西。之所以会如此的原因在于，丰臣政权在进行全国统治的时候，是不可能全面介入大名、寺社以及地方村町内部的。政权所重视的地方其实在于，将已经十分繁荣的上述各自治体，在以不违反政权自身原则为底线的前提下予以承认，由此对全国进行灵活的统治。然而，由于丰臣政权是整合战国社会之后形成的权力体，这就使得它的诸多规定实际上较后世最终形成的人与社会的各种表现而言更为严格。笔者希望今后立足这一观点，继续对政权的意义进行再思考。

（译者：刘晨）

由江户幕府正月礼仪所见德川"御三家"之地位问题
——以三代将军家光亲政期为中心

○ 刘　晨　清华大学

一、序言

　　由江户幕府初代将军德川家康排行最末的三个儿子所开创，并以各自封地所代称的尾张、纪伊、水户三个领主家族，被后世称为"御三家"。在官位和领地石高值等衡量武家地位的指标上，御三家表现出了超越其他武家大名的高贵地位，是近世日本社会当中非常特殊的存在。另一方面，进入江户时代以后，德川政权通过各种手段将以武家为顶点的社会各阶层纳入一种被称作"幕藩体制"的、具有规制性的秩序体系之下进行支配。尤其在三代将军德川家光执政时期（1633—1651年），幕府确立了以"将军专制"为核心的武家官僚体系，并通过创立"大目付"监察机制、严格"参勤交代"等政策，进一步强化了幕府的大名支配[①]。这样一来，该如何理解秩序性体系强化的时代特征与御三家的特殊性的并存关系就产生了问题。本文将从直观反映幕府与武家大名之间关系（幕藩关系）的幕府礼仪中，挑选出最重要且最具代表性的正月新年礼加以考察，试图梳理御三家自成立

[①]　藤井讓治:『江戸開幕』，東京：講談社，2016年，第203頁。

以来所具有的特殊性，并根据其在新年礼中的地位和表现，对家光政权期的幕藩关系和御三家的地位进行分析。

二、"御三家"的创立与对其特殊性的认识

尾、纪、水三家正式合称"御三家"要晚至元禄时期（1688—1704 年），不过三家开始拥有特殊地位，则始于初代将军德川家康在世之时。

家康共育有十一子，除了因信长之命而自杀身亡的长子、幼年夭折的七子和八子，以及作为嫡子继任将军的三子秀忠以外，其他各子都陆续独立成家。不过四子忠吉与五子信吉无嗣早逝，六子忠辉因滥施暴行、遭受惩罚而家系断绝（改易）；次子秀康以及九子义直、十子赖宣、十一子赖房的家系则得以延续，也就是后来一直到幕末都作为幕府一门而存在的秀康系越前、越后松平家以及尾张、纪伊、水户"御三家"。[1]

不过，同样是家康之子所开创的家系，三家从创立伊始就与其他家门不同。首先，从成为独立武家的方式来看，秀康先是作为人质成为丰臣秀吉养子，之后又以大名结城晴朝的养子身份继承结城家，并在家康转封关东时，获得了十万一千石的领地；忠吉、信吉、忠辉三人则分别作为东条松平家、穴山武田家和长泽松平家等松平一族的分支或归顺的谱代大名家系继承人，在家康领内获得领地，从而确立起独立的家系。因此，以上四人在元服（成年）之后的苗字（家号）分别是结城（后改为松平）、松平、武田和松平。[2] 而另一边，义直与赖宣虽然先后获得忠吉（尾张）与信吉（常陆水户）的旧领地，但并未延续二人的家系。而且包括赖房在内，三人都被认为是在元服之时即开始使用"德川"名字，这似乎说明三人从一开始就是作为德川将军分家，或是一门"连枝"而成立的。[3]

其次，在获取领地方面，三家也不同于其他家门。在家康夺取天下之后，秀康、忠吉、信吉三人因在关原合战中立下战功，于庆长七年（1602 年）的领地再分配中得到了地理位置重要的大片领地（越前北之庄六十七万石、尾张清州五十七万

---

① 藤野保：『幕藩体制史の研究：権力構造の確立と展開 新訂』，東京：吉川弘文館，1975 年，第 229 頁。
② 白根孝胤：「御三家の成立と家康の戦略」，笠谷和比古編：『德川家康：その政治と文化・芸能——德川家康没後四百年記念論文集』，東京：宮帯出版社，2016 年，第 97 頁。
③ 黒田基樹：『近世初期大名の身分秩序と文書』，東京：戎光祥出版，2017 年，第 222 頁。

石、常陆水户二十五万石）；忠辉于次年十二岁元服、初封信浓川中岛十二万石，三年后转封越后高田六十万石，此举被认为是幕府趁当地原来的藩主堀忠俊改易将势力渗入越后的策略，也和忠辉当年同仙台藩主伊达政宗女儿完婚有关。而就在同一时期，年仅三岁的义直、年仅一岁的赖宣却分别获得了甲斐国甲府二十五万石和水户二十万石的初封；三年后的庆长十一年（1606年）二人早早元服（行成人礼），三岁的赖房也在同时获得了常陆下妻五万石的初封；次年义直转封尾张名古屋五十三万石，庆长十四年（1609年）赖宣转封家康隐居之地——骏府、远江五十五万石，赖房接替赖宣转封水户并加增至二十五万石。[①] 与四位兄长相比，关原之战以后出生的三人尽管年幼且毫无战功或有力姻亲，可仍然早早地获得了广阔且重要的领地。这种独特性，很显然是幕府或者说家康本人有意为之。

除此之外，与其他家门大名独自组建家臣团并亲自支配领地不同，家康在世期间，三人从未亲自管理过自己的领地，而是通过三人的家老（家臣首脑）和年寄（上层家臣）等人代管——这些家老和年寄由家康从幕府的臣属中选出的。需要说明的是，这些被称作"付家老"（尾张、纪伊两家各两人，水户家一人）的家老，曾一度兼具幕臣和家臣的双重身份，并一直享受着藩国和幕府方面的特权，甚至在幕末成为独立大名，这也是江户时代极为罕见的情况。[②]

家康去世后，在二代将军德川秀忠执政期间，元和五年（1619年）赖宣转封纪伊、伊势合计五十五万五千石，义直则加封至六十一万九千五百石。官位方面，义直和赖宣分别在元服时就任从四位下右兵卫督、同位常陆介，至宽永三年（1626年）与秀忠次子忠长同时升任从二位权大纳言；赖房元服时就任从四位下右近权少将，至宽永四年升任正三位权中纳言。三人都在家康死后开始亲自管理家臣团和领地。另一方面，在赖宣之后转封骏府的忠长，无论是在官位还是领地，乃至于在将军上洛之时的礼仪位置等各个方面，都表现出了超越赖房、与义直和赖宣并列的态势，这也表现出秀忠试图将自己的儿子加入"御三家"之中的良苦用心。[③] 但遗憾的是，宽永八年（1631年），忠长因为犯下诸多恶行，被秀忠惩罚"蛰居"（闭门思过），次年被没收领地，最终于宽永十年（1622年）在其"逼塞"（严格软禁）地自尽。忠长

---

① 藤野保：『幕藩体制史の研究：権力構造の確立と展開　新訂』，第229页；黑田基树：黑田基树：『近世初期大名の身分秩序と文書』，第261页。
② 小山誉城：『德川御三家付家老の研究』，大阪：清文堂，2006年，第38—63页。
③ 林董一：「『御三家』の格式とその成立」，『史学雑誌』1960年总第69卷第12号，第43頁。

"家"的出现和灭亡，一方面对御三家的构造及其成员身份产生了较大影响；另一方面，他们在身份和地位上与其他大名之间的区分也因此变得更加清晰。

那么，历经两代将军的刻意安排和设计而逐渐形成的"御三家"，在他们日益趋同于一般大名经营领地方式的宽永年间，特别是秀忠去世、家光亲政之后，此前所有的特殊性又将如何持续并表现出来呢？以藩研究的视角考察御三家的相关研究是比较丰富的。自战后开始的藩政史研究中，水户、纪州两家相继作为藩政和地方支配确立的例证得到深入分析；近年来，作为新兴"藩研究"的中心之一，尾张藩的"藩社会"研究同样备受关注。[①] 不过，随着藩研究的日趋深入，藩领层面上御三家与其他大名之间的区别就逐渐稀薄了。当然，付家老制度等独具特性的情况确实存在，但无论是从藩政机构还是领民支配，抑或是藩政改革等内容方面，三家与其他大名之间的共性更加明显。在幕藩体制步入安定期之后，御三家在藩领支配层面并没有表现出显著的特殊性。可以说，家光政权时期的御三家与其他大名之间保持区别的依据，还是在于家主及其子辈们在官位晋升和礼仪活动方面的特殊优待。

自 20 世纪 60 年代林董一关于御三家的格式及其成立相关内容的研究开始，通过 20 世纪 90 年代以后白根孝胤、小山誉城等人的研究，关于御三家官位叙任及其过程已经基本得到了解答：初代的三人最终分别任从二位权大纳言（尾张、纪伊）和从三位中纳言（水户），不过尾纪两家自四、五代家主之后，继任家主的同时升任从三位中将兼参议，水户家则是升任从三位左近卫中将；此后尾纪两家主会在一两年内升任权中纳言，并在长寿的情况下有机会升至从二位权大纳言以为最高官位，水户家主则以从三位权中纳言为最高官位；另外按照惯例，三家的嫡子会在元服或初次面见将军之时被授予从四位下或从五位上之位阶（未必授官）。[②] 虽然自宽永年间（1624—1643 年）以降，出现了逐渐减少新授从四位以上官位的倾向，但是御三家的当主仍然保有着继将军及其世子之后，高于其他诸大名的高级官位。[③] 武家官位制度一直以来被认为是幕藩体制下大名序列的基准，而在以其为中心的秩序体系中，御

---

① 伊東多三郎：「近世封建制度成立過程の一形態：紀州藩の場合」，『社会経済史学』，1941 年总第 11 卷 7 号，第 1-21 页；伊東多三郎：『近世史の研究』4，東京：吉川弘文館，1984 年，第 155-191 页；岸野俊彦：「『尾張藩社会』研究からみた近世社会」，『歴史評論』，2006 年总第 677 号，第 14-26 页。

② 林董一：「『御三家』の格式とその成立」，『史学雑誌』，1960 年总第 69 卷第 12 号，第 39 页；白根孝胤：「御三家の官位叙任と幕藩権力─尾張家を中心に─」，『徳川林政史研究所研究紀要』，2005 年总第 39 号，第 29-53 页；小山譽城：『徳川御三家付家老の研究』，第 21-37 页。

③ 笠谷和比古：『近世武家社会の政治構造』，東京：吉川弘文館，1993 年，第 142 页。

三家无疑被放置在大名体系的最上端。

此外，虽然近世中期以后的随笔和记录中时常提到御三家在幕政重要事件中曾经发挥过重要作用[1]，但是就现存的当时幕藩各方的相关史料来看，并未发现三家例行参与幕政的记载。[2] 而与之相反，关于幕府年中行事和礼仪活动中三家的动向却保留了相当详细的记载。御三家在正月、八朔等幕府年中行事，将军上洛，日光社参等特殊礼仪场合，以及参觐交代、江户在府、家督继承、退任隐居等重要行事中所表现出的礼仪身份和仪式形式，在林氏或白根氏等人对御三家的专门研究，以及以幕府礼仪制度为对象的研究中逐渐得以明确。[3] 概括而言，即御三家在幕府礼仪活动中，被置于大名序列的最高地位，享有来自幕府方面的诸多优待，无疑是礼仪方面十分特殊的存在。从先行研究和史料考证可知，御三家此前所形成的特殊地位，正是通过官位与礼仪方面的"别格"待遇加以表现的。

如上所述，"御三家"在保持自身特殊性的同时，顺利地进入了为实现秩序性支配而建构的大名序列当中。这恐怕也是在家光政权期走向成熟的幕藩制国家，需要面对的内在矛盾之一，即无关军功或政治上的贡献，依靠血缘关系就获得特殊性的御三家，与通过典章制度和官僚体系实现的、尽量排除将军个人影响的"公仪国家"之间是如何并存的？为了解决这一问题，我们需要对幕藩制国家中具有代表性的重要仪式或制度中关于御三家的地位设计进行具体考察。

三、正月礼仪的意义与御三家的礼仪表现

本文选择幕府的正月新年礼为考察对象，是出于其作为幕府最重要的年中行事之一，且礼仪内容的复杂性和涉及范围的多样性都远超其他礼仪的代表性考虑。对于江户幕府的年始礼仪，以武家全体的正月头三天拜谒将军之礼为中心，二木谦一、

---

① 白根孝胤：「幕藩制下の御三家付家老の機能とその意義—特に寛永期を中心に」，『中央史学』，1995年総第18号，第64—73頁；白根孝胤：「『御三家』の成立と家康の戦略」，笠谷和比古編『徳川家康：その政治と文化・芸能——徳川家康没後四百年記念論文集』，第107頁。

② 藤井譲治：『江戸幕府老中制形成過程の研究』，東京：校倉書房，1990年，第104—118頁。

③ 刘晨：《日本近世武家节日的确立及其政治意义》，《日本研究》，2018年第1期，第90—95頁；林董一：「『御三家』の格式とその成立」，『史学雑誌』，1960年総第69卷第12号，第28—32頁；白根孝胤：「『御三家』の成立と家康の戦略」，笠谷和比古編『徳川家康：その政治と文化・芸能——徳川家康没後四百年記念論文集』，第95頁。

川岛庆子等人就拜贺礼的大名顺序，江户城中的殿席座次，以及飨宴仪式中的赐盃、献礼，甚至服饰座次、拜领物品及其摆放等方面都进行了详细考察。[①] 二木认为江户幕府的正月礼仪形成与元和二年的将军拜谒有关，并指出其与室町幕府的武家"故实"之间的传承关系；川岛则通过对《江户幕府日记》等一手材料的分析，指出在家光亲政时期大名的将军拜谒仪式中，大名的身份（谱代、外样等）在官位的决定性下出现相对化倾向的同时，也存在着幕府对于具有战功传统的大名加以优待，与将军有血缘关系的大名家族受到破格待遇等特殊情况。虽然小宫木代良在对二木氏所依据之史料《元宽日记》准确性进行批判之后，基本否定了幕府年始拜谒礼成立于元和二年的可能性。[②] 但至少在家光执政时期，正月新年礼已经具备了体现幕藩关系和大名身份的性格，这一点是很明确的。

不过，正月礼仪的意义恐怕远不止如此。正月礼中除了家门、谱代以及外样的武家大名对将军的拜贺礼之外，还包括旗本出身的幕府各部门职员或直辖领官员、町人（市民）以及手工业者代表、寺院神社的宗教人士，以及朝廷公家和门迹（出家皇族）使者对将军的拜谒；而拜贺礼之外，还有向日光和朝廷派出新年使者，举行谣初、连歌等礼仪娱乐活动，新年初次参谒增上寺、红叶山东照社、年初的鹰猎等庆祝新年的仪式，以及正月初七、十五等重要节日，是一个触及近世社会多种身份群体、包含多种礼仪目的与形式的综合性礼仪系统。通过直接对将军的拜贺礼，或是作为随从陪同将军进行新年参拜，或是参与江户城中的饮宴等活动，以武家为首的各阶层人士包括朝廷和公卿在内，得以明确与将军和幕府之间的相互关系，同时通过新年仪式重新确认或强化上述关系。具备如此政治意义的正月新年礼，不仅是政权权威性和支配能力乃至于管理秩序的表现形式，更算得上是建构幕藩制国家过程中一种重要的手段了。

从按照惯例在江户城西之丸的正月元日"大御所拜贺"因秀忠去世而消亡的宽永十年（1633 年）开始，到家光去世的庆安四年（1651 年）为止，幕府正月仪式的主要项目和仪式方法都出现了"先例"的常态化。另一方面，比如因为将军患病而省略或延期、因为江户城大修而变更场地、因为将军继承人家纲的诞生而新增的世

---

① 二木謙一：「江戸幕府将軍拝謁儀礼と大名の格式」，『日本歴史』，1999 年总第 618 号，第 1–18 页；川島慶子：「寛永期における幕府の大名序列化の過程」，西村圭子編『日本近世国家の諸相』，東京：東京堂出版，1999 年，第 54–82 页；川島慶子：「寛永期の大名の身分序列について——正月二日の拝賀礼の検討を通して」，『史草』1999 年第 40 号，第 91–113 页。

② 小宮木代良：『江戸幕府の日記と儀礼史料』，東京：吉川弘文館，2006 年，第 326–362 页。

子拜谒礼等特例，也时常造成新年礼内容的局部调整。此外，仪式参加者——武家大名——自身的除封、升迁、继任家主等变化，也会造成相应的场所和内容改变。不过，这些违反"先例"的仪式变动，一般都会作为特例写入幕府日记等史料当中，这也从侧面反映出"先例"的主体性地位。在家光执政期的正月礼演变过程中，御三家的地位同样是通过先例和特例这两个侧面共同反映的。

常态化的仪式内容之一，是正月礼最初也最为关键的将军拜贺礼。根据综合身份与官位、领地性质（是否为领国）及年贡（租税）收入等要素所得出的综合"指标"，将以武家大名为首的参加者划分为不同"等级"和"组别"，对应不同的时间和场所进行拜贺礼。具体来说 [①]，初一，将军家光首先于江户城本丸御殿"奥"侧（主要在御座之间）进行献服、食固齿饼、常膳之类的固定仪式。之后，将军"出御"于"表"侧的"白书院"（仅宽永十一年为黑书院），在上段落座之后，武家大名们的新年拜贺礼开始。御三家和秀康系松平家、加贺前田家等德川一门或将军姻亲的家主（川岛称其为"第一集团"）行贺礼，并进行"三献"等飨宴礼仪；随后，高家，和谱代、家门、有姻亲关系的部分外样大名，以及上述诸家的分家和非嫡子之中从四位以上者，以官职在侍从以上和以下为标准分为两组行礼，并通过单独或一同行礼、酒杯领受的方式和顺序、有无落座、行礼场所和将军赏赐的吴服所放位置、与将军的距离等极为细化的条目加以区分，各自获得与自己在大名序列中的地位相匹配的仪式表现。白书院仪式结束之后，将军出御于更"表"侧的"大广间"，接受从四品以下至无官位的谱代、亲近外样、任职于诸番组等幕府机构的旗本层武士的拜谒礼。初二，以外样为中心的武家大名众及其嫡子等人在大广间根据官位和领地进行分组行礼。初三，于奥侧的小广间或御座之间等场所，御三家的嫡子、无官位的大名幼子或各家证人（在江户人质），以及金地院住持和天海等与幕府关系密切的宗教人士对将军行拜见礼。在将军"出御"途中或是返回奥侧的"入御"之时或之后，手工业者、市民以及豪商代表等各阶层众人各自行礼。初六，在江户的诸宗派寺院僧众以及神社神官一同行礼，正月的将军拜贺礼至此正式结束。家光执政时期的历史演变过程中，这一仪式过程呈现出了相对稳定的状态。

在拜贺礼施行的过程中，处于仪式顺位最前端，也就是在初一白书院最先头的正是御三家的三位家主。三人分别单独行礼，献上"太刀目录"并放在距上段三叠

---

① 以下礼仪内容参见『江户幕府日记』宽永九年至庆安四年正月记录，藤井让治监修：『江户幕府日记姬路酒井家本』，东京：ゆまみ书房，2004 年，1-26 卷。

目处（偶尔尾纪两人放于距上段二叠目），并由幕府重臣主持献上过程，随后在将军左手一侧依次落座；水户家主之后，秀康系越后、越前两松平家和加贺前田家主（正保二年以后增加因幡池田家）依例顺次行礼，但太刀目录置于略靠后的四叠目处；诸位落座后，"式三献"开始，这一分为三个阶段的飨宴仪式，包括盛酒的"盃"在将军饮过后依次传递给在座诸位，并按规制适时提供杂煮和汤等饮食，以及在第一阶段"初献"之时将军会赏赐用带脚托盘盛装的吴服等严格而复杂的仪式内容，是幕府拜贺礼的飨宴仪式中最为庄重的一种——其中，唯有御三家家主拥有把从将军那里获得的酒盃喝过一口之后再返还给将军的特殊待遇；另外，在接受酒盃时向前施礼的位置、吴服所放置的位置等方面，三家可以获得距离将军最近（水户家偶尔会略低于其他两家）的位置，这一点也一直被明确记录。此外，在家主因为身在领地无法出席而派出代为行礼的使者时，也只有御三家的使者——各自家老，才可以在上述各项仪式结束、诸位离座之后直接参见将军，并举行进献太刀目录的仪式。

在正月的其他行事方面，首先是在初二夜间举行的"谣初"中[1]，将军于大广间中段落座，随后御三家的家主在幕府重臣的主持下在中段面向将军落座，然后奥平忠昌等三河时期的谱代家臣五六人在大广间隔壁（中间隔断门打开）的次之间分左右列座，行三献飨宴式，其间开始谣曲演出，井伊家等谱代大名一同观看。其次，初七与十五等岁时节日里，三家的家主为首的诸大名一般会登城，进献物品并拜谒老中（幕府重臣职），而十五的仪式经常会在比白书院更接近"奥"侧的黑书院进行，三家家主与将军"御对颜"，三家世子以及松平、前田家主与将军"御目见"并依次行礼之后，将军出白书院接见诸大名。

另外，将军会在初代将军家康忌日的十七日参拜江户城中的红叶山东照社，在二代将军秀忠忌日的二十四日参拜江户城下的增上寺。虽然这属于每月都会进行的仪式，但只有正月和二人的"忌月"，才会有武家大名排成的队伍陪同将军参拜，可见正月参拜的隆重。红叶山参拜之时，御三家不同于其他大名在净水池南面行拜见礼，而是在净水池前行礼；记录中也多次出现三人继续陪同将军列座于拜殿之中并接受神币、神酒的记载。增上寺参拜之时，三家也是在更加靠内的场所向将军行礼并陪同将军一路参拜。

与御三家相关的正月礼，还包括在家光时期产生的和临时性的仪式，前者的代

---

① 参见平野明夫：『徳川権力の形成と発展』，東京：岩田書院，2006 年，第 337–339 頁。

表是宽永十二年（1635 年）开始的御三家世子将军拜贺礼，和宽永十八年（1641 年）八月三日将军嫡子家纲（乳名竹千代，后四代将军）诞生之后出现的"若君"拜贺礼。三家的世子拜贺礼最初是在正月初三的最开始，于御座之间或黑书院进行。三人独立于其他组别之外拜谒将军、在老中主持下献上太刀目录、行一献之飨宴；但自宽永十八年正月起，三人的仪式改为初二，待其他贺礼结束、将军"入御"之后于白书院落座，三人行礼如前；这或许是此前一年三人各自获得官位晋升的结果。对"若君"家纲的拜贺礼与拜贺将军的内容基本一致，只是由于家纲年幼，飨宴仪式和赏赐吴服等内容被省略；三家家主身在领国的话，其使于在江户的三家家主行礼之后就直接进行拜见、献上太刀目录等礼仪，甚至要早于松平、前田等大名。

临时性仪式，如宽永十五年（1638 年）二代将军秀忠（谥号台德院）七年忌之时，幕府为款待因此来到江户的"敕使""院使""国母使"等朝廷使节举行飨宴和能剧演出；在登城参与仪式的武家大名中，只有御三家的家主获准在将军之下与"三使"进行"式三献"。另外，同年在增上寺法事中，也只有三人获准陪伴将军进入佛殿内，并在将军行礼之后烧香行礼。[①]

概括而言，正月礼仪行事中御三家与秀康系松平家主流和加贺前田家等共同居于拜贺礼和各种仪式顺次的最先和最上位；同时，三家还独自参与"谣初"等仅限将军及其近臣参与的礼仪活动，仪式内容也明显区别于在场的其他大名；世子和家臣同样享有特殊待遇。由此，可以清晰地观察到江户幕府的正月新年礼中御三家的特殊地位。

四、家光执政期御三家地位的特质及其成因

综上所述，居于序列首位的御三家在幕府的正月新年礼中表现出了超越秩序的独特地位。同时，这些仪式内容也反映出了幕藩体制下御三家的诸多特质。

首先，御三家作为与德川将军家血缘关系最为接近的家族，明显具备"一门最高"性格。自三河时代以来开始进行的德川家内部的"谣初"，三家世子拜谒将军时所处的江户城奥侧，德川家法事或参拜礼时仅限三家的陪伴任务，这些表现都足以说明

---

① 西尾市史编纂委员会编：『吉良町史别册资料：吉良家日记』，西尾市：吉良町史编纂委员会，2013 年，第 183 页。

御三家不仅具备"一门"身份，而且超越其他所有"松平家门"，是德川将军家之下硕果仅存的德川"御家"。

同时，三家获准晋升为将军家之下的最高官位，且居于礼仪顺次的最高位置，应该也都源于上述特质。不过，御三家被划入"第一组别"、与其他家门一起进行将军拜贺礼这一点同样十分明确。可见，"一门最高"并不足以涵盖御三家的身份地位。

从仪式内容特别是代行使者等内容来看，御三家的地位明显高于秀康系两松平、前田诸家；但从整体上看，三家与上述各家同归一组，并在拜贺礼以及其他新年礼中的步调基本保持一致。他们之间明确的共同点在于都是广义上的将军"家门"：这一时期，前田家主光高的母亲是秀忠之女珠姬，因幡池田家主光仲的祖母是家康之女督姬。大概正是因此，正保二年的《江户幕府日记》中才直接使用了"御家门御礼之次第"的说法。[①] 不过，与将军家存在姻亲关系的大名并不少见，仅就前田家获得如此显赫地位而言，恐怕更主要的原因还是在于其领有三国百万石的实力。以外样大名为中心的拜贺礼在正月初二进行，却专门将前田家置于初一的最开始，还将其分家家主和庶子的拜贺礼放在同一天的白书院进行（甚至有超越官位序列的礼仪顺位），多半与幕府笼络实力派大名的政治目的有关。另一方面，由家康次子秀康开创的越前松平七十万石大名家，虽然因为秀康之子忠直遭受处罚而最终形成了越前、越后两个家系，但地位高于其他称"松平名字"的家系这一点十分明确。幕府将这些身份特殊的上层大名与拥有"德川名字"的御三家分在一组，既是承认这些家族特殊性的证明，很可能也在利用御三家超越性的地位对这些家族进行某种制衡。换言之，作为"一门最高"的御三家，实际上成了幕府掌控同组其他上层大名家的手段之一；同时，御三家"大名以上"的特质也得到了进一步的明确。

此外，以越前、越后松平家和前田家为首的诸大名家，一旦出现家主早逝但继任者年幼或官位尚轻的情况，他们在拜贺礼中的位置就会相应地临时下降。前田家的情况较为特殊，虽然在光高23岁英年早逝以后，其嫡子纲纪（乳名犬千代丸）因尚在年幼而一度跌出正月礼的第一组别，但是幕府同时特别获准早已隐退的前田家上一代家主（小松中纳言利常）再次进入礼仪体系参加拜贺，以此作为平衡。另一方面，庆安三年（1650年）尾张大纳言义直病逝，次年的新年拜贺中，继任为家主的权中将光友尚在领国，但作为代行使者的尾张家臣却依然在第一组别行礼结束后

---

① 藤井讓治監修：『江戸幕府日記　姫路酒井家本』，東京：ゆまみ書房，2004年，第15卷，第20頁。

进行了拜贺礼。使者代为行礼这一点，不仅体现了御三家的特殊性，也是御三家在正月礼仪中明确区别于其他大名家的明确证明。可以说，无论任何特殊情况（在地方、家主更迭），甚至无论仪式内容的区别，御三家始终居于仪式顺位的最前端。加之其低于将军家却始终高于其他大名的官位，实在不难推测出幕府借御三家的特殊地位以维持幕藩体制支配构造的意图。也就是说，幕府或许试图以"一门最高""大名之上"的御三家作为将军家与其他大名家之间的阻断和区分。

当然，要确认这一点，就要对幕藩体制的各个方面，以及家光之后的幕藩体制形态进行全面考察，这将会是笔者今后的研究方向。不过至少，御三家在稳定地保有着一门至高的特殊身份的同时，在幕藩体制序列中处于将军家之下、大名之上这一点是比较清晰的。这种身份地位，与家光政权所建构的幕藩关系显然有着深刻而直接的关系。

五、结语

随着庆安四年（1651 年）家光去世，年仅十一岁的嫡子家纲继任为四代将军，幕府政权被以老中为核心的重臣集团所掌握。正月新年方面出现的最大变化，莫过于家纲的两个弟弟——纲重（乳名长松）和纲吉（乳名德松，后继任为五代将军）在初一白书院仪式之前，在奥一侧的黑书院首先进行拜贺礼（飨宴式为一献）这一仪式项目的出现。[①] 这一内容，即便是在二人各自获封领地（甲府、馆林各二十五万石）和授予官位（从三位左马头 / 右马头兼参议）之后依然长期固定存在。将两人以"将军家内"的身份置于御三家和武家大名之前进行拜贺礼这一点，大概是幕府试图将二人的身份地位脱离于大名治理政策的"大名序列"而采取的手段之一。而由此一来，对于御三家来说，这一仪式的创立就从根本上明确了一直相对模糊的御三家与将军宗家之间的关系：三家完全被划归于将军宗家之外，作为非将军之德川一门的性格得到了确认。这同时也是家纲执政时期幕藩体制逐步成熟的表现之一。

---

① 藤井讓治監修:『江戶幕府日記　姫路酒井家本』, 東京:ゆまに書房, 2004 年，第 26 卷，第 21 頁。

商品经济的发展与近世日本身份制度的动摇 *

○ 郑樑楚　南开大学

　　肇建于织丰时代的"士农工商"身份制度被德川幕府完整地继承下来并日益巩固、完善，一些儒家知识分子站在幕藩国家的立场上力图论证身份制度的合理性，身份制度和身份意识渗透到近世日本社会的每个角落，成为支撑近世日本统治秩序和社会秩序的重要一环。据此，学界一般认为近世日本的身份制度存在着以下特征：（1）士农工商四民之间存在着严格的身份和职业区分，并且身份和职业世袭，禁止身份和职业之间的流动；（2）武士作为社会的统治者，其身份地位高于作为庶民的农工商阶层；（3）严格的身份制度束缚人们的人身和才能，抑制了社会活力，阻碍了社会的发展。[①] 本文认为，这种观点只是看到了政治权力对身份制度的强制规定性和统治者的政策意图，却没有看到身份制度本身的复杂性和商品经济的发展对近世日本社会结构的冲击以及因此所导致的身份制度的嬗变。本文试图从以上视角出发来考察近世日本的身份制度，以期重新认识近世日本身份制度的真实样态。

---

* 原载《日本问题研究》2016 年第 2 期，第 29-39 页。收入本书时有修订。

① 参见吴廷璆主编：《日本史》，天津：南开大学出版社，1994 年，第 224 页；沈仁安：《德川时代史论》，石家庄：河北人民出版社，2003 年，第 65-74 页；李文：《武士阶级与日本的近代化》，石家庄：河北人民出版社，2003 年，第 80 页；依田熹家著、卞立强译：《简明日本通史》，上海：上海远东出版社，2004 年，第 133-134 页。

一、近世日本身份制度的建立及其特征

身份制度是近世日本的基本社会制度之一，对于维持统治秩序、实现社会稳定发挥了重大作用，近世日本社会正是在身份制度的约束下运转的。在其形成过程中，检地、刀狩，以及战国大名的城下町政策发挥了主要作用。

1582 年，丰臣秀吉开始实施检地，其目的是为了在其控制的区域内扫除中间性的土地所有者，实现大名对农民的直接控制，强化自身权力。实行这一措施，一方面在制度上确定了年贡负担者和军役负担者的区分[1]，在土地所有关系上确定了"兵"和"百姓"的身份。此后，武士脱离农村集居城下町，逐渐脱离与农村的政治经济联系，靠领主发放的禄米维持生活，防止了"下克上"的发生，对于稳定领主的统治发挥了重要作用。另一方面，扫除中间性的剥削阶层，也使领主权力向基层社会渗透，确立起武士对庶民的一元化统治。

1588 年秀吉又发布了刀狩令，禁止百姓持有"刀、胁差、弓、长枪、步枪及其他武具"，因为百姓拥有武器将会导致"年贡难入，企图发生一揆，对给人不恭"，其目的是要达到"百姓只持有农具，专心耕作，以至子孙长长久久"[2]。通过刀狩令，武士成为近世日本唯一的武力集团，而百姓则成为负担年贡、专门从事农业生产的生产者集团，在武力上区分了武士和百姓的身份，通过武士的武力垄断确立起武士对庶民的优位，促使兵农分离彻底化。

在实施兵农分离的同时，织丰时代还基本实现了商农分离。织丰时代领主权力大大强化，为了保障军事斗争的胜利，必须建立起强大的经济基础，但仅靠地租无法应对，因此，通过发展工商业来弥补农业收入的不足就成了必然选择。为此，大名们通过经营城下町的方式来发展工商业，其主要措施有：（1）下令领国内分散的商人、手工业者都集居于城下町，并要求领国内的商业活动都在城下町展开，限制领国内其他地区商业活动的发展；（2）采取乐市乐座[3]、免除地子[4]等优惠政策来诱

---

[1] 峯岸贤太郎：『近世身分論』，東京：校倉書房，1989 年，第 77 页。
[2] 『小早川家文書』，参见熊倉功夫编『史料大系日本の歴史 4　近世 1』，大阪：大阪書籍株式会社，1979 年，第 83 页。
[3] 乐市乐座：从战国时代到江户初期，大名为了对领国经济实现统一管理及繁荣城下町而采取的商业政策。其主要内容是在城下町免除市场税、商业税，废除以往座商人的特权以及座本身，允许新兴商人自由营业。
[4] 地子：日本古代、中世及近世领主对田地、山林、盐田、房屋宅地等征收的地租。

导工商业者自发地移居城下町，并注意改善城下町的交通条件；（3）为维护城下町工商业的垄断权及其在领国经济中的核心地位，近世领主还颁布各种政策法令来保护城下町的工商业，如严格限制在乡町和农村工商业的发展，并对来自其他领国的外来商人的行商活动进行了种种限制。通过这些措施推动近世封建社会中城市和农村社会分工的进一步明确化及商农分离的实现。[①]

通过检地、刀狩、城下町经营，织丰时代已基本实现了兵农分离和商农分离。武士成为集居城市，专司军事、行政职能，从领主获取禄米的治者集团；农民成为集居农村，专门从事农业生产，向幕藩国家缴纳年贡并承担诸役的生产者集团；町人则成为集居城下町，为封建领主及其家臣提供手工业产品和商品流通服务的流通集团。这些基本奠定了德川时代身份制度的基本框架。在身份制度建立的初期阶段即可发现，这一制度具有以下特征：

第一，近世身份制度是一系列制度、政策的衍生物，是作为结果出现的，而不是作为目的出现的。中外颇有论者将 1591 年（天正十九年）丰臣秀吉发布的"定"称之为"身份统制令"，认为该法令将武士和农工商、农民和町人的身份明确区分开来，禁止各职业阶级之间的相互流动，是近世身份制度确立的基础。但是，该法令是为了"出兵朝鲜、确保兵员、将武士束缚在主从关系中、确保兵粮米而出台的，不是以从法律上确定兵农的身份分离为目的发出的"，因此，"将该法令成为'身份法令'、以身份的法制化为目的来解释是不妥当的"。[②]近世身份制度是在织丰时代实施上述制度和政策之后衍生出来的制度，并在德川时代以惯例的形式来加以继承、完善和强化。无论是织丰时代还是德川时代，都并没有一个明确的法令来规定这种制度。

第二，近世身份制度是通过强有力的政治军事强制实现的。无论是兵农分离还是商农分离，都是封建领主为了加强自身的政治经济军事实力、贯彻领主权力而进行的，带有鲜明的政治强制性。刀狩令发布约 40 天后，加州江沼郡（今石川县西南部加贺市及山中町地区）一郡即收缴刀 1073 把，胁差 1540 把，长枪 160 根，

① 邱杰：《近世领主的城下町经营与领国经济统治》，《外国问题研究》，2011 年第 1 期，第 29–31 页。

② 峯岸贤太郎：『幕藩制社会の身分构成』，深谷克己、松本四郎编：『幕藩制社会の构造』，东京：有斐阁，1980 年，第 39 页。类似的观点参见峯岸贤太郎：『近世身分论』，东京：校仓书房，1989 年、第 84 页；朝尾直弘：『日本の近世 7・身分と格式』，东京：中央公论社，1992 年，第 45–46 页。

笄 ①500 根，小刀 500 把 ②，由此可见刀狩令得到了很好的执行。正因为身份制度具有鲜明的政治强制性，因此，当近世幕藩国家的政治权力弱化时，身份制度也必然会走向动摇。

第三，近世身份制度在客观上导致了武士优位、领主优位、德川家优位的结果。检地基本扫除了中间性的剥削阶层，将领主权力贯彻到基层，实现了武士对农民的强有力控制；刀狩令则剥夺了农民的武力，使农民在领主的政治经济剥削面前无力反抗，牢固地确立起武士的统治地位；城下町经营则将町人直接置于武士的监视之下，使町人成为为武士服务的阶层，并控制了城下町的工商业经营活动，保障了领主的经济收入。德川幕府建立后，又屡次发布《武家诸法度》《诸士法度》，通过服饰、车马等方面的规定，来加强武士集团内部的等级秩序，还通过参觐交代制来加强德川家对诸大名的控制。这一系列制度、政策的根本旨归就是为了确保武士对于庶民的优位、领主对于中下级武士的优位、德川家对于地方大名的优位。

第四，近世身份制度的稳定与否取决于石高制稳定与否。近世身份制度虽然确立了武士对于庶民的统治地位，但同时也切断了武士与农村的直接联系。在近世初期，幕藩领主进行大规模的新田开发，加强对农民的掠夺，同时，近世初期农业生产力不断发展，石高收入不断增长，使武士的统治地位具备坚实的经济基础，身份制度也比较稳定。然而，由于幕藩领主生活的奢侈、城市经济的繁荣所带来的消费水平的提高、参觐交代制带来的物力财力浪费，无不消耗着幕藩领主的财政收入。但是，自 18 世纪初期之后，幕藩国家即基本上没有再进行检地，农民对年贡增征政策的极力反抗，定免制的普遍实施，因此，土地生产力的提高所带来的生产剩余并没有被幕藩国家所掌握，而是留在了农民手中。町人则利用从事商品流通工作的便利，攫取经济利润，其经济实力更进一步增大。如此一来，幕藩国家的石高收入必然受到影响，武士的优越地位也就缺乏坚实的经济基础作支撑，而农民和町人的经济地位则在提高。从这个角度来说，近世日本的身份制度本身就蕴含着自我否定的因素。

---

① 刀鞘的附属具。

② 『溝口文書』，熊倉功夫編：『史料大系日本の歴史 4 近世 1』，第 84 頁。

二、商品经济的发展与近世日本社会结构的嬗变

德川幕府建立后，实现了社会的和平稳定，为经济的发展提供了良好的社会环境。幕藩领主为了获得更多的年贡，也积极进行新田开发、兴修水利，为农民的农业生产提供物质条件。农民的土地持有权得到了国家的保障，在年贡村请制的情况下，农民向幕藩国家交纳一定量的年贡后，其余的产品可供自己支配，从而刺激了农民的生产积极性。此外，农业生产技术进步、品种改良、肥料施用等因素也促进了农业生产的发展。农业经济的发展为近世日本商品经济的发展提供了物质基础。

商品经济的发展首先表现为城市经济的繁荣。兵农分离之后，武士、町人都集居于城下町，1635 年幕府开始实施参觐交代制，大名及其家臣须一年在江户居住一年在领国居住，其妻、子则作为人质常年居住江户，因此，在城下町和江户形成了庞大的城市人口。在 17 世纪中期，城下町的人口达到 140 万人左右，江户的武士和町人的总数达到 43 万人，18 世纪中期超过 100 万人，京都、奈良、伏见、堺、大阪的人口在 1650 年左右达到近 80 万人，这些都是人口合计超过 250 万人，都市人口占总人口的比例超过 15% 的大城市。[1] 庞大的城市人口必然会促进城市工商业、金融业组织的发展，以近世日本的经济中心大阪为例：正德年间（1711—1715 年）各地在大阪的国问屋[2] 共有 1851 家、船宿[3]316 家，专门进行大米、蔬菜、油料交易的专业问屋共有 45 种、2355 家，其他问屋有 14 种、949 家。[4]1724 年从大阪运到江户的主要商品有：皮棉 103530 捆，木棉 10471 捆，油 73651 樽，酒 265395 樽，酱油 112196 樽，米 13278 俵，炭 251 俵，鱼油 296 樽，盐 6780 俵。[5] 这些数据说明了城市经济的繁荣和巨大的消费能力，而且可见城市经济与农村经济的联系以及货币流通。

城市经济的发展带动了农村商品经济的发展，尤其是商品性农业的展开。如前所述，近世日本的城市人口非常庞大，这必然会增加对农产品的需求量。1714 年进入大阪市场的主要农产品有大米、蔬菜、烟草、菜种、木棉、绢、布等，价值

---

① 速水融、宫本又郎编：『日本経済史 1・経済社会の成立』，東京：岩波書店，1988 年，第 228 頁。
② 问屋：批发商，批发行。
③ 船宿：船员旅馆。除为进港船员提供住宿外，还为其提供方便、供应物资等的旅馆。
④ 永原慶二：『日本経済史』，東京：岩波書店，第 188-191 頁。
⑤ 岡光夫・山崎隆編：『日本経済史：幕藩体制の経済構造』，京都：ミネルヴァ書房，1983 年，第 110 頁。

160416 贯，占全部商品价值的 56%。[①] 同时，由于全社会消费水平的提高，从而增加了对衣料的需求量，木棉种植业发达起来。河内国丹北郡东出户村 1632 年的木棉种植面积占到总耕地的 79%，河内国若江郡小若江村 1677 年的木棉种植面积达到旱地的 100%、总耕地的 54%，1705 年摄津国平野乡的木棉种植面积达到水田的 52%、旱地的 78%[②]；1714 年运往大阪的木棉有 1722781 斤，棉子 2187438 贯，1736 年运往大阪的木棉有 1603878 斤，价值 3597 贯。[③] 此外，因城市经济的繁荣、交通条件的改善，农产品的商品化率也在不断提高。明治初年农产品的商品化率，大致反映了德川后期的商品性农业面貌：1877—1879 年，平均每年全国农产的商品化率达到 48%，其中大米为 46%，经济作物为 77%，麦及杂粮为 24%。在摄津、河内、和泉的等献金农业地区，农产品的商品化率更高：摄津是米 77%，经济作物 91%，麦及杂粮为 22%；河内是米 67%，经济作物 93%，麦及杂粮 24%；和泉是米 47%，经济作物 88%，麦及杂粮 18%。[④]

商品经济对全社会的渗透，对近世日本的社会结构产生了深远影响，主要表现为町人势力的崛起、武士的贫困化和农村的阶层分化。

（一）町人势力的崛起

町人主要从事工商业，商品流通的发展使这一群体发展壮大，主要表现在以下三个方面：

（1）商业组织的完善

城市中出现了专门负责收藏大米和各类商品的仓库"藏屋敷"，向各地发送商品的"藏元"，负责收取出售大米和商品换来的钱财并将这些钱财交送到江户和各藩的"挂屋"，这些商业从业人员原本是领主和武士的手下人员，后被町人取代。随着商品生产和商品流通的发展，城市中出现了大量问屋，正德年间有问屋 5543 间以上，涉及的门类有回船、两替、米、棉丝布、油、农产及农产加工、纸、酒、矿工、木材、薪炭竹、水产等。问屋之下还有附属的中间商，如药类、烟草类、漆类、果蔬类、

---

① 永原慶二：『日本経済史』，第 200 頁。
② 永原慶二：『日本経済史』，第 193-194 頁。
③ 岡光夫、山崎隆編：『日本経済史：幕藩体制の経済構造』，第 107-108 頁。
④ 中村哲：『明治維新の基礎構造』，東京：未来社，1968 年，第 156 頁。

油类、米类等，合计 876 家以上，还有无法分类的问屋、中间商如当铺、酱油店等处，共有商人 2343 人。① 町人还通过结成大阪"24 组问屋仲间"、江户"10 组问屋仲间"等批发商公会，对日本国内特别是各地于三都流通的主要货物实行广泛的垄断经营。这种批发商公会，不仅在很大程度上控制了国内主要货物的运输、加工手段、供销关系网络和流通机构，而且具有了左右全国主要商品价格的权利，从而在市场控制和商品流通领域占据了凌驾于领主阶级之上的主导权。以至于荻生徂徕慨叹"商人们联合起来组成'仲间'，依靠它来管理商业活动，商人个人不需要做任何事就能够获利谋生，这样的经营方式成本花销很大，根本无法降低物价"。②

（2）町人的经济实力雄厚

新兴町人积累了大量财富，以著名的新兴町人三井、鸿池、淀屋为例：豪商三井家 1813 年拥有约 74 万 3 千两的总资产，1867 年拥有约 94 万 6 千两的总资产，在江户大传马町开店的木棉批发商长谷川家在 1828 年拥有约 31 万 8 千两的资产。1840年 6 月，三井越后屋本店的营业额达到 11666 两，同向店达到 3500 两，大丸店达到 7666 两，白木店达到 5000 两左右。③ 町人在流通中获得巨大的利润，近世中期的思想家本多利明在《经世秘笈》中指出，"天下之通用金银悉鬼商贾之手，豪富之名仅归商贾，永禄之长者武家皆贫穷，是故商贾之势逐渐盛而居四民之上。当时商贾之收纳，如将日本国当作十六分，则十五分由商贾收纳，其一由武家收纳"。④

（3）町人广泛开展金融活动

町人利用"札差""挂屋"和"藏元"兼营信贷业务，并以掌握的货币为资本在城市开办"两替屋"，通过"前贷制度"⑤ 来支配地方产业，投资开垦新田，将货币资本直接侵入农村，掌握农民的商业性产品和手工制品。如"大阪棉屋仲间"以事先贷款的方式拥有了包买畿内各国和三河、知多、尾西、播州、伊予等地籽棉和皮棉

① 安冈重明：『幕藩制の市場構造』，『岩波講座日本歴史 10・近世 2』，東京：岩波書店，1975 年，第 278 頁。
② 荻生徂徕著、龚颖译：《政谈》，北京：中央编译出版社，第 84 页。
③ 森末義彰、寶月圭吾、木村礎編：『体系日本史叢書 16・生活史 Ⅱ』，東京：山川出版社，1965 年，第 348—349 頁。
④ 塚谷晃弘校注：『日本思想大系 44・本多利明』，東京：岩波書店，1970 年，第 33 頁。
⑤ 预先贷款给种植经济作物的农民和手工业者，以包买其产品销售权的机制。

的垄断权,从而将农村的手工业者置于自己的控制之下。[①] 此外,町人还凭借其雄厚的经济实力开展"大名贷"和"町人贷"的高利贷业务,如大阪最大的两替商鸿池家在 1673 年的町人贷仅占 7%,而大名贷却达到了 84%,仅 1714 年就获利 2100 贯银。[②] 京都商人三井家向纪州藩贷款,由 1719 年的 6 万贯逐年增加,到 1774 年达到 655000 贯,年利率最低 9.6%,最高达 15%。[③] 幕府于 1760 年两次向大阪商人借款 171.8 亿两,诸藩同样要向大阪商人借款维持财政运转。[④] 由此可见,町人的经济实力非常雄厚,已经控制了幕藩国家的财政命脉和武士的日常生活,以至于近世中期的经济学家太宰春台说:"今世武士,大名以下每每垂首于富商之前,靠高利贷度日。常被金主逼债,见金主如畏鬼神,忘记了武士的身份,俯伏于町人之前。"[⑤] 生活贫困的下级武士也不得不向町人借钱以维持生计,如近世末期加贺藩下级武士猪山家 1842 年共负债银 6260 匁[⑥],其中向町人借款 3000 匁,占到总借款的 47.9%。而且,这些借款的利息非常高,最高的是年利 18%,一般是 15% 左右。在最坏的情况下,猪山家一年要支付的利息就超过 1000 匁,相当于其年收入的 1/3 左右。[⑦]

(二)武士的贫困化

在町人势力崛起的同时,作为统治集团的武士却陷入贫困的泥沼中无法自拔,其主要原因有以下三个方面:

(1)武士的"旅宿境遇"

兵农分离后,武士集居城下町,1635 年幕府又开始实施参觐交代制,大名及其随从须一年居住在江户,一年居住在领地,而其妻、子则作为人质常住江户,为此,须在江户营造住所,从而耗费了大量财富。例如,1643 年长洲藩要将年贡米收入的 90% 以上作为江户入用,18 世纪初的加贺藩也要将年贡米的 1/3 甚至更多作为江户

① 刘金才:《町人伦理思想研究——日本近代化动因新论》,北京:北京大学出版社,2001 年,第 145 页。
② 豊田武、児玉幸多编:『体系日本史叢書 13 流通通史』,東京:山川出版社,1965 年,第 160 頁。
③ 賀川隆行:『近世大名金融史研究』,東京:吉川弘文館,1996 年,第 45 頁。
④ 李文:《武士阶级与日本的近代化》,石家庄:河北人民出版社,2003 年,第 73 页。
⑤ 森末義彰、寶月圭吾、木村礎編:『体系日本史叢書 16・生活史 Ⅱ』,第 338 頁。
⑥ 尺贯法的重量单位,是贯的千分之一,相当于 3.75 克。江户时代也用指银目(钱),相当于当时小判(钱)1 两的六十分之一。
⑦ 磯田道史:『武士の家計簿』,東京:新潮社,2003 年,第 56—57 頁。

入用。[①] 近世中期的思想家荻生徂徕将武士的这种"只要不是生活在他本人自己的知行所内"的生活状况称之为"旅宿境遇"。身处旅宿境遇的武士，在生活方面"哪怕是一根筷子都要花钱买来"，其结果是"当武士们到江户城生活的时候，他们要卖掉自己整年的知行米，用这些钱购置日用。他们殚精竭虑、奉公敬上得来的俸禄全都让住在江户城的町人得了利益。靠这些利润，町人们势力壮大起来，世界逐渐变小，物价不断上升，武士的贫困状况到现在已无药可救"。[②] 四五十年间，江户城中的地价上涨了 40 倍，农村的物价也上涨了 10 倍[③]，从而导致物价居高不下，其结果是"武士们的俸禄都让商人榨取殆尽，武士尽心尽力奉公工作得来的俸禄一点不剩地化为江户商人的利润，他们自己养不起马匹、雇不起家丁。在冬天的禄米已经用完、春天的禄米还没有领到手的时候，武士们靠典当物品维持生活，或是让町人送钱来，自己的经济命脉掌握在他们手中"。[④] 因此，荻生徂徕认为"天下贫困的根源即是上述的'旅宿境遇'"。[⑤]

（2）武士的身份消费

武士身份内部存在着严格的等级制度，而且，武士要在服饰、家居、消费等各个方面与庶民相区别，如 1615 年的《武家诸法度》就规定，"衣裳之品不可混杂""杂人不可乘舆"[⑥]，此后颁布的历次《武家诸法度》都强调这一点，以此来维持武士的"格"。"'格'是从日常举止、服饰、饮食、器物、住宅、佣人的数量、女眷的礼仪、信件往来、对使者的安排、在江户城活动时的随行人数、出行途中的安排，到冠婚丧祭的诸项礼仪等，人们都要遵循的一套规矩。社会上流行的做法沿用下来，就成为'格'，大名自己和他们的家臣、佣人们都十分看重这些，甚至认为只要不符合这些'格'就配不上自己的大名身份"[⑦]，而且这部分消费是无法削减的。日本学者矶田道史将这种消费称之为"身份消费"。以幕末加贺藩下级武士猪山家 1843 年的身份消费为例，此年猪山家付给家丁的薪资和生活费、交际费、礼仪行事入用、寺社祭

---

① 水融、宫本又郎编：『日本经济史 1·经济社会の成立』，第 229 页。
② 荻生徂徕著、龚颖译：《政谈》，第 41-42 页。
③ 荻生徂徕著、龚颖译：《政谈》，第 82-83 页。
④ 荻生徂徕著、龚颖译：《政谈》，第 56-57 页。
⑤ 荻生徂徕著、龚颖译：《政谈》，第 69 页。
⑥ 石井紫郎校注：『日本思想大系 27·近世武家思想』，东京：岩波书店，第 455 页。
⑦ 荻生徂徕著、龚颖译：《政谈》，第 69 页。

祀费共达银 800 匁，占到了全体消费额度的 1/3[1]，从而给下级武士造成沉重的经济负担。从这个角度来说，武士相对于庶民的优位反倒束缚、绑架了武士自身，身份制度本身存在这自我否定的因素。

（3）幕藩国家的财政困难被转嫁到下级武士身上

由于城市物价的上涨、消费水平的提高、参觐交代的施行、幕府的临时课役、农民对年贡增征政策的反对，致使实物地租收入增加极为有限，从而导致了幕藩国家的财政危机。早在 1643 年长洲藩就出现了 1333.403 贯的财政赤字。[2] 为了解决财政困难，大名不得不向富于资财的町人贷款，即所谓的"大名贷"，然而，很多大名借款不还致使町人破产，因此，元禄、享保期以后，三都商人对此亦加以警戒，不承认对藩的融资，有的大名被商人的拒绝而坠入窘境。[3] 在这种情况下，幕府不断发布"奢侈禁止令"和"俭约令"，其实施得最多的办法是家臣的"知行借上"，即实际上的减俸。然而，武士集团内部却存在着结构性的矛盾，即高级武士极少，但拥有大量俸禄，中下级武士数量庞大，却俸禄微薄。在庄内藩，自 1690 年到 1797 年间，武士们仅有 9 年拿到了全额俸禄。其余年份，凡年俸禄超过 200 石的武士都仅拿到了一部分，通常为 7%。1741 年全年未曾发饷，每天只按一定份额发给一些仅能暂渡难关的稻米和铜钱。松代藩的武士在长达 138 年的时间里仅有一次拿到了全部俸禄。[4] 下级武士仅有少量俸禄，已经被领主克扣，同时，拿到手的俸禄又必须换成货币以应付日常生活开支，又受到町人的盘剥，经济更为困难。因此，所谓的俭约令实际上是幕藩国家将财政困难的压力转嫁了下级武士，从而使武士不得不从事内职[5] 以贴补家用。

（三）农村的阶层分化

在 17 世纪中叶的宽文、延宝期，日本的小农民基本自立，但农村中并不是均质化的农民而是存在着阶层分化。抗风险能力小的中下层农民在天灾人祸之际，为了获得生活物资和缴纳年贡的资金不得不将土地抵押来获取资金，这种土地的抵押关

---

[1]　磯田道史:『武士の家計簿』，第 77 頁。

[2]　永原慶二:『日本経済史』，第 184 頁。

[3]　岡光夫、山崎隆編:『日本経済史:幕藩体制の経済構造』，第 209 頁。

[4]　李文:《武士阶级与日本的近代化》，第 58 页。

[5]　内职:副业，业余打工。

系在 17 世纪后半期开始在全国范围内展开。当农民无力偿还借款时，抵押的土地就变成"死当"，其土地所有权就转移到抵押主手中。1723 年幕藩正式承认土地的死当，此后土地的积累在全国范围内已经没有了法律上的限制。这种状况在近世后期越来越严重，从 1873 年发布的《地租改正条例》可以窥见土地集中的状况：全国耕地的佃耕地率是 27.4%，北陆、东山、东海、近畿、四国、山阴比这个平均数高，最高的是山阴 42.7%，其次是四国 41%，第三是北陆 39.6%。佃农不仅耕作佃耕地，而且多进行奉公稼和日雇稼。[①] 富农地主将其部分土地作为佃耕地贷给贫农层，从而形成地主—佃农关系，同时又从事织机业和其他营业，经营质屋、酒屋、谷屋等，具有半商人的性质，还通过地方金融积累财富。即，寄生地主多是兼营地主经营、手作经营、商业、小营业。豪农既从事农业经营，通过出租土地获取佃租收入，又从事商业、金融业获取收入，在经营方式上与町人存在着一定的契合，并因此而出现了利益的契合。[②]

大量农民成为佃农或脱农，直接造成农村的纳税农民减少，这将直接影响到幕藩国家的财政收入，而幕藩国家为了解决财政困难又不得不采取年贡增征等措施，从而引起下层农民的反抗，激化了阶级矛盾；同时农村中的豪农地主剥夺了农民的生产剩余，成为幕藩国家和中下层农民之间的新阶层，从而使幕藩国家对农民的一元化支配实际上被架空。这两者都实际地掏空了幕藩国家的统治基础。

本应享有尊崇社会地位、独享统治特权的武士阶层因其自身经济状况的恶化，而成为近世日本社会的"悬浮"阶层，其社会地位缺乏坚实的经济力量作支撑。而在近世前期的身份制度设计中居于卑下地位、被剥夺政治权利的部分农商阶层却因经济实力的上升，在实际的社会生活中提高了社会地位。这种社会结构的变化可以概括为武士的下流化与豪农豪商的上流化，换言之，因商品经济对全社会的渗透，近世初期通过政治强制确立起来的身份结构因社会财富的不均衡分布而遭到严重的动摇。

---

① 森末義彰、寶月圭吾、木村礎編：『体系日本史叢書 16・生活史Ⅱ』，第 313 页。
② 许晓光：《日本近世城市的兴起及其经济影响》，《四川大学学报》（哲学社会科学版），2008 年第 3 期，第 31 页。

三、身份制度动摇的表现

近世身份制度是通过身份阶层的支配而不是通过个别的人身支配，形成了以"士农工商"为主体的社会结构，但在商品经济的冲击下，身份制度的封闭性、人口的空间隔绝以及武士的社会地位都受到了动摇。

（一）身份、职业的流动

（1）庶民武士化

近世日本的身份等级制度在武士阶层内部表现得最为严格，从原则上来说，武士的身份和职务世袭，身份、家格高的武士就任高级职务，身份、家格低的武士就任低级职务。然而，即便是在严格的身份制度约束下，无论是作为统治阶层的武士还是作为被统治阶层的农民、町人，都仍有着强烈的身份上升欲望，不惜通过献金等方式获得武士身份。武士化愿望成为外在的、潜在的民众意识潮流[1]，而幕藩国家财政的困难又为庶民的武士化打开了缺口。

近世中后期以后，幕藩国家为了解决实际存在的财政困难，不得不通过"卖禄"的方式获得财政收入，从而为下级武士、农民、町人的身份上升提供了可能。以仙台藩为例，1759 年的财政收入是 76998 两，财政支出 195003 两，赤字约 122000 两。为了缓解严重的财政危机，仙台藩不得不采取"卖禄"政策，即百姓或下级武士通过向藩交纳一定数额的金钱便可获得相应的武士待遇，如"百姓带刀许可"50 两，"百姓苗字许可"100 两，从百姓到组士 300 两，从百姓到乡士格 550 两，从百姓到大番组 1000 两，从足轻到组扳 200 两，从组士到大番组 400 两，从乡士格到大番组 400 两，从组扳到大番组 700 两，等等。安永年间又将所有的价格减半。盛冈藩为了解决财政困难同样采取了卖禄政策，其价格是：从牢人到与力格米 10 石、金 50 两，从与力到给人格金 60 两，等等。1843 年又将价格下降。1835 年的买禄者合计 343 人，金额 6234 两，石高 605 石。[2]1868 年 11 月，会津藩大沼郡川东组新屋敷村通过献金获得带刀、苗字、裃等身份者达 36 名。[3]农民和町人通过献金获得武士身份成为近

---

① 深谷克己、松本四郎编：『幕藩制社会の構造』，第 68 页。
② 深谷克己、松本四郎编：『幕藩制社会の構造』，第 137-142 页。
③ 布川清司：『近世庶民の意識と生活』，東京：農山渔村文化協会，1984 年，第 63 页。

世日本身份上升的重要渠道。

幕藩国家的这种卖禄政策满足了下级武士和庶民身份上升的欲求，同时也导致了身份制度的松弛。兵农分离的目的就是通过身份隔离确立起武士对于庶民的优位，然而，由于幕藩财政的困难，不得不采取卖禄的方式解决财政困难，这种做法本身就是在否定身份制度，实际上是一定程度地向庶民敞开了进入统治阶层的通道，而其本质则是政治权力向经济权力的部分妥协。

（2）武士、农民町人化

武士的贫困化迫使武士在体制外寻找生活来源，据 1825—1828 年作为江户各町情况调查报告而成书的《江户町方书上》记载，即使在幕府将军所在地的江户，"仅在 250 家商家之中，本人是武士、浪人或者其祖先是武士、浪人、乡士者，就有 48家"，约占 1/4；再据《郡村徇行记》记载，在"御三家"之一的尾张藩名古屋，"在181 家商人中，武士占 50 家，平民占 10 家；僧侣 1 家；其余 120 家为町家"，武士出身的商人占商家总数的 28%，武士町人化的程度可见一斑。[1]

进入 18 世纪后，日本各地的商品经济将农村和山村都卷入其中，各地从事商业的人增多了。到了 19 世纪，从事商业活动的农家更加普遍。位于中山道沿线的上州五料村，1827 年 220 家农家中，有 6 家从事居酒屋、煮卖屋工作，16 家从事草鞋、味噌、盐商工作，6 家从事豆腐商卖，8 家从事秤杆商卖，18 家从事蔬菜商卖，16家从事木匠、伐木、制桶工作，2 家从事抵押工作。这些农家是从事商业的兼业农家，经营的商品有信州缟、元结[2]、纸张、白砂糖、黑砂糖等。在武藏野西部的武州多摩郡新町村，从文化文政期（19 世纪初）开始，从事农间商业的人增加了，1838 年新町村 60 家中，有 20 家从事酒、谷类、布匹、木材、蔬菜、烟草、鱼等的买卖，到1843 年增加到 32 家。[3] 和泉国宇多大津村 1840 年前后有 288 户村民，完全从事农业的有 197 家，兼营农业的有 28 家，脱离农业的有 66 家，其中 28 家是靠工资卫生的日雇工。[4] 可见，在商品经济的冲击下，农民阶层也普遍从事商业活动，从而打破了农商之间的隔离。商品经济的发展极大地改变了近世中后期日本的社会结构，在基层社会出现了众多新的职业群体，农业与商业的分离、农民与町人的分离已经淡薄，

① 刘金才：《町人伦理思想研究——日本近代化动因新论》，北京：北京大学出版社，2001 年，第 249 页。
② 元结：发带，扎发髻用的带子和细绳。
③ 森末義彰、寶月圭吾、木村礎編：『体系日本史叢書 16・生活史 II』，第 361-363 页。
④ 安藤良雄：『近代日本経済史要覧』，東京：東京大学出版会，1979 年，第 32 页。

身份制度趋于瓦解。

（二）人口的空间流动

在近世中后期，农村社会的继承惯例由近世前期的分割继承转变为单独继承，原则上是由长子继承家业，其他男子要么成为别家的养子，要么到城市成为"奉公人"，如果继续留在原来的家里，则会成为家庭的"麻烦"而遭到嫌弃。这种继承制度迫使农村的二男、三男出走，成为城市的奉公人。而近世日本城市经济的繁荣又为这一群体提供了就业机会。17世纪后半期以后，从农村到都市的人口流动在进行，通过日雇和对武家、商家的短期奉公而维持生计、被称为"日用取"的都市下层民增加了。[①] 特别是在靠近江户、大阪这样的大城市的农村地区，很多农村的子弟除继承人之外，都到附近的城市奉公[②]，成为商业和手工业的徒弟，不久成为独立的商人和匠人。[③] 这一过程，既是身份的流动过程，也是人身的空间流动过程。尤其是贫穷的"水吞层"农民更是通过打工、奉公的方式流出农村。[④] 以美浓国安八郡西条村（村高700石高，人口400弱）为例，该村在1773—1825年平均有50.3%的男子、62%的女子出外打工，佃农外出打工的比例更高，男子高达63.1%，女子高达74%。打工地点分布的范围是东西200公里、南方100公里，去向最多的是名古屋、京都、大阪、大垣、津、堺、江户、彦根、桑名等9都市，1773—1800年、1801—1825年、1826—1850年、1851—1868年男子在这些都市打工的比例分别是61.8%、54.9%、63.5%、58.6%，女子的比例分别是47.4%、55.2%、47%、34.9%。而且，这些打工者只有39.7%的男子、15.6%的女子归村，男子要么是在打工地死亡，要么是行踪不明，女子要么是嫁往他村，要么是在打工地死亡。[⑤] 由此可见，在近世中后期农民进城务工已是非常普遍的情况。

职业流动和人口流动说明了政治强制所产生的世袭身份制度已经无法规制人力资源的配置，经济规律在人力资源的配置上发挥了更有力的作用，即社会组织的原

① 白川部達夫・山本英二編：『〈江戸〉の人と身分2　村の身分と由緒』，東京：吉川弘文館，2010年，第32頁。
② 大竹秀男：『封建社会の農民家族：江戸期農民家族の歴史的位置付け』，東京：創文社，1962年，第193頁。
③ 白川部達夫・山本英二編：『〈江戸〉の人と身分2　村の身分と由緒』，第32頁。
④ 大竹秀男：『封建社会の農民家族：江戸期農民家族の歴史的位置付け』，第325頁。
⑤ 西川俊作：『日本経済の成長史』，東京：東洋経済新報社，1985年，第81-83頁。

理从政治强制走向经济规律。

（三）社会身份意识的转变

町人势力的崛起和武士的贫困化，使人们的社会身份意识发生了巨大转变，不再以武士为独尊的统治身份，也不以农商为卑贱的身份，豪农豪商的"上流化"和武士的"下流化"成为普遍的社会现象。

随着商品经济的发展，町人的经济实力进一步增长，到元禄时期，町人已经在思想意识上挑战武士的身份地位。浪人出身又从事戏剧艺人工作的近松门左卫门在其作品《山崎与次兵卫寿之门松》中写道："武士之子受武士双亲养育，教授武士之道而成为武士，町人之子受町人双亲养育，教授商卖之道而成为町人。武士舍利德而求名，町人舍名而求利德，积蓄金钱，是以谓之道也"。从中可以看出，近松将町人之道与武士之道对等起来，反映了"町人追求与武士对等人格尊严的觉悟"。此外，近松还在《夕雾阿波鸣渡》中描写町人伊左卫门得知自己的亲生子成为武士之子的情景："虽然我不能让他佩戴两把刀，但一定会让他成为有成群伙计前呼后拥的少东家，既不会逊色于京都大阪的任何町人，也不会逊色于那平庸的武士。"在近松看来，在实实在在的经济利益面前，町人身份毋宁是更优越于武士的身份。在《情死天网岛》中，近松借大阪町人治兵卫的话说："我等町人，虽不佩刀，然而我出大把白花花的新铸亮银，足以扭曲那小小的佩刀。"[1] 这种言论表明，经济实力雄厚的町人已经具有了蔑视武士的意识，对武士身份不屑一顾。

另一位町人思想家西川如见在《町人囊》中指出，"町人没有主人，只有父母。……现今成一等富有之身，将可不必劳疲乏之心。而若生于武士之家，则会麻烦困扰不尽。一生诚惶诚恐侍奉主君，精神难得轻松。时刻要以名声为第一，哗众取宠，寻求威严为乐。与之相较，唯有我町人才真正快活"，认为町人比武士更有人身自由，经济上更富有[2]，对町人身份充满了自得之意，而对武士身份而充满了鄙弃。

对武士身份的蔑视不仅表现在思想层面，而且表现在现实生活中。根据《藤冈屋日记》的记载：（1）1835 年 6 月 16 日，汤岛茶渍屋老板海老屋幸助对前来借款的武士赤见贯之助说："若借钱逃债不还，就是胆小鬼武士，这样武士的刀是杀不了人

---

① 本段所引用的三处近松作品均转引自刘金才：《町人伦理思想研究——日本近代化动因新论》，第 109-111 页。

② 刘金才：《町人伦理思想研究——日本近代化动因新论》，第 115 页。

的，只会留下骂名"；（2）同年 7 月 1 日，武士增田德次郎要求娶龙门寺门前的町人重兵卫的养女为妻，遭到拒绝发誓说"要以刀强娶"，对此重兵卫说："武士的刀只不过是在柳园花 24 文钱买的贱货而已，能杀得了我等吗"；（3）1863 年 10 月 12 日，在横滨的小饭馆，3 名来自江户的木匠和 3 名武士发生争吵，其中一名叫鸢政的木匠轻蔑地向 3 名武士挑战说："我鸢政脖子里有钢筋，尔等的刀砍不动我！"他见 3 名武士不应战而且要走，进而又说："难道不管说什么都不敢应战吗？真是一群窝囊废。正是有尔等这群胆小鬼武士，所以市井中才这么不安宁"；（4）1855 年 2 月 1 日，以老中阿部伊势守、久世大和守为首的幕府众多官员到本乡村成愿寺游览，亮出身份要求先来的和尚、町人等游客让出座位，但町人们却说："我们是先来之客，武士有何可怕"，拒绝让座。① 由于生计艰难，有的武士不得不出售祖上传下来的作为武士标志的刀及其他物品，有的武士之妻备受百姓凌辱。② 这些事件说明"在町人中广泛流行鄙视施政阶级——武士的意识已成为幕末的一种时代特征"。③

农民阶层同样如此。18 世纪后半期以后，日常生活中对武士身份的威服感减弱，对武士的无礼行为增多，以至于幕藩国家不得不通过强制的行政命令来维持武士的治者地位。如盛冈藩从 1696 年到 1825 年先后 11 次向百姓、町人、职人发布一揆禁令，禁止向武士失礼，其中 1780 年、1781 年就连续发布 3 次④，由此可见，武士因其经济上的贫穷不再享有制度上应有的尊荣，其社会地位缺乏坚实的经济力量作保障，其地位受到农民、町人的挑战，从而出现了名实的分离和尊卑的逆舛，武士成为"悬浮"于社会之上的阶层。换言之，在近世日本，固然有重视身份等级的一面，但同时也有重视实力的一面，经济实力雄厚的豪农豪商也会享有尊崇的社会地位，而贫穷的武士则受到鄙视。领主阶级的经济窘迫，以至于没有富裕的地主、町人的援助就不能维持武士的生计，这成为武士在全社会失去权威的直接原因。⑤

---

① 所引史料出自刘金才：《町人伦理思想研究——日本近代化动因新论》，第 274 页。
② 土屋乔雄：『近世日本封建社会の史的分析』，東京：御茶の水書房，1949 年，第 191 页。
③ 布川清司：『近世庶民の意識と生活』，東京：吉川弘文館，1983 年，第 45 页。
④ 深谷克己：『百姓一揆』，『岩波講座日本歴史 11・近世 3』，東京：岩波書店，1976 年，第 127、131 頁。
⑤ 森末義彰、寶月圭吾、木村礎編：『体系日本史叢書 16・生活史 II』，第 337-338 頁。

四、身份结构的变动与幕末的社会变革

近世后期，由于武士的贫困化，封建领主发放的禄米已无法维持生存，因此，中下级武士不得不从事手工业、商业，设塾教书或从事医生、作家等自由职业，部分中下级武士为了谋生，通过参与商品货币经济活动，其利益诉求逐渐与町人、豪农接近，为即将出现的日本社会改革和新思想的诞生，奠定了新的社会基础。[①] 同时，由于商品经济的发展，大量的社会财富并没有被幕藩国家所掌握，而是被豪农豪商阶层"截留"，这一群体成为游离于传统的"士农工商"身份之外的新阶层，单纯的政治强制已难以将这一群体约束在传统的身份制度框架内。换言之，这一群体的成长壮大实际上是在幕藩权力之外又出现了一个新的潜在的权力系统，它依靠的并不是政治强制，而是其强大的经济实力，通过经济手段向全社会发挥其威力。然而，町人所遵循的资本逻辑和金钱本位价值观，与武士封建统治阶级的权力本位价值观存在着根本不可能解决的矛盾冲突[②]，特别是开港后幕藩国家面对严重的财政困难在领内实施物产专卖政策，勾结特权商人，垄断运输和贸易，采取压制商品生产者的政策，日益威胁豪农豪商的切身利益。[③] 因此，在幕末民族危机加剧的历史背景下，存在着共同利害关系和一致政治诉求的下级武士和豪农豪商结成了"草莽集团"，两者联成同盟，由下级武士领导，豪农豪商出资出力，为挽救国家和民族的命运而展开了壮烈的草莽运动。[④] 德川幕府正是因为在这种体制内的反对力量和体制外的反对力量联手打击下迅速走向灭亡的。

---

① 许晓光：《日本近世城市发展与社会关系的变化》，《四川大学学报》(哲学社会科学版)，2010 年第 1 期，第 28 页。
② 刘金才：《幕末町人的政治倾向与历史作用》，《日本学刊》，2001 年第 4 期，第 103 页。
③ 吴廷璆主编：《日本史》，天津：南开大学出版社，1994 年，第 325 页。
④ 周颂伦：《试谈日本草莽运动》，《外国问题研究》，1984 年第 3 期，第 54 页。

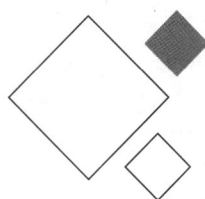

伦理制度与
社会制度研究

日本古代首长制的再探讨
——以村落首长为中心

○ 郭　娜　四川外国语大学

一、序言

自 20 世纪 30 年代以来，日本经历了侵华战争和战败后的民主化改革，在巨大的社会变革中，在马克思经典文献的影响下，日本史学家们也开始重新审视自己的国家与民族，并在日本古代社会研究领域取得了诸多令人瞩目的研究成果。石母田正提出的首长制论就是其集大成者。1971 年，石母田正发表专著《日本的古代国家》，认为日本古代国家的统治基础存在于地方首长的生产关系当中。

1859 年，马克思在《〈政治经济学批判〉序言》中正式提出和使用了"亚细亚生产方式"的概念，用以表述古代的东方社会，他提到"古亚细亚的生产方式是一种存在着商品生产的阶级社会，不是原始社会；同时，又不同于古希腊、罗马的奴隶制生产方式，因为，在"古亚细亚的生产方式"阶段，还存在着"共同体"①。日本的原始社会在私有制还未发达、共同体还未解体的历史条件下就走进了阶级社会，共同体曾经的首领首长变质为剥削者，共同体成员对基本生产资料土地只有占有权而没有所有权。共同体成员依存于共同体，与共同体之父首长结成人格隶属关系使他们

---

① 《马克思恩格斯全集》第 23 卷，北京：人民出版社，1972 年，第 96 页。

本身成为首长的财产、奴隶。这种"亚细亚生产方式"也被称为总体奴隶制。石母田正受到马克思"亚细亚生产方式"概念的影响，用地方首长制理论将日本古代亚细亚共同体的首长统治概念化，在马克思探求人类历史发展的共同规律的同时，也注意到古代日本在历史发展诸阶段的特殊性。

二、首长制概念的提出

石母田正在《日本的古代国家》第四章"古代国家和生产关系"中对首长制概念进行了详细的论述。在古代日本，水稻是主要地种，稻作农耕的水利设施建设需农业共同体的共同协作才能完成，因此最初土地为共同体共同所有。进入农耕社会后，随着生产力的发展，剩余的产生，原始的农耕共同体内部，共同体的首领首长与一般成员之间出现阶级分化，首长变为统治阶层，成为土地所有者，原本作为祭祀财源属于共同体所有的获稻转化为对首长的纳贡，共同劳动转化为对首长的徭役劳动。民户生产力低下、对共同体还不具备自立性，必须依存于共同体，首长制的生产关系就是这样以首长与共同体成员之间结成的人格隶属关系为基础，属于"总体奴隶制"的范畴。

首长制社会以首长与一般成员的阶级分化为特征，而国家是超越共同体的政治集团，是由政府统合的政治社会。首长制与国家成立的节点是国造制。[①]4世纪末5世纪初，以大和先进地区的最高首长倭王为最高首领的一元化统治不断发展，倭王在压制各地首长的斗争中不断壮大，为了将统治秩序制度化，倭王权将与其结成服属关系的首长层任命为小国造与大国造两种类型。小国造是以地方首长的地方统治为基础直接编制而成，相当于律令制下的"郡"。大国造本身是一个地方首长，但在他的统治领域内部同时还划分了数个独立的首长统治区域，大体相当于律令制下的"国"。按地域划分的方式来统治民众的大国造制是国家权力产生的萌芽，但地方首长在其统治范围内具有裁判权、征税权、行政权、祭祀权等种种权力，不论是大国造还是倭王权都是以地方首长为媒介间接统治民众。大化改新以后，日本全面引进

---

① 国造制是5世纪末6世纪初，倭王权确立起来的全国性地方统治制度。大化以前，倭王权要求附属于自己的地方首长层有义务向自己提供物资、劳动力、设置部民屯仓等。相对应的，倭王权将这些首长层任命为国造，保障他们在地方的统治权，任命为国造的首长在其统治区域内享有裁判权、征税权、行政权、祭祀权等权利。

唐朝先进的政治制度，采取国、郡、里三级行政区划制，大国造被国司取代，小国造则被编为郡司。处于相对落后社会发展阶段的日本引进大陆先进的政治制度导致了日本律令制国家具有双重生产关系，其一是国家与公民（主要是班田农民）的生产关系，其二是地方首长层与其共同体成员的生产关系。前者的代表是国司、后者的代表是郡司，后者是前者的前提条件。

综上所述，石母田正首长制论阐述的中心论点是"地方首长层的生产关系，也就是首长层从直接劳动者身上榨取剩余劳动或生产物的形态是原生性的生产关系，以首长与一般共同体成员之间的人格隶属关系为基础，律令国家与公民的生产关系是次生性的生产关系"。[①] 律令国家的赋税体系与徭役赋课都是以首长的贡纳制与徭役赋课权为前提条件才得以实现。所以首长层的生产关系是日本古代国家成立的基础，只是在律令国家统治下由郡司制给制度化了。

笔者对上述石母田正的首长制论存有一点疑惑。石母田正认为郡才是政治统一的农业共同体，将郡司级首长作为地方共同体的代表，不承认村落级首长的存在。律令国家直接将郡级首长编入官僚体系，村落只是郡或其上级首长层开发的"计划村落"。但古代史料中关于"村首"的记载以及村落起源传说都证实了村落首长的存在，村落共同体也并非上级首长开发的"计划村落"。笔者想以村落首长为中心就这个疑惑结合史实展开进一步的探讨。

三、"村首"的考察

日本的律令编纂是以唐令为蓝本的，但两者户令存在明显差异，比较如下：

> 诸户以百户为里，五里为乡四家为邻居，五家为保，每里置正一人，若山谷阻险，地远人稀之处，听随便量置，掌下按比户口，课植农桑，检察非违，催中驱赋役上，在邑居者为坊，别置正一人，（在邑以下十一字，和名抄作两京城及州县郭下坊别置正一人），掌坊门管鑰，督察奸非，并免其课役，在田野者为村，村别置村正一人，其村满百家增置一人，掌同坊正，其村居如不（不，以意补之），满十家者，隶入大村不得别置村正。[②]

---

① 石母田正：『日本の古代国家』，『石母田正著作集』第 3 卷，東京：岩波書店，1989 年，第 327 頁。
② 杜佑：《通典·食货典》卷 3，第 63—64 頁。

以上唐户令规定除了行政组织乡里制（百户为一里、五里为一乡）外，另在都市设置"坊"、在农村设置"村"与乡里制并行。

> 凡户以五十户为一里。每里置长一人。掌检校户口。课殖农桑。禁察非违。催驱赋役。若山谷阻险要，地远人稀之处。随便量置。[①] 凡京。每坊置长一人。四坊置令一人。掌检校户口。督察奸非。催驱赋役。[②]

而日户令将行政组织规定为每五十户为一里，并在京城设立"坊"，不但修改了唐户令"坊"的规定，还删掉了村及村正的规定。

综上所述，中日对比得出结论：唐令中，行政划分与自然划分双重结构并存，日令中，不同于双重村落制度，只允许单一的村落机构存在。[③]

基于此结论，石母田正认为"律令国家的特征是不承认村落共同体是公权力形成的单位，郡范围内的首长统治关系是首长对户的关系，村落共同体不具主体性"。[④]吉田孝也赞同石母田正的观念，认为"日本不像唐制那样承认自然集落的法律地位归根结底是因为支撑律令体制的基础单位、村落共同体是不存在的。[⑤]

但众所周知，在日本古代，"村""村首"是不可忽视的存在。《日本书纪》大化二年（646年）三月甲申诏中有云："村首　首长也"[⑥]、根据《日本书纪》的记载，将村首看作村落首长并无不妥。目前，村首即村落首长的说法也得到很多学者的赞同[⑦]，如果村落首长存在且具有主体性，为什么村落首长没有被国家纳入官僚体系中呢？笔者认为有必要先对"村首"进行检讨。

《日本书纪》中关于"村首"的史料主要有以下两例：

①《日本书纪》大化二年正月朔（改新诏第一条）

②《日本书纪》大化二年三月甲申诏

笔者根据史料①尝试分析"村首"的身份。史料①原文如下：

① 井上光贞等校注：『日本思想大系新装版・律令』户令 1，東京：岩波書店，1994 年，第 225 頁。
② 井上光贞等校注：『日本思想大系新装版・律令』户令 1，1994 年，第 225 頁。
③ 石母田正：「古代村落の二つの問題」，『石母田正』第 1 巻，東京：岩波書店，1989 年，第 257 頁。
④ 石母田正：『日本の的古代国家』，第 279 頁。
⑤ 吉田孝：『律令国家と古代社会』，東京：岩波書店，1983 年，第 202 頁。
⑥ 黒板勝美，国史大系編修會編：『新訂増補国史大系・日本書紀』巻 25，東京：吉川弘文館，1983 年，第 237 頁。
⑦ 大町健：『日本古代の国家と在地首長制』，東京：校倉書房，1986 年；小林昌二：『日本古代の村落と農民支配』，東京：塙書房，2000 年；吉田晶：『日本古代社会構成史論』，東京：塙書房，1968 年。

其一曰，罷昔在天皇等所立子代之民。處處屯倉。及別臣連伴造国造
村首所有部曲之民。處處田莊。仍賜食封大夫以上。各有差。降以布帛賜
官人百姓有差（以下略）。①

大化改新没收臣、连、伴造、国造、村首的土地和人民，作为补偿，赐大夫以
上食封、官人百姓布帛，由此可见，臣、连、伴造、国造、村首所对应的身份是大夫（以
上）—官人—百姓三个序列。又《日本书纪》敏达十二年是年条有记载："臣连二造
二造者、国造伴造也。下及百姓"。② 可见国造、伴造之间的区分意识不强，但二造
之下为"百姓"身份。所以村首应位于伴造、国造之下的"百姓"身份序列。"在中
国经史中，属于被统治者身份的'百姓'与独特的圣王观是不可分割的一体，作为
课役负担者被置于国家制度中"③，因此，进入百姓身份序列的"村首"自然也处于王
化的状态下，《日本书纪》大化二年二月戊申条、同年三月甲子条、同月辛巳条中关
于朝廷召集"百姓"的记载是有力的佐证。

大化二年二月戊申　詔於集侍卿等。臣連。国造。伴造。及諸百姓。
大化二年三月甲子　詔東国々司日。集侍群卿大夫。及臣連。国造。
伴造並諸百姓等。咸可聽之。
大化二年三月辛巳　詔東国朝集使等日。集侍群卿大夫。及国造。伴造。
並諸百姓等。咸可聽之。④

公文书制度形成之前的孝德朝⑤，基本以口头形式传达行政命令，它的原型是宣
命的"宣"，"宣"是遇重要政治事件时，将全体官人召集起来的仪式。这里的"百姓"
很难被认作一般百姓，应是比国造伴造等级更低的村首级官人。"百姓"的朝廷召集
自孝德朝起延续下来，百姓身份的村首实际上维持着国家最基层的统治秩序，是律
令国家统治机能中不可或缺的一部分，从史料②可以探究其成立的历史条件。

復有百姓。臨向京日。恐所乗馬疲瘦不行。以布二尋麻二束送叄河尾
張両国之人雇令養飼。乃入于京。於還郷日送鍬一口。而叄河人等不能養飼。

---

① 黒板勝美，国史大系編修會編：『新訂増補国史大系・日本書紀』卷25，第224頁。
② 黒板勝美，国史大系編修會編：『新訂増補国史大系・日本書紀』卷20，第110頁。
③ 梅村喬：「古代百姓観の展開」，『愛知県立大学文学部論集』第33号，1983年，第1—28頁。
④ 黒板勝美，国史大系編修會編：『新訂増補国史大系・日本書紀』卷25，第226—229頁。
⑤ 以中大兄皇子为首的改新派于645年6月发动政变，夺取政权，拥立孝德天皇即位，定年号为"大化"，
　　史称"大化改新"。孝德天皇于654年10月因病卒于难波（今大阪府）。)

翻令瘦死。若是細馬即生貪愛。工作謾語。言被偷失。若是牝馬孕於己家。
便使被除遂奪其馬。飛聞若是。故今立制。凡養馬於路傍国者。将被雇人。
審告<u>村首（首長也）</u>。方授酬物。其還郷日不須更報。如致疲損不合得物。
縱違斯詔。将課重罪。[①]

上京的东国百姓，常将马匹寄养在三河或尾张国的人们那里，因此也时常与当
地人发生纠纷，为防止纠纷，在当地"村首"监督下订立契约，将手续制度化并推
广到赴京沿线各国，如有违反者将科以重罪。很明显，"村首"才是地方秩序的体现
者。执行国法是王权的重要体现，在违法处分时，"村首"担任了国法执行的重要角
色。这也是前述"村首"参与朝廷召集的首要历史前提。

唐朝村落制度有双重结构，即人为划分的"里"和自然划分的"村"，但日本删
除了"村"的规定使人们简单地认为日本古代社会，因为社会发展阶段的差异，地
缘性自然村落的结合还未成熟，村落共同体没有自立性，郡才是共同体的代表，甚
至认为村落只是首长层的"计划村落"。但是在天皇诏书中公然被称为"村首"的村
落首长被纳入大夫（以上）—官人—百姓的身份序列，并成为"朝廷召集"的对象。
律令国家只把郡司级首长编入国家官僚机构，因此本该是统治阶级的"村首"被纳
入到"百姓"的身份序列，没能进入到统治者集团中，最终成为政治上的被统治身份。

四、"计划村落"的解析

律令国家没将"村"制度化作为其统治基础，石母田正因此不承认村落首长的
存在，他认为体现共同体的不是村落级首长，而是更上位的郡司级首长。六、七世
纪的村落是郡司级首长层主导开发的"计划村落"，大化以后，条里式村落的成立是
对大化以前，地方首长层开发"计划村落"的继承。[②] 针对石母田正的理论，吉田晶
认为六世纪的村落是在村落首长的主导下成立的。[③] 两者观点的差异，其分歧点就在
于是否承认村落首长的存在。

　　古老曰，石村玉穂宮八大洲所馭天皇之世，有人，箭括氏麻多智，截

---

① 黒板勝美，国史大系編修會編：『新訂増補国史大系・日本書紀』巻 25，第 237 頁。
② 石母田正：『日本の古代国家』，『石母田正著作集』第三巻，第 265、271 頁。
③ 吉田晶：「古代国家と村落」，『奈良時代史の諸問題』，東京：塙書房，1968 年。

自郡西谷之葦原，懇辟新治田，此时，夜刀神，相群引率，悉尽到来，左
右防障，勿令耕佃（注略），於是，麻多智，大起怒情，着被甲鎧之，自身
執仗，打殺驱逐，乃至山口，標梲置堺堀，告夜刀神云，自此以上，聴為
神地，自此以下，須作人田，自今以後，吾為神祝，永代敬祭，冀勿崇勿恨，
設社初祭者，即還，発耕田一十町余，麻多智子孫，相承致祭，至今不絶。[1]

这是《常陆风土记》行方郡条中关于箭括氏麻多智开发的传说。开发主体箭括
氏麻多智从其姓氏来看，不是与王权直接缔结臣属关系的氏族，是比国造级首长地
位更低的存在。因此麻多智应如所说的那样[2]是村落级的小首长，开发在他的主导下
进行。不论此事迹是否如史料所载发生于继体天皇时期，但这段传说反映了大化以
前，村落级首长的开发是存在的。麻多智的开发最引人瞩目的一点是要想开田，得
先成为祭祀夜刀神的"神祝"。仪制令集解中，春时祭田条里引用的古记有云："国郡
乡里每，村在社神""每村私置社官，名称'社首'。"[3]在古代村落里，有专门祭祀社
神的"社"，还有社官"社首"。麻多智应该是负责祭祀社神（夜刀神）的社首（神祝）。
成为神祝是动员村落共同体成员进行开发的前提。

因此，村落级共同体通过祭祀的形式结合。司祭者身份的"社首"是村落级共
同体的代表、同时也是村落首长具体的存在形态。

不光是《常陆风土记》，《播磨风土记》中也能找到有关村落开发的事迹：

〈餝磨郡〉

伊和里　積嶓郡伊和君等族，到来居於此，故号伊和部。[4]

巨智里　草上村，右，巨智等，始屋居此村，故因為名，所以云草上者，
韓人山村等上祖，柞巨智賀那，請此地而墾田之時，有一聚草，其根尤臭，
故号草上。[5]

---

① 秋本吉郎校注：『日本古典文学大系』卷 2『風土記』，東京：岩波書店，第 54 頁。

② 河音能平：『「国風文化」の歴史的位置」，『講座日本史』1，東京：東京大学出版社，1970 年；原島礼
二：「日本古代社会論」，『現代歴史学の課題』上，東京：青木書店，1971 年；佐々木虔一：「常陸に
おける国司制の一考察」，『原始古代社会研究』2，東京：校倉書房，1975 年；吉田晶：『日本古代村
落史序説』，東京：塙書房，1980 年等。

③ 鷹司本：『令集解』儀制令 19，第 343 頁。

④ 秋本吉郎校注：『日本古典文学大系』卷 2『風土記』，第 270 頁。

⑤ 秋本吉郎校注：『日本古典文学大系』卷 2『風土記』，第 272 頁。

　　英保里　伊予国村英保村人，到来居於此处，故号英保村。[1]

　　餝磨御宅　大雀天皇御世，遣人，唤意伎出雲伯耆因幡但馬五国造等，是时，五国造，即以召使為水手，而向京之，以此為罪，即退於播磨国令作田也，此时，所作之田，即号意伎田出雲田伯耆田因幡田但馬田，即彼田稲，収納之御宅，即号餝磨御宅。[2]

　　《播磨风土记》中的餝磨郡，如餝磨御宅，除少数以国造或天皇行为命名的村落，大部分村落的名称都起源于村落成员。如"伊和里""巨智里"源自村落成员或开发集团的姓名；"草上村"源自村落成员的行为；"英保里"源自移居成员曾经的居住地名。并且上述的开发事迹几乎都是以村落里某个特定的人为主体，所以个别村落的开发即使有王权或国造等上级权力的参与，但也是在地方小首长（村落首长）的主导下进行，不能等同于是上级权力直接开发的"计划村落"。正因为如此，结果也如"発耕田一十町余麻多智子孫、相承致祭、至今不絶"那样，开发的村落也由村落首长的子孙代代继承下去。

　　石母田正认为大化至七世纪中叶以后，根据条里制[3]开发的条里式村落是以国家为主体开发的新型"计划村落"[4]，仍然不承认村落首长的存在。但石母田正对条里制的理解本身存在问题。他认为大化以后，条里制的特征是以郡为单位具有统一性。[5]但落合重信、落合长雄[6]两位学者的研究结果表明条里制并不存在"一郡一条里"的原则，条里区划的实际施行单位也没有如此大的规模。服部昌之[7]也通过研究论证出大规模条里区划中施行单位的小规模性。条里制中看似以郡为单位的统一性并不是因为国家大开发施行了条里区划，而是源于八世纪中期成立的条里计划。"这使条里制具有双重结构，即国家参与的条里计划的统一性与条里区划施行单位的小规模性。"[8]这种结构与前述《播磨风土记》中王权对开发的参与与地方村落首长对开发

---

① 秋本吉郎校注：『日本古典文学大系』卷2『風土記』，第278頁。
② 秋本吉郎校注：『日本古典文学大系』卷2『風土記』，第280—281頁。
③ 古代日本的土地区划制度。以边长6町（约654米）为间距将土地如棋盘划分成一个一个的正方形，东西列为"条"，南北列为"里"，然后以边长1町（约109米）的间隔在一个条里大区划中再划成36个正方形的小区化，称为"坪"。通常以何国何郡何条何里何坪来标记土地的区位。
④ 石母田正：『日本の古代国家』，『石母田正著作集』第三卷，東京：岩波書店，1989年，第260頁。
⑤ 石母田正：『日本の古代国家』，『石母田正著作集』第三卷，第263頁。
⑥ 落合长雄等：「条里制開拓の施行単位と灌漑」，『歴史学研究』256，1961年8月，第33—39頁。
⑦ 「条里制研究の課題と展望」，『人文地理』24-2，1973年，第45—80頁。
⑧ 金田章裕：「条里プランと小字地名」，『人文研究』34-3，1982年，第1—22頁。

的主导性的双重结构是一致的。因此，不能将条里制直接看作是国家大开发的结果，从而忽略条里区划小规模的施行主体。"条里区划的施行单位应是比郡的规模更小的共同体。"①

条里制是以国家对全国土地的支配为基础的，但石母田正将"条里式村落"直接看成是国家主导开发的"计划村落"似乎是很难成立的。国家以条里制为媒介支配全国耕地，但条里区划施行单位的小规模性体现了地方小共同体的主体性。笔者认为地方小共同体的主体性的代表就是村落级首长。

五、村落共同体的内部结构

前述仪制令集解里的春时祭田条中有关于日本古代村落内部结构的记载：

> 古記云，春時祭田之日，謂国郡鄉里每村在社神，人夫集聚祭，若放祈念祭歟也，行鄉飲酒礼，謂令其鄉家备設也，一云，每村私置社官，名称<u>社首</u>，村内之人，緣公私事往来他国，令輸神幣，或每家量状取歛稻，出舉取利，預造設酒，祭田之日，設备飲食，并人別設食，男女悉集，告国家法令知訖，即以齿居坐，以子弟等充膳部，供給飲食，春秋二時祭也，此称尊長養老之道也。②

从这段珍贵的史料中可以看出"社首"主要向村民征收三种"贡纳物"：①"村内之人"要离开本村，"往来他国"之时，须向神社纳入的"神币"；②每家酌量收取的稻；③出举③的利稻。这三种征收物实质体现了村落首长统治的具体内容。

①"神币"指的是向神供奉的包括布帛、稻、酒、海产物等在内的贡品。在古代，远行不是件普通的小事，因此出远门时会向社神贡纳"神币"祈求旅途平安。但对"村内之人"来说，首先意识到的是远行意味着即将离开自己所属的共同体，向自己所

---

① 吉田孝：「律令制と村落」，『岩波講座日本歷史』3，1975 年 3 月，第 141 頁。

② 鷹司本：『令集解』儀制令 19，第 343 頁。

③ 古代日本一种需要付息的借贷制度。出举原本是指春季贷给农民稻种、粮食等，并在秋季附带利息一起偿还。这是共同体之间为保证农民的再生产而实行的惯例。律令制下，国家在春季将正仓中的官稻贷给农民，秋收时征收五成左右的利息，称为公出举，公出举的目的是劝农、扶贫，但在奈良时代逐渐带有强制性，变质为杂税的一种。民间私人施行的私出举通常是利息超过十成的高利贷。私出举是豪族、富农重要的收入来源，但却压迫贫农生活，更重要的加深了无法偿还债务的贫农与出举债权者的私人隶属关系，危害公地公民制的实施，是律令国家规制的对象。

属村落的社神纳贡祈求平安的行为同时也是向社神以及其代表的村落共同体确认归属关系的行为。"令输神币"的无疑是社首＝村落首长。供奉给社神的"神币"、稻及其出举等物，以主持村落祭祀为名，最终都转化对社首＝村落首长的纳贡。

石母田正认为田租的原型初穗就是民户确认归属关系的一种宗教性仪式，这种归属关系具体指在首长的统治范围内利用其土地、山林、河川的民户对首长的归属关系。[①]初穗原本指的是共同体举行农耕祭祀时向神供奉的祭祀料。随着阶级分化，这种初穗变质成田租。首长为确认归属关系让村民纳贡这点与"往来他国"之时，"社首"令村民"输神币"的行为性质相同。但石母田正认为贡纳制的责任者是旧国造及郡司级的地方首长，从仪制令集解里的春时祭田条中可以看出，共同体以祭祀的形式对村落首长的纳贡是存在的。

②社首"令输神币"后，还"每家酌量收取稻"。这种"稻"的征收，原本是秋收祭祀时根据各家状况收取的初穗料。[②]但这里将社首征收的"稻"直接看作是作为祭祀之用的初穗料是欠妥的。日本史学界普遍认为田租起源于初穗稻的收取[③]，随着私有产生和阶级分化，共同体的初穗纳贡变质为国造收取的原田租、继而转化律令国家租税体系中的田租。如果"稻"不再是祭祀时向社神供奉的初穗，那么社首向村民征收"稻"的根据是什么呢。前述箭括氏麻多智等的开发事迹表明村落首长及其子孙对其主导开发的土地具有支配权。大化前代，村落首长对土地具体的支配方式引《日本书纪》大化元年（645 年）九月甲申条：

> 方今百姓猶乏。而有勢者分割水陸以為私地。売與百姓。年索其価。
> 従今以後不得売地。勿妄作主兼并劣弱。百姓大悦。[④]

"有势者"采取租赁经营的方式、将土地租给百姓，每年收取其"价"（租稻）。关于"有势者"，同诏：

> 自古以後，毎天皇時，置標代民，垂名於後，其臣連等伴造国造，各置己民，恣情駆使，又割国県山海林野池田，以為己財，争戦不已，或者

---

① 石母田正：『日本の古代国家』，『石母田正著作集』第三卷，第 247–252 頁。
② 義江彰夫：「律令制下の村落祭祀と公出挙制」，『歴史学研究』380，1972 年，第 1–16 頁。
③ 内田銀蔵：「本邦税租の沿革」，『日本経済史の研究』，東京：同文館，1921 年；薗田香融：「律令財政成立史序説」，『日本史講座社』5，東京：学生社，1962 年；宮原武夫：『日本古代の国家と農民』，東京：法政大学出版局，1973 年。
④ 黒板勝美，国史大系編修會編：『新訂増補国史大系・日本書紀』卷25，第 223 頁。

兼并数万顷田，或者全無容針少地，進調賦时，其臣連伴造等，先自收敛，然後分進，修治宫殿，築造圍陵，各率己民，随事而作，易曰，損上益下，節以制度，不傷財，不害民。①

与前引《日本书纪》大化二年正月朔条，也就是大化改新诏第一诏相比较：

罷昔在天皇等所立子代之民。處處屯倉。及別臣連伴造国造村首所有部曲之民。②

很明显，前诏的"代民"对应改新诏的"子代之民、处处屯仓"，臣、连、伴造、国造的"己民""己財"对应"部曲之民"。改新诏中，村首是"部曲""田庄"的所有者，但大化元年诏，村首却没有出现，同诏中，臣、连、伴造、国造在向王权进调赋时，先"各自收敛"，然后才进上；在筑造宫殿陵园时率领"己民"恣意驱使。相较之下，大化元年诏强调王权内部的矛盾，而改新诏的视点上升到整个统治阶级，所以将位于臣、连、伴造、国造之下的村首也包括进来。如元年诏中"分割水陆、为私地、卖与百姓、年索其价"中所描述的那样，臣、连、伴造、国造之下还存在村落首长对土地的支配。并且村落首长的土地支配已经摆脱共同体的束缚转化为村落首长私人掠夺的手段。曾经对神的供奉也转化为村落首长收取的"价"，村落首长甚至与"臣、连、伴造、国造等大和王权的个别上级首长结合，贪婪追求财富，加强掠夺，导致与共同体成员个体经营之间的矛盾不断激化，因此改新诏中"不得卖地"的规定使得"百姓大悦"。

③前述收取的稻成为"出举"的本稻。"出举取利"后的"预造设酒"表明出举之利的用途。"稻"的收取起源于秋收祭祀的初穗料，与此相对应，"出举"起源于春季祭祀时的稻种赐予。③宫原武夫推测贡纳的初穗相当于来年赐予的稻种，初穗纳贡的同时具有稻种选拔的机能。④社首收取的稻没有直接用于村落祭祀，而是作为出举本稻存储起来，或许就是源自稻种的意识。村落首长收取的"稻"与出举保持不可分的一体性，这种一体性也表明村落级共同体是一个完整、独立的生产生活的共同体，村落首长以这样一个共同体为媒介实现统治。但是既然前述社首收取的"稻"

---

① 黑板勝美，国史大系編修會編：『新訂増補国史大系・日本書紀』卷 25，第 223 頁。
② 黑板勝美，国史大系編修會編：『新訂増補国史大系・日本書紀』卷 25，第 224 頁。
③ 義江彰夫：「律令制下の村落祭祀と公出挙制」，『歷史学研究』380，1972 年，第 1–16 頁。
④ 宫原武夫：「不動倉の成立について」，『日本上古史研究』5（8），1963 年，第 146–156 頁。

已失去了"神币"的性格，那么出举也早已失去稻种赐予的性格。对共同体成员的稻种赐予以出举的形式转化为村落首长与共同体成员之间的借贷关系，实质成为村落首长私人掠夺的手段。"赐予关系转化为借贷关系的前提是共同体成员个体经营的成立"，[①] 但同时出举也成为压迫共同体成员个体经营的重要原因。天平九年（737年）九月癸巳条，私出举禁止令：

> 詔曰，如聞，臣家之稻貯蓄諸国，出舉百姓求利交關，無知愚民不顧後害，迷安乞食，忘此農務，遂逼乏困逃亡他所，父子流離，夫婦相失，百姓弊窮因斯彌甚。[②]

律令官人的出举从包括稻种在内的营料贷予变成主要以利稻收取为目的的榨取，极大破坏百姓的经营。不但私出举如此，公出举也是如此，天平六年（734年）五月二十三日太政官符：

> 右公私出舉稻每郡數多，至于責徵償財不足，即償田宅每年舉受，便計所償多過其本，又父母之所負懸不知情妻子，妻子所負徵不知情父母。[③]

既然初衷是贷予个体经营所需的营料，那么公私出举必然是以与民户实际生产生活相结合的，村落级共同体的出举为前提的。如同大町健所说："公、私出举都使百姓经营遭到破坏，其根本是贵族与国家的出举都是以村落首长的出举为前提。大化前代，村落首长的土地支配，摆脱共同体秩序的束缚，与个别上级首长结合，成为追求财富的手段。同时，村落首长的出举也日益激化与共同体成员个体经营的矛盾，以至于出现浮浪、逃亡。天平九年的私出举禁令等就是为了遏制出举对村落共同体秩序及其成员个体经营的破坏。"[④]

六、结语

石母田正认为，大化以前，小国造级首长的统治关系是原生性的生产关系，大国造及国造法已是有公权力萌芽性格的次生性体制。律令国家成立后，小国造被组

---

① 大町健：『日本古代の国家と在地首長制』，東京：校倉書房，1986 年，第 244 頁。
② 黒板勝美，国史大系編修會編：『新訂増補国史大系・續日本紀』卷 12，第 145 頁。
③ 黒板勝美，国史大系編修會編：『新訂増補国史大系・續日本紀』卷 12，第 133 頁。
④ 大町健：『日本古代の国家と在地首長制』，第 245 頁。

织化成为郡司，于是郡司成为地方共同体生产关系的总代表。大国造则成为中央派驻地方的最高行政官国司。大町健对石母田正的论点提出了反驳，他通过对《播磨风土记》《类聚三代格》等史料的考察证明郡司制是将统治基础各异的数个地方首长组织而成，郡司级首长的活动也不局限在一郡范围之内。[①]既然郡司制是以数个背景不同的地方首长及其统治为前提，那么就不能把郡看作一个统一的共同体。郡以下应该还有更基层的村落级共同体。

地方村落的小神社中，"每村私置社官"的社首，在村内之人往来他国之时令其"输神币"，并"每家酌量取稻、出举取利"，村落首长以村落祭祀为媒介，支配着村民从春季出举到秋收取稻的生产生活全过程。因此"郡司级首长的统治是以村落首长的统治为前提的。日本古代最基本的生产关系是村落首长与共同体成员之间的生产关系。国造或郡司的统治都是将其制度化的次生统治关系。"[②]这种次生统治关系带有公权力的性格。

大化前代，因村落首长贪婪的掠夺，与共同体成员个体经营之间的矛盾激化，将村落首长的生产关系规制在共同体秩序的范围之内是维护包括村落首长在内的整个首长阶级利益的首要任务。为了维持共同体秩序，需要限制村落首长的私人掠夺。要让村落首长放弃私人利益，实现自我规制是很困难的。体现这种规制力的须是上位的首长，国造。国造依据国造法的统治超越村落首长的统治，赋予了其公权力萌芽的性格。但个别村落首长与臣、连、伴造、国造等上位首长勾结，愈加压迫共同体成员的个体经营，光靠对个别首长的规制已无法维持村落共同体的秩序。且臣、连、伴造、国造分割"山海林野池田""以为己财、征战不已"，大和王权陷入分裂的危机。大和王权本身是大王通过氏姓制度[③]与首长层结成直接人格隶属关系的结合体，无法规制首长层的个别掠夺，只有超越每个统治者个别利益的特殊公权力才能维护统治阶层的整体利益。因此大和王权向律令国家实现质的飞越具有历史必然性。"律令国家没有将村落首长编入国家机构中是因为村落首长的支配与生产关系是规制的对象，

---

① 　大町健：『日本古代の国家と在地首長制』，第 171—178 页。

② 　大町健：『日本古代の国家と在地首長制』，第 176 页。

③ 　"氏"原本指具有血缘关系的人们组成的集团，五世纪，大和政权成立后，其最高统治者大王将"氏"授予诸豪族，豪族集团的首领称为"氏上"，成员称作"氏人"，"氏上"率领"氏人"为大和政权服务。"姓"是大王为加强对豪族的统治而授予诸豪族即"氏"的一种世表称号，它表明了政治地位及门第高低。氏姓在当时成为各级豪族在政治、经济上享受世袭特权的依据，只有拥有了氏姓，才能被委任为从中央到地方的各级官职。

将村落首长与一般共同体成员一并列入"公民＝百姓"的身份序列是为了在同一性的假想中，隐藏村落首长与共同体成员之间的阶级矛盾"①。

　　笔者以村落首长为中心对石母田正的首长制论进行了探讨，并提出了不同的看法，但对于这个课题还有许多未解的问题。石母田正不承认村落首长的原因之一是律令国家没有把"村"作为统治基础而制度化。但有人提出质疑，认为村落被编入国郡里的里制。② 那么里正是否就是制度化的村落首长？另外，国造制成立的具体过程与国家公权机能的产生乃至国家成立史等问题息息相关，这些遗留的课题待到以后有机会再探讨。

---

① 大町健：『日本古代の国家と在地首長制』，第 334 頁。
② 明石一紀：「日本における里制と編戸制の特質」，『歴史学研究』1977 年度別冊，第 39-40 頁。

日本田令的构造与特质
——基于职分田给付规定的研究

○ ［日］柳泽菜菜　京都精华大学

一、引言

为了构建以天皇为顶点的中央集权统治体制，7 世纪日本的统治者效仿隋唐王朝，致力于日本的律令建设。通过实施持统朝的飞鸟净御原令和大宝元年（701 年）的大宝律令，日本古代国家具备了统治国家的体系性法典。

本文拟以考察 8 世纪日本的土地支配制度为前提，通过比较日唐田令，揭示日本田令中作为体系法的条文构造，并指出其特征。

二、史料的残存状况

8 世纪的日本使用两种律令，即 701 年实施的大宝律令和天平宝字元年（757 年）实施的 [编撰于养老二年（718 年）] 养老律令。这两部律令均有残缺，没有完整地流传下来。今天我们见到的律令是通过复原养老令的注释书——完成于 9 世纪的《令义解》以及《令集解》而成的，而大宝令则是通过复原《令集解》中收录的大宝令的注释书——《古记》的部分内容而成。除了个别条文以外，大宝令和养老令的条文在内容上没有太大的差别，因此本文主要使用复原后的养老令，适时参照大宝令。

作为研究比较的对象，本文使用的唐令是根据 1998 年在宁波市天一阁博物馆发现的北宋天圣令复原的文本。[①] 北宋天圣令制定于天圣七年（1029 年），在各编目末尾将作废的唐令一并记录，并注有"右令不行"字样，而这些不行唐令极有可能是唐朝开元二十五年令。因此，这次发现提高了唐令复原的精度。在日本的律令制定过程中，永徽令（651 年颁布）是被当作母法的唐令。除了避讳等不同以外，开元令和永徽令之间没有明显的区别，因此本文的比较对象使用开元令。

三、条文排列的比较

根据养老令，日本的田令总共有三十七条。这些条文可根据其内容分成五个组，组成各自的条文群，其构成如下：①基准（1~2 条）；②对个人的给田（3~12 条）；③土地权利（13~30 条）；④对官职的给田（31~35 条）；⑤官田（36~37 条）。具体地说，即首先是关于田的规格以及缴纳租税的基准，其次是与口分田、位田、职分田、功田等相关的对个人的给田条文群，其后是与园地、宅地的处理以及班田收授、荒废田地相关的土地权利条文，接着是在外诸司的职分田、郡司职田等对官职的给田规定，最后是作为天皇的供御料田设置在畿内的官田相关条文。

通过与唐令比较条文排列顺序可知，日本令虽然选择性使用了唐令条文，但是忠实地保留了唐令的顺序，并没有将其打乱。在对单条条文的继承过程中，日本令时而将多条唐令条文合并成一条，时而将一条唐令条文拆分成数条，有些则有选择地不加继承；尽管如此，日本令并没有改变唐令条文的排列顺序，而是完整地继承了唐令条文在内容上的分类形式。

然而，永业田课种条[②] 的情况较为特殊。该条在唐令中的排列位置有两种复原方案，分别为插入到请永业条之后，或插入到给园宅地条之后。前者将唐令中永业

---

① 根据北宋天圣令复原的唐令主要参照：渡辺信一郎「北宋天聖令による唐開元二十五年令田令の復原並びに訳注」,『京都府立大学学術報告』（人文・社会）第 58 号，2006；服部一隆「日唐田令の比較と大宝令」,『班田収授法の復原的研究』，東京：吉川弘文館，2012 年。

② 根据宋令复原的唐令永业田课种条如下："诸永业田，每户课种桑五十根以上、榆、枣各一根以上，三年种毕。乡土不宜者，任以所宜树充。"

田相关规定作为一个整体考虑，而后者则主要出于日本令的桑漆条 ① （永业田的课种对象"桑漆"）排列在园地条之后，而园地条是继承唐令的给园宅地条而成的考虑。日本令的桑漆条以唐令的永业田课种条为母体的条文这一点毋庸置疑。如果假设这两条条文是继承关系的话，那么如将永业田课种条排列在请永业条之后，则桑漆条对永业田课种条的继承将成为伴随条例排列而引起顺序变化的唯一例子。如果采用后者的方案，即将永业田课种条排列在给园宅地条之后的话，就不会产生这种变化。因此，本文认为应该将永业田课种条排列在给园宅地条之后，以保持日本令对唐令条文排列顺序的模仿不变。但是这样的话，似乎关于永业田的规定会显得较为分散，但是实际上请永业条之前的、与永业田相关规定都与永业田的支给有关，如将包含口分田的支给规定在内的条文群作为一个整体考虑的话，这部分内容涉及永业田的利用方法，可以将其作为规定土地权利相关的条文分类。因此，永业田课种条与请永业条之前的永业田相关规定不必连续排列。

四、条文继承的特征

从日本令中的单条条文与唐令的继承关系来看，如前所述，日本令在一定程度上是有所改变和取舍选择的。

首先，日本令将多条唐令合成一条或将一条唐令拆分成几条的这种继承方式多见于对个人的给田条文群中。唐令的口分田的支给规定，同时也存在于永业田的规定中，但是日本令没有继承永业田的规定，而将共计四条的唐令条文合并为一条口分田条以规定口分田的支给。② 另一方面，日本令援用了唐令中永业田亲王条的语句，新立了位田以及职分田等根据位阶或官职等支给田地的规定。

在日本令中还有其他参照唐令的条文语句，通过变更特定的名称等内容新立不同规定内容条文的例子。例如，在唐令中，在外诸司公廨田条是规定给付都督府、都护府、州县等在外官司公廨田的条文。但是，日本令在该条的继承过程中，于在

---

① 『养老田令』桑漆条为："凡課桑漆、上戸桑三百根、漆一百根以上。中戸桑二百根、漆七十根以上。下戸桑一百根、漆卅根以上。五年種畢。郷土不宜及狭郷者、不必満数。"

② 关于日唐的口分田规定的不同点，吉田孝指出：唐令中在条文中规定的班给额度是能够持有口分田的上限，而日本设定的是实际的班给的目标值。吉田孝『律令国家と古代の社会』東京：岩波書店，1983 年。

外诸司职分田条中，将支给对象改为了大宰帅等大宰府以及其他国司等在外官吏。可见，唐令中的支给对象是官司组织，而在日本令中则成了拥有特定官职的个人。相关内容，将在后文中详述。

其次，还有一些唐令没有被日本令继承，其中，关于官田的相关规定最具代表性。养老令中所称的官田在大宝令阶段与唐令相同，均称作"屯田"。日本令中的官田（屯田）是设置在畿内地区供天皇使用的供御料田，其前身是在律令制度导入之前的土地经营体"みやけ"。日本令没有继承军屯，即唐朝设置在边境用于承担军事作用的屯田，并将相关规定作了大幅删减。另一方面，日本令继承并援用继承了位于畿内的供皇帝使用的民屯的相关规定，并以此在新的律令田制中重新定位传统的天皇供御料田。[①]

此外，日本令中删除了唐令对官司的给田规定中的在京诸司公廨田条（后述）。

五、日本的新立条文

如上所述，日本的律令忠实地按照唐令的条文排列顺序，单条条文则多援用唐令的语句。但是，田令中也有日本的律令编撰者独自制定的三条条文。[②]

在日本独自制定的条文中，养老令中的第 11 条公田条中的"公田"被定义为在国司的管理下进行租赁[③]，地子为太政官使用的农田。[④] 第 12 条赐田条中规定天皇下赐任意的田地受法律保护。[⑤] 以上两条日本令特有的条文位于对个人给田的条文群的末尾。这一排列符合在日本独自新立条文时，一般插入到与其相关的条文群或者编

[①] 关于官田（屯田）相关条文的日唐比较参考，三谷芳幸：「令制官田の構造と展開」，『律令国家と土地支配』，東京：吉川弘文館，2013 年。笔者认为日本令的官田规定虽然合并了唐令的条文或意图性取舍了唐令，但是在设定面积的数值以及相关手续的规定方面重视根据唐朝的田令，日本的律令制定者就官田的经营方面，有意识地引进唐朝的屯田的中央集权式经营方式。柳沢菜々：「令制官田の特質」，続日本紀研究会編：『続日本紀と古代社会』，東京：塙書房，2014 年。

[②] 虽然不是新立条文，但是在唐的赋役令中包含的田租的条文被插入到日本田令的开头部分。因此，日本的田令不仅是土地统治的法律，同时还具有统治稻谷法律的特征。这是非常重要的问题，但是由于篇幅所限，在本报告中不加详述。

[③] 养老田令赁租条为："凡賃租田者、各限一年。圍任賃租及売。皆須経所部官司申牒、然後聴。"其中规定以一年为限，委托地主以外的人耕作，并将部分收获作为地子上缴。

[④] 养老田令公田条为："凡諸国公田、皆国司随郷土估価賃租。其価送太政官、以充雑用。"

[⑤] 养老田令赐田条为："凡別勅賜人田者、名賜田。"

目末尾的倾向。①

此外，正如将养老令第 16 条为止的条文作为属于对个人给田的条文群的分类法所示②，如果只要考虑在日本令中插入独自条文时的规律的话，那么对个人的给田条文群应该到第 12 条赐田条为止，作为一个整体与唐令中的条文群对应。另一方面，第 13 条宽乡条之后的条文在内容上可以作为关于土地权利的条文群理解，而与其对应的唐令条文也是如此，因此，本文采用了上述的分类方法。③

此外，日本独自的条文中还有一条位于对官职给田的条文群末尾的外官新至条。该条文是国司交替时，与职分田交接的相关规定。

如前文分析，日本田令的构造在条文排列上明确地以唐令为模板，遵守其排列顺序；而在给田体系上，采取改变用语、选择性继承唐令条文以及插入日本独自的新立条文等方式，添加了日本独自的要素。

六、从职分田给付规定看日本田令的特征

基于上述内容，本节将从职分田给付的观点分析从给田体系改变中体现的日本田令的结构性特征。

职分田是根据官职支给的田地，其中包括职分田条规定的京官职分田，在外诸司职分田以及郡司职分田。这些田地和按照位阶支给的位田是分析当时官吏待遇的主要研究对象。④ 由于诸多先行研究已经从制度以及支给手续上做了细致的分析，故

---

① 大隅清陽：「大宝律令の歴史的位相」，大津透編『日唐律令比較研究の新段階』，東京：山川出版社，2008 年。

② 三谷芳幸：「公田と賜田」（『律令国家と土地支配』，東京：吉川弘文館，2013 年）的分类如下：①田積・田租（1 ～ 2 条），②給田Ⅰ（3 ～ 16 条），③収授・田主（17 ～ 30 条），④給田Ⅱ（31 ～ 35 条），⑤官田（36 ～ 37 条）。

③ 两条新立条文 11 公田条和 12 赐田条的排列顺序的理由是，到第 10 条为止规定的口分田、位田、职田、功田作为私田，而与此相对的公田规定则在其后。三谷芳幸：「公田と賜田」『律令国家と土地支配』東京：吉川弘文館，2013 年。但是，若如此解释，则认作为私田的赐田条的位置就会产生疑问，口分田、位田、职田、功田中，除大功田以外，在某个时点均有收公的可能性，是公田条设定的适用于赁租的田。另一方面，赐田没有明确被收公的可能性，下赐的田地几乎可以永远继承。因此，这一规则是否适用于第 11 条公田条的问题上，可以理解为：通过在条文排列上的对比，将第 10 条之前规定的田地和第 12 条赐田条的赐田加以区别。

④ 高橋崇：『律令官人給与制の研究』，東京：吉川弘文館，1970 年；相曽貴志：「官人給与としての位田職田」，『日本史学集録』第 14 号，1992 年；磐下徹：「郡司職分田試論」，『日本歴史』728，2009 年；三谷芳幸：「職田の論理」，『律令国家と土地支配』，東京：吉川弘文館，2013 年。

不再赘述，本稿拟从职分田规定的各条文在法律体系上的位置入手，尝试通过与唐令的对比加以分析。

职分田条是规定京官职分田的条文，援引唐朝的永业田支给规定而成。其支给对象限定于太政大臣、左右大臣、大纳言等最高阶层的议政官，具有特权性。从支给手续上来看，条文规定需要得到天皇的许可，而且在上述官吏致仕之后，也能继续得到一半的支给。因此，这类田地具有很强的作为天皇赏赐恩典的特征。而且，在开始引进律令制的阶段，接受给付的官吏以其家产所占田地作为职分田，以持续保障其原有的经济基础。此外，日本田令中规定的京官的职分田的给付对象是限定的特权阶级，并不包括其他根据官职享受田地的京官。

另一方面，日本令规定在外诸司是大宰府官人以及国司，对其给付职分田。日本田令的在外诸司职分田条是在继承唐令在外诸司公廨田条的基础上制定的。如前所述，与唐朝的支给对象是官司组织不同，日本令中的支给对象是具有特定官职的官员个人。此外，在大宝令阶段，日本令与唐令相同，都将此类田地称为"公廨田"，但是在养老令中则改为了"职分田"。这一改变是为了强调田地的支给对象是官人个人这一特征。"公廨"原意为"官衙官厅的房屋以及收藏物"，是官司组织的财源的意思。大宝令阶段采用唐令公廨田的名称是因为如其名所示，当时在外诸司职分田被理解为官司的财源。① 然而，此后日本令中在外诸司的财源具有付托于所属官人个人的意图，这是将大宝令之前以个人的经济基础充当诸司的运营的方式援用至新的制度框架内所造成的结果。由于官司的运营财源以付托于官人个人的形式体现，因此，在国司交替时，就产生了划分官司财源与否的职分田交接工作。日本独有的条文外官新至条是规定在外诸司职分田交接的条文，其产生的背景就来源于上述日本官司财源的特征。

另外，日本令完全删除了唐令的在京诸司公廨田条。然而，从支给京官的职分田来看，除了给议政官最高阶层的恩典性给付以外，没有任何其他的设定。因此，八省以下的在京诸司并没有如同在外诸司那样，可以将官司财源付托于所属官员个人。但是，在日本独自的条文公田条中规定地子要上缴给太政官。据《令集解》公田条所引用的古计可知，在大宝令时，公田条中有"供公廨料"一词，这明显意味着公田的地子是官司的财源。如果向太政官上缴地子的规定可以追溯到大宝令的

---

① 在大宝令阶段称呼郡司职分田为职田来看，当时这类田是计划给付有郡司职位的个人的。与议政官的职田相同，这类田地强调的是以前的地区统治者的恩典给付的特征。

话 ①，那么这将成为根据律令条文将田地设定为在京诸司财源的唯一事例。新立公田条的意图可以理解为，利用不继承唐令的在京诸司公廨田的方法来另外补充因此缺失的在京诸司的财源。

但是，日本令中没有关于八省以下官司的规定，对于在京诸司基本上也没有设定田地作为官司的运营财源。直到 9 世纪，即所谓的元庆官田 ② 时，才开始设定作为附随于官司财源的田地。

七、结语

如前文考察，以唐田令作为母法制定而成的日本田令忠实地沿袭了唐令的条文排列顺序，并通过合并、拆分或者选择性继承等方式，完成了共计三十七条的体系性土地相关法律。就各个条文而言，可见发现有些地方通过改变用语来更改制度，这是将唐令引进日本时做的适当修改。这种修改的目的在于日本的律令编撰者试图在新的律令法框架内继续留存、援用在引进律令制度之前的那些已经存在于统治体质中的各种构造。日本的律令编撰者为了新立独有的条文，利用现有的体制，通过补充必要的条文等方法，在保证体系法不失去整体性的前提下，继承唐令中的相关条文。

在各种改变中最具有日本独自要素的是与给田相关的条文。从根据官职支给官人的职分田来看，日本令援用了永业田的规定，制定了给议政官的特权性恩典给付制度。此外，还将在唐令中附随于官司组织的公廨田作为职分田，制定了付托于所属于在外诸司的官人个人的相关内容。这种变化来自以个人经济基础作为奉仕诸司这一前代遗留下来制度的影响。日本的律令编撰者既遵守唐令的条文排列顺序又将公廨田更改为职分田的结果，使得日本令中对于个人的给田规定分布在与土地权力

---

① 关于公田地子的太政官送进问题，有以下两说：大宝令最初就有的规定（岸俊男：「令集解と大宝令の復原—田令公田条についての一試案—」，『新訂増補国史大系月報』39，1966 年），天平八年三月庚子（『続日本紀』同日条）太政官奏后制定的条文（虎尾俊哉：「公田をめぐる二つの問題」，『日本古代土地法史論』，東京：吉川弘文館，1981 年）。如果按照岸俊男的学说，即从《令集解》公田条所引古记中复原作为大宝令语句的"販売"，并解释为轻货交易的话，则可以理解为，将公田地子作为公廨的官司是需要轻货交易且位于远方，而向太政官的送进规定可以追溯到大宝令阶段的可能性就提高了。

② 在此指元庆年（879 年）设置于畿内诸国的四千町官田。其目的是作为诸司的财源，不同于田令规定的作为天皇供御料田的官田。

相关的条文的前后，形成了两个条文群。[①] 这看似条文之间有些间断，但是当我们对照母法唐田令的条文排列顺序时便可发现这些条文的结构框架。

日本令的条文排列顺序虽然受唐令的强烈影响，但是日本令采取将新立条文插入相关条文群末尾等方法，从整体上来看，成功地构建了一套具有一体性的体系法。日本的律令编撰者对唐令的选择性继承是基于对唐令的深刻理解，为了制定符合日本需要的律令，他们积极地删除了相关条文。在为了构筑中央集权统治体系而引进的制度中，既包含了对既存体制的援用调整，又添加了新的制度。或许这些条文在刚开始制定的阶段只是为了解决眼前问题的，但是律令编撰者出于将大宝田令作为体系法的强烈意识，虽无明文规定，但使日本令中不存在照搬照抄唐令的现象，政策的实际可行性成为其继承唐令的标准。在理解日本田令构造如何体现立法者意图的基础上，进一步研究该体系法是如何对现实社会关系产生影响的，将成为笔者下一个研究的课题。

（自译）

---

① 唐令中规定屯田也为诸司经营的田地。从在京诸司公廨田的规定至屯田的相关规定，可以认为是官司经营田地的相关规定，有别于规定经营主体是个人的在此之前的关于田地的规定。另一方面，日本令的官田属于官内省的管理范围，其本质是天皇的供御料田。在日本令中，附属于官司的田地的概念极为淡薄，因此不会出现向唐令中条文群一分为二的情况。

《天圣令》的发现与日本律令制研究

○ ［日］大隅清阳　山梨大学

一、《天圣令》的发现所带来的新课题

中国法制史体系中，唐朝的律令是非常重要的一部分，但并非特别的存在，也没有完整的唐令抄本流传到今天。与此相对，日本在 7 世纪后半期，系统地继承了唐朝律令，尤其是令的部分，并于 8 世纪初编纂、施行了大宝律令，这意味着国家制度的正式确立，在日本历史上也具有极为重要的意义。《养老令》作为《大宝令》的修订版，其抄本的九成以上得以传承。在 20 世纪的日本，复原使用养老令和唐代文献的唐令工作取得了很大的成果[①]，通过比较复原后的唐令与日本令，日本古代国家和社会的特征得到阐释。[②]

但是，1999 年，在宁波的天一阁博物馆发现了北宋《天圣令》的明抄本，其中

---

① 仁井田陞:『唐令拾遺』，東京：東方文化学院，1933 年，東京大学出版会（1964 年复刊）；仁井田陞著、池田温編:『唐令拾遺補』，東京：東京大学出版会，1993 年。后者基于『唐令拾遺』之后新发现史料和研究成果，补充『唐令拾遺』的内容，并且提出新的唐令复原案。

② 参见大津透:『律令国家支配構造の研究』，東京：岩波書店，1993 年；古瀬奈津子:『日本古代王権と儀式』東京：吉川弘文館，1998 年；丸山裕美子:『日本古代の医療制度』，東京：名著刊行会，1998 年；大隅清陽:『律令官制と礼秩序の研究』東京：吉川弘文館，2011 年等。大津透編:『律令制研究入門』（東京：名著刊行会，2011 年），对唐日律令比较研究的现状和课题进行介绍。

包括了很多唐朝开元二十五年令的逸文，因为 2006 年全部公开发行[①]，所以唐、日两令的比较研究也出现了新的课题。其概况可以参照大津透[②]、丸山裕美子[③]等的论考，例如，关于复元唐令的条文排列，在《唐令拾遗补》的田令中，改变了以养老令为基准的《唐令拾遗》的排列，提出了以《通典》为依据的新式排列方案;《天圣令》的发现，印证了以往《唐令拾遗》排列方式的正确性，即日本田令的条文排列不是独创的，而是基本上原样继承了唐令。另外，像假宁令[④]、丧葬令[⑤]等与礼制密切相关的标题中明显表现出的那样，显然日本令有不少是原模原样抄写唐令而作成。《天圣令》的发现使日本的研究学者意识到：唐令和日本令的相似超乎至今为止的想象，所以需要比以前更多地考虑日本令在编纂过程中所受的唐令的影响。

像赋役令那样，通过与《天圣令》比较，发现日本令大规模地改变了唐令，从而表明日本令的独自性，这种事例也为数不少。[⑥]以往曾有学者提出一种假设，认为赋役令、仪制令等日本令的特定标题中，末尾总结的条文群是唐令中不存在的日本独特的形式[⑦]，通过与《天圣令》对照可以发现，养老赋役令的第 37~39 条相当于该杂令的第 40~41 条，即令的主要部分具有超乎以前想象的照抄唐令的特征。同时，特定的标题说明了大宝令、养老令的形式是在末尾汇总收录了日本令独有条文（在本稿中，为方便起见将这些条文称为"末尾条文群"），有必要对其意义进行考查。

下述内容将以此问题作为线索，重新研究日本律令制成立过程，其中，将特别考察大宝律令所具有的独自意义。

---

① 天一阁博物馆、中国社会科学院历史研究所天圣令整理课题组校证:《天一阁藏明钞本天圣令校证　附唐令复原研究》，北京：中华书局，2006 年。

② 大津透:「北宋天聖令の公刊とその意義—日唐律令比較研究の新段階—」,『東方学』114 輯，2007 年。

③ 丸山裕美子:「日唐令復原・比較研究の新地平—北宋天聖令残卷と日本古代史研究—」,『歴史科学』191 号，2008 年。

④ 丸山裕美子:「律令国家と假寧制度」，収于大津透編:『日唐律令比較研究の新段階』，東京：山川出版社，2008 年。

⑤ 稲田奈津子:「北宋天聖令による唐喪葬令復原研究の再検討—条文排列を中心に—」,『東京大学史料編纂所紀要』18，2008 年。

⑥ 大津透:「唐日賦役令の構造と特色」,『日唐律令制の財政構造』，東京：岩波書店，2006 年。

⑦ 井上光貞等校注:『日本思想大系 3・律令』，東京：岩波書店，1976 年，賦役令補注（吉田孝執筆），第 580、593 頁。大隅清陽:「儀制令における礼と法」,『律令官制と礼秩序の研究』，東京：吉川弘文館（初次発表于 1993 年），第 253 頁。

二、大宝律令的划时代性特征

从 1930 年至今，奠定日本古代史研究范式的是东京大学教授坂本太郎（1901—1987 年）的律令制度史研究，1938 年初版发行的《大化改新研究》[①] 体现了其基本框架。其中，坂本批判了津田左右吉的学说[②]，即《日本书纪》大化二年（646 年）正月甲子朔条中所看到的、成为其后律令制形成起点的大化改新诏，是由天智天皇十年（671 年）实施的近江令进行修饰的学说，提出改新诏还是当时的原模原样。在此基础上，坂本最早体系性地论述了日本史作为律令制度的形成过程，指出大化改新以后 7 世纪后半期的日本史经过近江令持统天皇三年（689 年）施行的《飞鸟净御原律令》[③]，发展成为大宝二年（702 年）实施的大宝律令。

第二次世界大战以后，津田的学说被重新评价，藤原宫遗迹等新出土的施行大宝律令以前的木简，全部用"评"记载了"国"以下的地方行政单位"郡"，证明了更改为"郡"为"评"是在大宝令以后，证实了使用"郡"之说法的改新诏，是在大宝令基础上进行修订的观点[④]。此外，青木和夫认为"律令"的说法只是单纯法令、法规的意思，是区分了从诏、敕产生的单行法集"广义律令"，与户令、田令等不同的标题按照条文排列的"狭义律令"，认为近江令相当于前者，提出近江令否定论[⑤]，即认为作为体系性的编纂法的令是始于《飞鸟净御原令》的理论。青木学说 20世纪 80 年代以后，在日本古代史学界被广泛认可，即使现在，也有很多学者认为大宝、养老令制的基本骨骼是确立在《飞鸟净御原令》的基础上。

根据《日本书纪》持统天皇（686 年）六月庚戌条，《飞鸟净御原令》是由 1 部22 卷组成的巨著，其卷数正好是由 11 卷组成的大宝令的二倍，因此，坂本太郎认为两者的标题构成和整体的条文数没有很大差异。[⑥] 这种看法，最近受到榎本淳一的支

---

① 坂本太郎：『大化改新』，『坂本太郎著作集　第六卷』，東京：吉川弘文館，1988 年。
② 津田左右吉：「大化改新の研究」，『津田左右吉全集　第三卷　日本上代史の研究』，東京：岩波書店，1963 年（初次发表于 1930—1931 年）。
③ 一般认为飞鸟净御原律不存在，只有其令施行于世。但是坂本认为律、令都有。
④ 参见野村忠夫：『研究史　大化改新』［增補版］，東京：吉川弘文館，1978 年等。
⑤ 青木和夫：「浄御原令と古代官僚制」，『日本律令国家論攷』，東京：岩波書店，1992 年（初次发表于1954 年）。
⑥ 坂本太郎：「飛鳥浄御原律令考」，『律令制度 坂本太郎著作集第七卷』，東京：吉川弘文館，1989 年（初次发表于 1954 年）。

持①；另一方面，尤其是 20 世纪 80 年代以后的研究中，出现很多认为《飞鸟净御原令》和《大宝令》截然不同的见解，作者也支持这种主张。

例如，《日本书纪》持统天皇四年（690 年）四月庚申条中：

> 诏曰，百官人及畿内人，有位者限六年，无位者限七年。以其上日，选定九等。四等以上者，依考仕令，以其善最、功能、姓氏大小，量授冠位。

上文指的是率先施行预定于同年七月的《飞鸟净御原令》的新官制，是衡量官人的人事制度整备的单行法。野村忠夫指出，该史料与《飞鸟净御原令》中"考仕令"的篇目共同且最早展示了在日本的官人制度中引进的定期性"选"这一手续。②另外，还意味着《飞鸟净御原令》中不存在相当于《大宝令》的选任令（在养老令中称为选叙令，相当于唐的选举令）的篇目。《飞鸟净御原令》虽然在前一年即持统天皇三年（689 年）六月已经被颁赐，但至少持统天皇四年（690 年）四月以后的官人制没有应用《飞鸟净御原考仕令》，而是将其作为单行法与该诏互相结合、发挥作用，这一点非常重要。

有关上述的内容，最近，作者从几个论据出发，对于《飞鸟净御原令》与《大宝令》的关系，提出如下假设。③《飞鸟净御原令》是从前个别发布的诏的集大成，在其制定之际，虽然有选择性的、个别的继承了唐令条文，但并没有成体系地继承其篇目。另外《飞鸟净御原令》从施行之后，立刻与很多作为补充法的单行法并存，这些单行法群与《飞鸟净御原令》皆成为《大宝令》的渊源之一。对此，《大宝令》在编纂时，将唐令分不同标题从第一条按顺序进行研讨，由此确定与其相对应的日本令条文，最初实现了这种逐条的、体系性的继承。

坂本太郎以后的日本古代史研究，同样认可了大化改新以后的律令制成立与采用体系性编纂法的"狭义律令"的成立，将其理解为阶段性发展的过程。但是，像作者主张的那样，如果"狭义律令"因以往一直将其视为最终阶段的大宝律令而最初得以成立的话，则有必要对日本律令的成立过程进行大规模的重新研究。

---

① 榎本淳一：「養老律令試論」，笹山晴生先生還暦記念会編『日本律令制論集　上卷』，東京：吉川弘文館，1993 年，第 253-277 頁。
② 野村忠夫：『律令官人制の研究　増訂版』，東京：吉川弘文館，1970 年，序篇第一章第一節。
③ 大隅清陽：「大宝律令の歴史的位相」，収于大津透編：『日唐律令比較研究の新段階』，東京：山川出版社，2008 年。

三、怎样看待新罗的"律令制"

7世纪时期日本的遣唐使派遣在天智天皇八年（669年）以后中断，恢复派遣是在大宝律令实施后的大宝二年（702年），也就是说，编纂《飞鸟净御原令》和大宝律令的天武、持统、文武朝实际上处于遣唐使中断的时期，因此，在整备律令制时，为了获得必要的法典文本和解释法的知识，这个时期唯一可以和日本进行频繁交流的新罗，其重要性应该是大得超过想象。

当时新罗的法制，在形式上信奉唐朝律令，实际上是国王发布单行法，或者采用对其进行编纂的形式①，这相当于青木和夫定义的"广义律令"。但是，根据青木的近江令否定论，再加上前述中作者的主张，《大宝令》之前的日本律令制都只是停留在"广义律令"上的律令制。

日本天武、持统朝（672—697年）时的国制与同时期新罗的国制拥有很多共通性，这在以前就被指出过，近年来，李成市高度评价新罗的文武王、神文王代（661—692年）时期的集权政策是系统性地继承了唐朝的律令制，并指出这对同时期的日本也产生了深远的影响。②

但是，包括以后的时代在内，新罗的国制并非全部以唐朝为基准，还残存了很浓厚的在此之前朝鲜各国所继承的中国南北朝时期国制的要素。另外，有观点认为，到7世纪时为止的日本国制，与唐朝相比，其实更具有朝鲜各国和中国南北朝国制的共通性，从这方面来看，《大宝令》的编纂改变了至此为止的国制的旧有特征，是根据唐令的体系进行重新记录的全新尝试。

如果这样考虑的话，在《大宝令》《养老令》中，规定了在标题的末尾对日本独有的条文进行汇总，对此做何理解？在《养老令》中：

> 凡正月一日、七日、一六日、三月三日、五月五日、七月七日、十一月大尝日、皆为节日。其普赐、临时听勅。

以上为第40诸节日条款，与第41大射者条款一起，通过这次《天圣令》的发现，明确了这些包含在"末尾条文群"中，但不存在对应的唐令文。1993年发行的《唐

---

① 林紀昭：「新羅律令に関する二、三の問題」，『法制史研究』17号，1968年。
② 李成市：「新羅文武」神文王代の集権政策と骨品制」，『日本史研究』500号，2004年。

令拾遗补》是根据丸山裕美子的指导①，以《六典》卷四膳部郎中条的记载和《养老令》为基础，复原的开元七年令文②，而这种假想是错误的。

在发现《天圣令》以前，对日本国内继承的中国每年的定例仪式进行研究的丸山提出，在日本律令制下施行的定例仪式大都初次出现于天武朝时期，经过持统朝时期日历意识的普及，最终制定了杂令第40诸节日条款，其内容基本上是继承了唐朝社会实际举行的仪式。丸山等学者认为这是从法制方面继承了唐杂令的条文，提出了复原《唐令拾遗补》中唐令的方案。《天圣令》的发现，印证了该假想的错误性，如果改变看法的话，该事例可以看作是对思考日本令中"末尾条文群"特征的启发，即天武、持统朝时期引进唐朝定例仪式，从广义上说是引进唐朝制度、文物，是用青木和夫所谓"广义律令"（单行法）的形式来施行的，新罗的唐制继承也具有相同特征。但是，编纂《大宝令》时，有必要在新的律令中总结记录将来在日本律令国家中应该施行的制度，于是编纂者开始制定唐令中不存在的（但广义上讲是来自唐制）独有的条文。

四、东亚史中的日本律令制

如上所述，日本的律令制存在两层构造，即7世纪，经由朝鲜半岛继承的从魏晋南北朝到隋朝的律令制部分，以及在大宝律令的编纂过程中记载的根据以唐律令为中心的唐制部分。作为前者的构成要素，《大化改新诏》第四条副文的"户别调"是来源于西晋以后的南朝制度，另外征收"官马"的规定是来源于北魏和隋朝③，从天智朝末年到天武朝官制中的六官（法官、理官、民官、兵政官、刑官、大藏），并不是直接继承了中国的尚书六部，据推测是一度被百济所继承的模式④，《飞鸟净御原令》的太政官制中，纳言与隋唐的官制有所不同，分为大纳言、中纳言、小纳言，

---

① 丸山裕美子：「假寧令と節日」，收于池田温编：『中国礼法と日本律令制』東京：東方書店，1992年。

② 『唐令拾遺補』第二部、唐令拾遺補訂，雜令，補七〔開七〕。

③ 井上光貞：「大化改新の詔の研究」，『井上光貞著作集　第一卷　日本古代国家の研究』，東京：岩波書店，1985年（1964年初出）。

④ 内藤乾吉：「近江令の法官」理官について」，『中国法制史考証』，京都：有斐閣，1963年（初次发表于1957年）。

这在北周的官制中存在先例。[①]

在以唐令为基准的大宝、养老令中也存在同样的现象，例如，日本的班田收授制中将女子列为班田的对象，并不是与唐制而是与北朝、隋一致。在与唐制大为相近的大宝、养老令中，也残存了上述的二层构造。这意味着，从魏晋南北朝到隋唐的中国史的见解，以及该时期韩国古代史的见解，在从整体上阐明日本律令制构造时必不可缺，所以期待中国和韩国的研究者能够进一步与日本研究者合作。

坂本太郎的见解，即将大化改新以后的日本律令制的成立过程看作只是唐令的继承，实际上也是《大宝令》实施 720 年后完成的《日本书纪》的历史观。《日本书纪》中记载的大化改新诏是用该书编纂时的现行法大宝令进行修饰这一事很好地说明了这种历史观。并且该问题如何批判以 8 世纪的视点完成的《日本书纪》，与阐明 7 世纪以前的历史这种日本古代史研究的根本问题相关联。

另外，日本人认为以编纂大宝、养老律令的形式而完成的"狭义律令"编纂，是日本历史中划时代性的大事件，并通常认为在同时代的新罗不可能编纂其独创的律令。但是，从新罗的立场来看，因为故意不编纂律令，故可以保持与唐朝进行交涉以前的固有国制，才能够确保与唐朝不同的独自性。是否编纂作为编纂法的"狭义律令"，是各国主体性判断的结果，对此，从后世的视角评价其优劣并不贴切。

但是，另一方面，魏晋南北朝到隋唐时期的中国国制，汇集在律令这种编纂法中，被周边各国以各种各样的形式继承，这是毋庸置疑的事实。如果允许将这种现象称为"广义律令"的"律令制"继承，那阐明其可能条件及其历史意义，依然是重要的研究课题。7 世纪末，因为一些事情，开始将编纂模仿唐律令的独自律令（狭义律令）作为目标，其结果是，在中国已经失传的令的抄本可以流传到今天，这种日本的事例成为研究这种课题的一个线索，另外，还可以作为反映同时期新罗国制的历史特征的一面镜子。"律令制"的概念，超越了中国、朝鲜、日本各地区历史的框架，将其重新解释为普遍性现象的这种工作，可以说现在才刚刚开始。

（译者：孙晓宁）

---

① 東野治之：「大宝令前の官職をめぐる二、三の問題」，『長屋王家木簡の研究』，東京：塙書房，1996 年（初次发表于 1984 年）。

古代天皇制的变貌与神话 *

○ ［日］上岛享　京都大学

一、序言

以《神皇正统记》为代表的中世史书中已经形成一种规律，将神代理解为天神七代（国常立尊、国狭槌尊、丰斟渟尊、泥土煮尊·沙土煮尊、大戸之道尊·大苫边尊、面足尊·惶根尊、伊弉诺尊·伊弉冉尊）和地神五代（天照大神尊、天忍穗耳尊、琼琼杵尊、彦火火出见尊、鸬鹚草葺不合尊），这与记纪神话中的神代观（神统谱）大相径庭。其中，应该关注的是被称为"地神"的天照大神之定位，在记纪神话中，天照大神使其孙子琼琼杵尊从高天原下凡，而并不是他自身降临到人间，故应称其为"天神"。天照大神从天神变化为地神，可以认为是最为象征性地体现了古代天皇制和记纪神话变迁的现象之一。这种变化发生在 11、12 世纪，本报告具体阐明了其历史过程，同时提及了世界观与时间观念的演变。

二、琼琼杵尊三代在位期间的确定

南北朝时期完成的《帝王编年记》使用以下记载作为开头。

---

* 本文根据作者在 2012 年"日本古代史研究的现在与未来"国际研讨会上的发言稿整理而成，注释从略。

　　天竺（佛在世已来）/ 震旦（自三皇至文元）/ 日本（自神代至今上）
神代十二代 / 天神 / 地神

　　释迦牟尼佛出世〈现在贤劫第四尊，从都史多天降，诞生天竺迦夷罗
国净饭王宫，名悉达太子，当周昭王二六年甲寅岁四月八日也，四十四年
壬申二月八日出家，当年十九，穆王五年癸未二月八日成道，时年卅，当
五十四年壬申二月十五日，于狗尸那城入涅槃，时年七十九，当日本国地
神第五彦波激武（草葺不合尊））〉

　　人王

　　卷首按照从神代开始的日本的顺序，记载了由普陀在世而开始的天竺、由三皇
而开始其历史的震旦，这显示了佛教传播的过程，体现了在天竺兴起的佛教经震旦
（中国），不久后传入日本（本朝）的三国佛教史观。

　　但是，应该注意的是"神代十二代"后半部分，尤其是"地神""人王"之间记
载的关于"释迦牟尼出世"的行间小注尤为重要。该处记录了天竺、震旦、日本三
国的时间，释迦诞生大约相当于中国周昭王二十六年（公元前 1027 年），释迦入涅
槃于穆王五十四年（公元前 949 年），在日本相当于地神第五代鸬鹚草葺的在位期间。
即"释迦牟尼出世"发生于"地神"与"人王"之间，与天竺相比，日本有更为悠
久的历史。此外，卷首后续的《帝王编年记》卷一中记载了日本的天神七代、地神
五代，并记载了中国的三皇、五帝。该卷中记录了长达一百五十多万年的琼琼杵尊
三代的在位期间，还记录了中国三皇、五帝的在位年数（各自为一百年左右）。

　　从上述观点分析，《帝王编年记》的卷首部分的意图很明显，即最初展示的是天
竺→震旦→本朝的佛法传播过程，但通过对比中国与日本的释迦牟尼圆寂年份，得
出的主张是：与始于释迦出世的天竺世界相比，始于三皇的中国历史更为悠久，而被
琼琼杵尊统制一百五十万年以上的日本则拥有更久远的历史。

　　首先，阐明所耗时间认识的形成过程及其意图。

　　琼琼杵尊三代在位年间最早出现于《参天台五台山记》，熙宁五年（1072 年），
入宋的成寻就日本的帝王家谱，向神宗皇帝作如下阐述：

　　本国世系神代七代、第一国常立尊、第二伊奘诺·伊奘冉尊、第三大
日贵、亦名天照大神、日天子始生为帝王後、登高天照天下、故名大日本国、
第四正胜尊、第五彦尊、治三十一万八千五百四十二年、前王太子也、第

六彦火火出见尊、治六十三万七千八百九十二年、前王第二子也、第七彦激尊、治八十三万六千四十二年、次人代第一神武天皇、治八十七年、前王第四子也、第七十一代今上、国主皆承神氏。

画线部分为三代的在位期间，与《帝王编年纪》中所记载的数字一致，在中世的史书中广为可见的琼琼杵尊三代在位期间的内容，到了 11 世纪以后有所减少。需要特别关注的是这些是对中国皇帝所讲述的内容。

其次，在这种思想确立之前，关于神代是如何思考的呢？大约早于成寻一百多年前入宋的奝然与雍熙元年（983 年）向太宗皇帝呈献了《王年代纪》，其中记录了直至当时的圆融天皇为止的帝王家谱，在卷头作如下记载：

初主号天御中主、次曰天村云尊、其后皆以尊为号、次天八重云尊、次天弥闻尊、次天忍胜尊、次瞻波尊、次万魂尊、次利利魂尊、次国狭槌尊、次角龚魂尊、次汲津丹尊、次面垂见尊、次国常立尊、次天鉴尊、次天万尊、次沫名杵尊、次伊弉诺尊、次素戋鸟尊、次天照大神尊、次正哉吾胜速日天押穗耳尊、次天彦尊、次炎尊、次彦激尊、凡二十三世、并都于筑紫日向宫、彦激第四子号神武天皇、自筑紫宫入居大和州橿原宫、即位元年甲寅、当周僖王时也。

在此需要注意的是画线部分"凡二十三世、并都于筑紫日向宫"与"即位元年甲寅、当周僖王时也"。"凡二十三世、并都于筑紫日向宫"的意思不仅仅是指琼琼杵尊三代，还包括从天忍穗耳尊开始的诸神降落到人间筑紫的日向宫，可以说与记记神话的理解截然不同。另外，在后者中阐述了与中国时间相对比，神武即位相当于中国周朝的僖王时期，即神武即位是在周僖王时期，到神武时期为止的二十三世诸神如果在人间施行统治的话，很显然，日本比中国具有更为悠久的历史。

而且《王年代纪》记载了始于天御中主神，经历天照大神后到六十四代圆融天皇为止的一系帝王家谱，奝然本人向皇帝叙述道："国王以王为姓，传袭至今王六十四世，文武僚吏皆世官。"日本的帝王向中国皇帝传达自己的主张，即日本国王代代由皇孙相承，文武官皆为世袭，其意在表明日本与经过唐宋变革后的中国天子和官僚之间的差异。

综上所述，奝然向中国呈现《王年代纪》之意显然在于强调日本之帝王皆为一系，以及强调日本帝王家的古老传统，其中包含了夸耀日本比中国具有优势的自我主张。

百年后入宋的成寻也大致相同。

《王年代纪》是最早讲述日本神代的史料。原本日本古代国家是以隋、唐帝国为模型而形成的国家，虽然一度觊觎成为"小中华"，但是却没有对中国主张过自己的优势。在唐帝国灭亡之后，日本对中国皇帝反复叙述日本帝王家的悠久历史，即便这些对皇帝来说只不过是一些毫无价值的戏言，但非常重要的是在此过程中形成了日本中世的神代观以及本国认识，即三国佛教史观的形式，不仅是向中国，还向印度展示了日本的古老历史，扭转了中华思想与将日本看作弹丸小国的认识，宣扬日本优势的本国中心主义开始萌芽。

前述中《王年代纪》的神代理解，对天照大神以后的诸神根据记纪神话做了井然有序的记载，与此相反，天照大神以前诸神的记录与记纪神话相比则显得相当混乱，其原因是为了尽可能多的记载统治人间的神而造成的。另一方面，《参天台五台山记》中明确记载了天照大神从高天原普照大地，如记纪神话所示，统治人间的只有琼琼杵尊、彦火火出见尊、鸬鹚草葺不合尊三代，判定其可能性是通过确定琼琼杵尊三代的在位期间，三代合并超过一百五十万年，比中国历史要久远得多，甚至已经没有提出二十三世诸神了。因此《参天台五台山记》中的"本国世系神代七代"是由从天照大神至鸬鹚草葺不合尊的五代，再加上国常立尊、天照大神的父母伊弉诺、伊弉冉尊的两代构成。通常认为称作"神代七代"是因为利用了《日本书纪》的框架，实际情况却是完全脱胎换骨。只要消除素鸣戈尊的存在，就可以把二十三世的神代诸神汇总为七代，记纪神话则会极其简单化。

三、天照大神的改观——从天神到地神

唐帝国灭亡后，在日本，与中国以及印度的历史进行比较，形成了与记纪神话截然不同的新形式的神代理解。成寻《参天台五台山记》中所提及的琼琼杵尊三代的在位期间，被其后的中世史书所继承，《参天台五台山记》中记载"本国世系神代七代"，天神七代、地神五代这种在中世已经定型的神代观还尚未成立。本章将重点致力于阐明天神天照向地神转变的过程及其意义，从而论述中世神代观的确立。

保延三年（1137 年）七月二十九日的草部行元的请愿木简（滋贺县高岛郡盐津港遗迹出土）中作如下描述：

再拜

保延三年七月二十九日，以请申天判事。上界有大梵天王·帝释天·四天王，下界有王城镇守八幡大菩萨·贺茂下上等共十八大明神，另外还有本国（近江国）镇守山王七社，尤其当所（盐津）镇守之五所大明神（稻悬祝山、津明神、若宫三所），除此以外，在日本国内一万三千七百余所大小神等御前，作如下惊人之陈述：我起誓，本人、草部行元，若将保管货物内之鱼，即使在湖上流失一匹，近则三日、远则七日以内，将行元身上八万四千的毛孔中，施加上书诸神之惩罚。

关于从北陆运来的鱼，在琵琶湖负责运输的草部行元许愿，即使将货物中的一条鱼冲走，也情愿受到神的责罚。这里接受起誓的诸神之中，大梵天王、帝释天与四天王在天界，以王城镇守十八大明神、近江国镇守山王七社、当所（盐津）镇守五所大明神为代表的诸神在凡间，问题是关于"王城镇守十八大明神"之记载，王城镇守是指从平安后期开始朝廷（天皇）最为重视的二十二神社，而在这里是指的是十八大神社，缺少四个神社。有后记如下："王城镇守八万（幡）大菩萨、贺符（茂）下上、惣十八大明神"，其中没有位于八幡、贺茂之上的伊势，另外日吉社作为"近江国镇守山王七社"也属后记，很显然伊势、日吉被排除在二十二社之外，其余二社为二十二社中位次最低并且作为祈雨对象的丹生、贵布尔。本来，在该请愿书的责罚文中规定了天界诸神、凡间王城镇守和日本诸神的位置，没有降临凡间的天照大神与地祇（地神）八幡、贺茂的性质截然不同，不能将天照大神与诸神一样定位于凡间。

永历二年（1161年）七月六日圣人觉西祭文（《平安遗文》三一五五）中有"兼又王城镇守天神地祇二二社诸神"之记载，此天神指的是伊势，其余二十一社无疑是作为地祇。因此，十二世纪中叶，天照大神仍作为天神，天皇祈愿的王城镇守中虽然包括伊势，但与作为地祇的诸神社具有不同特征。

圣人觉西祭文虽然没有明确记录伊势，但事实上，这是伊势出现于请愿书的最早记录，之后又出现于建久四年（1193年）八月二日源范赖的请愿书（《吾妻镜》同年八月二日条）中，这里尤其值得关注的是范赖向兄长赖朝宣誓忠诚的记载，"万之一（仁毛）令违反此文者、上梵天帝释、下界伊势、春日、贺茂、别氏神正八幡大菩萨等之神罚（于）可蒙源范赖身也"，文中将伊势置于凡间，与春日、贺茂、八幡并列，可见伊势神宫的定位发生了很大的变化。

通过上述范赖请愿书可以看出，地神伊势（天照大神）的天界中有天部的诸神存在，天照大神的地神化必须以与佛教的关系为基轴来阐明。从11世纪开始，佛教开始吸收神祇，在其推行过程中，日本的诸神被视为佛教的守护神，也可视为佛的垂迹，围绕天照大神属地展开的讨论见于11世纪以后，但是天照大神、伊势如果是天神的话，则与天界的天部诸神成对等关系，这样的话就不能用当地垂迹的概念进行解释。10世纪中叶以后，将天照大神（伊势）作为地神，强化了皇祖神的地位，体现出深化了与天皇渊源的天照大神被完全融入佛教世界中，表示基本上达成了佛教对神祇秩序的包容。并且，天神伊势被定位于凡间这一现象，与神代理解的演变也有一定关联，即11世纪后半期的《参天台五台山记》中提出神世七代（国常立尊至鸬鹚草葺不合尊），12世纪后半期则出现了天神七代、地神五代的神统谱，天照大神被视为地神的初代。其最早出现于仁安二年、三年（1167年、1168年）胜命编著的《古今序注》，之后是嘉应元年（1169年）到承安元年（1171年）之间完成的《簾中抄》，可以说在12世纪后半期进一步实现了天照大神的地神化。

对天神七代、地神五代的理解经历了以下过程。在奝然提出的《王年代纪》中，关于天照大神以前诸神的记载较为混乱，相反，对天照大神以后诸神的记载却井然有序。《参天台五台山记》中有如下记载："第三大日贵、亦名天照大神、日天子始生为帝王后、登高天照天下、故名大日本国"，强调天照大神为日本的"帝王"和国家之原始，更加明确地表现了天照大神的子孙为皇孙。如此一来，天照大神作为地神，从天照大神到鸬鹚草葺不合尊的五代神，被归拢到一起统称为"地神五代"。另一方面，关于天照大神以前的诸神，通常认为《日本书纪》中"神代七代"的诸神即为"天神七代"，总之，《日本书纪》中"神代七代"的理解在《王年代纪》《参天台五台山记》中一部分被解体，所以说《日本书纪》的神代七代观并没有在整个平安时期得到延续。

此外，天照大神成为地神，对请愿书中所记载的民众来说逐渐成为耳熟能详的神。天照大神成为古代以来王权的皇祖神，同时还作为日本的政权统治者、守护民众的国主神，明确体现出这种中世伊势神宫的神格。神宫成为地神的补偿是获得了新式发展的可能性。虽然在形式上残留了古代的禁断私币，但是与芸芸众生共处同一地层之上的神宫，得到了民众的官方信仰，不久之后，以神社领地为代表作为神明宫在各地请神，伊势御师的行动也更为活跃。这样一来，神宫（所代表之神）进一步成为深深扎根于民众世界的神。

四、结语

可以说与古代相比，天皇与诸神的关系到了中世时期变得更为密切。在古代，天皇通过神祇官而参与祭祀，10 世纪后半期，即承平、天庆之乱以后，形成了新的神祇秩序，产生了以天皇临驾神社或临时祭祀这种形式为代表的天皇直接祭祀，明确了天皇作为祭祀主导者的地位，同时天皇与位于诸神之巅的天照大神之间的联系也更为密切。佛教僧人试图吸取这种新秩序，他们利用本地垂迹说，将神定位于佛之下，从而开展守护王权的理论。并且，在 11 世纪末，出现了天皇、天照大神与大日如来为一体的学说。

天皇的地位通过神佛而得以权威化，与古代相比神格化飞速进步。在佛教融合天皇和神祇的过程中，记纪神话实现了大规模改观，天照大神从天神转变为地神，深受广大民众的尊敬和爱戴。

（译者：孙晓宁）

日本古代天皇家乳母的出身与选任

○ 林　娜　聊城大学

乳母，顾名思义就是被选来以母乳哺喂婴儿的女性。中国古代很早便有关于乳母的记载，《荀子·礼论》中称"乳母，饮食之者也。"[1]《礼记·内则》规定："大夫之子有食母，士之妻自养其子。"[2] 也就是说，大夫之子可配食母（乳母）一人，士之子不配乳母，由生母亲自抚养。这些史书中的记载展现了中国古代乳母的基本面貌。之所以王室和贵族被允许择选乳母，绝大部分原因是哺乳会抑制排卵，降低妊娠的可能性。皇家贵族为了能够更快更早地孕育下一胎，使家族得以繁衍继承，故特意找乳母来喂养刚出生的婴儿，以便让生母安心休养传宗接代。[3] 这也是世界古代普遍产生乳母这个群体的因由。不过，唐令中并未明确乳母的人员配额、考叙封禄以及工作期限等相关规定。只是从《册府元龟》残存的事例中可以窥探到汉代以来的历代皇帝的乳母大多几乎只有一人，而且从"卜士之妻，大夫之妾"中选择。除乳母之外，还选择"宽裕慈惠温良恭敬谨而寡言者次为保母"[4]。少数皇子即位后，思念保母、乳母的养育之恩，追尊其为皇太后。[5]

日本历史上也有乳母。王族、贵族及武家子弟常由乳母喂养，其中最有影响力的是辅佐德川家光继承将军之位并掌握大奥实权成为大奥总取缔，获后水尾天皇封

---

① 王先谦：《荀子集解》，《诸子集成》第二册，上海：上海书店，1986年，第248页。
② 陈澔注：《礼记集说》，上海：上海古籍出版社，1987年影印本，第163页。
③ 萩谷朴：『枕草子解環』第4册，京都：同朋舍，1983年，第154页。
④ 王钦若等编：《册府元龟》帝王部卷38·尊乳保，北京：中华书局1982年影印本，第427-430页。
⑤ 朱子彦：《帝国九重天——中国后宫制度变迁》，北京：中国人民大学出版社，2006年，第292页。

赏的乳母春日局，官阶从三位。那么，日本古代的乳母是什么状况？其出身和选任是怎样的？乳母在日本古代国家的发展过程中起到的作用和意义是什么？本文将对此进行一番考察。①

一、嵯峨天皇之前的乳母及其出身选任

律令制确立之前，关于乳母的记载不是特别多。《日本书纪》中只有两处散见的乳母史料。一是关于乳母的起源传说。神代纪记载了神武天皇的祖父天神之子彦火火出见尊安排一位妇人作乳母喂哺其与丰玉姬刚生的皇子的故事，并称由此产生了乳母。

彦火火出见尊取妇人为乳母，汤母及饭嚼汤坐，凡诸部备行以奉养焉。

---

① 日本学界在史学、文学等领域对日本古代的乳母进行了诸多分析与考察。战前如和田英松：「歴史上における乳母の勢力」，『国学院雑誌』第 18 巻第 1 号，1912 年 1 月。后收于『国史国文の研究』，东京：雄山閣 1926 年；西岡虎之助：「平安時代における乳母の研究」，『歴史地理』第 42 巻第 2、3 号，1923 年 8、9 月。后收于『日本女性史考』，东京：新評論社，1977 年等。战后如黛弘道：「乳母の地位」，下出積與：「乳母の種々相」，皆收于『王朝の世と女性の役割』，『世界の女性史 18　日本 1』，东京：評論社，1977 年；勝浦令子：「乳母と皇子女の経済的関係」，『史論』第 34 号，1981 年；服藤早苗：「乳母の養育」，『平安朝の母と子』，东京：中央公論社，1991 年；福原栄太郎：「長屋王家木簡にみえる乳母について」，『神戸山手女子短期大学紀要』第 36 号，1993 年 12 月；渡里恒信：「聖武天皇の乳母について」，『季刊　ぐんしょ』第 24 号，1994 年；吉海直人：「安朝の乳母達——〈源氏物語〉への階梯——」，京都：世界思想社，1997 年等。角田文衛对平安时代诸多天皇家的乳母进行了专题性分析，探讨了乳母与王室、公卿贵族等的关系及其在平安时代政治史上的地位，如『中務典侍—枇杷皇太后の乳母・藤原高子の生涯—』，古代学協会，1964 年；「大輔の命婦」，『国語と国文学』第 43 巻第 11 号，1966 年 11 月。后收入『角田文衞著作集』第 6 巻『平安人物志（下）』，京都：法蔵館，1985 年；「後一条天皇の乳母たち」，『古代文化』第 140、143、146、148 号，1970 年 3、6、10、12 月；「仁明天皇の乳母たち」，『古代文化』第 149 号，1971 年 1 月；「白河天皇の乳母—藤原国明の母について—」，『日本歴史』第 301 号，1973 年 6 月。以上均收入角田文衞：『王朝の明暗』，东京：東京堂，1977 年。此外，还有学者对乳母的丈夫——"乳父"进行了探讨。如橋本義彦：「乳父管見」，『古事類苑月報』第 31 号，1969 年 10 月。后收入『平安貴族社会の研究』，东京：吉川弘文館，1976 年；同「外戚と乳母」，『日本史の基礎知識』，京都：有斐閣，1974 年；秋山喜代子：「乳父について」，『史学雑誌』第 99 編第 7 号，1990 年 7 月等。但日本学界并未整体考察日本古代，尤其平安时代的乳母状况，也并未探讨乳母的出身选任对日本古代国家的发展带来的影响。中国学界目前对日本古代乳母的研究甚少，据笔者管见，只有潘蕾：「古代日本天皇家の乳母の系譜」（原文为日文），北京日本学研究中心编：《日本学研究》第 21 辑，北京：学苑出版社，2011 年；王曼：《浅谈日本武家社会的乳母制度》，《湖北科技学院学报》2014 年第 3 期。而后者只是粗略谈及了武家社会的乳母制度，与本文的考察无多大关系。

于时权用他姬妇，以乳养皇子焉。此世取乳母养儿之缘也。[①]

此虽然只是神话传说，但反映了《日本书纪》编纂的 8 世纪初，社会上已经出现了乳母这一群体，并认为乳母喂养婴儿是神圣的事情，同时又巩固强化了皇子女需要配置乳母的正当性，暗示了乳母的重要作用。

第二个有关乳母的记载出现在第 23 代显宗天皇时期。显宗元年二月称"爰有磐坂皇子之乳母。"[②] 但众所周知，史学界对《日本书纪》显宗天皇时期史料的真实性也持有质疑。

律令制确立之后，在《养老令·后宫职员令》"亲王及子乳母条"中对乳母的数量、考叙等做了明确的规定：

凡亲王及子者，皆给乳母。亲王三人、子二人。所养子年十三以上，虽乳母身死，不得更立替。其考叙者并准宫人。[③]

也就是说，必须给亲王以及其子女配备乳母。法律规定为每位亲王安排三位乳母，为每位亲王的子女，也就是二世王配置两位乳母。亲王及其子女满 13 岁以后，即使乳母去世，也不再补充新的乳母。这是因为古代一般子女到了 13 岁便长大成人，届时皇子举行元服仪式，皇女进行着裳仪式。所以皇子女成人之后，即便乳母去世，也不会再补给。反过来则意味着如果由皇孙二世王升为一世亲王时不满 13 岁的话，则会添加一名乳母。[④] 律令颁布后的 8 世纪至 9 世纪初的实际情况与律令规定相同。如圣武天皇的皇女井上内亲王生于养老元年（717 年），其在养老五年被卜定为伊势斋王的时候，圣武天皇尚未登基，井上内亲王是二世王的身份，因此只配置了两位乳母[⑤]，由于其于天平十六年（744 年）才卸任斋王，因此，即使其父亲圣武天皇于神龟元年（724 年）即位之后，身为斋王的身份，乳母数量也没有再增加。井上内亲王的异母妹阿倍内亲王与其同年所生，极有可能最初也是配置了两位乳母。圣武天皇即位后，阿倍内亲王未满 13 岁，因此，笔者推测可能又给她多添置了一位。《续日本纪》载天平胜宝元年（749 年）七月三日的记事可说明这点：

① 黑板勝美，国史大系編修会編：『新訂増補国史大系·日本書紀』巻 2，東京：吉川弘文館，1983 年，第 96—97 頁。（笔者译，以下同）

② 黑板勝美，国史大系編修会編：『新訂増補国史大系·日本書紀』巻 15，第 407 頁。

③ 井上光貞等校注：『日本思想大系新装版·律令』後宫職員令 17，東京：岩波書店，1994 年，第 202 頁。

④ 勝浦令子：「乳母と皇子女の経済の関係」，《史論》第 34 号，1981 年，第 30—31 頁。

⑤ 黑板勝美，国史大系編修会編：『新訂増補国史大系·政事要略』巻 24，東京：吉川弘文館，1981 年，第 75 頁。

乙未，从六位上阿倍朝臣石井，正六位上山田史女屿，正六位下竹首

乙女并授从五位下，并天皇之乳母也。[①]

孝谦天皇即位当日，授予位阶的乳母有三位：阿倍朝臣石井、山田史女屿和竹首
乙女。同样，平城天皇有三位乳母：锦部连姊继、安倍小殿朝臣堺与武生连朔。在平
城天皇出生时，父亲桓武天皇尚未即位，其最初为二世王，只能配两位乳母。父亲
即位之后，平城天皇未满 13 岁，因此又增添了一位。二月辛巳，授从五位下锦部连
姊继从五位上，五位安倍小殿朝臣堺，武生连朔并从五位下，并皇太子乳母也。[②]

但也有与律令规定相悖的事例，比如对于天平胜宝元年四月圣武天皇去东大寺
行幸时赐予奖赏的三国真人、石川朝臣、鸭朝臣与伊势大鹿首四位："又三国真人、
石川朝臣、鸭朝臣、伊势大鹿首部波可治赐人止自弓奈母简赐比治赐夫。"[③] 有学者称
这四位可能是圣武天皇的乳母，但也有些学者提出了反驳意见。[④]

此外，律令中未规定乳母的任期年限，则可以认为是终身制。皇子女成人以后，
其乳母显然已经没有担任哺乳工作的必要了。换言之，如果乳母自己不辞职或者不
触犯法律的话，一般都会始终跟随主君，那么当时乳母的任务不仅包括哺乳，还包
括主君成年之后的抚养教育。

这一时期，皇子女的命名与其乳母出身的氏族有很大的关系，多取自乳母的出
身氏族名。虽然皇子女的名字也有取自其诞生地、成长地、国造等有势力的豪族氏
名等情况 [⑤]，如大伯皇女的名字就是当其父亲大海人皇子西征途中，航行至大伯海（备
前国邑久郡的海）之际，大伯皇女诞生而得名。"御船到于大伯海，时大田姬皇女产
女焉，仍名是女曰大伯皇女。"[⑥] 不过，在《日本书纪》中，特意记载皇女的出生以及
将出生地作为皇女的名字都是极其罕见的。飞鸟奈良时代，尤其是奈良时代中后期，

---

① 黑板勝美，国史大系編修会編：『新訂増補国史大系·続日本紀』卷 17，東京：吉川弘文館，1984 年，
第 204 頁。
② 黑板勝美，国史大系編修会編：『新訂増補国史大系·続日本紀』卷 39，第 527 頁。
③ 黑板勝美，国史大系編修会編：『新訂増補国史大系·続日本紀』卷 17，第 199 頁。
④ 认为这四位是圣武天皇的乳母的学者有渡里恒信：「聖武天皇の乳母につい」，『季刊 ぐんしょ』第
24 号，1994 年，第 16 頁；本居宣长：『続紀歴朝詔詞解』，『本居宣長全集』第 7 卷，東京：筑摩書房
1971 年，第 288 頁。瀧浪贞子认为这四人不是其乳母，是文武天皇与其夫人藤原宫子的近侍，参见
瀧浪贞子：『帝王聖武——天平の勁き皇帝——』，東京：講談社，2000 年，第 17 頁。
⑤ 直木孝次郎：「古代における皇族名と国郡名との関係」，『日本歴史』第 284 号，1972 年 1 月，第 26 頁。
⑥ 黑板勝美，国史大系編修会編：『新訂増補国史大系·日本書紀』卷 26，東京：吉川弘文館，1984 年，
第 276 頁。

皇子女的名字取自乳母所在氏族的氏名的情况越来越多。推古天皇在尚未被立为天皇之前，本名额田部皇女，此名字应该与其乳母为大和额田部氏的女性有关。[①] 天武天皇（名为大海人皇子）的乳母在《日本书纪》中并无直接记载，但从其的殡礼第一天最先由大海人宿祢蒭蒲上奏壬生（皇子的养育关系）之事，可探知天武天皇的名字取自大海人氏。[②]

> 是日，肇进奠，即诔之。第一大海宿祢蒭蒲诔壬生事，次净大肆伊势
> 王诔诸王事，……[③]

持统天皇本名鸬野（菟野）皇女，角田文卫推测也许是由于菟野马饲连氏的妇人或者百济系菟野首氏的女性被任命为鸬野皇女的乳母的原因[④]。如前所述，孝谦天皇的三位乳母中有一位名叫阿部朝臣石井，与孝谦天皇的关系十分特殊。因为其名字阿倍内亲王就是取自这位乳母。自奈良时代到平安时代初期，像这样皇子女的名字取自乳母的姓氏的事例还有许多，已经被视为一种惯例。光仁天皇皇女中，角田文卫推测弥努磨内亲王的名字来自水沼君氏族的女性，能登内亲王的名字来自于能登臣氏族的女性，那么，她们应该分别是这两位皇女的乳母。[⑤] 此外，桓武天皇皇女酒人内亲王的名字的确来自一位叫作酒人忌寸刀自古的乳母[⑥]，桓武天皇皇女，平城天皇妃朝原内亲王的名字取自乳母朝原忌寸大刀自[⑦]角田文卫由此类比推测布势内亲王的乳母为布势朝臣某女，高峙女王的乳母也许为高峙真人某女。此外，角田文卫还通过分析，认为桓武天皇皇女伊都内亲王的本名应为"伊豆"，乳母为伊豆直某女。[⑧]

《日本文德天皇实录》嘉祥三年（850年）五月壬午条在悼念嵯峨天皇皇后时提道：

> 天皇诞生，有乳母姓神野。先朝之制，每皇子生，以乳母姓，为之名焉，

---

① 角田文衞：『日本の女性名（上）—歴史的展望—』，東京：教育社，1980 年，第 321 頁。

② 西鄉信綱：『壬申紀を読む 歴史と文化と言語』，東京：平凡社，1993 年，第 14–15 頁。

③ 黑板勝美，国史大系編修会编：『新訂増補国史大系・日本書紀』卷 29，第 386–387 頁。

④ 角田文衞：『日本の女性名（上）—歴史的展望—』，第 321 頁。

⑤ 角田文衞：『日本の女性名（上）—歴史的展望—』，第 126 頁。

⑥ 黑板勝美，国史大系編修会编：『新訂増補国史大系・続日本紀』卷 36，第 478 頁。

⑦ 潘蕾：《古代日本天皇家の乳母の系譜》，北京日本学研究中心编：《日本学研究》第 21 辑，北京：学苑出版社，2011 年，第 292 頁。

⑧ 角田文衞：『日本の女性名（上）—歴史的展望—』，第 152–153 頁。

故以神野为天皇讳。[①]

"神野"即是嵯峨天皇的名讳。由此得知嵯峨天皇之名也取自乳母。除此之外，以乳母的姓为皇子女命名是自古以来的传统，说明皇子女与乳母有十分紧密的联系。嵯峨天皇时期开始给皇子女赐姓，同时废除了通过乳母氏族名为皇子女命名的方法。在此之后，皇子女的命名便与乳母脱离了关系。现在，我们来整理一下嵯峨天皇之前，能够考证出来的天皇及其乳母。

表1 嵯峨天皇之前的天皇及其乳母

天皇	天皇名	乳母	乳母的最终位阶
崇峻	长谷部若雀命	长谷部氏姓，名不详*	
推古	额田部皇女	额田部氏，名不详	
天智	葛城皇子	姓葛城，名不详*	
天武	大海人皇子	姓大海人，名不详*	
持统	菟野皇女	菟野马饲连氏或百济系菟野首氏，名不详	
文武	轻皇子	县犬养橘宿祢三千代	正一位
元明	阿閇皇女	姓阿闲，名不详*	
元正	新家皇女	姓新家，名不详*	
圣武	首皇子	Δ	
孝谦	阿倍内亲王	阿倍朝臣石井 山田史女屿 竹首乙女	皆为从五位下
淳仁	大炊王	不详	
光仁	白璧王	不详	
桓武	山部亲王	（山部宿祢子虫）	
平城	安殿亲王	锦部连姊继 安倍小殿朝臣堺 武生连朔	从五位上 从五位下 从五位下
嵯峨	神野亲王	神野，名不详 笠朝臣道成 大秦公忌寸滨刀自女	三位

注：1. 标有*的事项参考潘蕾：《古代日本天皇家的乳母谱系》，第292页表。文中的表格是作者根据《古事记》《日本书纪》《续日本纪》中的记述以及本居宣长的《古事记传》、饭田武乡的《日本书纪通释》的考证制作而成。

2. 如前所述，标有Δ处表示圣武天皇的乳母问题目前存有争议。

3. 除了表中所列之外，皇子女中未成为天皇，但其名字来自乳母的还有：间人皇女（舒明天皇与宝皇女之女，孝德皇后，其乳母的氏姓为间人），新田部皇女（天智天皇与嫔阿倍橘娘之女，天武天皇妃，其乳母姓新田部）。参见潘蕾：《古代日本天皇家的乳母谱系》，第292页。

---

① 黑板胜美，国史大系编修会编：『新订增补国史大系·日本文德天皇实录』卷1，東京：吉川弘文館，1981年，第11页。

其中需要指出的是，第一，文武天皇的名字为"轻"，而其乳母橘宿祢三千代姓"县犬养"，并非取自乳母氏名。胡口靖夫与义江明子都认为文武天皇的"轻"名字是根据三千代的本籍古市郡轻墓村的地名起的。[①] 对于并没有以三千代氏姓命名的原因，义江明子指出虽然三千代是文武天皇的乳母，但由于她在年轻时便被送入后宫，之后又被安置到阿閦皇女宫内，靠多年的辛勤努力获得了皇家的信任，正值其生育葛城王之际成为轻皇子的乳母。与其说她是作为县犬养氏的一员担负起此重任，倒不如是依靠个人的能力与机遇获得了这个机会。[②] 笔者也认为"轻"取自三千代的出身地是可以理解的。因为当时并没有专门的提供皇子女乳母的氏族，成为皇子女乳母的女性最初是被作为采女[③]送入宫中的，根据天武天皇时期的规定，当时入仕的女性年龄一般都在 13 岁至 30 岁之间，正处于适婚与生育阶段。而在宫中皇子女的诞生与成长过程中，刚好满足能够哺乳这一身体条件养育皇子女的女性才能被选为乳母。[④] 更何况，以乳母姓为皇子女命名也只是一种习惯，并未形成制度。而且平安时代初期之前以乳母的出身地等地名作为皇子女名字的模式也是天皇家族的一种命名法。[⑤]

第二，平城天皇的名字是"安殿"，然而，其三位乳母都没有此氏姓，看似不符合根据乳母氏姓命名的方法。不过，根据《续日本纪》延历二年四月庚申条记载："敕改小殿亲王名为安殿亲王。"[⑥] 可知，平城天皇原本名为"小殿"，而其三位乳母中有一位安倍小殿朝臣堺也姓"小殿"，故可以肯定平城天皇的名字亦源于乳母姓。那么，将"小殿"改为"安殿"的原因，《续日本纪》中并未提及。就在安殿亲王改名字后的第四天，其生母藤原乙牟漏被册立为皇后。这是继藤原光明子之后第二位出身于非王族的女性成为皇后。因此，笔者认为，将皇子的名字由"小"改为吉祥之意的"安"，也许是为了祈盼立后过程顺利圆满地实现。

那么，为什么皇子女的名字多取自乳母所在的氏族？胜浦令子认为为皇子安排乳母是自古以来的习俗，提供乳母的氏族也同时负担该皇子的经济资助。这种乳母

---

① 胡口靖夫：「軽皇子の命名と県犬養橘宿襧三千代」，『続日本紀研究』第 185 号，1976 年 6 月，第 9 页；义江明子：『県犬養橘三千代』，东京：吉川弘文館，2009 年，第 19 页。

② 义江明子：『県犬養橘三千代』，第 20 页。

③ 古代日本地方豪族献给中央朝廷的贡女，律令制国家时期是在宫廷主要负责天皇、皇后等饮食起居的下级女官。参见拙文《日本古代采女的产生及其原因考察》（《黑龙江史志》，2014 年第 11 期）与《律令制确立前的采女与日本古代王权》（《外国问题研究》，2014 年第 2 期）。

④ 新田孝子：『栄花物語の乳母の系譜』，东京：風間書房，2003 年，第 7 页。

⑤ 潘蕾：《日本古代人名研究》，北京：中国传媒大学出版社，2012 年，第 254 页。

⑥ 黑板胜美、国史大系编修会编：『新訂増補国史大系・続日本紀』卷 37，第 492 页。

与皇子一体化的标志，从律令封禄等规定中也能判断出。[①] 关于人名的现象，吉海直人从王室经济角度加以解释，他认为皇子女的名字源于乳母姓也与由乳母一族代理负责主君生活资料的经济背景相关。[②] 也就是说，从皇子女的名字上能一目了然地看出其养育关系。潘蕾认为不管以乳母姓为皇子女命名的初衷为何，当时的乳母虽然地位不高，但代替皇子女的生母养育皇子女，作为准母方亲族也具有一定的发言权。[③]笔者认为，无论这一传统的产生原因如何，以乳母姓命名皇子女名字的现象使皇子女的诞生与成长在其日常生活与乳母的关系密切的基础之上，又增添了深层次的象征意义。也就是说，以乳母姓命名体现出皇子女与其乳母氏族的特殊关系，皇子女被视为了乳母出身氏族的一员，这在自古以来习惯于集体生活、重视集团主义的日本人看来，乳母要比生母的价值与地位更高，皇子女与乳母及其家族的感情要比生母更深。这也就给平安时代后期，尤其是院政时代，乳母及其一族能够受到统治者极大的庇护，在政治活动上具有较高发言权的现象提供了根源性的解释。

第三，综观这些乳母的出身可发现，与平安后期至中世之后不同，古代没有乳母甚至乳母一族通过这个身份掌握权力的事例。飞鸟奈良时代皇子女的乳母尚未固定出自于某一门第或者某一流派。律令中规定了为亲王与二世王配给乳母，内亲王与二世女王应该也同样。这一令制下乳母最初的选任是基于"在皇子女的诞生或成长过程中，只有碰巧具备符合这一时机与身体条件哺育抚养皇子女的女性才能被选为乳母。"[④] 当时天皇的皇子女这一身份只是将来成为天皇的必要条件，但不是充分条件。飞鸟奈良时期皇太子的废立频繁，与之后的摄关、院政时代相比，奈良平安前期的王位继承具有许多不确定的因素，因此成为皇子女的乳母并不一定就必然能成为天皇的乳母。因此平安前期以前，虽然有被动成为皇子女的乳母，但几乎没有主动或者有意识有目的的要成为天皇乳母的情况。而这也是乳母并未出自固定的氏族或者门第的原因之一。[⑤]

第四，平安时代之前的乳母叙位低，成为皇子女的乳母只有在抚育的主君即位或者被立后之后才能实现晋升或者地位的提高，不过也只是最多到五位。如《日本后纪》载大同三年（808 年）十二月戊辰条：

---

① 勝浦令子：「乳母と皇子女の経済的関係」，第 36 頁。
② 吉海直人：『平安朝の乳母達—〈源氏物語〉への階梯—』，京都：世界思想社，1997 年，第 52 頁。
③ 潘蕾：「古代日本天皇家の乳母の系譜」，第 293 頁。
④ 新田孝子：『栄花物語の乳母の系譜』，第 7 頁。
⑤ 潘蕾：「古代日本天皇家の乳母の系譜」，第 292 頁。

大同三年十二月戊辰，从六位下息长丹生真人文继，授从五位下。外从七位下日置臣登主外从五位下。无位笠朝臣道成从五位下。道成，皇太弟乳母也，特有此叙。[①]

二、嵯峨天皇以后的乳母及其出身选任

弘仁五年（814 年），嵯峨天皇不仅实施了赐姓源氏的政策，还采取了大规模的改名措施。男子的名字改为两个汉字，其中一字表示父系亲族的关系（即继承父族的通字），女子的名字为"＊子"型的两个汉字，并且这种命名的基本形式逐渐在天皇家固定下来，且延续至今。嵯峨天皇意在通过将皇子女改赐臣姓，达到削减王室财政支出负担，同时在朝廷形成强大的皇亲势力的目的。更改名字是为了区别王族子女与被降下臣籍的子女，明确他们今后是否仍然属于王族的身份。这样，由于改赐姓的政策，多数皇子女被降为了臣籍，一定程度上解决了王室的经济困难，也无需再使用之前的由乳母的出身氏族负担他们的生活开销的方法了。因此，自嵯峨天皇之后，除了淳和天皇的名字"大伴"被认为是因其乳母的出身地——近江国滋贺郡大友乡而命名的事例[②]之外，皇子女的名字不再以乳母的氏姓命名。

平安初期创作的作品中乳母出场的频率比较少，而中期以后乳母的形象几乎在所有的作品中都会出现，说明中期以后的现实生活中乳母也逐渐普遍了。贵族社会十分重视并谨慎对待乳母的选择，认为乳母的人格等方面都能影响到被抚养者的性格与情感。正如《古今医统大全》中指出的"凡乳母禀赋之厚薄，性情之缓急，德行之善恶，儿食其乳能速肖之，此其关系非为小，故殊不知，渐染既久，识性皆同，犹接木之造化也，故不可不择。"[③]

与嵯峨天皇之前比较，嵯峨天皇之后的乳母的出身与选任可发现如下几个特征：

第一，嵯峨天皇之前，已考证出的天皇的乳母一般都是三人，而嵯峨天皇之后的乳母数量大多都是三四人，有时还出现了五人或者仅有两人的情况，甚至有的乳母还会兼任其他皇子女的乳母。因此，嵯峨天皇之后的乳母数量不能一概而论。不过，一般为皇子女配置的乳母中有一位是主乳母，主乳母先叙从五位下，其他乳母

---

① 黒板勝美，国史大系編修会編：『新訂増補国史大系・日本後紀』卷 17，東京：吉川弘文館，1982 年，第 80 頁。

② 潘蕾：「古代日本天皇家の乳母の系譜」，第 293 頁。

③ 明 徐春甫編：《古今医统大全》卷 88，崔仲平等主校，北京：人民卫生出版社，1991 年，第 846 頁。

再次之。①

第二，平安时代之前的乳母叙位一般都至从五位，特殊情况才叙至三位。而平安时代之后的乳母位阶普遍都能叙至三位，有些甚至都能达到从二位的高位。并且，天皇的乳母几乎全部被任命为内侍司②的次官典侍，这是女性可以被授予的最高官职。由于平安时代以后，长官尚侍一般都后妃化，转化为天皇的妻室，因此内侍司的一切事务都交由典侍来负责，那么典侍自然就成了实际后宫女官中的最高统率者。而且，平安时代之前的乳母出身氏族不固定，并非很有权势的氏族。相比较之下，平安时代之后的乳母出身都有基本固定的氏族，多数来自于藤原氏，其次还有源氏、橘氏与纪氏，平氏自平安后期开始出现。此外，如前所述，平安时代之前的女性从事乳母这个职位大多数都是在无法预料的前提下被动接受的，可以说是有极大的偶然性。而这时期的乳母都是出身家族主动要求提供的。如表2所示，乳母的父家或者夫家与王室家族有或多或少千丝万缕的联系，要么是世袭的公卿贵族（如藤原氏、橘氏），要么是被臣籍降下的王族（如源氏），他们通过将自家具备哺乳等身体条件的女性送入宫中作皇子女的乳母，建立与王室后宫的联系，巩固并提高其在前廷的权力地位，更大限度地获得政治话语权。尤其是当自家抚育的皇子成为下任王位继承者时，乳母及其一族便会与未出任乳母、出任乳母但被抚养者并未被立储的族系相比，官位晋升得更快，获得的权力更大。

表2 第54代仁明天皇至第82代后鸟羽天皇期间的历代天皇及其乳母家族

天皇	乳母	乳母的最终官阶	乳母夫	乳母夫的最终官职	乳母父	乳母父的最终官职	乳母子	乳母子的最终官职
仁明	田口朝臣真仲		橘氏公	赠从一位右大臣	田口继麻吕		橘岑继	正三位中纳言
文德	（藤原泉子）							
清和	不详							
阳成	纪朝臣全子		源荫	从五位下			源益	近侍
光孝	不详							
宇多	不详							
醍醐	不详							

① 角田文衞:「仁明天皇の乳母たち」，第3页。
② 后宫十二司之首，长官为尚侍，次官为典侍，其次为掌侍，还有女孺若干人。

续表

天皇	乳母	乳母的最终官阶	乳母夫	乳母夫的最终官职	乳母父	乳母父的最终官职	乳母子	乳母子的最终官职
朱雀	橘光子	从四位上典藏						
村上	藤原和子							
冷泉	平宽子	典侍	藤原兼通	赠正一位关白太政大臣	平时望		藤原远光	
	源正子	从五位下			源当季			
	藤原都子	从五位下			藤原子高			
圆融	良峰美子	从三位典侍						
花山	右近尼	掌侍	橘敏政	中宫亮			橘则光	从四位上陆奥守
	藤原氏		藤原雅材		藤原中正		藤原惟成	
	平氏		平祐忠		平祐			
一条	藤原繁子	从三位典侍	藤原道兼	赠正一位太政大臣	藤原师辅		藤原尊子	一条天皇女御
	橘德子	从三位典侍	藤原有国	从二位参议	橘仲远		藤原资业	从三位式部大辅
三条	橘清子	正三位典侍	藤原道隆	正二位摄关内大臣			藤原好亲	
后一条	藤原丰子	从三位典侍	大江清通	讃岐守	藤原道纲	大纳言	大江定经	三河守、美作守等
	藤原基子	从三位典侍	源高雅	中宫亮	藤原亲明	从四位下修理大夫	源章任	
	藤原美子	从二位典侍			藤原惟宪	正三位大宰大式参议		
	菅原芳子	典侍	藤原赖任	从四位上土佐守	菅原辅正	参议	藤原资任	
后朱雀	源隆子	从三位	藤原泰通	播磨守,道长家司	源致时			
	藤原能子	从五位上	藤原泰通	正二位大纳言	藤原信尹			
	藤原香子	从五位上			藤原方正			
	藤原明子	从五位下典侍	藤原兼贞		藤原说孝			

续表

天皇	乳母	乳母的最终官阶	乳母夫	乳母夫的最终官职	乳母父	乳母父的最终官职	乳母子	乳母子的最终官职
后冷泉	藤原贤子	从三位典侍	藤原兼隆，又嫁高阶成章	正二位中纳言太宰大式	藤原宣孝	正五位下右卫门权佐	高阶为家	
	藤原氏		藤原赖成		藤原惟宪	正三位大宰大式参议	藤原赖长	
	源经子	正五位下	藤原兼经	正三位参议	源长经			
后三条	源成子	从三位典侍			源经成			
	高阶平子	从四位上			高阶信平			
	橘德子	正五位下			橘俊远			
白河	藤原亲子	从二位	藤原隆经	正四位下美浓守	藤原亲国		藤原显季	正三位太宰大式
	藤原氏				藤原资业			
	源氏		藤原师基	左中弁	源定良	备前守	藤原国明	
堀河	藤原光子	从二位典侍	藤原公实	权大纳言	藤原隆方	左中弁、但马守	藤原通季	权中纳言
							藤原实能	左大臣
	藤原师子	从三位典侍	源雅实	太政大臣	藤原师仲	纪伊守、宫内卿	源显通	权大纳言
	藤原家子	从三位典侍	藤原家范	大膳大夫	藤原家房	常陆守	藤原基隆	修理大夫
							藤原家保	中务少辅
							藤原宗隆	越中权守
	藤原兼子	从三位典侍	藤原敦家	伊予守	藤原显纲	讃岐守、但马守	藤原敦兼	刑部卿
鸟羽	藤原光子	如上						

149

续表

天皇	乳母	乳母的最终官阶	乳母夫	乳母夫的最终官职	乳母父	乳母父的最终官阶	乳母子	乳母子的最终官职
鸟羽	藤原实子	从三位典侍	藤原经忠	从二位中纳言	藤原公实		藤原信辅	正四位下右京大夫
	藤原悦子	从三位典侍	藤原显隆	正三位权中纳言			藤原显赖	正二位权中纳言
	藤原公子	从三位	藤原经实		藤原公实		藤原经宗	
崇德	藤原宗子	从三位典侍	藤原家保	从三位参议	藤原隆宗		藤原家成	正二位中纳言
	藤原荣子	典侍	藤原忠隆	从三位	藤原显隆		藤原隆教	
近卫	藤原家子	从二位典侍	藤原清隆	从三位			藤原光隆	正二位权中纳言
后白河	藤原朝子	从二位典侍	藤原通宪	正五位下少纳言	藤原兼永	纪伊守	藤原成范	正二位中纳言
二条	平时子	从二位典侍	平清盛	太政大臣	平时信		平宗盛	从一位行内大臣
							平知盛	从二位权中纳言
	藤原俊子		藤原显赖	正二位权中纳言	藤原俊忠		藤原惟方	从三位参议
							藤原成赖	正三位参议、修理大夫
六条	藤原成子	从三位典侍	藤原成赖	正三位参议、修理大夫	藤原邦纲			
	藤原邦子	从三位典侍			藤原邦纲			
高仓	藤原邦子	从三位典侍			藤原邦纲			
	藤原经子	从三位典侍	平重盛	正二位内大臣	藤原家成		平清经	正四位下左近卫权中将
	藤原纲子	从三位典侍			藤原邦纲			
	平清子	从三位典侍	平宗盛	从一位行内大臣	平时信		平清宗	

续表

天皇	乳母	乳母的最终官阶	乳母夫	乳母夫的最终官职	乳母父	乳母父的最终官职	乳母子	乳母子的最终官职
安德	藤原辅子	从三位典侍	平重衡	正三位藏人头	藤原邦纲		平良智	
后鸟羽	藤原保子	从三位	藤原忠经	正二位右大臣	藤原能保		藤原定雅	正二位右大臣

注：1. 括号内为不确定者。

2. 角田文卫推测仁明天皇的乳母还有藤原朝臣泷子、橘朝臣是影、田口朝臣全子三人。参见角田文卫：《仁明天皇的乳母们》，《古代文化》第 149 号，1971 年 1 月，第 5 页。

3. 关于后一条天皇乳母藤原美子，还有一种说法为其是藤原惟宪之妻，藤原亲明之女。但一般认为其是藤原惟宪之女。参见黑板胜美、国史大系编修会编：《新订增补国史大系·尊卑分脉》第 2 篇，东京：吉川弘文馆，1983 年，第 121 页。

4. 后一条天皇乳母藤原美子还兼任三条天皇皇女祯子内亲王的乳母。后三条天皇乳母橘德子的母亲也为祯子内亲王的乳母。

5. 后朱雀天皇乳母源隆子被认为是藤原泰通之妻，纪伊守源致时之女。参见角田文卫：《中务典侍——枇杷皇太后的乳母·藤原高子的生涯》，《角田文卫著作集》第 6 卷《平安人物志（下）》，京都：法藏馆，1985 年，第 285 页。

6. 堀河天皇、鸟羽天皇的乳母藤原光子与藤原公实的三位女儿：藤原实子任从三位典侍，为鸟羽天皇的乳母；藤原公子任从三位，同为鸟羽天皇的乳母；藤原璋子为鸟羽天皇的中宫。也就是说，鸟羽天皇的四位乳母中有一位为藤原公实之妻，两位为藤原公实之女。

后一条天皇的乳母藤原丰子便是其中一例。藤原丰子为藤原道纲之女。长保二年（1000 年），时任左大臣的叔父藤原道长的女儿藤原彰子被一条天皇册立为中宫，藤原丰子便担任中宫的女官。在此期间，就任大纳言的藤原道纲娶异母兄藤原道隆的女儿为妻，又使嫡子藤原兼经与藤原道隆的四子藤原隆家之女联姻，加强了与藤原道隆的合作，以此抗衡藤原道长日渐膨胀的威势。宽弘五年（1008 年），藤原彰子生下敦成亲王（即后一条天皇），藤原道长成为皇子的外祖父。与此同时，藤原道纲将女儿藤原丰子安排为敦成亲王的乳母，以便通过藤原丰子建立与敦成亲王的联系，巩固既有的地位。长和五年（1016 年）二月，三条天皇迫于藤原道长的压力让位于年仅 8 岁的敦成亲王，后者即位是为后一条天皇。藤原丰子作为其乳母被叙至从三位，并担任内侍司的典侍。其父亲藤原道纲仍然维持大纳言的身份与地位。嫡子大江定经于治安二年（1022 年）被任命为三河守[①]，长元四年（1031 年）被允许升殿，之后又历任美作守等多国国司。藤原实资在日记《小右记》中对这种因乳母的身份关系而带来全家族荣耀的现象表达了愤慨不平。[②]

① 日本古代地方分国的最高长官，国司四等官中最高级别的职位。

② 東京大学史料編纂所编：『大日本古記録·小右記』卷 8，東京：岩波書店，1976 年，第 230 页。

第三，从乳母父亲的官职来说，乳母多出身于受领①层以上的家庭。关于乳母的出身，除了父亲为受领层的臣僚之外，还有父亲为亲王，即自己为女王的情况，如藤原定子的乳母祐子女王，其父亲为醍醐天皇皇子重明亲王。②不过，据笔者管见，女王担任乳母的事件只有这一例，属于特殊情况，可不予考虑。服藤早苗根据《紫式部日记》分析了后一条天皇乳母的情况。后一条天皇的乳母可推定为七人，逐个分析之后可知，乳母的丈夫或者父亲至少有一方为公卿权门贵族，要么在朝中任参议等高官，在政治中枢占据重要位置，要么在地方任守之类的高官，属于受领阶层。对受领层出身的女性来说，成为天皇的乳母是能够飞黄腾达、掌握后宫权力的理想职位。亲王的乳母多数出自受领阶层，摄关家的子女的乳母也同样多数出自受领阶层③。

第四，平安时代的乳母的选任有以下几种方式：

（一）与前任乳母有亲属关系。此种情况又可分为以下三类：

a. 与前任乳母为婆媳关系，这类情况居多。比如，藤原家保的母亲为堀河天皇乳母藤原家子，妻子为崇德天皇乳母藤原宗子；藤原显赖的母亲为鸟羽天皇乳母藤原悦子，妻子为二条天皇乳母藤原俊子；藤原成赖的母亲为二条天皇乳母藤原俊子，妻子为六条天皇乳母藤原成子；此外，还有平宗盛、平重盛、平重衡，他们的母亲皆为二条天皇乳母平时子，妻子分别为高仓天皇乳母平清子、藤原经子和安德天皇乳母藤原辅子。

b. 与前任乳母为祖孙关系。如高仓天皇乳母藤原经子的父亲为藤原家成，而藤原家成的母亲为崇德天皇乳母藤原宗子。

c. 与前任乳母为母女关系。如鸟羽天皇乳母藤原悦子为崇德天皇乳母藤原荣子的母亲；历任堀河、鸟羽两代天皇的乳母藤原光子是鸟羽天皇乳母藤原实子与藤原公子的母亲。

（二）与天皇有亲属关系。如仁明天皇乳母田口真仲的丈夫橘氏公是嵯峨天皇皇后橘嘉智子的弟弟，那么田口真仲也就是仁明天皇的舅母；冷泉天皇乳母源正子为冷泉天皇的外祖父藤原师辅的堂妹。

（三）与当权者有亲属关系。如后一条天皇乳母藤原美子与后冷泉天皇乳母藤原

---

① 从中央派至地方的官员职名。
② 角田文衞：「大輔の命婦」，『角田文衞著作集』第6卷《平安人物志（下）》，第210–212頁。
③ 服藤早苗：『平安朝の母と子』，東京：中央公論社，1991年，第137–138頁。

赖成妻都是正三位太宰大式藤原惟宪的女儿；六条天皇乳母藤原成子、高仓天皇乳母藤原邦子与藤原纲子、安德天皇乳母藤原辅子都是正二位权大纳言藤原邦纲的女儿，而且藤原纲子还兼任了高仓天皇的中宫平德子的乳母。

三、乳母的选任对其出身氏族及国家政权的影响

最早由于乳母的身份为出身氏族及家庭带来荣耀，在政治上声名显赫的是县犬养橘宿祢三千代。三千代最初担任轻皇子（即文武天皇）的乳母，后来与藤原不比等联姻，二人在奈良时代发挥了巨大的作用。此部分在另文进行详述。

随着律令制度的确立，虽然皇子女的乳母由于其特殊身份，与主君皇子女有密切的感情关系，皇子女都以乳母的姓或者乳母的出身地等与乳母相关的事物命名，在法律上也享有特殊权利。但平安前期之前，乳母的地位并未大幅度地超越其他女官。因此，出身氏族不固定、叙位不高的乳母也并未给其家族带来很大的待遇恩泽。而平安中后期，尤其院政时期上皇的权力巨大，与上皇之间建立起了深厚感情的乳母自然地位也上升，有的乳母在政治上拥有较大的发言权。此外，虽然乳母多数出身受领阶层，但由于乳母这个职业，使得乳母的家庭成员，比如乳母的丈夫与乳母的儿子等有机会更多地接触王室前廷或者后宫，也同样受到庇护，在政界迅速活跃，得到了显著的晋升。由此出现了与乳母有关的特殊群体——"乳父"和"乳母子"。

乳父，广义上既指乳母的丈夫，也包括乳母的父亲，狭义上仅指乳母的丈夫。乳母父亲中最显赫的要数平安末期的藤原邦纲。如表2所示，其四位女儿分别做了六条天皇、高仓天皇、安德天皇以及高仓天皇中宫平德子的乳母。同时由于女儿乳母的身份关系，藤原邦纲也获得了外戚势力，原本担任摄关家的家司，后逐渐升至正二位权大纳言的高位。乳母的丈夫一般最初担任东宫大夫，之后凭借自己家族的力量与妻子的特殊关系，最终在朝廷中获得很高的话语权。藤原显隆（妻子为鸟羽天皇乳母藤原悦子）及少纳言入道信西即藤原通宪（姑母藤原悦子为鸟羽天皇乳母，妻子藤原朝子为后白河天皇乳母）等最具代表性。平安中后期，乳母与乳父分别在后宫与前廷发挥政治作用。共同把持朝政的典型还有平重盛与藤原经子（高仓天皇乳母），平清盛与平时子（二条天皇乳母），藤原公实与藤原光子（堀河天皇、鸟羽天皇乳母）。由于有些乳父的权力过于强大，以至于招致当时周围许多人的反感。清

少纳言便曾对乳父表示过批判，认为他们十分嚣张跋扈，排斥对自己不满的人，并向主君进谗言。[①]

乳母的儿子——"乳母子"一词初见于《延喜式》（10世纪初成书）大炊寮对亲王以下提供的月料的相关规定中："幼亲王乳母日二升，乳母子各五斗。小月亦同。七岁以后停止。"[②] 有些乳母通过自己的勤奋，虽然出身相对不高，但获得了主君天皇的信任，为其子也带来了光明的前途。比如著名的白河天皇乳母藤原亲子。由于白河天皇生母死得早，藤原亲子之外的乳母也在天皇幼年时期便西去，因此藤原亲子是陪伴天皇唯一的乳母，与天皇的感情十分深厚。为了回报其养育之恩，白河天皇即位之际，将其由从五位下叙至正三位。一般乳母最高位阶为从三位，兼任两位以上的皇子女的乳母才有可能升至从二位，不过也是少数。但是藤原亲子既没有抚养过其他皇子女，也没有担任过典侍，所以其被授予正三位是破格的恩惠。由此可看出白河天皇对藤原亲子的敬爱之情。而且，使藤原亲子之子藤原显季担任白河天皇的近侍，藤原亲子家族受到了天皇极大的信任，故而逐渐成为政界权力执掌者，并建立了四条家。白河天皇在应德三年（1086年）让位给皇子堀河天皇后开始院政，此时藤原亲子已经66岁高龄，堀河天皇行幸白河院时又授其从二位。在法胜寺出家的藤原亲子73岁去世，白河法皇特意叫停法胜寺大乘会的音乐以示哀悼。可以说，没有藤原亲子的活跃就没有之后四条家的繁荣。再比如堀河天皇乳母藤原家子的丈夫藤原家范及三个儿子都做了官。出身并不高的乳母通过自身的努力，带给了家族荣耀。

乳母与养君的准亲子关系，乳母子与养君的准兄弟关系使乳母一家地位上升。正如西乡信纲认为的："乳母子是主君最为信赖的随从，两人可说是生死与共共享秘密的关系，比血缘上亲近的兄弟姐妹的关系还要紧密。"[③] 作为乳母子活跃的还有鸟羽天皇的乳母子藤原显赖，被称为鸟羽天皇第一近臣，其在鸟羽天皇践祚后不久便被补为藏人，最终达到正二位。即使辞掉公卿之后仍然参与最重要的议事，作为鸟羽上皇的心腹执掌内外政权彰显威力。藤原显赖生病时，鸟羽法皇祈祷其快愈。藤原显赖去世后，鸟羽法皇还叫停朝觐行幸的音乐。桥本义彦认为藤原显赖得到如此殊

---

① 秋本吉郎校注：『日本古典文学大系19』，『枕草子』第187段，東京：岩波書店，1969年，第236頁。
② 黑板勝美、国史大系編修会编：『新訂増補国史大系・延喜式』巻35，大炊寮・親王已下月料，東京：吉川弘文館，1984年，第804頁。
③ 西郷信綱：『〈源氏物語〉を読むために』，東京：平凡社，1983年，第70頁。

荣并不是因为其是乳母子的原因，而是由于其出自于劝修寺流藤原氏的缘故。[1] 潘蕾认为对藤原显赖而言，天皇乳母子的身份只是其晋升的助推器，真正决定其晋升的是其父系的出身。近几年的研究表明，平安末期以后的武家社会是乳母将主君带回自己家抚养，而平安中期以来的天皇家是乳母在主君的邸宅入仕并在那儿抚养主君。[2] 因此，如此抚育环境的差异导致主君与乳母一族的关系也不同，所以不能将平安中后期的天皇与乳母子视为如亲兄弟一般，并将此作为乳母子立身出世的保障。也就是说，天皇乳母的儿子中只有极少部分是依靠与天皇的模拟兄弟关系顺利升进的，而且他们大多数都止步于天皇（院）的近臣，达不到大臣等职位。因此，如果仅因为乳母子的身份是不会获得非常高的位阶与官职的。[3] 笔者认为，尽管乳母的出身与选任对本氏族及家庭的影响不是绝对性的，但或多或少起到了辅助作用，乳母这一特殊环境下的特殊身份群体必然会对朝政产生某些影响——尽管这些影响是间接的、有限的。

那么，为何平安中后期，特别是院政时期，乳母的影响力比以往几个时期都强？一方面是由于院政的特点，即上皇专权，作为喂养其长大的有哺育之恩的乳母肯定有一定的发言权。另一方面就是因为当时实行院政的白河上皇与鸟羽上皇的生母过早去世，导致朝廷内部代替执政者母亲位置的乳母及其家族的非制度性地位提高。[4] 也就是说，成为上皇唯一的亲人依靠与支持的乳母凭借其职掌的特殊性，占据了相当于主君亲族的立场，作为上皇的养育者发挥着与生母相同的力量。[5]

由以上特点可以看出，平安时代中后期，尤其是院政时代，乳母及其家族的势力已经深深地影响了朝廷的政局，特别是乳母的丈夫——"乳父"以及乳母的儿子——"乳母子"成为政治统治的中枢力量，他们作为上皇的"近卫军"有时甚至比上皇的亲兄弟更值得信任。乳母一族借助上皇的信赖把控朝政，上皇的权力旁落，院政体制逐渐瓦解，新一轮的"摄关政治"正在形成。而这次的执掌者并非公卿贵族，取而代之的是以平清盛为首的武士阶层。他们最初作为乳母家族的身份在政坛上崭露头角，之后逐渐摆脱与乳母的关系，以天皇"护卫队"的姿态进行权力争夺。他们

① 橋本義彦：「勧修寺流藤原氏の形成とその性格」，『平安貴族社会の研究』，東京：吉川弘文館，1976 年，第 283-319 頁。
② 秋山喜代子：「乳父について》」，『史学雑誌』第 99 編第 7 號，1990 年 7 月，第 44-45 頁。
③ 潘蕾：「古代日本天皇家の乳母の系譜」，第 291 頁。
④ 保立道久：『平安王朝』，東京：岩波書店，1996 年，第 180 頁。
⑤ 潘蕾：「古代日本天皇家の乳母の系譜」，第 289 頁。

的政治参与加速了公家（以天皇为中心的公卿贵族）权力的衰落，在某种程度上促成了武家社会的形成。

　　但我们也不能过度诠释乳母及乳母子的影响与存在价值。即使是院政时代，乳母子仅仅凭借身为天皇或者上皇的乳母儿子的关系获得迅速晋升，掌握更大的权力是不太可能的，也需要依赖其本人的能力，还有其父系家族的强势的背景等诸多因素，但无论如何，其母亲担任乳母这一方面都能为其在人生出发点上提供有利的政治条件与成长环境，能够推动其在人生道路上更进一步。

圣武天皇的让位与出家

○ ［日］本乡真绍　立命馆大学

一、问题之所在

天平二十一年（天平感宝元年、天平胜宝元年，749年）[1]，圣武天皇让位于光明皇后所生皇女——皇太子[2] 阿倍内亲王后出家。其实早在数年前，圣武天皇就已备受疾病所扰，元日朝贺之仪也在天平十六年（744年）后少有举行，加之连年干旱等自然灾害带来的苦恼，使得圣武天皇对佛教更加倾心，开始致力于发愿国分寺、国分尼寺和卢舍那大佛的建造事业。就在天平二十年四月，作为"后见"[3] 的元正太上天皇也驾崩了。天平二十一年二月，朝廷收到了关于陆奥国小田郡产金的报告，这在日本史上尚属首次，作为日本大佛镀金事业的一大喜事，引起了广泛关注。在此背景下，出现了丰前·八幡神率领全国各神祇共创大佛建造事业之神谕，也使得国家祭祀与王权性格之间的关系进入新阶段。朝廷上下为此举行了盛大的庆祝仪式。在这过程之中，圣武天皇和光明皇后、阿倍皇太子一同来到东大寺参诣，圣武天皇面北朝拜，自称"三宝之奴"，不但在佛前表明了信仰，还举行了叙位等仪式。[4]

---

① 749年四月改元天平感宝，七月因让位而改元天平胜宝。
② 圣武天皇皇太子为皇女阿倍内亲王，即后来的孝谦天皇。按律令规定，天皇的姐妹称内亲王。
③ 相当于摄政、辅政。
④ 『続日本紀』卷十七，東京：経済雑誌社，1897年，第278-283頁。天平勝宝元年四月甲午朔条。

受产金报告的影响，同年四月改元天平感宝元年，闰五月在宫中举行了千人的出家仪式。与之前圣武天皇生病期间或元正天皇死后法事期间举行的出家仪式相比，这时参加的僧尼人数明显增多。同月，圣武天皇在向诸寺布施之诏中自称"太上天皇沙弥胜满"。[①] 从"太上天皇"这一称呼中我们可以看出圣武天皇已经自觉地认识到自己退位的事实，并在日后移居药师寺作为行在所，七月让位皇太子阿倍内亲王。

自此直至天平胜宝八年五月驾崩，圣武太上天皇一直过着佛僧生活，这一例证可在正仓院所藏传圣武帝着用袈裟等宝物中管窥一二。且在驾崩初期，以圣武天皇出家归佛为由未奉谥号[②]，称"皇帝菩萨"。[③] 圣武天皇在当时以一种新的样态，将神祇与佛教，甚至与王权的关系结合起来。可圣武天皇表明让位，甚至出家，其中的原委、意义何在？令人遗憾的是，在这一点上至今没有明确的说法。《续日本纪》天平胜宝元年条关于此并未明示，后世的史料中虽可见同年出家、菩萨戒受戒之记载，但实际上都难以服人。[④] 原本，在世之时让位，带有中继色彩的例子只见于元正以前的女帝，但至少从《日本书纪》《续日本纪》等日本正史中看，男帝在世之时让位的例子可以说是从圣武天皇开始的。关于天皇的地位，就像"恒以天地社稷百八十神、春夏秋冬祭拜为事"所示[⑤]，是和祭祀权紧紧地联系在一起的，天皇位的继承的是"天皇灵"，也即将作为祭祀权者的权利继承下去。从这点来看，克服以往的身份观念，断然进行生前让位这一事实，不难想象其背后一定有相应的新伦理或新观念存在。本文将从圣武让位、出家并行这一行为出发，试图解开其中缘由。

---

① 『続日本紀』卷十七，第 285-286 頁。天平勝宝元年閏五月癸丑条。

② 『続日本紀』卷十九，第 314-315 頁。天平勝宝八歲五月壬申条。

③ 在延历七年（788 年）年唐朝归化僧思托所著《延历僧录》佚文圣武天皇传（《东大寺要录》卷一 本愿章第一所引）中，圣武被称为"胜宝感神圣武皇帝菩萨"，赞其"真谛俗谛并行""皇轮法轮同转"。

④ 简井英俊编：『東大寺要録卷一』本願章第一，大阪：全国書房，1944 年："或日記云、天平廿年戊子正月八日天皇并后御出家、四月八日受菩薩戒、名勝満、以行基菩薩為戒師"，『扶桑略記』天平二十一年正月十四日条"於平城中嶋宮、請大僧正行基為其戒師、太上天皇受菩薩戒、名勝満。中宮受戒、名德太。皇后受戒名萬福。即日改大僧正、名曰大菩薩。（略）後高野天皇受戒為尼、名法基。"由此可见，《新日本古典文学大系·续日本纪3》补注中虽载有"出家于该年正月"的记载，但考虑到其中有不符合行基去就等事实，难以让人完全信服。

⑤ 『日本書紀』卷十九，東京：経済雑誌社，1897 年，第 331 頁。欽明十三年冬十月条。

二、天平二十一年的动向

持统八年（694 年）五月，国家下令分送金光明经百部至诸国，于每年上玄读诵。① 两年后，为了读经需要，规定在每年十二月晦日度净行者十人②，成为年分度者之滥觞。在奈良时代成为定式的金光明（最胜王）经读诵法会，也在日后变成了御斋会定例法式。鉴于传统的元日朝贺之仪，宫中的法事从正月八日到十四日，计七日间诵读修行。平安期后作为传统行事、神事之补充，称之为"后七日"。实际上，即便在《续日本纪》中，除了先帝追善的定期法事或作为佛教政治一环的佛教政策外，从元日到七日举行法事的先例几乎没有。然而，在圣武让位的天平二十一年，正月朔日，代元日朝贺之礼，于七七（或七日）间，天下的诸寺悔过、诵读金光明经，天下禁杀生之令。③ 虽然这一政策可能会被看成是为了追善供养前年四月驾崩的元正太上天皇或者是为了圣武自身玉体的安康而采取的措施，但在时间上从元日持续到七日的法事行为，却是值得关注的。

此后，关于圣武和光明皇后出家的记事、圣武受戒的记录等也见于其他的史料之中，但仅凭受戒之礼，还不足为信，这其中也有俗人受戒的可能，并不能与出家等同视之。无论怎么说，年初就命修行法事，并在行事举行期间选择退位出家，是很难说得通的。

同年二月，从陆奥国接到了小田郡产金报告，四月朔日，圣武与皇后、皇太子，率左大臣橘诸兄以下百官行幸东大寺，面北朝拜，自称"三宝乃奴"，报日本产金之事，告天神地祇以受其实。④ 同月十四日，圣武再度行幸东大寺，在佛前举行了橘诸兄以下叙位除目仪式，并改元天平感宝。⑤ 在这个时候，还不见圣武有退位、出家之意。然而在《续日本纪》和其他史料中，我们却能在同年闰五月二十日看到圣武自称"太上天皇沙弥胜满"之记载，证明在此之前，圣武天皇就已经有了退位、出家的想法。那么，到底缘何以此？

在这里值得注意的是《续日本纪》关于太上天皇——圣武在天平胜宝八年（756

---

① 『日本書紀』卷三十，第 567 頁。持统八年五月癸巳条。
② 『日本書紀』卷三十，第 571 頁。持统十年十二月己巳朔条。
③ 『続日本紀』卷十七，第 277 頁。天平胜宝元年正月丙寅朔条。
④ 『日本書紀』卷十九，第 331 頁。钦明十三年冬十月条。
⑤ 『続日本紀』卷十七、第 284 頁。天平胜宝元年四月丁未条。

年）五月二日驾崩后，同月十九日就葬于佐保山陵之记载（同日条）。也就是说，圣武天皇的"御葬之礼"，是按照"奉之佛事"准备的，备有狮子座，香炉、天子座、金轮幢、大小宝幢、香幢、花缦、蓋缴之类。[①] 这里所说的"金轮幢"，是绘有金轮的幢，似乎和诸佛典中所说转轮圣王所有的七宝之一——金轮宝颇为相似。也就是说，圣武天皇很可能将自身比作转轮圣王，特别是有着金轮圣王的某些特点。

三、佛典中的转轮圣王

《长含阿经》卷一，有如下说：

> 太子初生、父王槃頭召集相師及諸道術、令觀太子知其吉凶。時諸相師受命而觀、即前披衣見有具相。占曰、有此相者當赴二處、必然無疑。若在家者、當為轉輪聖王、王四天下四兵具足、以正法治無有偏枉、恩及天下七宝自至、千子勇健能伏外敵、兵杖不用天下太平。若出家學道、當成正覺十号具足。[②]

由此可见，转轮圣王在此就是理想君王像之表述。所谓七宝，分别是金轮宝、白象宝、绀马宝、神珠宝、玉女宝、君士宝、主兵宝，而在四转轮（金、银、铜、铁）圣王之中，当属金轮圣王统治四界。

作为信物代表的金轮宝，在君主统治期间，东方备有金轮一环，而在王寿极尽之时，金轮离开本体，王为脱离人界之福乐，享天界之福，让位于太子，并剃鬓发，着法衣，出家修道。七日之后，金轮忽然消失。新王问前王，前王答之，金轮非自产，只要行金轮圣王之正法，十五日后满月之时，沐浴香汤采女围绕升正法殿上，金轮神宝自然当现。

另一方面，龙树所著《十住毘婆水论》中，也有十地之中有二地的菩萨化为转轮王，普教众生之说。[③]

那么，作为理想君主的金轮圣王观念是何时在日本被继承、接受并使当权者自

---

① 『続日本紀』卷十九，第 314-315 頁。天平勝宝八岁五月壬申条。

② 《长阿含经》卷 1、卷 6，http://www.jingangjing.com/changehanjing.htm。

③ 『十住毘婆沙論』卷十七「戒報品第八」。参考藤美和子：「佛界の荘厳一法勝寺とは何のために立てられたのか」，『佛教大学綜合研究所紀要』，2013 年 3 月。

识的呢？

据管之所见，在长谷寺铜板说相图铭中，就有明确的记载。[①] 在长谷寺铜板说相图中，"岁次降娄漆菟上旬"也即戌年七月上旬，因为"清御原大宫治天下天皇"，僧道明率约八十人共同制造。从戌年时间所指——朱鸟元年（686 年）、文武元年（698年）之中的一年可以推知，"清御原大宫治天下天皇"即为天武天皇或持统天皇之一。但从铭文中所载"伏惟、圣帝超金轮同逸多真俗双流"这一表记来看，铭文的作者显然认为，当时的"飞鸟清御原大宫治天下天皇"是超越金轮圣王的"逸多"，即与弥勒菩萨的形象多有重合。

直接言及弥勒与金轮圣王关系的经论书籍有（西晋）竺法护译介的《弥勒下生经》，在书中也有这样的记载，在具有金轮圣王性格的蠰佉王时代，大臣修梵摩与妻梵摩越之子弥勒，不久悟道成佛（如来），蠰佉王法从弥勒，让位于太子后剃发。

像这样，试图将弥勒与金轮圣王两者形象结合的是一位在七世纪末兴武周革命的君主——武则天。天授元年（690 年），薛怀义和僧法明改写北凉云无识译出的《大方等无想经》六卷为《大云经》四卷，并将其下发各州，兴建大云寺以藏其经。[②] 在《大方等无想经》第六卷载有，南天竺有一个无明国，国主等乘育有一女，名增长，因其治而国盛，邻国皆属。此女王死而继位，供养佛舍利，建造七宝塔，读诵、书写、解说大云经，死后降诞于无寿寿佛国之记录。[③] 在第四卷，又载有净光天女为教化众生而化为女身，以国王夫人的身份，得转轮王 1/4 之所领，以五戒护正法，治外道邪见，以之为菩萨。[④]

---

① 长谷寺铜板法华说相图铭文内容如下：天皇陛下敬造千佛多宝佛塔。上厝舍利仲拟全身、下仪并坐。诸仏方位菩萨围绕声闻独觉。翼圣金刚狮子振威伏惟圣帝。超金轮同逸多真俗双流化度。无央荐翼永保圣迹欲令不朽。天地等固法界无穷莫若崇拠。灵峰星汉洞照恒秘瑞㠑金石。相坚敬铭其辞曰。（略）歲次降娄漆菟上旬。道明率引捌拾许人奉为飞鸟。清御原大宫治天下天皇敬造。

② 《旧唐书》卷六《本纪第六 则天武后》载初元年（690 年），北京：中华书局，1975 年，第 121 页。关于薛怀义《大云经疏》作伪问题，详见滋野井恬氏「敦煌本「大雲経疏」の研究」，『印度学佛教学研究』42，1973 年 3 月；坪田昭子：「彌勒としての武則天：『大雲経疏』の考察」，『信州大学国語教育』5，1996 年 2 月。

③ 《昙无谶译：《大方等无想经》卷 6，可参考玄奘著，辩机注《大唐西域记校注》卷十《耶那羯磔迦国》注，北京：中华书局，2000 年，841-842 页。解说是大雲経、然後寿盡。是時乃當転此女身、為衆生故示大神通。為欲供養無量寿佛故、故生彼界。

④ 《大方等无想经》卷 4：天女、時王夫人即汝身是、汝于彼佛暫得一聞大涅盘経、以是因緣今得天身。值我出世復聞深义、舍是天形即以女身当王国土。得転轮王所统领处四分之一、得大自在受持五戒作优婆夷、教化所属城邑聚落男子女人大小。受持五戒守护正法、摧伏外道诸邪异见。汝于尔时是菩萨、为化众生现受女身。

虽作为王族家的女性，但仍有金轮圣王之性格，这是薛怀义等人在撰写中所要透露的内在精神，是通过对这些女性的描写，暗示则天武后的弥勒身份。就在翌年，朝廷打出了"佛先道后"的口号，新的宗教权威也随之建立。[①] 在长寿二年（693 年），则天武后又加号"金轮圣神皇帝"，自此以后直至天册万岁元年（695 年），先后有越古金轮圣神皇帝、慈氏越古金轮圣神皇帝、天册金轮大圣皇帝等称号，从武后把表示弥勒的"慈氏"加于"金轮"之上，可见上记铜板说相图铭文所言"真俗双流"《延历僧录》胜宝感神圣武皇帝菩萨传所赞"真谛俗谛双行"。

长谷寺铜板说相图铭文所透露出的意识，到底有多大程度的共识，限于史料所限，难以明说，从圣武朝以前有关天皇的记载中看不出此种意识，但从深知中国武周革命的僧道明角度想把持统天皇推崇至同样的地位来看，日本以此来提升王权的观念十分明显。

四、金轮圣王与古代王权

从王权的角度来看，日本真正拥有金轮圣王的意识的最早例证可在前述有关天平胜宝八年五月十九日圣武天皇的安葬方式中略窥一二。其后的例子，有继承大法师行信遗志，由弟子教仁等人在神护景云元年九月五日所写的《大般若经》卷四八九奥书愿文"仰愿、挂畏圣朝、金轮之化与乾坤无动、长远之寿争劫石弥远"中可见。[②] 时值尼天皇——称德天皇的治世，从此意义上来看，虽与在俗的金轮圣王形象有异，但将与道镜一道隆兴佛教的称德天皇比作僧教仁等人的金轮圣王之治也并不过分。但是，正如前面长谷寺铜板说相图铭文所示，并不能说它是因为受到王命而记或者说有意识的宣扬天皇的金轮圣王意识。

与此相对，值得注意的是，在光仁朝宝龟四年十一月二十日，为复兴行基的大和国菩提院等五院，依勅献地之时，有佛典的流布与不动"金轮之宝位"之表记，

---

① 《旧唐书》卷一八三，第 4741 页。关于则天武后与弥勒下生之间的关系，详见坪田昭子：「彌勒としての武則天：「大雲経疏」の考察」，以及肥田路美：「隋・唐前期の一州一寺制と造像」，『早稲田大学大学院文学研究科紀要』第 55 辑第 3 分册，2010 年 2 月。

② 『大般若波羅蜜多経巻第四九八奥書』，『大日本古文書』五一六八四。

用仁德以祈风调雨顺、五谷丰登。① 虽说并未直接流露天皇的权威，但却反映出明显的金轮圣王的七宝意识。因为其勅出者为光仁天皇，由此可见，这时王权方面在金轮圣王观念上已有了共识。

受相关史料所限，如果上述推论成立，那么关于天平胜宝元年圣武天皇的去就问题，也就值得重新思考了。

倘若在圣武朝就意识到有转轮圣王的存在，并将他的治世视为理想君主的评价标准，那么我们或许可以从诸佛典中关于转轮圣王的记载中，看出圣武天皇退位出家的行为轨迹。

首先，转轮圣王是彻底的世俗之王而非出家者。因此，像称德天皇那样，出家过僧人生活，是很难符合转轮圣王形象特点的。与此相对，圣武天皇，虽自诩为佛教的信奉者，多次施行兴隆佛教的政策，并以"菩萨行"作为自己的实践理想，但至少在天平二十年之前，圣武并没有出家。相反，正因是世俗之王，才有大力宣扬转轮圣王形象的可能。同时，若把转轮圣王和菩萨相通的一种存在的话，圣武天皇正对应了以"菩萨行"作为自身实践理想的评价标准。

其次如文首所述，以天平十五年恭仁京大极殿朝贺为界，圣武天皇天平十六年开始连年废朝，加感之自身身体的虚弱、不适，又遇连年不作之苦，社会上的不安情绪越来越重，而在天平二十年四月，元正太上天皇驾崩给他带来的伤痛，让圣武天皇愈发不安，常感寿命将至。就在卢舍那大佛建造遇到困难之时，陆奥国小田郡传来了产金的报告。很容易让人联想到这是象征着金轮圣王的金轮宝在东方出现的标志。与此同时报告的八幡神神谕，也使神佛之间的关系得以调和，从这点来看，圣武天皇的行动中并没有与其宗教身份相抵之处。圣武天皇开始醉心佛教的思想、信仰，并在其说教中追求理想，毫无疑问，这是自己在仿效转轮圣王的治世之道。

前之所见《长阿含经》卷六所言，圣武让位于太子——阿倍内亲王，剃鬓发，着法衣，移居药师寺宫，过修行之世。从其经过考察可见，圣武是在退位后成为太上天皇后正式出家，并自称"沙弥胜满"，修行佛道的。

同样，也有像具有转轮圣王性格的南天竺无明国大王等乘那样，将王位让于女子的记录存在（《大方等无想经》）。正是依据这些伦理，才使得圣武天皇能够史无前例的选择生前让位，并把皇位让于女性皇太子。

① 『続日本紀』卷三二，第572頁。宝龟四年十一月辛卯条。有关天皇与金轮圣王的关系，参见前揭论文工藤美和子「佛界の荘厳―法勝寺とは何のために立てられたのか」。

五、结语

从自称"三宝之奴"来看，圣武有效仿梁武帝，以"沙弥胜满"舍身让位孝谦天皇后，一时寻求复位之嫌。确实，如果单从"沙弥"这一身份来看的话，的确很难说他是完全出家入道。但是，如果从确保天皇地位的祭祀权者的性格与选择出家后的佛徒生涯对后世的影响来看，天皇的去就问题就显得极其重要。不久之后，孝谦上皇选择以尼身份复位也和圣武退位、出家的行为一样，反映出当时神佛关系的新变化。也就是说，同时拥有神格与祭祀权者性格的圣武天皇，通过忠实地践行转轮圣王的让位与出家，使得王权与神、佛之间的关系产生了新变化。[①]

之后虽然有天皇附有转轮圣王意识的事例（平安前期的清和天皇）[②]，但他并没有在具有普遍权威的王权之下积极地利用这一意识。鉴于多数佛典中都有转轮圣王之记录，因而对于修佛者来说，他们更容易带有这一意识。不论是从拥护王权的角度出发还是从树立威严的手段来看，重新观察、思考圣武天皇的让位与出家，不仅在王权的宗教性格上，而且在神佛关系的重新解释上，都有重要意义。

（译者：王洪浩）

---

① 关于圣武的去就问题，岸俊男氏在『天皇と出家』（同氏編：『日本の古代七　まつりごとの展開』，東京：中央公論社，1986 年 12 月）中指出，从天皇与政治这一视角出发，以出家受戒之身行政治之实是难以成立的，而实际上是圣武通过自称上皇，移居药师寺官，让位孝谦得以实现的。另勝浦令子氏在『孝謙・称徳天皇』（京都：ミネルヴァ書房，2014 年 10 月）中说圣武自称"三宝乃奴"的天平二十一年四月一日，一时舍身，又以"现人神"的身份在位，闰五月二十一日，自称"太上天皇沙弥胜满"，圣武以"沙弥"称号自拟出家者，但在周围看来不过是权宜之计。无论如何，在当时是有允许天皇"舍身"的观念存在的。另外，吉川真司在『天皇の歴史二　聖武天皇と佛都平城京』（東京：講談社，2011 年 1 月）中指出，圣武天皇的让位与出家与陆奥产生的影响密切相关。

② 『日本三代実録』卷二，東京：経済雑誌社，1913—1916 年，第 32—34 頁。貞観元年四月十八日癸卯条。

桓武天皇的皇统意识和天命思想

○ 龚　婷　综合研究大学院大学

在桓武天皇的时代，都城从古来的都城所在地大和国迁至山城国，同时壬申之乱以后一直延续下来的天武系皇统也因光仁天皇（白壁王）的即位而变成了天智系皇统，天皇家出现了新的皇统秩序。本文将会以桓武天皇即位前后的政治动向以及即位后施行的长冈迁都、郊祀为线索，对桓武天皇的皇统意识进行再检讨。

一、桓武即位以前

桓武天皇本名为山部，27 岁时（天平宝字八年，764 年）因在"仲麻吕之乱"中有讨伐逆贼之功，从无位晋升到了从五位下。在此之后他出任称德朝大学寮的长官，并希望以官僚而不是皇族的身份出世。之后，称德天皇在神护景云四年（770 年）三月的行幸结束后就因病卧床，仅仅过去 3 个月就在平城宫西宫的寝殿里死去。《续日本纪》中写道，当时以左大臣藤原永手、右大臣吉备真备为首，藤原宿奈麻吕（良继）、藤原绳麻吕等人在禁中定策，推举天智天皇的孙子大纳言白壁王为皇太子。[①] 除此之外，《日本纪略》中引用的《百川传》中，提及了这场禁中定策的会议是由永手、良继等人和百川一起商议作成伪诏来拥立白壁王。但是根据林陆朗的分析，《百川传》仅仅是藤原氏的一种家传，考虑到这种性质史料的特别性，为了夸大百川所做出的功绩后世的人们故意作出这种夸大的描写，但结合前后两种叙述来看，拥立白壁王

---

① 『続日本紀』，東京：経済雑誌社，1987 年，第 526 頁。

很有可能是当时藤原北家、南家、式家合意出来的方案。[①]

为什么藤原氏要统一起来推举白壁王呢？《续日本纪·光仁天皇即位前纪》中提到，当时对白壁王的性格的评价是"天皇宽仁敦厚，意豁然也"，为了避免皇族间的权力斗争，"自胜宝以来，皇极无二。人疑彼此，罪废者多。天皇深顾横祸时，或纵酒晦迹，以故免害者数矣"，直至称德朝才进升至大纳言。[②]先行研究中提到，本来被排除在皇位继承者之外的天智天皇之孙白壁王之所以能成为次任天皇，最重要的一点是因为他的王妃是天武天皇和夫人县犬养氏所生的女性皇族井上内亲王。比较常见的学术见解认为，群臣拥立白壁王，主要是考虑到如果立井上内亲王为皇后，并将她生的儿子他户亲王立为太子的话，天武系皇统就能继续维持下去。

光仁即位后，渡来系氏族和史氏出身的高野新笠所生的长子山部被封为亲王，并任侍从、中务卿，作为官僚更加丰富了其工作经验。然而宝龟三年（772年）井上内亲王突然因为行巫蛊诅咒光仁天皇之事，被废掉皇后之位。2个月之后，身为皇太子的他户亲王也因为母亲的行为被废掉了皇太子之位。随后的宝龟四年（773年）正月，山部亲王被立为皇太子。同年10月，光仁的同母姐难波亲王死去，而这又被认为是井上内亲王的诅咒，随后母子二人被废黜为庶人，两年以后在同一天死去。

《续日本后纪》承和十年（843年）七月庚戌（23日）百川的长男藤原绪嗣的薨传中提到，桓武天皇将绪嗣召至殿上，亲自为他进行元服加冠之礼。桓武回忆百川并说道"赐剑，敕曰：是汝父所献之剑也，如父寿词，于今未忘，每一想象，不觉泪下，今以此剑赐汝，宜莫失焉。"[③]此外，同条薨传中还记有桓武提及"微绪嗣之父，予岂得践帝位乎"，这也反映出了其父百川作为拥立桓武的中心人物，在这件事上倾尽全力。藤原百川对官僚时代的山部有一定了解，很有可能是他考虑到比起血统，作为下一任天皇来说实际能力更为重要，所以才会力压反对意见来拥护山部亲王立太子。

在古代的日本除了会重视父方的血统以外，母方的血统也受到很大的重视。因

---

① 关于《百川传》主要参考林陆朗的论文「奈良朝後期宮廷の暗雲」(『上代政治社会の研究』，東京：吉川弘文館，1969年）。其他关于《百川传》的成立有吉川敏子论文《〈日本纪略〉藤原百川传的完成》（川敏子：「『日本纪略』藤原百川伝の成立」,『律令貴族成立史の研究』，東京：塙書房，2006年），其中提到《百川传》源自《续日本纪》，后被删除。但考虑到《百川传》中写道为称德天皇治病的女尼使用了律令僧尼令中禁止的巫医治疗法，这种描述不应出现于国家编纂史书之中，故遵从林陆朗的论点。

② 『続日本纪』，第532頁。

③ 佐伯有義編：『六国史 巻6続日本後記』，朝日新聞社，1930年，第261−262頁。

此，渡来人高野新笠的血统被认为是非常卑贱的。比如说有名的《水镜》光仁天皇段中，藤原百川推荐立山部为太子，而身为参议的藤原浜成则以"山部亲王其母卑贱，又如何能立为太子"[①]一说，向光仁天皇提出了立嗣的反对意见。虽说《水镜》是后世撰写的史料，但从浜成的话中可以看出，母方血统被轻视的这件事的确会对桓武的皇位继承有着很大的负面因素。

二、桓武即位和辛酉革命

《续日本纪》天应元年（781年）正月朔日的诏书记录了日本史上唯一一次元日改元："诏曰，……比有司奏。伊势斋宫所见美云，正合大瑞。彼神宫者国家所镇，自天应之，吉无不利。……改元曰天应。"[②]借由这个祥瑞出现之际光仁天皇下令将自己的年号由宝龟改为天应[③]，并于同年四月以老病为由让位给皇太子山部亲王。天应改元与以往的改元所不同的是，并非将祥瑞直接作为元号所使用，而是从汉籍之中谋求新的元号出典。另一点值得注意的地方是改元这一年碰巧是辛酉之年，而正月朔日就恰逢辛酉之日。林陆朗认为，这次天应改元应该是依据中国儒学纬书中所提到的辛酉革命之说而进行的一次重大举措。但事实并非如此，这次天应改元的正月朔日并非碰巧是辛酉之日，而是人为改动的结果。实际上历法换算出来的天应元年正月朔日原本是庚申之日。[④]像这样辛酉年辛酉日"改元"的这种演出，是为了增强接下来将要即位的桓武"统治的开始"是一场巨大的变革这一象征性的表现。

另外，还要留意一下桓武天皇的即位宣命中提到的"天智天皇所定之法"。在桓武的即位宣命中，将奈良时代的即位宣命中提到的"不改常典"进行了删除，仅留下了天智天皇所定之法，可以看出他有意图更改皇统继承的实质。前文中提到，桓武对其生母的血统出自于卑微的渡来系氏族这一现实非常自卑，所以进行这样的革命性改元演出，对本来被排除在皇位继承以外的桓武即位有着极大的现实意义。但

---

① 经济雑誌社编：『国史大系　第17卷』，经济雑誌社，1901年，第426頁。

② 『続日本紀』，第650頁。

③ 元号"天应"的选定具体请参见林陆朗论文《元号"天应""延历"论》（「元号「天応」「延暦」について」，『國學院短期大学紀要』，2003年3月）。

④ 关于天应元年的正月朔日，内田认为"计算的结果这天是庚申之日，但《续日本纪》则记为辛酉朔日"。内田正男『日本暦日原典』「暦日編」，東京：雄山閣出版，1985年，125頁。

是同时，这种举措并不能压制对桓武作为天皇的皇统正统性而产生怀疑的人们，在他即位后，反对他即位的谋反和魇魅事件层出不穷。天应元年十二月光仁上皇逝去之后隔年的天应二年（延历元年，782 年）闰正月发生了冰上川继之乱，三个月后三方王、山上船主、弓削女王等人诅咒桓武之事败露。这一系列事件的结果就是，反对桓武即位的人们相继被定罪然后被流放各地。

在这样持续不稳的时局中，延历元年四月造宫省、敕旨省等与平城宫、京营造有着密切相关的官司被废止。清水みき曾经指出，这种动向可以视作是桓武要迁都的一种征兆。两年后的五月，桓武派使者到长冈村相地，以半年的速度很快完成了长冈宫大极殿的建设，并在次年的正月在新都的大极殿接受了元日朝贺。清水又提到，新都长冈京是桓武即位之后宣布"新王朝开始"的重要场所。延历六年（787 年）颁布的迁都诏中公然称选择迁都长冈的理由是"水陆之便"，其实长冈还百济王氏和土师氏（大枝朝臣）等渡来氏族的据点。可以推测，在川继等人的叛乱事件结束之后，桓武立即开始计划起长冈迁都的事宜。长冈迁都的本意与其说是新王朝的创始，不如说很有可能是依据故实"历代迁宫"所进行的迁都。明确来说，桓武的目的是通过"迁都使朝廷焕然一新，并使新天皇从始祖神那里继承灵威"这一自古就有的皇位继承体系的一部分，来主张自己的皇位继承的正统性。[1]

一直以来作为国家的中心的宫都建立在大和国，而桓武迁都山城国乙训郡这件事情招来了贵族们的极大不满。延历四年（785 年）九月，桓武天皇行辛平城京时，留守在长冈京的重臣藤原种继被人暗杀。从《续日本纪》对此事的记载中可以看到，参与了这件事的人主要是春宫坊官人（大伴、佐伯两氏）和桓武的同母弟当时的皇太子早良亲王。[2]关于种继暗杀事件本文不作具体论述，但这件暗杀事件直接导致了皇太子早良被废黜并死于淡路。与此同时，该事件的相关人士均被问罪处刑。在被处罚的相关人员之中，有皇位继承可能性的桓武同母姐能登内亲王之子五百枝王也被卷入该事件，流放至伊予国。这一年，早良死后不到一个月，桓武在长冈京的西南郊外举行了首次郊祀，并在一个月之后桓武立嫡长子安殿亲王为太子。实际上将同母弟的早良和外甥五百枝王从皇统继承的序列上抹去，是开辟了儿子安殿的立太子之路。

---

① 清水みき：「桓武朝における遷都の論理」，『日本古代国家の展開　上巻』，京都：思文閣出版，1995 年。关于"歴代迁宫"的问题得到了馆野和己先生的教示。
② 『続日本紀』，第 718 頁。

三、桓武的皇统意识和郊祀

日本的郊祀研究之中，较早的有狩野直喜将日本的祭文和唐的祝文进行比较研究。他认为桓武天皇将光仁天皇作为配主这件事与唐制中明堂祭昊天上帝的时候将天子先考作配相同，以及文德天皇的祭天也将光仁作为配主明显是参考了桓武朝的祭天情况。但是最终狩野直喜表示，效仿中国郊祀制度这件事本身完全没有意义，与原本日本的固有观念之间有着巨大矛盾。[1] 在此之后，以泷川政次郎、林陆朗为首的诸位研究者一致认为，桓武举行郊祀时将光仁作为配主，因此可以认为桓武是将皇统由天武系转变为天智系的新王朝始祖。[2]

将郊祀的具体实施细节仔细看过之后会发现，日本史上第一次施行郊祀的延历四年的史料，与详细记载了祭文的延历六年相比，四年这一次本应该详细记录的内容却仅仅只有一行史料，原文如下：

> 延历四年（785 年）十一月壬寅（10 日）条："壬寅。祀天神於交野柏原。赛宿祷也。"

> 延历六年（787 年）十一月甲寅（5 日）条："十一月甲寅。祀天神於交野。其祭文曰。維延暦六年歲次丁卯十一月庚戌朔甲寅。嗣天子臣謹遣從二位行大納言兼民部卿造東大寺司長官藤原朝臣継縄。敢昭告於昊天上帝。臣恭膺眷命。嗣守鴻基。（中略）高紹天皇配神作主尚饗。又曰。維延暦六年歲次丁卯十一月庚戌朔甲寅。孝子皇帝臣諱謹遣從二位行大納言兼民部卿造東大寺司長官藤原朝臣継縄。敢昭告于高紹天皇。（中略）用致燔祀于昊天上帝。高紹天皇慶流長發。德冠思文。對越昭升。永言配命。謹以制幣犧齊粢盛庶品。式陳明薦。侑神作主尚饗。"[3]

将两次郊祀的记录比较来看，引人注意的是延历四年这条中出现的"赛宿祷"一词在延历六年的文章中并没有出现。"赛宿祷"的意思是祈愿达成后向神佛进行感激。清水认为，这里所见的"宿祷"并不是感谢如愿继承了皇位，而是感谢天帝让

---

[1] 狩野直喜：「我朝に於ける唐制の模倣と祭天の禮」，『讀書纂餘』，東京：弘文堂書房，1947 年（初出 1931 年）。

[2] 瀧川政次郎：「革命思想と長岡遷都」，法制史論叢二『京制並に都城制の研究』，東京：角川書店，1967 年；林陸朗：「長岡・平安京と郊祀円丘」，『古代文化』182，1974 年。

[3] 『続日本紀』，東京：経済雑誌社，1987 年，第 720 頁、第 735-736 頁。

他尽快实现了迁都这个梦想。既然是这样，不妨将《续日本纪》中可见"宿祷"的使用例全部抽出来进行比对讨论。

天平十三年（741年）闰三月甲戌（24日）条："奉八幡神宫秘锦冠一頭。金字最勝王经。法華经各一部。度者十人。封戸馬五疋。又令造三重塔一区。赛宿祷也。"[前年天平十二年（740年）十月壬戌（9日）可见"詔大将軍東人令祈請八幡神焉"一条，可以认为是向八幡神祈求战胜广嗣之乱]

天平宝字七年（763年）八月壬午（12日）条："初遣高麗国船。名曰能登。帰朝之日。風波暴急。漂蕩海中。祈曰。幸頼船霊。平安到国。必請朝庭。酬以錦冠。至是緣於宿祷。授従五位下。其冠製錦表絁裏。以紫組為纓。"

天平宝字八年（764年）十一月癸丑（20日）条："遣使奉幣於近江国名神社。先是。仲麻呂之走據近江也。朝庭遥望祷請国神。而莫出境内。即伏其誅。所以赛宿祷也。"

宝亀九年（778年）十月丁酉（25日）条："皇太子向伊势。先是。皇太子寝疾久不平復。至是親拜神宫。所以赛宿祷也。"[1]

对以上用例进行分析可以发现，这些祈愿内容中有祈求战乱胜利（广嗣之乱、仲麻吕之乱）及航海安全和疾病恢复等，在愿望达成以后为了感谢神明会对神明报答致谢，所以这些史料中会出现"赛宿祷"或是"缘于宿祷"的用法表现。特别要说明一点的是《续日本纪》中出现的四例用法，都是缘于神祇灵验。也就是说《续日本纪》中的"宿祷"一词的使用，极有可能是仅在表示对日本的神祇信仰进行祈愿时的特殊表现之一。

至于为何桓武要导入中国的郊祀制度，我们需要先留意一下桓武在称德朝任大学头的情况。作为大学寮长官的桓武的工作主要是对学生进行选拔考试和一年2次的释奠。当然如果对大学寮内教授知识没有了解的话是无法胜任这项工作的。神护景云元年（767年）二月七日，称德天皇驾临大学寮并亲自参与了释奠。这时的大学头恰巧就是桓武。释奠之礼是祭祀圣人孔子和他的弟子的祭礼，也是大学寮中最为重要的年中行事。《礼记·文王世子》中写道"凡学，春官释奠于其先师，秋冬亦如之。凡始立学者，必释奠于先圣先师"[2]，根据吉备真备的薨传中的记事来判断，日本的释奠所用物品和仪式的构成也恰巧是在这一时期。律令的学令规定了大学头必须担任

---

① 『続日本紀』，第235页、第412页、第435页、第619页。

② 汉 郑玄注，唐 孔颖达正义：《礼记正义》，上海：上海古籍出版社，2008年，第836—837页。

释奠的主持者，所以桓武对《礼记》必须要有很深的了解才能胜任此项工作。另外在《续日本纪》延历十年（791年）桓武天皇下命令对国忌进行省除的时候也明确引用了《礼记》中的内容[①]，这点表明桓武是为了强调他是根据《礼记》和《春秋》等儒家经典来推进国忌省除这一政策。

河内春人将延历六年的郊祀祭文与《大唐开元礼》和《大唐郊祀录》中收录的祭文进行了比对，结果是他推定延历六年的郊祀祭文来源于《大唐开元礼》，并推测延历四年与六年的郊祀应该是举行了同样的仪式并采用了相同的祭文。[②] 但是如果按河内的研究所说两次郊祀是采用了相同祭文的话，《续日本纪》应该将这份祭文记载在首次举行郊祀的延历四年才合乎情理。如此这样的话那么延历六年祭文中并无"宿祷"一词之事也颇为有趣。对此考虑为何要在延历四年举行郊祀，需要联想到这一年中出现的重大政治事件，所以我推测这次郊祀很可能是为了安定混乱的政局和皇统所采取的提案。将在大学寮工作的时代所掌握到的知识活学活用，回想起《礼记》中所记载的郊祀之礼并付诸以实践的可能性是存在的。

最后考证一下《礼记》中关于郊祀部分的内容。《礼记·郊特牲》篇中记载"郊之祭也，迎长日之至也。大报天而主日也"[③]，篇中具体讲述了什么时候要举行郊祀，为什么举行郊祀，以及其意义究竟谓何等一些关于郊祀的基础理论。《礼记》与《大唐开元礼》之间最大的差别在于，《开元礼》是唐玄宗时制定出来关于礼的仪注，是集仪式作法和规范为大成的一本工具书。《礼记》原文中所提到的"报"意为报赛、报答之意，张鹤泉提出在周代所举行的郊祀之中这是表示"报答天的恩典"的意思。[④]"主日"则根据唐代孔颖达所撰《礼记正义》注释中所记"而天之诸神唯日位尊，故此祭者日为诸神之主，故云主日也"[⑤]，在唐代形成的解释中，这个郊祀的目的是为了对诸神之主太阳表达敬畏之心所举行的祭祀在《礼记·郊特牲》篇后半中还可见"天神"一词，这让人不禁联想到日本古来的天神信仰之中太阳女神"天照大神"。此外高取正男提到过立太子礼的一环中皇太子要到伊势神宫进行参宫，早川庄八也提到过为了也会利用神祇对皇统赋予正统性[⑥]，所以延历四年的郊祀中所祭祀"天神"很

① 『続日本紀』，第 773 頁。

② 河内春人：「日本古代における昊天祭祀の再検討」，『古代文化』52（1），2000 年。

③ 《礼记正义》，第 1061-1062 页。

④ 张鹤泉：《周代郊天之祭初探》，《史学集刊》1990 年第 1 期。

⑤ 《礼记正义》，第 1062 页。

⑥ 高取正男：「神道の自覚過程」，『神道の成立』，東京：平凡社，1979 年；早川庄八：「律令国家・王朝国家における天皇」，『日本の社会史』3，東京：岩波書店，1987 年。

有可能是中国的天神和日本的天神的一种混合体，笔者认为延历四年的郊祀很有可能是以《礼记》记载的知识为基础实施的。

四、结语

古代日本并没有接受中国王朝更迭所产生的易姓思想，所以说将天武系皇统变为天智系并将它视为易姓革命是不太现实的。但不得不承认皇帝（天皇）受天命之托君临四海这种天命思想的观念，从元明天皇颁布迁都平城的迁都之诏到称德天皇未立太子时所颁布的诏中提到皇太子之位必须要给"天许所授之人"[①]，这一切都密切贯彻在八世纪天皇的皇统意识之中。通说认为光仁天皇的即位是源自井上内亲王·他户亲王的天武系皇统的继承，但是如果单以母方血统可以进行血统继承的话，那么天武以后光仁以前的全部天皇都可以说同时流有天智天皇的血统。天武朝时为了宣布奈良时代皇统源流的草壁皇子为次任天皇所举行了"吉野盟约"，天武天皇对参列的诸皇子宣布"朕男等各异腹而生，然今如一母同产慈之"[②]，光仁天皇的父亲天智天皇的皇子志贵当时也在场。关于该如何审视"吉野盟约"这一宣言以及该如何看待天智·天武系皇统问题，将作为今后的课题继续考证。

桓武作为血统卑微的渡来人所生庶子，从被立为太子之前开始就一直被着血统所困扰着。即位以后对桓武即位而感到不满的皇族和旧豪族的人们接二连三地进行叛乱，比如川继之乱和种继暗杀事件等，时局一直处在一种不稳定的状态。桓武即位前开始实行的辛酉革命的演出和即位后的新都营造以及中国祭祀等，都是为了主张自己作为天皇即位的皇统正统性，所以才将各种各样的演出和政策融入自己的统治政权之中，延历四年参考《礼记》所进行的第一次交野郊祀也可以认为是这种举措中的一环。然而最重要的一点是延历六年依据《大唐开元礼》所实施的郊祀，通过以光仁为配主而确立的光仁—桓武—安殿（延历六年元服）父系血统，构建了一个崭新的皇位继承新秩序。六年郊祀实行后，自天应元年以后停止的征夷也在延历七年重新开始，从侧面来看这时朝廷的政治态势也迎来了稳定期。由此笔者可以认为，依靠桓武朝前期所演绎的天命思想，桓武在即位后确立了新的皇位继承体系并重新构建了一种崭新的皇统意识。

---

① 『続日本紀』，第 432 頁。
② 『日本書紀後編』，吉川弘文館，1974 年，第 350 頁。

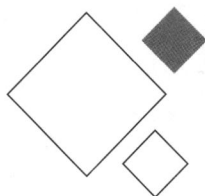

时空观念与
史籍研究

好太王碑发现史和早期拓本制作史的新史料 *

○ 徐建新　中国社会科学院

一、好太王碑的发现与拓本的研究

高句丽广开土境平安好太王碑在中国一般被称作"好太王碑"或"好大王碑"。好太王碑立碑于东晋义熙十年（414 年），20 世纪 60 年代以来，有关此碑的研究和讨论十分热烈，并逐渐发展成为一场有日本、朝鲜、韩国、中国等多国学者参加的国际性学术讨论。

好太王碑发现于清朝末年。最早见到这座巨碑的人应当是清末在当地恳荒的边民。据清末文献的记载，好太王碑大约发现于清光绪六年（1880 年）。发现好太王碑的人是桓仁县的一名下级官吏，他的名字叫关月山。好太王碑发现之初，由于碑身被苔藓覆盖，字迹难辨，无法制作清晰的拓本。为了便于捶拓，当地的拓碑者将马粪涂于碑面，然后用火焚之。焚碑后，苔藓去除，但局部碑面也随之爆裂脱落，造成了不可挽回的损失。

好太王碑文的内容学界已经十分熟悉，无须再详细介绍。简单地说，好太王碑文的史料价值至少包括了以下三个方面：第一，它是研究古代高句丽史的珍贵史料；第二，四至五世纪的日本历史缺少同时代文字史料记载。由于碑文中多次涉及古代

---

* 原题为：《关于好太王碑发现史和早期拓本制作的新史料——以李超琼的〈辽左日记为中心〉》，收入《广开土王碑探索》，韩国东北亚历史财团，2015 年 12 月。

倭人的动向，因此也成为日本古代史研究中的重要史料；第三，好太王碑文是用古代汉字写成，因此也是研究东亚古代汉字文化传统的重要实物资料。

根据日本学者的研究，最早将碑文的拓本带回日本的是当时日本参谋本部的酒匂景信。过去人们认为，酒匂景信归国的日期是明治十六年（1883 年）10 月，后来日本学者佐伯有清、武田幸男、永井哲雄、小谷寿量等人通过研究，指出酒匂景信归国的日期，也就是将拓本带回日本的日期应当是在明治十七年（1884 年）5 月。在日本国内最早向公众报道此事件的是明治十七年（1884 年）6 月 29 日出版的《东京横浜每日新闻》。^① 酒匂景信带回的拓本实际上不是真正意义上的拓本，而是一种摹拓本，在中国，人们也把这种先双钩然后填墨的墨本称作"双钩填墨本"或"响拓本"。在碑文研究方面，日本最早的研究成果是青江秀和横井忠直的释文研究，青江秀的《东夫余永乐太王碑铭之解》一文写于 1884 年 7 月。

另一方面，好太王碑发现之初的中国学者的拓本收藏情况和研究情况，过去在很长时间里并不是很清楚。根据清末的金石学家叶昌炽的日记（《缘督庐日记》），研究者们只知道叶昌炽曾在 1884 年考证过碑文，但其考证的详细内容并不清楚。2003年，我在北京调查了一部稀见的墨本，根据墨本所附的 4 份跋文和相关的记载证明了此本是清末金石学家曾经提到的好太王碑发现之初制作的墨本之一。^② 在这部墨本上还附有叶昌炽撰写的 1300 余字的长跋。叶昌炽是受潘祖荫之命对碑文进行考证的，他考证和撰写跋文的时间应当在 1884 年的七八月间。通过比较可知，该本与日本酒匂景信所获墨本性质相同，都属于所谓的"墨水廓填之本"。^③ 这部墨本的发现证明了早在酒匂景信在当地获得墨本之前的 1881 年，这种类型的墨本就已经存在了。另外，该本所附叶昌炽跋文的发现还表明，当时中日两国的研究者几乎是在同一年的同一时间，即 1884 年的七八月间，开始了目前已知的最初的依据拓本的碑文研究和考证。这一年距好太王碑的发现已过去了 4 年。

在 20 世纪 80 年代之前，东亚各国学者在研究好太王碑时主要使用的是拓本资料。1980 年前后，中国学者王健群对好太王碑做了详细的实地考察。王健群的释文释出了不少新字，至今仍然被视为研究史上的重要释文之一。但是，好太王碑从发

---

① 佐伯有清：「広開土王碑文研究余論」，『古代東アジア金石文論考』，東京：吉川弘文館 1995 年所收。

② 徐建新：《高句丽好太王碑早期墨本的新发现——对 1884 年潘祖荫藏本的初步调查》，《中国史研究》，2005 年第 1 期。

③ 参见吴大澂著：《皇华纪程》，上海：上海书店出版社，1994 年。

现到现在经历了百余年的自然风化，同时还遭受了石灰修补等人为的改变，从严格意义上讲，20世纪80年代的好太王碑的部分碑字已不能反映发现之初碑字面貌的原碑文了。正因为如此，一些研究者再次把目光转向了拓本。但这时他们关注的是那些未经石灰补字的、能够反映100年前原碑的本来面目的拓本，也就是所谓的原石拓本。在很长一段时间里，学术界对原石拓本的认识是十分模糊的。20世纪50年代以后，由于水谷悌二郎、李进熙、王健群、末松保和、武田幸男、高明士等东亚各国学者对碑石的发现年代、焚碑的年代、石灰补字的出现年代、拓本的编年等问题进行了详细研究与讨论，有关好太王碑拓本特别是原石拓本的采拓与流传的事实才越来越清楚地显现出来。好太王碑拓本的研究在20世纪80年代中期以后取得了很大的进展，其中具有开创性的研究成果是武田幸男先生的大作《广开土王碑原石拓本集成》（1988年出版于东京大学出版会）。

今天，人们对好太王碑的拓本有了更多的了解。大体上来说，好太王碑拓本主要有三种类型。其一是早期摹拓本，又称"墨水廓填本"或"双钩填墨本"，在中国，这种拓本还被称为"响拓本"。其二是石灰拓本，或称"灰后本"，这种拓本是用石灰或黄泥修补碑面之后制作的拓本。围绕前两种拓本，李进熙先生在20世纪70年代提出了"篡改说"，即战前的日本参谋本部曾派人篡改了碑文，他的观点没有得到多数研究者的承认，不过李先生的研究极大地促进了好太王碑的研究，这也是事实。其三是原石拓本，即用石灰修补碑面之前制作的拓本。在以上三种拓本中，原石拓本反映的是100年前原碑石真实面貌，因而更加受到研究者的重视。

在东亚各国的古代史料学和金石学研究中，像好太王碑这样被细致研究的案例是比较罕见的，正因为如此，此项研究以及研究者在研究过程中采用的各种方法对东亚各国的金石学研究具有很大的示范性。这也是好太王碑研究的重要意义之一。

二、好太王碑发现史和早期拓本制作史的新史料——李超琼《辽左日记》的发现

1. 北京发现的1881年本的问题点

尽管好太王碑已有120余年的研究史并积累了大量的研究文献，但是，有关此碑的一些问题仍然有待解释，特别是关于它的发现史和早期拓本的制作史。

在中国大陆传世的近 50 种拓本中，最有研究价值的当属在石灰补字现象出现之前制作的数种早期拓本（原石拓本），包括王少箴旧藏本、中国国家图书馆藏本和北京大学的数种早期拓本。对于好太王碑研究史来说，中国大陆发现的另一种墨本也有很高的研究价值，这就是前文中提到的 1881 年制作的墨本。在这部墨本所附的跋文中出现了两个好太王碑研究史上不曾出现过的人物，即陈本植和李超琼。该墨本的跋文和碑文的装裱是紧密地结合在一起的，这说明跋文和墨本属于同一时代。因此可以说，搞清楚跋文中的人物和事件，对于判断墨本的年代至关重要。

陈本植曾经是清朝奉天将军临时委派的一名地方官员，负责处理大东沟一带的地方事务，关于他的事迹载于民国年间编纂的《安东省·安东县志》。我对李超琼题跋的考证比较费力，因为上述跋文中没有李超琼的署名，后来，根据题跋中的"子翱""惕夫""石船""我家门对少岷山"等文字，最终找到李超琼这个人物。李超琼生于 1846 年，1909 年卒于苏州家中，终年 64 岁，先后担任过溧阳县、元和县、阳湖县、江阴县、无锡县、吴县、南汇县、上海县、长洲县的县令，是清末江南一带非常著名的地方官吏和文人。

通过对北京发现拓本上的题跋的考证，我曾得出如下判断：李超琼原来是陈本植手下的一名幕僚，1881 年，他从好太王碑所在的怀仁县的县令章樾那里得到两部（也有可能是两部以上）的好太王碑墨本。1883 年他将墨本带到苏州，装裱以后送给了曾任江苏按察使的李鸿裔（1831—1885 年）和清光绪朝工部尚书潘祖荫（1830—1890 年），而北京发现的上述墨本正是李超琼带到苏州的墨本之一。我还进一步认为，北京发现的 1881 年旧藏本曾被潘祖荫收藏。[①] 将 1881 年墨本与 1884 年日本酒匂景信携回的墨本相比较，可以为酒匂本的性质和制作方法提供重要的证据。

但是，研究者对这个墨本仍然抱有一些疑问。比如，李超琼带到苏州的墨本是怎样流传的，1881 年的墨本是潘祖荫藏本还是李超琼藏本，墨本上的叶昌炽跋文究竟是谁的笔迹，等等。前些年武田先生在和我的通信交流中，以及 2009 年出版的先生的大作《广开土王碑拓本的研究》（吉川弘文馆）中也提出过这样的质疑。这些质疑促使我进一步去调查有关李超琼的史料。

在最近的调查中，我得知李超琼的后人生活在北京。不久前，我在北京拜访了李超琼的后人，其后人向我出示了李超琼的部分尺牍信札。我随即将这些李超琼手

① 徐建新：《高句丽好太王碑早期墨本的新发现——对 1884 年潘祖荫藏本的初步调查》，《中国史研究》，2005 年第 1 期。

迹与 1881 年墨本上李超琼的题跋做了比较，认为这两种文献的书法风格完全一致，应当是同一人书写。这些资料再次证明了 1881 年本上的李超琼题跋本身的真实性。通过访查，我还最终发现了李超琼在 1881 年至 1883 年间撰写的日记《辽左日记》。

2.《辽左日记》中有关好太王碑的记载

《辽左日记》是李超琼一生所写日记的一部分，现存的李超琼日记共有 43 册，从光绪七年（1881 年）四月初六日至宣统元年（1909 年）闰二月十一日，时间长达 28 年。李超琼日记的第一册就是《辽左日记》。《辽左日记》中记录了好太王碑发现史和早期采拓史的相关事件，并且有些事实和描述是过去学界所不知的。

现存的《辽左日记》为稿本，线装本，原来分为三册，后合订为一册。封面为牛皮纸，正文用纸为加皮竹纸。每页有粉红色的界格，每页十行，书体为行书或草书。

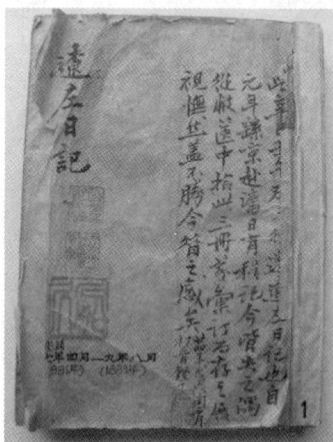

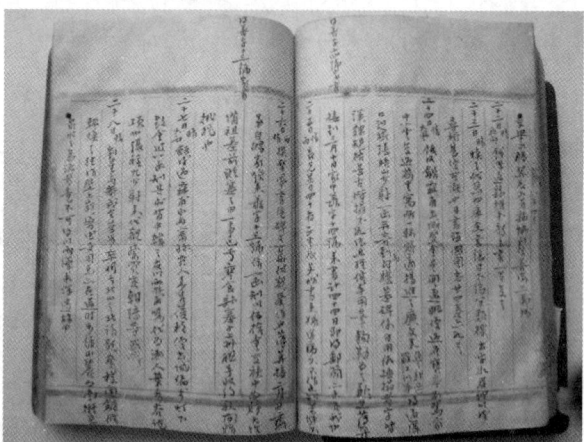

图 1 《辽左日记》封面　　　　　　图 2 《辽左日记》1881 年 4 月 24 日日记正文
（来源：笔者摄）　　　　　　　　　（来源：笔者摄）

封面的左侧是《辽左日记》的题名。其下方有三枚钤印，其中一枚印文为李超琼的别号"石船居"。封面的右侧为李超琼于 17 年后写的题记。题记的内容如下：

此辛巳·壬午·癸未往返辽左日记也。自元年縣京赴沈，日有程记。今皆失之。偶从敝篋中拾此三册，豢汇订而存之。展视怃然，盖不胜今昔之感矣。廿四年戊戌闰三月初五日镫下。

今译：这是我在光绪辛巳年（1881 年）、壬午年（1882 年）和癸未年（1883 年）间往返于辽左的日记。自从光绪元年（1875 年）由京城赴沈阳，每天的行程均有记录。现在都已遗失了。后来偶然从书箱中找出这三册，于是合订起来保存。翻看阅读，不禁怅然，对今天和过去的世事充满感慨。光绪二十四年（1898 年）闰三月初五日于灯下。

此外，还要说明的是，这份题跋的上下方还加盖有"剔夫"和"石船"的印章各一款。这两枚印章与我在 1881 年旧藏本的题跋上看到的"剔夫"和"石船"印章完全相同。

我对《辽左日记》的调查与研究刚刚开始，由于条件的限制，我还没有来得及通读全部三年的日记内容。下面我仅就其中 1882 年 4 月至 6 月日记中与好太王碑相关的记载做一介绍和简要的分析。

史料 1：《辽左日记》光绪八年（1882 年）正月二十日 晴

> 薄莫（暮），杨进之、张程九先后来访。谈次，程九述及此行北至怀仁、闻县东境之通沟口有古碑，高丈余，四面字迹模糊，约二千余字。章幼樵大令樾拟于春暖后当搨印，以便辨识。其地为古丸都故城遗址，略约可识。并出幼樵处西席魏君云帆，系豫省名下士，所撰丸都赋一篇，约千数百字。讬为吴稽先生之词，模拟班左遗调，中叙丸都之建在建安时，其酋长为伊夷摸，乃东明之后裔，云云。惜抄胥传写讹误甚多，所微引似多本之刘昭《续汉志》《三国志·毋丘俭传》。亦有心人也。惟援据处似涉支蔓，词亦未尽雅洁耳。

今译： 傍晚，杨进之、张程九先后来访。谈话中间张程九谈到他此次出行向北至怀仁县，听说县东边的通沟口有古碑，高一丈多，四面字迹模糊，约有二千余字。县令章樾（幼樵）准备待春天天气变暖之后制作拓本，以便识读。其地是古代丸都故城的遗址，这大致是可以判断的。张程九还向我（李超琼）展示了章樾手下的西席（幕友、幕客）魏云帆所撰的丸都赋一篇，大约有一千余字。魏氏是河南省的有名的人。他的这篇丸都赋，假托吴稽先生之名，模仿东汉班固（有《两都赋》传世）、西晋左思（有《三都赋》传世）的诗赋笔法。其中记述了丸都城建于东汉建安年间（公元 196—220 年），其酋长名叫伊夷摸，是东明王的后裔，云云。可惜抄写人传抄时错误过多，文中的引证多依据晋司马彪撰、梁刘昭注释的《续汉志》和《三国志·毋丘俭传》。作者也是有心之人，只是所援引依据之处不甚简洁，用词也不高雅洁净。

史料 2：光绪八年（1882 年）正月二十二日 晴

晨间与少眉谈及幼樵西席所作丸都赋。曾于《三国志·毌丘俭》检其大略，为之订正。因取传读之。（中略。在这一部分，李超琼引三国志的记载对毌丘俭征高句丽一事作了详细介绍。）据此，则通沟古碑拟即王顾所勒者，君赋（指魏云帆所作赋）又以丸都城为伊夷模所建。（下略）

今译： 早晨与少眉谈到章樾（幼樵）的幕友（魏云帆）所作的丸都赋。我曾在《三国志·毌丘俭传》中查阅到其大致内容，还对丸都赋做了订正。（中略）据此，通沟的古碑可能是三国时期魏国的玄菟太守王顾所刻。魏君（魏云帆）的赋还认为丸都城是伊夷摸所建。（下略）

史料 3：光绪八年（1882 年）四月二十四日 晴 大风

（前略）通沟口巡检张皓山少尉一函并寄到高句丽墓碑，系自用纸捶搨者。字皆汉隶，规格甚古，惜搨不如法，且经俗手用笔勾勒为之，歉然。（下略）

今译： 收到通沟巡检张皓山少尉的来信，他还寄来了高句丽墓碑（的拓本）。拓本是用纸捶拓的，碑字都是汉隶，书法样式很古老。可惜捶拓的方法不佳，而且还被俗手（技艺平庸的人）用笔勾画，不甚满意。

史料 4：光绪八年（1882 年）五月初五日 晴

（前略）灯下复通沟巡检张皓山一函，并以绵连纸二刀寄之，求其再搨句骊古碑也。

今译： 灯下给通沟巡检张皓山写了一封回信，还寄去绵连纸两刀（200 张），请他再拓高句丽古碑。

史料 5：光绪八年（1882 年）六月十五日 雨 晴 阴

（前略）薄暮，过霖甫处。适午桥遣价至通沟搨印勾骊墓碑者初归。云是碑高二丈余，二百步外望之，字迹了了可辨，比近其前则无一可识。以手摸索仍模糊无定。盖碑石色墨而质麤（粗），历年既久，其平面崩赜（溃），凸凹与所凿字画不甚分别。因是捶搨者皆束手，以四五人十日之功，仅得一分（份）而已。于其下拾有故砖数块，薄仅五六分，长八寸四分，宽四寸六分（皆今京尺）。边有文曰，愿太王陵安如山固如岳十字。可宝也。余亦得一，叩之铿然作声，携归置之案头。惜质亦粗，聊以度砚为计。其寿当在建安之前，特非细致为之，不能傲铜雀台瓦耳。

今译：傍晚，路过陶霖甫家，正遇午桥（朱午桥）派手下人制作高句丽古碑拓本归来。其人称，碑有二丈多高，二百步以外，字迹清晰可辨，而靠近碑前则没有一字可以看清楚。用手摸索碑字还是不能确定。原因是碑石色黑而且石质粗糙，因年代久远，其表面破损，表面的凸凹与所刻碑字的字画无法分清。所以捶拓的人都没有办法，四五个人费十天的时间拓制，也只得到一套拓本。于碑前还拾得旧砖数块，砖的厚度为五六分，长八寸四分，宽四寸六分（尺寸都是现在的京尺）。砖的侧面有十个文字，称"愿太王陵安如山固如岳"。可作宝物收藏。我也得到一枚，敲击此砖时会发出响亮的声音。于是带回来放在桌案上。可惜其质粗劣，姑且作为一种收藏砚，其年代应当在东汉建安年代之前，但制作并不精细，无法与用魏铜雀台瓦制作的砚相比。

3. 整理与归纳

一般来讲，日记是对刚刚发生的事件的记录，而事件很久以后的追忆在细节上往往会出现记忆差错。从这个意义上来说，日记有时比后来的追忆更准确一些。《辽左日记》的内容为验证前述 1881 年本上的李超琼在多年之后撰写的题跋提供了新的资料。

根据上述《辽左日记》的史料，可得出如下判断：

（1）前述北京发现的摹拓本的李超琼题跋中有"是碑余以光绪辛巳（1881 年）客凤凰城时得之"一句，即李超琼称自己是在 1881 年得到墨本的。但是，在光绪七年（1881 年）《辽左日记》中，我没有发现有关好太王碑的记述。他初次听说通沟的古碑（即好太王碑）是在 1882 年正月二十日（参见史料 1）。这也许说明在 1882 年正月之前，李超琼还不知道好太王碑的事。这样看来，前述 1881 年本上的"是碑余以光绪辛巳（1881 年）客凤凰城时得之"一句，也许是李超琼的误记。也就是说，好太王碑的拓本制作也许不是始于 1881 年，而是始于 1882 年。

（2）怀仁县第一任县令章樾为了识读碑文，打算在 1882 年春季以后制作拓本（史料 1）。这表明好太王碑的早期拓本的确与章樾有关。

（3）1882 年 4 月 24 日，李超琼得到了好太王碑拓本，拓本是怀仁县通沟口巡检张皓山寄来的（史料3）。已故李进熙先生曾经认为，好太王碑最初的拓本制作是在1882年8月，即陈士芸任怀仁县第二任县令以后。现在看来最初的拓本制作早于上述时间。

（4）关于初期拓本的制作过程，李超琼的日记中也有较多的描述。1882年4月24日，李超琼对张皓山寄来的拓本进行观察研究后，注意到该拓本是用纸捶拓的。重要的是李超琼还发现拓本是"经俗手用笔勾勒为之"（史料3）。这一记载表明，李超琼很早就发现了制作拓本的人在拓本上填墨勾勒的事实。他对此表示了不满。2003年我在中国嘉德拍卖公司发现的所谓1881年本，有可能就是李超琼得到的这个墨本。在发现墨本有勾勒的痕迹后，李超琼很快就给通沟巡检致信，并送上200张纸（二刀），要求其再拓高句丽古碑（史料4）。

（5）在1882年正月，李超琼得知通沟的古碑后，还不了解碑文的注释内容，他根据章樾的西席魏云帆所作是赋，推测通沟的古碑可能是魏玄菟太守王颀所刻（史料2）。

（6）1882年李超琼的居住地是在凤凰城（今辽宁省凤城市）。在1882年6月之前，李超琼还没有看到好太王碑。不过，他比较详细地记录了前往拓碑者的描述（史料5）。从他的日记可以看出，好太王碑的早期拓本制作十分艰难，以至于"以四五人十日之功，仅得一分而已"（史料5）。后来，这些早期拓本制作的信息还通过参谋本部的酒匂景信传到日本，并出现在日本的早期研究成果中。[①]

总之，李超琼的《辽左日记》丰富了今人对中国的好太王碑发现史、早期采拓史的认识，是研究上述问题的重要文献资料。

---

① 例如，亚细亚研究会编：『会余録』（1889年6月出版），「高句麗碑出土記」：「然碑面凸凹不平，不能用大幅一时施工用尺余之纸次第揭取。故工费多而成功少，至今仅得二幅云。」

纸木并用时代的日本古代木简

○ ［日］市大树　　大阪大学

日本学界将通过发掘调查出土的、上有墨书的木片统称为木简，目前包括小断片在内，日本出土了 38 万件以上的木简，其中最古老的是 7 世纪初期的木简，而最近的则是 20 世纪的木简。出土木简的中心仍然是古代，其中又以 7 世纪末至 8 世纪末这一个世纪为木简出土量的最高峰。本报告将以东亚的研究视点出发，探讨日本古代木简的特征。

一、黎明期的古代木简

法隆寺金堂释迦三尊像的台座补材是直接转用仓库的门板制作而成的，在转用为补材前的门板上有如下墨书：① "辛巳年八月九月做□□□□" ② "辛" ③ "留保分七段 / 书屋一段 / 尻官三段 ッ支与三段" ④ "椋费二段" 等。"辛巳年" 目前推定为公元 621 年，"段" 则是布的单位，由此可知这一墨书铭是写在（后来用去做仓库门板的）木材上的与布的出纳相关的记录。这虽然不是由发掘调查而获得的出土品，却是目前已知年代最古老的木简。

在此值得大家注意的是④的 "椋费"，所谓 "椋费" 指的是从事仓库出纳业务的渡来系氏族。"椋" 是朝鲜半岛独创的文字，意思是仓库；日本在 8 世纪以后提及仓库时会使用 "仓" 或 "藏" 字，然而在 7 世纪末之前多用 "椋" 字。为了能够从事出纳业务，会使用文字是一个必要的条件，然而在当时的日本列岛上，几乎没有这样的人，文字作业多要依赖来自朝鲜半岛的氏族及其后代，这一点在仓库门板上的记录也表现得很明显。

此外在《日本书纪》的钦明、敏达纪里，提及了渡来人传来了造籍技术。"籍"字的古训是"フタ"（札）或"フミタ"（文板），一般认为在这里指的是木简。日本使用木简的历史，很可能也是由于管理人与物的需要而由渡来人传来的。

然而在《古事记》的《应神记》中提到了百济的和迩吉师（王仁）带来《论语》十卷及《千字文》一卷的记事，而在日本列岛各地，也出土了大量写有《论语》与《千字文》标题或是其中一部分的木简，7世纪的木简共有4件，在当时的日本十分罕见地使用了四棱方木。它们分别出土于飞鸟池遗迹（明日香村，2件）与石神遗迹（明日香村，1件），以及观音寺遗迹（德岛市，1件）。在韩国的凤凰洞遗迹（金海市）和桂阳山城遗迹（仁川市）也出土了《论语》木简，使用的同样是四棱方木。由此可以推测，在《论语》与《千字文》由朝鲜传入日本的时候，必须使用四棱方木的规定也同时传了过来。

当时的日本列岛居民没有自己的文字，为了能够使用语言体系及语法构造都完全不同的汉字，需要费一番工夫。朝鲜半岛创出了吏读（利用汉字的音与训来标记朝鲜语）、空格（为了断句而在文字间夹入少许间隔）、变体汉文（遵循朝鲜语的语法构造排列汉文文字）等技术，通过近来的研究可以确认这些技术也传到了日本。在7世纪的日本，有一种被称为"前白木简"的木简形式在上申时常被用到，这一形式得名于其句首"某前白"的行文书式。由于祝词同样也使用前白形式的书式，因此也有观点认为这是日本独有的书式，然而这很可能也是通过朝鲜半岛传来的。汉字的字音与书风也一样，古韩音、吴音与六朝风的书风在7世纪的日本十分普及，这比起同时代的中国可以说是慢了一整个时代，这些也是古代日本经由朝鲜半岛获得的知识。

以上虽然仅举出了数个事例，但是可以明确的一点是，日本的木简文化是在朝鲜半岛的强烈影响下形成的。[①] 在朝鲜半岛，有多个遗迹都出土了6世纪的木简，这比起日本最早的木简要早出将近100年。其中，位于百济首都扶余的陵山里寺遗址出土了6世纪后半期的木简145件，在这之中有关于人与物的管理的木简，值得我们关注。[②] 此外，在研究日本木简时，也有必要将中国的简牍（竹简、木牍＝木简）

---

① 市大樹：『飛鳥藤原木簡の研究』，塙書房，2010年；同『飛鳥の木簡』，東京：中央公論新社，2012年。
② 市大樹：「黎明期の日本古代木簡」，『国立歴史民俗博物館研究報告』194，2015年。

的影响考虑在内，然而中国目前最晚的木简只到 4 世纪初，与日本木简有 400 年以上的时间差，与韩国木简也有 300 年以上的时间差，就现状而言很难找出中国简牍对两者的直接影响。

二、日本古代木简的分类与机能

至今为止，我们发现的日本 7 世纪前半期的木简还不到 100 件，木简的数量出现爆发性的增加是在天武朝（672—686 年）以后。在飞鸟净御原宫（672—694 年）所在的飞鸟地方，发现约 1.5 万件木简，而藤原京（694—710 年）则出土了约 3 万件木简。在之后的平城京（710—784 年）时代，包括地方出土的木简，出土数轻松突破了 20 万；然而在平安时代以后，使用木简的机会逐渐减少。

在传统上，通常借用古文书学的分类方式将日本的木简分为三类：文书木简、付札木简、其他。第一种文书（广义）木简可以细分为①从书式上揭示了某种授受关系的文书（狭义文书），和②其他的记录（例如账簿、传票等）木简两类。第二种付札（广义）则可以细分为①与调、庸、中男作物、贽、舂米等税物同捆的货签和②诸官司保管和整理物品时所使用的货牌两类。第三种"其他"中则包括习字、涂鸦等其他不属于前二类的内容。然而随着木简出土数量的增加，出现了例如封缄、文书盒、钥匙扣等难以归入上述三种分类之内的木简。

近年，渡边晃宏主张将木简分为三类：A. 拥有情报传达机能的木简，B. 拥有表示属性机能的木简和 C. 拥有墨书媒介机能的木简。这是一种重视木简功能的新分类方式。如果根据这一分类，A 类中除了包括文书（广义）木简之外，祈愿牌也包括在内；B 类中除了付札木简之外，还包括了为数众多的墨书木制品；而 C 类中除了习字、涂鸦木简之外，还包括了如柿经（抄写在木简上的经卷，古称卒塔婆经）这样的记载了经典与典籍的木简。

此前日本的古文书学界曾经有以下关于文书和记录的定义，即文书是发出者与收受者之间交换的文件，而记录则是为了自己将来某日所需而做成的备忘录，因此区别文书与记录的地方在于是否存在明确的发出者与收受者及两者间的授受关系，这是当时的一般看法。针对这一看法，佐藤进一指出，应当重视即使没有明确的发出者与收受者，却明确地预想到了这份文件会被特定的人群看见并产生一定效果的情况，例如现代的户籍、御成败式目、公事方御定书、日记风的书付与引付、事发日记、问注申词记、付札（货签）、调庸上的墨书铭文等就属于这一类。这些文件的特征在于都是为了管理或是验证上的需要而做成的文件，因此他们虽然没有直接的授受关系应该归类于记录，却在影响阅读者这一点上更类似于文书，在实际发挥的机能上也与文书有更密切的关系。[①]

受到佐藤氏关注"文书与记录的中间产物"的想法影响，有多人重新尝试从文书的机能角度着眼，重新构筑古文书学理论，而这一尝试也对日本的木简学产生了影响。尤其受到重视的是日本木简中占据重要地位的付札，以及其中的货签。原本文书与记录的对比和货签与货牌的区别是不同层面的问题，然而由于前述理论的影响，日本的木简学界产生了将货签定位为"文书与记录的中间产物"，或是定位为"移动的记录"的想法。如果根据这一看法，那么货签与货牌在渡边氏的分类里应该被归入 A 类。

但我认为，货签与货牌的定位还是应该归入渡边氏分类中的 B 类会更准确。关于这一点，我希望通过与物品进上状的比较来做简单陈述。[②]

物品进上状是不论货物的多少，而根据搬运次数计算的文书，每一次搬运就需要做成一份物品进上状，其原本的意义在于报告是"哪一个机关、在什么时候交付了为数多少的什么物品"，而在物品进上之后，物品进上状与物品就完全分离，之后则被打上孔，与其他的物品进上状串起来收纳在一起，之后作为进上物品的记录得到再利用。为此，在一部分的物品进上状中有确认用的标志点，或是标注"了"等文言以示确认。

然而，原则上每有一件货物就要做成一件货签（有的还要做成两件及以上），并与货物绑定。关于货签的作用，此前的有力观点认为这是中央检收税物时使用的木简，然而近年来的研究逐渐否定了这一观点。[③] 货签也不像进上木简一样，基本上没有打孔或是打标志点、也没有写"了"字等表示检收的文言或是有检收人的签名等表示检收的痕迹，因此货签应该是在货物最终被使用掉为止都一直与货物绑定在一起的。

---

① 佐藤進一：「中世史料論」,『日本中世史論集』，東京：岩波書店，1990 年。

② 市大樹：「物品進上状と貢進荷札」，藤田勝久・松原弘宣編：『東アジア出土資料と情報伝達』，東京：汲古書院，2011 年。

③ 吉川真司「税の貢進」，平川南その他編：『文字と古代日本 3　流通と文字』，東京：吉川弘文館，2005 年。馬場基「荷札と荷物のかたるもの」，『木簡研究』30，2008 年。

物品进上状与货签两者都是物品移动时使用的木简，在这一点上两者是一致的，然而两者的实际使用方式却有很大的不同。虽然可以说所有的文字资料都在一定意义上存在情报传达机能，然而货签的本质机能却不是情报传达，而是标明货物的属性。

如前所述木简有如下的三种分类：A 类拥有情报传达机能的木简、B 类拥有表示属性机能的木简和 C 类拥有墨书媒介机能的木简。在中世以后 A 类木简绝大多数都消失不见，而 B、C 类木简则多变换形式留存了下来。当然，在日本古代能够实现情报传达机能的并非只有木简，既有利用纸面文书的情况，也有不少通过口头传达的例子，因此在怎样的场合会选择使用木简，这是一个问题。

三、木与纸的区别使用

在此先针对木与纸的区别使用问题，对目前为止的研究史做一个简单的整理。

如前所述，以奈良时代为中心出土了大量的木简。同时，位于东大寺一角的正仓院中则有 1 万件以上的纸文书（正仓院文书）流传至今。正仓院文书根据其流传途径有若干种分类方式，其中最重要的文书是与东大寺写经所有关的文书群，这一文书群又以账簿类文书为核心。当时通常会将纸的表里两面都用来写字，著名的户籍、计账等则是因为东大寺写经所使用其纸背进行书写而流传了下来。由于写经所的业务需要，做成、利用并保管了大量的文书，此后虽然写经所工作停止但是这些文书并没有马上被废弃，最终被收在正仓院中仓的角落中流传到了现在。此外在正仓院中还有文书木简约 10 件、付札木简约 50 件、题签轴（往来轴）约 350 件，然而这个数字与正仓院文书的数量相比显得十分渺小，尤其是文书木简的数量更是少得可怜。可以确认的一点是，在东大寺写经所内，木简和纸制文书一样都被大量地使用过，然而为什么文书木简只保存下这么一些呢？

首先，可以想到的原因是保存时间长短的区别。纸制公文书根据其内容的重要程度会有不同长度的保管年数，而木简则基本不被用于长期保管。文书木简假如完成了最初使用时的目的，那么就会削去文字部分重新使用，而与货物绑定在一起的货签等货物消耗完了以后也就被废弃了（根据其形状或有区别，但是总体而言再利用率要比文书木简小），而习字木简很显然更没有长期保管的必要。

其次，另一个原因是纸比木头要贵重。在当时几乎没有只写一面就废弃掉的纸张，而一定要将表里两面都写满文字之后才算是完成了其作为书写材料的使命。在此之后，还有作为包装纸等种种用途。东大寺写经所文书群并不是最初就保管于正仓院中仓之内的，而只是因为某种原因最终被放在了那儿；这些文书应该也有很多次面临被最终废弃的可能，然而最终却被保存了下来。

与此相对，在发掘调查中发现的木简的绝大多数都是被当作垃圾丢弃在水沟或是土坑里的，已经有许多个由于建筑物的改建或是迁都等契机而统一大量废弃木简的例子。在这些例子中，还有不少木简还能够加以再利用。与纸相比，木简更为笨重，因此也更容易被废弃。在古代毫无疑问有活用纸与木的意识，同时，相比之下，纸显然比木头要珍贵得多。

由以上的理由，我们能看出古人有着将重要的内容记录在纸上，而将相对次要的事情记录在木简上的倾向，这一点和纸张能够用多张纸连在一起从而确保书写大量文字时的书写空间，而木简只能在有限的空间内结束其内容也有关系。此外，纸在能够使用印章来保证内容的权威性与正当性这一点上也比木简有优势。与此相比，木简可以反复削去旧文字重新书写这一点虽然也有其便利性，却同时也带来了内容容易被篡改的危险。

针对木制书写材料的这一缺点，其他地区是如何对应的呢？如果我们将目光放向秦汉魏晋时代中国的木简和 8 世纪、9 世纪中亚地区的藏语木简会发现其中有大量的割符木简，它们通过将同一枚木简一剖为二后重新相合来实现证明功能，这是为了让木简本身具有证明功能的努力。与此相对，目前在日本则没有出土过割符木简。日本也有在封锁三关（铃鹿关、不破关和爱发关）时使用的固关木契等事例存在，并非完全不使用割符；但是就像日本有意将唐朝驿制中的铜龙传符（金属制的割符，驿站的使用证明）改为驿铃一样，在日本割符文化并没有深入发展。

然而使用木简并非只是由于这些消极的原因，众所周知，也有活用了木制品耐久性的使用方式，绑定在诸国贡进物上的货签就是其代表。此外，例如人的传讯书或通行证、物品的进上状和请求书等文件一样，当伴随着人或物的移动时多使用木简而非纸制文书，这也与木制品的耐久性有关。即使并不移动，例如在交通要冲设立的榜示或是在宅邸门口设立的物忌札，由或是在屋外的仪式中使用的历名简等，这些也都是活用木制品特性的使用方式。

此外，木制品比起纸，还有一个好处是不容易丢失。例如，正仓院流传至今的少量木简中，就有一件是经典的借出记录的木简。其长 290 毫米，横 41 毫米，厚 3 毫米的短册形状，记录了经典的卷数、申请人、借出时间、借出单位、使者、审批者等内容，据推定是放置在经典的收纳柜中作为经典离柜期间的记录用木简，一旦经典归还则将木简撤走。正仓院文书中有整理这类木简的账簿遗存也证明了这一点。有趣的是，研究证明木简与纸制账簿是由同一人所写的。①

木简作为情报卡片也十分方便，在这一方面考选木简是一个很好的例子。② 官员每年要接受政务评定（考课），数年之后经过综合评价（选叙）叙位。考选事务的各阶段中，会将每名官员的基础情报统计在一枚木简里，这就是考选木简，其一大特征是在板材的侧面有一个贯通的横孔。情报处理后的结果只需统计在纸制文书上就好，而之所以会不怕麻烦地在侧面打一个横孔，这是为了能够将木简横方向排列的缘故。会这么做不仅是事务处理上便利的原因，也因为让天皇最终认可叙位者叙位的拟阶奏的仪式时，需要将考选木简（成选短册）排列在天皇勉强供御览的缘故，木简在这时候也发挥了作用。

此外，木简在需要抽出部分情报使用时也特别有效。举一个例子，石神遗迹（明日香村）出土的持统三年（689 年）三、四月的具注历木简，它后来被转用为木器，但是原本是表面写有三月、背面写有四月的具注历的木简。一般来说，具注历是写在纸上的卷轴，然而这一形式使用起来很不方便，也缺乏实用性，于是就产生了以一个月单位将具注历抄写在木材上以求使用上的便利的做法。

四、日本古代木简的视觉机能和口头传达

日本古代几乎完全没有利用割符木简的痕迹，这一点说明在古代日本缺乏赋予木简自身以严密的证明功能的想法。然而如果说当时的日本人完全在木简上感觉不到正当性的存在，这也是不对的。

一个例证则是郡司发布命令时所使用的郡符木简，其标准长 2 尺（约 60 厘米），在日本古代木简中算是大型的木简了，主要是在发布关于传讯某人或是贡进某物的命令时使用，尤其是对人的传讯更是常见。

---

① 東野治之：「正倉院伝世木簡の筆者」，『正倉院文書と木簡の研究』，東京：塙書房，1977 年。
② 寺崎保広：「考課・選叙の木簡と儀式」，角谷常子編『東アジア木簡学のために』，東京：汲古書院，2014 年。

考虑郡符木简的性格时，《日本灵异记》中卷"缘第十"的这个故事可以成为参照。[①] 有一个士兵走到一位中男家中，告诉他自己受到国司的命令来召他去服役。中男虽然不认识这位士兵，但是看到士兵腰间背负着 4 尺长的木札，就知道这确实是国司的命令，于是和士兵一起走了。

有趣的是，在这个故事中并没有说受到召唤的中男读过木札（木简）上的文章，也就是说，他虽然看到了木简，却并没有阅读简上的文字（当然简上有文字这一点是可以确认的）。这个被召唤的中男天生不信因果，然而他一见到这个 4 尺的木札就乖乖地跟随士兵走了。

参照这一故事，我们可以知道记载了召唤命令的大型木简有着通过视觉效果传递发令者的权威与传令使者正当性的效果。在识字率低下的日本古代社会，由于无法靠自己理解文字内容，写有文字（对于不识字的人来说只是不可思议的符号）的大型木简毫无疑问有着压倒性的存在感。也是出于这一理由，比起都城，反倒是地方多使用这一类大型木简。木简不单有着传达文字情报的机能，我们也有必要重视由木简的存在感造成的视觉效果。[②]

前文提及了 7 世纪的日本多使用前白木简一事，以下举一个例子。

·大夫前恐万段顿首白 仆真乎今日国

·下行故道间米无宠命坐整赐 　　　　　　　　　长 293 毫米，宽 31 毫米，厚 6 毫米

这是出土于飞鸟京遗址（奈良县明日香村）苑池遗迹的木简，一个名叫真乎的人突然要下行前往地方，因此向"大夫"提出了申请旅行途中粮米的请求。

通过与其他事例的比对可以发现，前白木简有以下几个特征：在文首写收信人，一般以地位、尊称或是官职称呼收信人，寄信人多省略（有在行文中以第一人称出现的例子），几乎不写年月日。由这些特征出发，可以推测前白木简应该是与口头传达有密切关联的木简，是在当事人双方间交涉时使用的。

前白木简中也有不少记载不详、需要口头的补充说明的例子，然而这些事务明明只通过口头就能够传达，却特意将事务的要点文字化记载下来，这一点值得注意。

这里还有一点值得注意，那就是 7 世纪木简中虽然多有上申事例，下达事例却极为稀少。[③] 这一点暗示，在上申时即使事务内容轻微琐碎也有必要留下文字记录，

① 鐘江宏之「律令行政と民衆への情報伝達」，『民衆史研究』65，2003 年。
② 市大樹：「日本古代木簡の視覚機能」，角谷常子編:『東アジア木簡学のために』，汲古書院，2014 年。
③ 市大樹：「黎明期の日本古代木簡」，『国立歴史民俗博物館研究報告』194，2015 年。

而当命令下达时却没有这一必要。

日本古代广泛存在着由下位者记录上位者命令的宣旨[1]，将命令文字化的人是接受命令的下位者，这一点值得注意。然而并非所有的口头命令都需要文字化，尤其是某些极为无所谓的小事应该就只需要上位者通过口头传达命令即可（而相对重要的下达命令则会通过宣旨等其他形式记录上位者的命令），因此木简只需要记载相对不太重要（因此不必使用宣旨形式）而又不能完全依赖口头传达的命令。下达木简数量稀少的原因，恐怕也和这一背景有关。

与此相对，上申时多使用木简这一点则很有意思。然而如前所述，前白木简中并不一定将内容记载得很详细，多数仍需要口头的补充说明，不如说口头传达才是主要的，前白木简只是口头传达的补充。前白木简可能只是最小限度地记载了必要的情报且在口头报告时使用的一个小道具。[2]

（译者：梁晓弈）

---

① 早川庄八『宣旨試論』，東京：岩波書店，1990 年。
② 市大樹：「黎明期の日本古代木簡」，『国立歴史民俗博物館研究報告』194，2015 年。

关于倭国的天下

○ ［日］河上麻由子　大阪大学

古代东亚的国际秩序是以中国为中心展开的，倭国出于政治、文化以及经济的目的参与到国际秩序中。[①] 周边国家想要编入中国的国际秩序，大致有两种方式，一是本国国王或将军受封；另外则是向中国朝贡。直到倭五王时期，倭国一直要求南朝授予其国王及将军封号，而倭五王之后，则开始实行只朝贡不要求封号的形式。对于倭国这种朝贡体制的转变，以往的先行研究普遍认为，5世纪后半叶至6世纪，倭国逐渐开始发展出独当一面的天下观，开始希望能与中国形成对等的关系。本文旨在整理相关资料的基础上，对倭五王时期倭国持有独自的天下观这一观点提出不同的意见。

一、有关天下的先行研究

天下这个词，在大的方面可以从两个不同的角度来理解。第一，即从跨越民族与地域以同心圆状展开的世界，或者从世界秩序、帝国概念这个角度来考虑（后文标注为"广义的天下"）。第二，即从四海为界限被封锁的空间视角来看，在强大的统治权力下成立的"国民国家"的天下这一概念（后文标注为"狭义的天下"）。[②]

关于天下本义的讨论，在日本古代史上有着极其重要的意义。我们在日本古代

---

①　关于东亚国际秩序的全貌，敬请参考韩昇：《东亚世界形成史论》，上海：复旦大学出版社，2009年。
②　石上英一：「律令国家と天皇」，『律令国家と社会構造』，東京：名著刊行会，1996年（初出1992年）。

史料中看到的天下这个词语，常常指的是广义上的涵义，这是因为古代的日本认为自己是世界这个同心圆的中心，出于这样的帝国概念古代日本经常使用天下这一词语。例如，石上英一表示，"天下是由中国和夷狄构成的世界"这一概念，将日本古代律令国家的帝国特质表现了出来。

另一方面，镰田元一从稻荷山古坟出土的铁剑铭"左治天下"，以及文献中的"某宫治天下天皇"入手，认为天下是由大王（天皇）所支配的国土的意思。[①]古代日本所用的"天下"一词与现代社会中的"国家"是同一个意思。在这里天下被用作狭义上的意义。

基于以上的先行研究，渡边信一郎在对汉唐代史料进行分析后认为，在中国史料中，天下是指掌握了户籍、地图，并拥有共同政策以及实效支配权力的领域，而对于天下是包括了中国和夷狄的广阔世界这一概念，史料中鲜有提及。由此，渡边更进一步分析了六国史中天下的含义，并推定律令制下的日本所认可的天下，是与中国相同，在君主的有效支配下的百姓、郡和国家这个空间。[②]

渡边氏的这一见解得到日本史学界的认可与支持，看上去关于古代日本的天下这个问题已经完全解决。然而，在渡边氏这一研究发表出来之后，有关日本古代史料中出现的天下是指由中国以及四海（夷狄居住的领域）构成的这一见解仍然不断地出现。其中就有与本文有一定关联性的见解，这一观点以倭王向刘宋要"都督倭·百济·新罗·任那·秦韩·慕韩六国诸军事"封号一事，以及倭王武的上表文中"封国偏远、作藩于外、自昔祖祢、躬擐甲胄、跋涉山川、不遑宁处。东征毛人五十五国、西服众夷六十六国、渡平海北九十五国"[③]的记载为依据，提出倭国的天下包括了韩半岛南部。[④]

按照渡边氏的说法，拥有实效支配权的领域就是天下，那么如果不能说明倭国

---

① 鎌田元一:「日本古代の「クニ」」,『日本の社会史　第六巻　社会的諸集団』, 東京: 岩波書店, 1988年, 第 32 頁。

② 参见渡辺信一郎:『中国古代の王権と天下秩序—日中比較史の視点から—』第一章第一节、第二节, 東京: 校倉書房, 2003 年。另外, 关于"中国的天下"参考了以下资料, 赵汀阳:《天下体系——世界制度哲学导论》, 南京: 江苏教育出版社, 2005 年; 甘怀真编:《东亚历史上的天下与中国概念》, 台北: 台湾大学出版中心, 2007 年; 葛兆光:《宅兹中国——重建有关"中国"的历史论述》, 北京: 中华书局, 2011 年。

③ 沈约:《宋书》卷九七《夷蛮传》倭国条, 北京: 中华书局, 1974 年, 2395 页。

④ 仁藤敦史:「古代日本の世界観—天下・国・都城—」,『国立歴史民族博物館研究報告』119 号, 2004年, 第 414-415 頁; 田中史生:「倭の五王と列島支配」,『岩波講座 日本史』第 1 巻『原始、古代』1、東京: 岩波書店, 2013 年, 第 263 頁。

对上表文中提到的朝鲜半岛南部拥有支配权，倭国的天下包括了这些国家这一论点也就无从论证。另一方面，广义上的天下指君主有效支配的范围，以及其威德范及的夷狄地区。因此，先行研究中认为包括了朝鲜半岛南部的天下，其实质等同于广义天下。

在汉唐这样内政充实、对外领土扩张的时期，即使是处于汉唐实际支配下已经中国化了的夷狄领域，也曾被认为是天下九州的内部。即便如此，在汉唐代的史料中很少出现广义的天下。由此，可以总结出这样的论点，汉灭亡后唐成立前的中国，尚无力对外扩张，也就是倭国使用天下时期的中国，可能对广义的天下的使用非常有限。如果说这一时期的中国十分有限地使用广义的天下，那么倭国却对广义的天下不加限定广泛地使用。关于倭国天下观概念的论点，如果不在这一点上加以研究，就无法推进对倭国天下的讨论。

广义也好狭义也好，使用天下这个词语本身就代表了倭国独自的天下观。在考虑古代日本对外关系史时，以下的见解有着非常重要的意义：6世纪后的倭国为了发展独自的天下观，从册封体制中脱离，同时也脱离了中国的天下。这一见解的背后包含着可能有效支配的范围，以及以授予国王号、官爵为媒介的君臣关系范围的领域都是中国的天下这一含义，这样的见解存在承认中国的天下正统性的意识。[1]然而，中国的天下是否包含扩大到对诸国王封号的九州以外的领域，倭国使用天下这个词语是否能够表示倭国天下观的成立。如果以上这两个论点成立的话，从中国的天下脱离＝从册封体制的脱离→倭国天下观的诞生这一公式就应该被广泛采用。

本文旨在根据对倭国使用天下这一词语的同一时期中，中国对于天下的概念的相关史料的介绍，解读倭国对于天下这个概念的理解。

二、史料中的天下

《梁书》卷三十八《贺琛传》中引用了贺琛批判大同十一年（545年）梁武帝

---

[1]　例如河内春人氏阐述道，受中国王朝册封的国家被放置在天下的末端的位置。河内春人；「倭国における"天下"観念」，『日本古代君主号の研究—倭国王・天子・天皇—』，東京：八木書店，2015年（初出2004年）第159–160頁。另外，被册封通过册封可以编入册封国的天下，那么册封对于诸王朝的意义又有哪些，关于这一论题已有以下的研究。参见李磊：《百济的天下意识与东晋南朝的天下秩序》，《华东师范大学学报》（哲学社会科学版）2014年第2期；李磊：《天下的另一种形态——东晋与东北族群政权建构中的天下意识探析》，《华东师范大学学报》（哲学社会科学版）2014年第5期。

（502—549 年在位）治世的上奏文（年代数据依据《资治通鉴》卷一五九）。贺琛对梁武帝的批判涉及四事，它们分别是梁管理户口的领域（第一事），梁的守宰被派遣到的领域（第二事），梁设置各种支配组织的领域，或受仪礼、军事制度管辖的领域（第四事），这些领域被记载为"天下"，而受武帝救济的领域被记载为"四海"。另一方面，武帝认为派出使节、鼓励生产、政策共有的领域为天下。[1] 贺琛与武帝的争论说明了对梁拥有实际支配权的领域乃天下这一观念的一贯重视。[2]

正如上文中列举的例子，从东晋到南北朝时期使用的天下，除了被用作等同于"社会"这个笼统的含义之外[3]，它的实际支配领域所包含的意义是非常多的。[4] 因为天下即实际支配领域，所以天下的范围也随着王朝实际支配领域的扩大、缩小而相应的发生变化。

> 顺天应时，西平巴蜀，南和吴会，海内得以休息，兆庶有乐安之心。而吴复背信，使边事更兴。……蜀平之时，天下皆谓吴当并亡，自此来十三年，是谓一周，平定之期复在今日矣。……今不于此平吴，而更阻兵相守，征夫苦役，日寻干戈，经历盛衰，不可长久。宜当时定，以一四海。今若引梁益之兵水陆俱下、荆楚之众进临江陵、平南、豫州，直指夏口、徐扬青并向秣陵、鼓旆以疑之，多方以误之，以一隅之吴，当天下之众，势分形散，所备皆急。[5]

上面的资料是咸宁（275—280 年）时期，羊祜对西晋武帝（265—290 年在位）关于对吴讨伐进言的奏章。先帝（司马昭）通过平定蜀并与吴议和出现了安宁的天下，在这个天下的领域范围，吴自不必说，蜀也是没有被包括在其中的。

接下来，太康元年（280 年）吴的土地被合并之后，

> 江表初平、天下同其欢豫。王公卿士、各奉礼称庆、其于东堂小会、

---

① 房玄龄等撰：《梁书》，北京：中华书局，1973 年，第 546—550 页。

② 河上麻由子：「梁の武帝と転輪聖王」，吉川真司・倉本一宏編『日本的時空間の形成』，京都：思文閣出版，2017 年。

③ 有关当时把天下等同于社会这一词语的意思进行使用，请参考河上麻由子「梁の武帝と転輪聖王」。

④ 例如，夏侯谌的"抵疑"中阐述道，"今也则九州为一家、万国为百郡，政有常道、法有恒训、因循而礼乐自定、揖让而天下大顺利"（房玄龄等撰：《晋书》卷五十五，北京：中华书局，1974 年，1494 页），把设置郡县，共有法令、礼乐的领域标记为"九州""天下"。

⑤ 《晋书》卷三十四，《羊祜传》，第 1018 页。

设乐使加于常。[①]

> 今天下虽定，而华山之阳无放马之群，桃林之下未有休息之牛，故以吴人尚未臣服故也。[②]

吴也进入了西晋天下的范围。

合并了蜀、吴后，西晋的天下却伴随着王朝的南迁而大幅度地缩小了。

> 今之艰弊，过于往昔，宜分遣黄，散若中书郎等循行天下，观采得失，举善弹违，断截苟且，则人不为为非矣。[③]

根据东晋元帝（318—322 年在位）时应詹奏折的部分记载，皇帝派中书郎巡行的领域也就是东晋实际支配的领域，即是天下。

北朝也意识到天下的范围会伴随着支配领域的扩大相应地扩大。以下为引用北周明帝（557—560 年在位）武成二年（560 年）七月接受所献三足鸟，并于次月颁布大赦的诏书。

> 文考至德下覃，遗仁爱被，远符千载、降斯三足。将使三方归本，九州翕定。惟此大礼，景福在民。予安敢攘宗庙之善，弗宣大惠。可大赦天下，文武官并进二级。[④]

明帝把三足鸟看作被北周、北齐、陈分割成三份的九州由北周统一的祥兆，因此大赦天下并将所有文武百官晋升二级。明帝一面考虑到九州的分裂，一面将天下作为北周大赦的范围。然而，建德五年（576 年），北周武帝（560—577 年在位）灭北齐统一华北后即下诏书，将刚刚被合并的旧北齐领域划分到天下的范围。

> 朕垂拱岩廊，君临宇県，相邻民于海内，混楚弓于天下，一物失所，有若推沟。方欲德绥未服，义征不谨。伪主高纬，放命燕齐，怠慢典刑，傲扰天纪，加以背惠怒邻，弃信忘义。朕应天从物，伐罪吊民，一鼓而荡平阳，再举而摧劲敌。（中略）思覃惠泽，被之率土，新旧臣民，皆从荡涤。可大赦天下。（《周书》卷六）

---

① 《晋起居注》，《艺文类聚》卷 39·朝会，上海：上海古籍出版社，1965 年，第 711 页。
② 房玄龄等撰：《晋书》卷四八《段灼传》，北京：中华书局，1974 年，第 1348 页。
③ 房玄龄等撰：《晋书》卷七〇《应詹传》，第 1860 页。
④ 王若钦等撰：《册府元龟》卷二三，南京：凤凰出版社，2006 年，第 235 页。

诏书宣告了天下统一的开始。诏书中称：武帝本想以德招抚北齐，但北齐却背信忘义，为了救济身处北齐暴政下的北齐百姓，无奈武帝最终使用武力将北齐消灭，武帝的恩泽普及新旧臣民的大地，天下因此获得大赦。此诏书中将旧北齐地区与北周地区合在一起称为天下。

此时的天下也带有这样的意义，因受过去王朝的实效统治故也应该受到现在的王朝的统一。①

> 而区宇未一，师馑代有，永言斯瘼，弥干其虑。②
>
> 今天下未一，四方岳峙，灾咎之应，将在何国。③

上面的史料是宋文帝（424—453 年在位）为北伐向群臣下的诏书，下面的史料是北魏的明元帝（409—423 年在位）向诸儒者询问泰常三年（418 年）彗星出现的含义。之所以依然惦记着区宇、天下未合二为一是因为它们曾经统一在天下的范畴内。④

站在天下是过去王朝支配的领域这一观点上，当朝支配领域的基本范围被认为是应当统一的天下。

> 且千里馈粮，自古为难。况今转运供继，西输许洛，北入黄河。虽秦政之弊，未至于此，而十室之忧，便以交至。今运无还期，征求日重，以区区吴越经纬天下十分之九，不亡何待。⑤

王羲之列举兵战之苦以戒北伐，并认为要想将原本属于东晋支配的吴越之地作为天下，统治其中十分之九的地域是不大可能的事情。

以上都是对狭义的天下的阐述，那么有关广义的天下的史料又有哪些呢？《艺文类聚》卷五十五《杂文部 1·集序》中收录的《职贡图》序文的开头有以下的记载：

---

① 牟发松氏指出，从零散的史料中可以看出前燕·前秦·东晋对峙的时期（352—370 年），东西魏，或者北周·北齐与南朝对峙的时期，出于三政权分裂的时期。被三个政权三分裂时期"天下"的使用，代表了天下应该被统一的想法。

② 沈约：《宋书》卷 95，《索虏传》，第 2341 页。

③ 魏收：《魏书》卷 35，《崔浩传》，北京：中华书局，1974 年，第 811 页

④ 从五胡对天下一词的使用可看到这样的用例。后秦淝水之战中东晋战败，慕容泓听从叔叔慕容反对符坚。慕容泓派使者对符坚这样讲道："今天诱其衷、使秦师倾败、将欲兴复大燕。……泓当率关中燕人、翼卫皇帝、还返邺都、与秦以武牢为界、分王天下、永为邻好、不复为秦之患也。"（《晋书》卷一一四，符坚下）。

⑤ 房玄龄等撰：《晋书》卷八〇《王羲之传》，第 2096 页。

窃闻，职方氏掌天下之图，四夷八蛮，七闽九貉，其所由来久矣。汉氏以来，南羌旅距，西域凭陵。创金城，开玉关，绝夜郎，讨日逐。睹犀甲则建朱崖，闻蒲陶则通大宛。以德怀远，异乎是哉。皇帝君临天下之四十载，垂衣裳而赖兆民，坐岩廊而彰万国，梯山航海，交臂屈膝，占云望日，重译至焉。

序文以职方氏执掌的"天下之图"开始阐述武帝的"天下"。正如渡边信一所整理的结果，职方氏执掌的"天下之图"不仅包括了中国，也将周边的夷狄收纳了进去。[①]"职贡图"所描绘的天下，北魏东西分裂后来自北方的军事压力减小，与此同时，梁迎来了武帝40年治世的最盛时期时，相对于汉氏的治世，武帝所构建的由中华与夷狄构成的广义的天下。[②]

然而，有关包括了夷狄领域的天下的史料除此之外，未曾在其他史料中发现。虽然今后仍会继续补充现有研究的调查，但现在可以肯定的是，相对于狭义的天下，广义的天下的使用被加以限制，并且当属此时的共通意识。如果这一论述是正确的话，那么对于倭国采用的是广义的天下这一观点，有必要进行重新认定。至少无法说明6世纪的倭国开始有脱离中国的倾向，是因为倭国采用了广义的天下的定义。即使是在把新罗、渤海看作藩国的律令时代，也没有把八大洲的天下概念扩大到包括新罗、渤海[③]，从这一点出发，笔者在现阶段对镰田氏提出的，倭国的天下的概念等同于现代社会中"国家"的概念也就是狭义上的天下，这一观点表示认同。"倭"的国号是不符合在国内范围内作为表示大王的支配领域。因此，对作为表示大王的支配领域的"天下"一词的使用，实际上是采用了传统汉文的用法。不管怎样，对当时的"天下"一词的使用状况进行调查后的结果就是，广义的天下究竟在什么场合才能使用，这一疑问仍需要进行分析，关于这一疑问笔者将会在别稿中进行详细论述。

---

① 渡辺信一郎：『中国古代の王権と天下秩序—日中比較史の視点から—』，第82页。
② 河上麻由子：「『職貢図』とその世界観」，『東洋史研究』74-71，2015年。
③ 渡辺信一郎：『中国古代の王権と天下秩序—日中比較史の視点から—』，第53-58页。

三、倭国的天下

广义的天下，是指皇帝的实效支配领域，以及蒙受皇帝威德的夷狄区域。就像"职贡图"中所描绘的那样，只要是被中国认为蒙受了皇帝威德的地区，无论它是否受到中国的册封都被编入了中国的天下。按照这个理论，日本史所讨论的以倭国开始不受册封这一因素来判断倭国试图脱离中国的天下的结论，看来有必要重新进行探讨。

另一方面，天下又有与领域的大小无关，以藩国的区别为前提的表现方式。这种意义下的天下，在先行研究中把铭文中"天下"的使用视为是倭国天下观成立的依据。这里引出最初使用"天下"的倭国铭文。

稻荷山古坟出土铁剑铭

辛亥年七月中记。乎获居臣，上祖名意富比垝，其儿多加利足尼，其儿名弖巳加利获居，其儿名多加披次获居，其儿名多沙鬼获居，其儿名半弖比，其儿名加差披余，其儿名乎获居臣。世々为杖刀人首，奉事来至今。获加多支卤大王寺在斯鬼宫时，吾左治天下。令作此百练利刀，记吾奉事根原也。

江田船山古坟出土大刀铭

台天下获□□□卤大王世，奉事典曹人名无□弖，八月中，用大鐵釜并四尺廷刀、八十練、□十振、三寸上好□刀，服此刀者、長壽、子孫洋々、得□恩也，不失其所統，作刀者名伊太□，書物張安也^①

（治）天下获……（利力）……无……（九力）……（刊力）……（和力）……

倭国使用"天下"的例子中，最被经常言及的是高句丽"牟头娄墓志"中的天下。

邹牟圣王元出北扶余、天下四方知此国都最圣 人 □□（"牟头娄墓志"^②）

关于上边的引文部分武田幸男氏这样解释，因为知道天下四方中，唯有高句丽的国都是最神圣的土地，所以将都城设置在那里。同时阐述到天下，是在地理上可

① 释文来自东野治之：「江田船山古墳の大刀銘」，『日本古代金石文の研究』，東京：岩波書店，2004 年（初出 1993 年）。

② 墓志的释文来自武田幸男：「牟頭婁一族と高句麗王権」，『高句麗史と東アジア』，東京：岩波書店，1989 年（初出 1981 年），第 317-318 頁。

以统治到或扩张到的领域，这样政治性的词语。[①] 在"广开土王碑"中，尽管受到百济、新罗的朝贡却仍然描述了以高句丽为中心的天，5 世纪末的"中原碑"也将新罗看作东夷，展现出以高句丽的天下为中心的世界观，"牟头娄墓志"中的天下也暗示了同样的含义。[②]

但是，中国之外的国家使用天下的时候，未必都是以该国独自的天下观为前提的。

> 谨白大宋明主，虽山海殊隔，而音信时通。伏承皇帝，道德高远，覆载同于天地，明照齐乎日月，四海之外，无往不伏，方国诸王，莫不遣信奉献，以表归德之诚。或泛海三年，陆行千日，畏威怀德，无远不至。<u>我先王以来，唯以修德为正，不严而治，奉事三宝，道济天下，欣人为善，庆若在己</u>。欲与天子共弘正法，以度难化，故托四道人遣二白衣，送牙台像以为信誓信还，愿垂音告。（《宋书》卷九七《夷蛮传》）

以上是师子国于元嘉五年（428 年）献宋的表文。表文的前半部赞赏了宋皇帝，后半部如划线部分阐述的那样表达了我＝师子国王正法的统治。值得注意的是，师子国王将自己支配下的领域称为"天下"。此文是由梵文原文翻译来的，还是有人应师子国使者的要求用汉文书写的表文，仍无法得到明确。但是，更重要的是这个表文是否引发了与宋之间的外交问题。从接受表文的宋方来看，可能承认了师子国将其支配的领域表示为"天下"的这一说法。

当然，表文中的天子并不是以师子国为中心的天下，只不过是指师子国拥有实效支配的领域。在 5 世纪的中国，天下这个词语除了指天子所支配的领域外，还留有其他君主支配领域的余地。

即使是这样，师子国上表文中所体现出来的"天下"的灵活性到底是什么？第一可以考虑到的是，先行研究中也有所提到，那就是在南北朝夷狄成为中华，天下并立这样复杂的时代背景下，诞生了"天下"灵活性产生的可能性。[③] 例如庾信的《伤心赋》就是描述北迁后在梁灭亡的过程中失去子女的悲伤的作品。庾信对梁的灭亡这样描述道：

---

① 武田幸男：「牟頭婁一族と高句麗王権」，第 343 頁。另外，武田氏将高句丽的天下看作狭义的天下。
② 川本芳昭：《中国の歴史 05　中華の崩壊と拡大》，東京：講談社，2005 年，第 310–313 頁。
③ 参见川本芳昭：『中国の歴史 05　中華の崩壊と拡大』。

在昔金陵，天下丧乱，王室版荡。(《伤心赋》,《艺文类聚》卷三四)

庾信在北朝依然存在的情况下，将南朝的支配领域表示为"天下"的原因是，东晋五胡十六国时代以后的中国经历了长期的天下并立的时代。

"天下"灵活性的产生绝不只有一个原因。在上述的时代背景下，如果要再列举出一个天下灵活性产生的原因，那就是佛教。吉村武彦阐述道，律令时代的"治天下"如果产生了与中国不同的天下构想的话，那就是以须弥山为中心的佛教世界观。[①] 接下来的河内春人氏继承了吉村氏的论点，认为倭国的"治天下"是将汉译佛典，特别是《大智度论》中所记载的天下进行补充后，形成了政治的意识。[②] 然而，如果说汉译佛典中的天下改变了儒教的天下观，那么将佛典进行汉译的中国受到的改变才应该是最大的。汉译佛典中大量运用到了"天下"这个词。特别是在佛典汉译的初期阶段，将包围了须弥山的大陆翻译为"天下"。本应只是作为天子支配领域含义的"天下"，为何被初期的佛典翻译者选作须弥山下的大陆的译词呢？如果对天下作为翻译词语出现的情况及其原因进行探讨的话，就可以查明天下的灵活性及其与佛教的关系了。

另外，有必要考虑下对于游牧各民族来说天的含义。

初，太武每遣使西域、常诏河西王沮渠牧犍、令护送。至姑臧、牧犍恒发使导路、出于流沙。后使者自西域还至武威、牧犍左右谓使者曰……又闻吴提遣使告西域诸国："魏已削弱、今天下唯我为强。若更有魏使、勿复恭奉。"西域诸国亦有二"。(《北史》卷九七《西域》)

上边是沮渠牧犍作为北魏遣使中介的发言中，引用郁久吕吴主张柔然优位于北魏的部分发言。游牧民族以本身认知中的天的概念为前提，将他们所了解的世界表示为"天下"。天下也是游牧民族表达世界观的词语。[③]

从以上介绍的史料来看，天下本应代表着以王位为中心的独一无二的空间，但仍可以从中窥探到些许这个空间的排他性。从东晋五胡十六国到南北朝时期，在各种各样的社会的、思想的变化中，天下这个词语开始具有了灵活性。之后的研究，

① 吉村武彦:「倭国と大和王権」,『岩波講座　日本通史　第二巻　古代一』,東京:岩波書店，1993 年。

② 河内春人:「倭国における「天下」観念」,『日本古代君主号の研究―倭国王・天子・天皇―』,第180 頁。

③ 内田吟風:『北アジア史研究　鮮卑柔然突厥篇』,京都:同朋舎出版，1975 年。

在对天下这个词语包含的意义发生变容的过程进行详细的分析后，应该可以对倭国的"天下"这个词使用的意义再进行讨论。

四、结语

可以推定东晋五胡十六国至南北朝时代的"天下"所指的基本上是狭义上的意义。天下的本意在这个时代前后没有发生变化，但另一方面，"天下"这个词所表示的含义前所未有的灵活起来。在对天下的本意、天下的含义发生的变化以及产生变化的原因进行探讨的过程中，倭国使用"天下"代表自身支配领域的背景得到明确。本文的目的在于能够为今后的研究提供资料上的整理，本中所提及的课题将在其他论文中有所论述，故就此搁笔。

（译者：姚琼）

"常世"在哪里?

○ 王　凯　南开大学

一、引言

"常世"一词散见于《日本书纪》《古事记》《万叶集》《风土记》等日本古籍，是理解古代日本人思想的关键词，也反映了他们对古代东亚世界的认识水平。自本居宣长在《古事记传》中首次对"常世"展开系统性注释研究以来，日本学者从史学、文学、民俗学等不同角度进行考证和解读，取得丰硕成果，但课题并没有完全解决，"常世（国）"的位置问题就是其中之一。本文拟通过归纳综合多个领域的先学研究成果[①]，就此提出个人的陋见，恳请方家指正。

二、"常世"的含义

中国古籍中也有"常世"一词。《毛诗正义》的"国风·柏舟"中有"母也天只，

[①] 对于解决"常世"问题的方法论，三浦佑之主张：必须打破学科界限，采取学科交叉的方法。
原文：ほんとうなら、常世国の用例を検証するなり、古代文学における神仙思想の痕跡を探って別のところに展開していくなりの作業をしなければならないのだが果たせなかった。責任転嫁のようだが、それが可能なのは、古代文学というような狭い殻に閉じこもっていない人だろう。三浦佑之：『神仙譚の展開—蓬莱山から常世国へ—』，東京：岩波書店，2008 年，第 85 頁。

不谅人只"之句。对此，郑玄云："文王之为世子也，非礼之制，故不与嚚世子同也。"（下划线为笔者加，下同）[1]《文选》第五十三卷收录的嵇康的《养生论》"薰辛害目，豚鱼不飬，嚚世所识也"[2] 也有"常世"之词。在中国古籍中，"常世"均为"世俗"的意思。

然而，日本古代文献中的"常世"毫无"世俗"之意。大多数辞典对"常世"的解释也大致相同，如《古语大辞典》解释道：

常世：①多用作副词之"常世地"，永不变化。②同常世之国。

常世之国：①古代人观念中位于海之彼岸或位于海中、祖先之灵所聚集之国。②与神仙思想相联系的想象仙境，不老不死之国。[3]

"常世"一词虽以汉字表记，但其读音均为"トコヨ"。据笔者统计，"常世"在日本古籍中的主要用例如下（括号内为用例数量）：

《古事记》：常世长鸣鸟（1）、常世思金神（1）、常世国（3）、常世等（1）。

《日本书纪》：常世之长鸣鸟（1）、常世乡（3）、常世之浪（1）、常世国（3）、常世等（1）、常世神（2）、常世虫（1）。

《风土记》：常世之国（1）、常世浪（1）、常世边（2）、常世之滨（1）、常世国（1）、常世祠（1）。

《万叶集》：常世（6）、常世之国（2）、常世边（3）、常世物（1）。[4]

这些用例的构词法基本架构为："常世"+（"之"）+名词。例如："常世长鸣鸟"即为"常世的长鸣鸟"，"常世神"即为"常世的神"。"常世"作为修饰词，时而表示空间，时而表示时间，但有时"常世"也直接表示具体的人物。

"常世"以"常世に"的形式作为副词使用时，经常表示"永恒不变"这一时间概念。据《古事记》记载，雄略天皇行幸吉野宫，两度偶遇某美貌善舞的女子（仙女）。于是，天皇抚琴作歌称赞道：

① 《毛诗正义》，阮元校刻《十三经注疏》，北京：中华书局，1980 年第 1 版，第 313 页。
② 萧统编，李善注《文选》，北京：中华书局，1977 年第 1 版，第 728 页。
③ 中田祝夫・和田利政・北原保雄编：『古語大辞典』，東京：小学館，1983 年，第 1162 页。
④ "トコヨ"在记纪歌谣以及万叶集中使用万叶假名表记：登许余、常呼、等己与，等用例。

【资料1】

　　　　吴床居の　　神の御手もち　弾く琴に　儛する女　常世にもがも [①]

　　雄略天皇将自己比作神，并希望时间永远定格在女子按照神弹琴的旋律翩翩起舞的那一刻。在此歌中，“常世”表达“永远”这一时间概念。

　　在《万叶集》卷三中收录的柿本朝臣人麻吕献给新田部皇子的歌中，“常世”同样表示“永远”的意思。

【资料2】

　　　　やすみしし　我が大君　高光る　日の皇子　敷きいます　大殿の
上に　ひさかたの　天伝ひ来る　雪じもの　行き通ひつつ　いや常世ま
で（三・261）[②]

　　在此歌中，柿本人麻吕表达了自己对新田部皇子的倾慕，表示要像天上降雪连绵不断一般，“永远”（＝常世）要前去宫殿侍奉。

　　“常世”有时还表示特定的人群。据《日本书纪》显宗天皇即位前纪白发天皇二年冬十一月条记载：安康天皇时，显宗天皇和亿计王的父亲市边押磐皇子为雄略天皇所杀，两兄弟逃难至播磨国赤石郡，隐姓埋名，侍奉于缩见屯仓首。时值缩见屯仓首庆祝新居建成，显宗天皇被要求致祝词（室寿）。在祝酒词的最后，显宗天皇说道：

【资料3】

　　　　（前略）手掌も　慘亮に　拍ち上げ賜へ　吾が常世等。[③]

　　显宗天皇称：自己在起舞，请“常世等”给自己打拍子。这里的“常世”指的是宴席上的“长老们”这一特定人群。

---

① 吴床に座る　神のお手で　弾くかと思う琴に合わせて　舞を舞う乙女　永遠にとどめたい姿よ。
　本稿使用《古事记》引自山口佳纪·神野志隆光校注、訳:『新编日本古典文学全集1古事記』，東京：小学館，1997年。
② わが大君の　日の御子　新田部皇子がお住まいになっている　宫殿の上に　天から流れ来る　雪のように　行き通い続けましょう。いつまでも長くおわしませ。
　本稿使用《万叶集》引自小島憲之·木下正俊·東野治之校注、訳:『新编日本古典文学全集6~9万葉集①~④』，東京：小学館，1994—1996年。
③ （前略）手を打つ音もさやかに　拍子をとってください　長老たちよ。
　本稿使用《日本书纪》皆引自：小島憲之·直木孝次郎·西宫一民等:『新编日本古典文学全集2~4日本書紀①~③』，東京：小学館，1994—1998年。

由此可见，"常世"可以表示时间、空间，甚至是具体人物。但是，仔细分析却不难发现，【资料1】中永恒的时间存在于吉野这一仙境，换言之，正是因为吉野即仙境这一空间维度得到了保证，"常世"这一永恒的时间轴才得以确立，进而在"常世"这一时空中的雄略天皇与女子获得了成为神的可能性。在【资料2】中，新田部皇子的宫殿这一空间保证了"常世"这一时间，换言之，永远存在的宫殿是柿本人麻吕前往侍奉的必要条件。【资料3】亦是如此，保证长老们（常世等）的正是缩见屯仓首新建的宅邸这一空间。因此，"常世"主要反映的是古代日本人独特的空间观念和由此展开的时间观念以及在其延长线上的思想信仰（常世虫、常世神）；而作为空间观念的"常世"多表现为"常世国""常世乡"等具有更为明确的地理特征的词汇。

折口信夫从民俗学的角度精辟地阐释了"常世"在空间、时间和信仰三个维度的关系。折口信夫认为：最初阶段的"常世"是"常夜"，即"死之国"，是"结束了在这个世界生活的人们的灵魂集中生活的地方"，是"祖灵的驻屯所"。这些"祖灵们"被称为"常世人"，在冬春交替之时访问村落，每年一次，而这就是"まれびと"的原型。大批的祖灵一起到来，他们能带来祝福土地、生产、建筑物以及家长长寿的咒语。人们必须盛情款待使他们，使他们心情愉快地回到"大海彼岸"。对于那些沿着岛屿来到日本列岛的人们来说，出于怀念故地的心理，"常世"即祖灵驻屯的"死之国"被认为是在南方的海上的他界。

不久，"常世"的观念发生变化。在日本列岛向东移动发展的过程中，与以前"回顾过来的地方"相比，人们更加期待"未知的国度"，由此产生了"真正的异乡情趣"。这种心理与对"死之国"的畏惧和祖灵们带来的祝福的期待相互交错。在这一过程中，畏惧渐渐淡化，而空想的乐土这一心理逐渐占据上风；"死之国"演变为"根之国"，而"常世"则成了"理想乡"的代名词。此时，"常世"的"ヨ"中，又增加了"年龄""谷物和丰收""男女交情"等含义，"常世"成为人们认为的不死、丰收、恋爱之国的代名词。

此后，"常世"开始与龙宫以及从中国南方传来的蓬莱观念相结合。与此同时，除了上述列岛内的人们在向东方移动的过程中，引起"常世"观念的变化以外，原本居住在海边，认为大海的彼岸是他界的人们逐渐向平原山间移动，而离开大海的人们，不知不觉间开始想象山顶以及天空是他界，常世神也被想象为山神或天神。[①]

据此可知，"常世"一词经历了漫长而复杂的变迁过程，将古代日本人的空间观、时间观和思想信仰等多重要素互相交织在了一起。在古代日本人丰富的想象中，"常世"作为"异界"产生，在这个特殊的空间中孕育"永恒的时间"，进而发展成为一种精神信仰。由此可见，在"常世"这一概念中，空间观占据核心地位。那么，这个让古代日本人如痴如醉的异界空间"常世"究竟在哪里呢？

三、"常世"在哪里？

"记纪"等日本古籍留下了不少关于"常世"位置的线索。在《古事记》中，和大国主神"作坚此国"的少名毗古那神从出云国的海上而来，后来也从那里"度于常世国也"。在《日本书纪》中，则有少彦名（少名毗古那神）"行至熊野之御碕"而去的"常世乡"，或"至淡岛"通过粟的茎"弹渡而至常世乡"。在神武天皇东征时，其兄弟三毛入野命在距离"常世之浪重浪归国"伊势国较近的"熊野神邑"的海上，"踏浪秀而往乎常世乡"。但是，这些线索似乎暂时难以提供"常世"准确的位置。

另一方面，如果根据上述折口信夫的论述，"常世"观念的变迁与其位置的对应关系就会变得明晰起来。

> 常夜（死之国）：大海彼岸、南方的海上世界
>
> 未知的国度、异乡→不老不死、丰收、恋爱的理想乡：东方
>
> 他界：山顶、天空

根据折口信夫的理解，"常世"原先在南方的海上，后来转为东方，最后出现在山顶或天空。折口信夫虽然指出了"常世"的大致方位，但是没有给出明确的地点。

对此，三浦佑之试图给"常世"做出精确定位。他依据《日本书纪》雄略天皇二十二年秋七月条记载的所谓"水江浦岛子"传说，认为"常世"即"蓬莱"。[②]

---

① 参见折口信夫：「国文学の発生」（第1~4稿），折口博士记念古代研究所编『折口信夫全集』第1卷，东京：中央公论社，1972年；折口信夫：「妣が国へ・常世へ」、折口博士记念古代研究所编『折口信夫全集』第2卷，东京：中央公论社．1972年；折口信夫，「常世浪」，同上第16卷，1973年。

② 三浦佑之：『神仙谭の展开—蓬莱山から常世国へ—』，东京：岩波书店，2008年，第84頁。

【资料4】

　　秋七月、丹波国余社郡管川人水江浦嶋子、乘舟而釣、遂得大亀。便化爲女。於是浦嶋子感以爲婦、相逐入海、到蓬莱山、历觀仙众。語在別卷。

　　"蓬莱山"在此被训读为"トコヨノクニ"，即"常世国"。"水江浦岛子"的传说还出现在风土记逸文《丹后风土记》关于与谢郡、日置里的相关内容，以及《万叶集》第九卷收录的和歌中。

【资料5】

　　与謝郡。

　　日置里。

（中略）

　　長谷朝倉宮御宇天皇御世、嶼子獨乘小船、汎出海中為釣。经三日三夜、不得一魚、乃得五色亀。心思奇異、置于船中即寐、忽為婦人。其容美麗、更不可比。

　　嶼子問曰："人宅遙遠、海庭人乏、詎人忽来。"女娘微咲対曰："風流之士、独汎蒼海。不勝近談、就風雲来。"嶼子復問曰"風雲何処来"。女娘答曰"天上仙家之人也。請君勿疑。垂相談之愛。"爰嶼子知神女、鎮懼疑心。女娘語曰："賎妾之意、共天地畢、倶日月極。但君奈何、早先許不之意。"嶼子答曰："更無所言。何懈乎。"女娘曰："君宜廻棹、赴于蓬山。"嶼子従往。

（中略）

　　常世边に　雲立ち渡る　水江の　浦嶋の子が　言もち渡る

（中略）

　　子等に恋ひ　朝戸を開き　我が居れば　常世の浜の　波の音聞こゆ①

---

① 本稿使用《风土记》引自：植垣節也校注・訳：『新編日本古典文学全集5　風土記』，東京：小学館，1997年。

【资料6】

詠水江浦嶋子一首并短歌

　　春の日の　霞める时に　墨吉の　岸に出で居て　釣舟の　とをらふ
见れば　古の　ことそ思ほゆる　水江の　浦島子が　鰹釣り　鯛釣り誇
り　七日まで　家にも来ずて　海界を　過ぎて漕ぎ行くに　海神の　神
の娘子に　たまさかに　い漕ぎ向ひ　相とぶらひ　言成りしかば　かき
结び　常世に至り　海神の　神の宫の　内の重の　妙なる殿に　携はり
二人入り居て　老いもせず　死にもせずして　永き世に　ありけるもの
を　世の中の　愚か人の　我妹子に　告りて語らく　しましくは　家
に帰りて　父母に　事も語らひ　明日のごと　我は来なむと　言ひけ
れば　妹が言へらく　常世边に　また帰り来て　今のごと　逢はむとな
らば　この櫛笥　開くなゆめと　そこらくに　堅めし言を　墨吉に　帰
り来りて　家见れど　家も见かねて　里见れど　里も见かねて　あやし
みと　そこに思はく　家ゆ出でて　三年の间に　垣もなく　家失せめや
と　この箱を　開きて见てば　もとのごと　家はあらむと　玉櫛笥　少
し開くに　白雲の　箱より出でて　常世边に　たなびきぬれば　立ち走
り　叫び袖振り　臥いまろび　足ずりしつつ　たちまちに　心消失せぬ
若くありし　肌も皱みぬ　黒かりし　髪も白けぬ　ゆなゆなは　息さへ
絶えて　後遂に　命死にける　水江の　浦島子が　家所见ゆ（九・1740）

（反歌）

　　常世边に　住むべきものを　剣大刀　汝が心から　おそやこの君
（九・1741）

在【资料5】中，"蓬莱山"表记为"蓬山"，同样被训读为"トコヨノクニ"；
【资料6】则出现了表示"常世"周边区域的"常世边"一词。遗憾的是，"蓬莱"本
身也是中国神话中的神仙世界，作为一个想象的空间，无法确定其具体位置。

另一些研究《风土记》的学者则认为，"常世"在东方，并将其比定为"常陆国"。

【资料7】

　　夫常陆国者、堺是广大、地亦緜邈、土壤沃墳、原野肥行。墾発之處、

山海之利、人々自得、家々足饒。設、有身勞耕耘、力竭紡蚕者、立即可
取富豐、自然應免貧窮。况復、求塩魚味、左山右海。植桑種麻、後野前原。
所謂水陸之府藏、物産之膏腴。古人云常世之國、盖疑此地。但以所有水田、
上小中多、年遇霖雨、即聞苗子不登之難、歲逢亢陽、唯見穀實豊稔之歡歟。

《常陆国风土记》的总记将位于日本列岛东方的常陆国被比定为"常世之国"。
这首先出于地理位置的考虑。常陆国是大和朝廷的政治权威可以波及的极限，在古
代日本人不断向东方移居的过程中，也是进入他界的入口。[①] 其次，常陆国有着丰富
的自然资源和财富，作为大和朝廷的边境，常陆国有向自然抗争的开创精神，野性
的世界和现实的在此结合。[②] 再次，藤原朝臣宇合是《常陆国风土记》的最终完成者。
他像使用汉诗从吉野提炼神仙思想那样，将常陆国与常世国相结合，也试图找到神
仙思想。这是因为，对于藤原宇合来说，只要和天皇有关的土地，就是试图寻找神
仙思想的场所。常陆国的丰饶与对天皇的赞美相结合，通过描绘神仙般的土地让人
想起背后的"神"即"天皇"，这正是藤原宇合的"常世国"。最后，常陆国的神仙
境地也是天皇所追求的，而且也位于东方。这和秦始皇派徐福求仙丹的传说相得益彰。
被派到常陆国的藤原宇合化身为替天皇寻求"常世之国"的先锋。常陆国正是因为
有了天皇这位神而成为"常世国"，而作为"常世国"的常陆国同时也为天皇保证了
其所要追求的丰饶。[③] 然而，将"常世国"比定为"常陆国"仅限于《风土记》的范
围内，无法解释其他文献中广义上的"常世"概念。

　　如此看来，仅从日本列岛内寻找"常世"的位置显然具有局限性。与其相比，
本居宣长在《古事记传》中详细展开的"常世论"为解决问题提供了更为现实的"国
际化"观点，其主要内容如下：

【资料 8】

　　凡て上代に常世と云に三あり。

　　一には、常世長鳴鳥、常世思兼神などある是なり、こは常夜の義な
ること、上【伝八の廿二葉】に云るが如し、

---

① 尾崎暢殃：「常世にあれど」，古代文学会編『古代文学 1』8，東京：武蔵野書院，1978 年，第 43 頁。
② 永藤靖：「常陸風土記の〈常世〉」，『明治大学文学部紀要：文芸研究』103 号，2007 年，第 56-57 頁。
③ 田中俊江：「常陸国風土記と「常世之国」」，古代文学会編『古代文学』38，東京：武蔵野書院，1999 年，第 84-92 頁。

二には、下卷大長谷天皇大御歌に、麻比須流袁美那、登許余爾母加母、書紀垂仁卷に、伊勢国、即常世之浪重浪帰国也、顕宗卷室寿御詞に、万葉一【二十二丁】に、我国者常世爾成牟、これらなり、こは字の如く常とはにして不変ことを云り、

三には、常世国と云是なり、

（中略）

さて、常世国とは、如此名けたる国の一あるに非ず、ただ何方にまれ、此皇国を遥に隔り離れて、たやすく往帰がたき処を汎く云名なり、故【常世は借字にて、】名義は、底依国にて、ただ絶遠き国なるよりなり…①

本居宣长将"常世"分为三类，其一是"常夜"，其二是"不变"，其三是"常世国"。对于"常世国"，他进一步将其定义为"底依国（ソコヨリダニ）"，是距离皇国（日本）遥远且难以往返的"绝远之国"。

接下来，本居宣长对其理论的核心部分"常世国"进一步论述道：

【资料9】

常世国とは、何処にまれ、遠く海を渡りて往く国を云なれば、皇国の外は、万国みな常世国なり……②

本居宣长认为：皇国以外，万国皆为常世国。换言之，在他看来，"常世"即"外国"；并补充道："外国"就是"三韩及汉天竺其余亦四方万国"。

本居宣长将古代日本人认为"常世"是幸福的世外桃源的心理中的"常"＝永远、不变，"世"＝丰收、长寿的含义彻底封印起来。他将"常世国"解释为"底依国"，这使得"常世"成为没有任何神圣性的词汇，成为劣等的外国的泛称。不仅如此，本居宣长还"忘记"了"常世"的本义，即古代日本人由宗教性愿望和畏惧而产生的幻想他界，反而使其成为地球上占据某个地域的现实世界中的外国。③

总之，本居宣长的常世论将原本神秘的"常世"作了"现实化""现相化"处理，成为古代东亚现实世界中的一部分。如此加工之后，当我们再来探讨"常世"时，

---

① 本居宣長：『古事記伝』，大野晋編『本居宣長全集』第十卷，東京：筑摩書房，1968 年，第 8 頁。
② 本居宣長：『古事記伝』，第 10 頁。
③ 平野豊雄：『古事記伝の方法—宣長の「常世」論について—』，東京：岩波書店，1978 年，第 747-749 頁。

似乎不再"虚无缥缈"而变得更加"脚踏实地"。那么，这个在现实世界中的"常世"究竟在哪里呢？

四、常世在中国

如前文所述，本居宣长认为，"常世"就是"外国"，而外国就是古代朝鲜、中国、印度等其余国家。在这些国家中，他认定：新罗就是"常世"。据《古事记》记载：

【资料 10】

是天津日高日子波限建鹅茸草不合命、娶其姨玉依毘壳命、生御子名、五濑命。次、稲氷命。次、御毛沼命。次、若御毛沼命、亦名、豊御毛沼命、亦名、神倭伊波礼毘古命。四柱。

故、御毛沼命者、跳浪穂、渡坐于常世国、稲氷命者、為妣国而、入坐海原也。

本居宣长认为，御毛沼命就是《新撰姓氏录》中的"稲饭命"，并根据右京皇别条关于"稲饭命是新罗国王之祖"的记载，论述道：

【资料 11】

（新撰姓氏録の記載）とあるに依れば、新羅国に渡坐て、其国王に為坐せるなるべし、【新羅も常世国なり、……】①

本居宣长认为，御毛沼命"跳浪穂"前往的"常世国"就是新罗。但是，之后本居宣长对自己的论断又产生了动摇。《古事记》对垂仁天皇派遣多迟摩毛理前往常世国寻求橘这一传说记载如下：

【资料 12】

又、天皇、以三宅連等之祖、名多遅摩毛理、遣常世国、令求登岐士玖能迦玖能木実。自登下八字以音。故、多遅摩毛理、遂到其国、採其木実、以縵八縵・矛八矛将来之間、天皇、既崩。爾、多遅摩毛理、分縵四縵・矛四矛、献于大后、以縵四縵・矛四矛、献置天皇之御陵戸而、擎其木実、

---

① 本居宣長：『古事記伝』，第 295 页。

叫哭以白。常世国之登岐士玖能迦玖能木实持、参上侍、遂叫哭死也。其
登岐士玖能迦玖能木实者、是今橘者也。

对此，本居宣长一方面肯定这里的"常世国"就是新罗，并解释道：作为新罗人
后裔的多迟摩毛理得知新罗有橘，且果实美味，因此奏闻天皇，前往寻取。与此同时，
本居宣长也产生了疑虑，即新罗究竟是否产橘。对此，他"纠结"道：

【资料 13】

> 【さて此は、新羅とすべきこと、先は右の如くなれども、なほ細にい
> はば、橘は漢国にても、南方に在て北方の寒き国には無き物ときけば、
> 三漢などには、いあかがあらむ、若韓には無き物ならば、此常世国は、
> 漢国を云るならむ、若然らば、先祖の時より、漢国に此菓のあることを、
> 伝聞居てなるべし、此は、なほ今朝鮮国に、橘ありや無しやをよく問聞
> て、決むべきなり、若漢国ならむにても、なほ新羅より伝ひてぞ往む、
> 古は皆然る例なり、】①

本居宣长分析了问题的可能性，他指出：橘子即便在汉国（中国）也不生长在气
候寒冷的北方，三韩之地是否产橘存有疑问；如果新罗没有橘子的话，那么这里的"常
世国"就是"汉国"了，所以应该问清当今的朝鲜国是否产橘，才可做判断。但是，
这般分析使本居宣长动摇了自己提出的"常世"即"新罗"论。因此，他最后强调：
即便"汉国"有橘子，也是从新罗传过去的，古代的例子都是如此。

如此看来，究竟新罗是否产橘，这直接关系到"常世"是否就是新罗。回答这
个疑问，还得从"橘"本身寻找答案。

关于橘的起源，《日本书纪》中也有和《古事记》类似的记载。

【资料 14】

> 九十年春二月庚子朔、天皇命田道間守遣常世国、令求非时香菓。香菓、
> 此云簡倶能未。今謂橘是也。
>
> ……
>
> 明年春三月辛未朔壬午、田道間守至自常世国。則齎物也、非时香菓

---

① 本居宣长：『古事記伝』，大野晋编：『本居宣长全集』第 11 卷，東京：筑摩書房，1969 年，第 143 頁。

八竿八曼焉。田道間守於是泣悲歎之曰、受命天朝、遠往絶域、万里蹈浪、遥度弱水。是常世国則神仙秘区、俗非所臻。是以往来之間、自経十年。豈期、独凌峻瀾、更向本土乎。然頼聖帝之神霊、僅得還来。今天皇既崩、不得復命。臣雖生之、亦何益矣。乃向天皇之陵、叫哭而自死之。群臣聞皆流涙也。田道間守、是三宅連之始祖也。

【资料14】与【资料12】在情节上大致相同，但是《日本书纪》的情节描写更加详细。由田道间守的自白可知，往来常世国和倭国之间的时间和辛苦，需要"万里踏浪、遥度弱水"，而且"往来之间，自经十年"。当然，这一表述不乏夸张的文学修饰之法，但是"万里""十年"这些数字似乎拉近了"常世"与现实世界之间的距离。在《日本书纪》中，橘开始从神话传说的世界中脱离，而逐渐融入了古代日本人的现实生活的要素。

《万叶集》第十八卷收录的以"橘"为题材的和歌充分印证了这一转变。

【资料15】

後追和橘歌二首

　常世物　この橘の　いや照りに　わご大君は　今も見るごと

（十八・4063）

　　大君は　常磐にまさむ　橘の　殿の橘　ひた照りにして

（十八・4064）[①]

　　右二首、大伴宿祢家持作之。

大伴家持认为，虽然橘是常世国的果实，但是"大君"，即元正太上天皇可以享有橘，因此而获得长寿。此外，大伴家持在以下和歌中还借用了《日本书纪》的相关表述。

【资料16】

橘歌一首并短歌

　かけまくも　あやに恐し　天皇の　神の大御代　田道間守　常世に渡り　八矛持ち　参ゐ出来し时　时じくの　香菓を　怖くも　残したま

[①]　常世の木の実　この橘のように　更に輝かしく　わが大君は　今見るようにおすこやかに。
　　我が大君は　いつまでもおすこやかにおわしますであろう　橘家の　お邸の橘も　一面に照り輝いて。

へれ　国も狭に　生ひ立ち栄え　春されば　孫枝萌いつつ　ほととぎす
鳴く五月には　初花を　枝に手折りて　娘子らに　つとにも遣りみ　白
たへの　袖にも扱入れ　かぐはしみ　置きて枯らしみ　落ゆる実は　玉
に貫きつつ　手に巻きて　見れども飽かず　秋付けば　しぐれの雨降り
あしひきの　山の木末は　紅に　にほひ散れども　橘の　なれるその実
は　ひた照りに　いや見が欲しく　み雪降る　冬に至れば　霜置けども
その葉も枯れず　常磐なす　いやさかばえに　然れこそ　神の御代より
宜しなへ　この橘を　時じくの　香菓と　名付けけらしも（十八・4111）

（反歌一首）

　　橘は　花にも実にも　見つれども　いや時じくに　なほし見が欲し
（十八・4112）

　　閏五月廿三日、大伴宿祢家持作之。

不仅在和歌创作中，据研究表明，常陆国之所以被比作"常世"与当地的物产"橘"
也有着密不可分的关系①，而常陆国香岛郡的郡家门口还种有果实美味的橘树，就连
《日本书纪》中的"常世虫"也"常生于橘树"。在古代日本人看来，橘并非是完全
虚幻的常世物，同时也是客观存在的现实，共有"常世"和"现世"两个世界的属性。

若从橘的现实属性考虑的话，那么"常世"即为新罗的论断便值得商榷了。第一，
本居宣长以系谱相传有误为由，认为《新撰姓氏录》的稻饭命就是《古事记》的御
毛沼命，其所往"常世"即为新罗；此外，替垂仁天皇前往常世寻橘的多迟摩毛理之
祖是新罗王子这一传说也成为本居宣长立论的理由。但是，这种论述显然缺乏实在
的证据。本居宣长最后甚至"粗暴"地认为即便汉国有橘，也是从新罗传去的，以
此强行将"常世国"比定为新罗。这恐怕是作为国学者极力排除"汉意"的心理在
作怪吧。第二，正如本居宣长所纠结的那样，新罗位于朝鲜半岛，气候寒冷，不应
产橘。多迟摩毛理从"常世国"带回来的橘"缦四缦、矛四矛"，枝繁叶茂且果实美
味，恐怕难以出自寒冷的新罗。第三，根据【资料14】的记载，若往返"常世"真
需要十年的话，那么其位置从倭国来看，应该远于新罗，超出朝鲜半岛的范围。无
论是从《日本书纪》记录新罗王子天日枪的来到倭国，还是此后的神功皇后征伐新罗，

---

① 　田中俊江：「常陸国風土記と「常世之国」」，古代文学会编：『古代文学』38，東京：武蔵野書院，1999
　　年，第87页。

新罗这个国家多于古代日本人来说似乎已经没有什么神秘感了。对于一个现实存在、可以到达的外国，恐怕没有必要使用"远往绝域、万里踏浪、遥度弱水"等夸张的手法加"故弄玄虚"了。

如上所述，本居宣长的"常世即新罗"的观点似乎不妥，但是，他提出的另一个假设："常世"即"汉国"（中国）却十分有魅力。不仅如此，这个"汉国"应该是古代中国的江南地区。

第一，以当时的交通手段，往返日本列岛与中国大陆之间并非易事，而【资料14】中对于前往"常世"路途的描述在一定程度上反映了实际情况，也增强了"常世"的神秘感。田道间守将橘带回倭国时，天皇已经驾崩。田道间守伤心欲绝，为了表示忠君，他"自死之"。这里体现的君臣伦理与儒家思想极为吻合，暗示田道间守所往的"常世"应为古代中国。

第二，回到橘的现实属性，正所谓"橘生淮南则橘、生于淮北则为枳"。这句出自《晏子春秋·内篇杂下》的名言用于比喻环境对人的品行的影响，其依据的是一个简单的科学道理，即在气候寒冷的北方，橘是难以生长的。古代中国的江南地区气候温和、水土滋润，是橘的著名产地，这在中国古籍的相关记载中可以得到印证。[①]

第三，记纪的记载也从侧面反映了"常世"与古代中国的江南地区有千丝万缕的联系。《古事记》记载道：

【资料17】

> 故、大国主神、坐出雲大之大御大之御前时、自波穂、乘天之羅摩船而、内剥鵝皮剥、為衣服、有帰来神。爾、雖問其名、不答。且、雖問所従之諸神、皆、白不知。爾、多迩具久白言。_{自多下四字以音}此者、久延毘古、必知之、即召久延毘古問时、答白、此者、神産巣日神之御子、少名毘古那神。_{自毘下三字以音}故爾、白上神産巣日御祖命者、答告、此者、實我子也。於子之中、自我手俣久岐斯子也。_{自久下三字以音}故、与汝葦原色男命為兄弟而、作堅其国。故自爾、大穴牟遅与少名毘古那、二柱相並作堅此国。然後者、其少名毘古那神者、度于常世国也。故、顕白其少名毘古那神、所謂久延毘古者、於今者山田之曽富腾者也。此神者、足雖不行、尽治天下之事神也。

[①] 欧阳询:《艺文类聚》，上海：上海古籍出版社，2007 年，第 1476-1479 页。

少名毘古那神是"独神"，也是"别天神"神产巢日神之子，前来帮助大国主神"作坚其国"。值得注意的是，这个少名毘古那神充满了神秘色彩。他是从海上而来，还穿着鹅毛的衣服。根据《日本书纪》雄略天皇十年九月乙酉朔戊子条，倭国的鹅来自刘宋，即所谓的"吴"，也就是古代中国的江南地区。

【资料 18】

十年秋九月乙酉朔戊子、身狭村主青将吴所献二鹅到於筑紫。是鹅為水間君犬所噬死。别本云、是鹅為筑紫嶺縣主泥麻呂犬所噬死。由是水間君恐怖憂愁、不能自默。献鴻十只与養鳥人、請以贖罪。天皇許焉。

另据雄略天皇八年春二月条记载，身狭村主青与桧隈民使博德一起出使吴国，并于两年后回国。此时，身狭村主青从刘宋带回了鹅。《古事记》中的少名毘古那神身披鹅毛从海上而来，或许暗示着其来自吴，即古代中国的江南地区。但是在还没"作坚其国"时，少名毘古那神就渡海前往"常世国"了。正如本居宣长所说，他又回到了"外国"。不仅如此，大国主神原本并不知少名毘古那神的姓名，而告诉他的是久延毘古，即稻草人。久延毘古象征的是稻作文化，他的出现也暗示了"常世"即古代中国的江南地区的稻作文化在日本列岛的传播。

第四，如果说久延毘古从稻作文化反映了古代中国的江南地区与日本列岛的联系，那么常世神事件反映的则是养蚕在岛内的传播。《日本书纪》皇极天皇三年秋七月条记载道：

【资料 19】

秋七月、東国不尽河边人大生部多、勧祭虫於村里之人曰、此者常世神也。祭此神者、致富与寿。巫覡等遂詐託於神語曰、祭常世神者、貧人致富、老人還少。由是、加勧捨民家財宝、陳酒陳菜・六畜於路側、而使呼曰、新富入来。都鄙之人取常世虫置於清座、歌儛求福棄捨珍財。都無所益、損費極甚。於是、葛野秦造河勝、悪民所感、打大生部多。其巫覡等恐休勧祭。时人便作歌曰、

太秦は　神とも神と　聞こえ来る　常世の神を　打ち懲ますも

此虫者常生於橘樹、或生於曼椒。曼椒、此云褒曾紀。其長四寸余、其大如頭指許。其色緑而有黒点。其貌全似養蚕。

"常世虫"即"养蚕"，因为大生部多供奉常世虫，宣扬常世神信仰且以此聚财，影响中央政府经济收入，因此遭到秦造河胜的镇压。[①]中国南方自古以来盛行蚕桑，记录中来自"常世"，且"常生于橘树"的"常世虫"，或许来自古代中国的江南地区。

此外，从古代东亚的地理位置考察，正如折口信夫所指出的那样，"常世"应该在南方。自古以来，中国江南地区与日本列岛交流不断，对日本文化产生了巨大影响；[②]甚至还有学者认为，日本古代文化的根源在中国的江南地区。[③]另据研究，"水江浦岛子"故事的原型便可追溯至中国的长江下游地区。[④]若如此，【资料4】【资料5】【资料6】中的浦岛子前往的所谓"常世"或许就是古代中国的江南地区。

综上所述，古代日本人想象的异界"常世"应该就是现实古代东亚世界中的古代中国的江南地区。

五、结语

既然"常世"即为古代中国的江南地区，为何古代日本人对于"常世"的所在还是莫衷一是，甚至产生或为蓬莱，或为常陆，或为朝鲜的混乱呢？概言之，这恐怕与东亚交往民相关。[⑤]

如【资料12】和【资料14】中的记载，无论是多迟摩毛理，还是三宅连祖先的田道间守，传说其均出自移民氏族；【资料19】的常世神事件也有移民氏族秦氏登场。不仅如此，据研究，被比定为"常世"的常陆国的开发与移民氏族活动密切相关。[⑥]或许，【资料17】中的少名毘古那神就是漂流往返于江南地区和列岛之间的移民。

长期接纳来自古代东亚各国移民的日本列岛逐渐成为文化的大熔炉，东亚交往民固有的异界观在此互相交融，最终形成了古代日本人的多重、多元的常世观。（如图1）

---

① 武智功：「皇極紀にみえる常世神事件の再検討」，『日本歷史』2014年5月，第8-12頁。

② 王勇编：《中国江南：寻绎日本文化的源流》，北京：当代中国出版社，1996年。

③ 千田稔：『古事記の宇宙—神と自然—』，東京：中央公論社，2013年，第76-87頁。

④ 君島久子：「洞庭湖の竜女説話—浦島説話に関する新資料—」，『中国大陸古文化研究』第六集，1972年。

⑤ "东亚交往民"是笔者提起的概念，主要指以古代东亚为舞台，互相往来、互相交流的移民。（王凯：《〈万叶集〉与日本古代大陆移民——"东亚交往民"概念的提出》，《国学院杂志》，2015年1月）

⑥ 田中俊江：「常陸国風土記と「常世之国」」，第89頁。

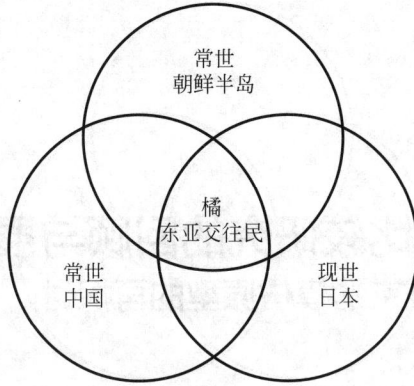

图 1　古代日本人的多重、多元常世观

中日古代都城比较研究的回顾与展望
——关于日本平城京的模仿原型的再探讨

○ 王维坤　西北大学

一、中日学术界关于古代都城研究的新动向

7 世纪末至 8 世纪末的一百余年间，正是中国唐代的繁荣昌盛时期，同时也是日本遣唐使频繁往来的时期。当时，日本在现在的奈良和京都盆地先后建造了藤原京（694—710 年）、平城京（710—784 年）、长冈京（784—794 年）和平安京（794—1192 年）等数座都城，其中以平城京和平安京的建筑规模为最大，且持续时间最长。由此可见，日本遣唐使无论是在中日古代文化交流方面，还是在古代都城模仿中国都城建制方面都扮演了极其重要的媒介角色，发挥了相当重大的作用。今天，中日学者有幸从考古学的角度来共同探讨日本古代都城的建制问题，这不仅有助于对中日古代文化交流史进行深入研究，而且也有助于对日本都城直接模仿中国古代都城原型这一问题展开进一步探究。

关于中日古代都城的比较研究工作，始于 20 世纪初，迄今为止，虽然已经历了长达一个世纪的学术争论，但是在中日历史学界和考古学界，围绕着日本都城平城京的直接模仿原型问题至今依然是众说纷纭，尚未完全取得一致的意见。归纳起来，主要存在着以下三种观点：

1. 平城京模仿"隋唐长安城说"

这一观点，首先是由日本东京大学学术权威、建筑学家关野贞先生于 1907 年提出来的。他在论文《平城京及大内里考》中，就将以平城京为首的日本都城与中国隋唐长安城（亦称西京）和洛阳城（亦称东京）之间的建制问题进行了颇有意义的比较研究。可以毫不夸张地说，他的中日古代都城的比较研究工作起步要早一些，较之中国学者的研究来说，至少提前了半个世纪之久。当时，他一针见血地指出："纵观两京制度，西京与东京相比，规划相当整齐，颇有近似于我平城京制度之处。我平城京基本上是参考了当时首都西京的制度来建造的。"① 这篇论文的发表，可以说为尔后中日古代都城的比较研究正式拉开了序幕，同时也得到了众多历史学家和考古学家的普遍承认与赞同，大家纷纷沿用这一观点。京都大学历史学家喜田贞吉先生在《京都》一书中曾这样写道："藤原京之制，与后来的平城京、平安京或大化的难波京一样，都是模仿支那（本文注：近代日本曾称'中国'为'支那'）长安之制的京城。"② 中国历史学家范文澜先生也认为："像长安这样精心规划、气象宏伟的大都城，在隋唐以前的中国不曾有，在当时的世界上也不曾有。日本模拟长安的建制，先后兴建平城京和平安京。"此外，他还讲到了"唐代中国的寺院建筑，也对日本发生了明显的影响。来长安留学的道慈，目睹西明寺之工巧，在长安描绘寺图归国。道慈在平城京受命建大安寺，'所有匠手，莫不叹服'。大安寺之建制即全依西明寺的规模。唐中宗神龙元年（705 年）令天下诸州各置寺观一所，名中兴寺，后改龙兴寺。玄宗开元二十六年（738 年），又敕天下州郡各建一大寺，曰开元寺。日本天平十三年（741 年）诏每国置僧尼两寺，僧寺名金光明四天王护国寺，尼寺名法华灭罪寺。日本学者认为，此种全国置寺，即所谓国分寺的建制，即是摹仿唐朝的龙兴寺或开元寺。鉴真去日本建唐招提寺，规模一依唐制，成为日本最为宏伟壮丽的寺院建筑，尤为佛徒所重视。"③ 上述这些研究成果，无疑是极大地丰富了中国学者对于日本古代都城的新认识，同时也为关先生的新观点增添了一些有力的证据。20 世纪 50 年代以来隋唐长安城发掘的考古资料表明：关先生的日本平城京"模仿隋唐长安城说"的观点虽然是完全可以成立的，但是笔者一向认为，从严格意义上来讲，大明宫建造之后的"唐

① 関野貞：「平城京及大内裏考」，『東京帝国大学紀要』第 3 編，東京：東京帝国大学，1907 年。
② 喜田貞吉：『帝都』，東京：日本学術普及会，1939 年。
③ 范文澜：《中国通史》第 4 册，北京：人民出版社，1978 年。

长安城则是平城京模仿的唯一蓝本"。①

2.平城京模仿"隋唐长安城和洛阳城说"

第二种观点，可以说是以中国隋唐考古权威、北京大学宿白教授的意见为代表。1978 年，他在《隋唐长安城和洛阳城》一文中，谈到了"这两座都市的设计规划，既影响了当时国内新建和改建的地方都市，也影响了一些地方政权甚至邻近国家的都城兴建"。并且他明确指出："隋唐时代正当日本巩固奴隶制的时期，日本统治集团极力吸取隋唐文化。模拟中国制度，开始兴建都城。他们从 7 世纪后半叶到 8 世纪后半叶，陆续兴建了许多处宫和京，其中藤原、难波、平城、长冈、平安五座京城，经过近年的考古工作和古文献的研究工作，都已得到了程度不同的复原。复原的成果告诉我们，仿效隋唐时代长安和洛阳的制度，是它们的共同点。还值得注意的是，它们的仿效和渤海情况极为相似，都兼取了长安、洛阳两城的设计。

日本都城的布局在日本古文献中，有"东京""西京"之称。这个东京、西京，系指都城之东半部和西半部而言。日僧永祐于 14 世纪初所撰的《帝王编年记》卷 13 记载："（延历）十二年癸酉（唐贞元九年、公元 793 年）正月十五日始造平安京。东京又谓左京，唐名洛阳。西京又谓右京，唐名长安。"可知日本各都城的设计，确实是参考了长安、洛阳两城的规划模式，一般认为单纯模仿长安城，看来是不妥当的。日本各京城的设计，大约在 8 世纪以后也影响到日本的地方城市。日本统治集团设在九州北部筑前的太宰府城和本州西端的周防国府城，都是当时日本京城的小型化，但主要为接待唐代使臣而设的太宰府城。东西宽于南北，一反日本各京城南北长于东西即仿自洛阳的惯例，而这个东西长、南北窄的形制，正是隋唐京城长安的制度。"宿白先生的这一观点，实际是对关野贞先生平城京是"模仿隋唐长安城说"的根本否定。在他看来，包括平城京在内的日本都城"仿效隋唐时代长安和洛阳的制度，是它们的共同点"。②

数年之后的 1983 年，中国社会科学院考古研究所前所长王仲殊先生还撰写了一篇题为《关于日本古代都城制度的源流》之论文，从八个方面对日本都城的制度进行了颇有意义的研究，基本上全盘否定了已故著名日本都城研究专家、历史学家岸

---

① 王维坤：《隋唐长安城与日本平城京的比较研究——中日古代都城研究之一》，《西北大学学报》（哲学社会科学版），1990 年第 1 期。

② 宿白：《隋唐长安城和洛阳城》，《考古》，1978 年第 6 期。

俊男先生所谓日本都城"模仿魏晋南北朝都城说"的第三种新观点。他认为："日本藤原京与中国北魏洛阳城相比，在形制上有许多重大的差异。由于这许多重大差异的存在，我们不能认为藤原京是模仿北魏的洛阳城。反倒觉得唐长安城与日本的藤原京相比，两者虽有差别，但相同之处是主要的。"① 由于这篇论文是对日本都城的专题研究，所以同年便被译成日文刊布在日本的《考古学杂志》上。② 1987 年，原西安碑林博物馆馆长王仁波先生（后为上海博物馆副馆长、研究员，现已故）也曾撰文对日本平安京进行了比较深入的探讨。他这样写道："据文献记载和考古发掘资料分析，平安京的平面布局、设计规划、居住坊里、市场集中等渊源于唐长安城。如：近似方形的城郭、宫殿区和百官衙署集中在全城北部中央，中轴线大街同称朱雀大街，纵横交叉的大街，使这两座都城呈里坊（条坊）制的棋盘式格局。甚至于宫殿、街道、市场的名称也都相同，如：皇帝、天皇处理政务的宫殿同称太极殿（大极殿），平安京和唐长安城内均设东西市两个市场区。平安京左京的崇仁、永昌坊系仿照唐长安城的坊名，淳风、陶化、宣风、教业等坊系仿照唐洛阳城的坊名。右京的永宁、宣义坊仿照唐长安城的坊名，丰财、毓财坊仿照唐洛阳城的坊名。日本人至今把到达京都称作'入洛'，把京都的东西南北，称为'洛东''洛西''洛南''洛北'，显然是借用于中国的千年古都洛阳。"③ 毋庸讳言，这些都可以视为日本都城"模仿隋唐长安城和洛阳城说"的有力证据。1999 年，王仲殊先生从日本考古学的发现进一步论证了"古代日本的宫城为唐长安、洛阳的宫城、皇城的结合体"。同时还考证了"宫城南门仿唐长安皇城南门而称朱雀门，而朝堂院外南门则仿洛阳宫城南门而称应天门。特别有意思的是，有应天门前方的东西两侧又仿唐大明宫含元殿前的栖凤、翔鸾二阁而建同名的二楼。可以断言，作为平安宫朝堂院的正殿，大极殿的龙尾坛（道）必因长安大明宫含元殿龙尾道而得名，是无疑义"。④ 2000 年，他还撰写了《论洛阳在中日关系史上的重要地位》一文，明确指出了"在平安京坊名的采用上，唐洛阳城反而占了唐长安城的上位"。⑤ 由此可见，在中国研究日本都城的专家当中，王仲殊等先生时至今日仍然坚持认为日本平城京和平安京的原型是"模仿隋唐长安城和

① 王仲殊：《关于日本古代都城制度的源流》，《考古》，1983 年第 4 期。

② 王仲殊著、菅谷文则・中村潤子訳：「日本の古代都城制度の源流について」，『考古学雑誌』69-1，1983 年。

③ 王仁波：《日本的千年古都——平安京》，《文博》，1987 年第 4 期。

④ 王仲殊：《论日本古代都城宫内大极殿龙尾道》，《考古》，1999 年第 3 期。

⑤ 王仲殊：《论洛阳在中日关系史上的重要地位》，《考古》，2000 年第 7 期。

洛阳城说"的观点。

3. 平城京模仿"魏晋南北朝都城说"

20 世纪 70 年代末期，随着中日考古工作的不断开展和比较研究的步步深入，以已故岸俊男先生为首的日本都城研究专家在探讨古代日本都城源流时，首次公开否定了关野贞先生的日本平城京"模仿隋唐长安城说"的通说，提出了一个值得中日学者重新加以探讨的新观点。他认为："作为平城京原型的藤原京，与其说是唐长安城，倒不如说是基于更早一些的中国都城制。"并且明确指出："藤原京是平城京的'原型'，后者只不过是前者在地点上的移动，在面积上的扩大。"[①] 不仅如此，他还将日本的藤原京与中国的北魏洛阳城进行了比较研究。"首先，从藤原京的外形来说，它是东西四里、南北六里的纵长方形（此处一里约为 530 米）。而长安城则与此相反，采取了东西约十八里、南北约十五里的横长方形。两者的外形是不同的。采取像藤原京那样纵长方形的中国都城是北魏洛阳城的内城。此城的外形被汉、魏、晋诸代相沿，属于称之'九六城'的东西约六里、南北约九里的形状，正与藤原京一样，东西与南北之间的比率为 2：3。不过，北魏洛阳城在内城之外还设有外郭城，扩大为东西二十里、南北十五里的横长方形。另外，534 年（天平元年）北魏孝静帝迁都于邺，号为东魏，在位于以前邺北城（今河北省临漳县）之南接壤处建造了邺南城（今河南省安阳县）。邺南城的规模根据《邺中记》记载为东西六里、南北八里六十步。这一数字虽然与《北齐书》等书记载周长为二十五里不相吻合，但与河北省临漳县文物保管所《邺城考古调查和钻探简报》（载《中原文物》1983 年第 4 期）发表的实测数大体符合。用西晋尺来计算，六里等于 2592 米，八里六十步等于 3542 米。实测数东西约为 2602 米，南北约为 3454 米。也就是说，它基本上与洛阳城的内城相同，属于横与纵的比率接近 2：3 的纵长方形。"[②]1998 年，为了全面系统地将岸俊男先生的新观点介绍给中国史学界和考古界，笔者同李自智先生对其观点进行了翻译，全文发表在《考古与文物》杂志上。[③] 岸先生这一新观点是否能够成立，我们暂且不论，但在当时至少可以说它无疑是给平静的中日都城研究大湖面，投掷了一块石块，激起了绚丽的浪花。此后不久，便首先在日本很快形成了一个研究"都城热"的新高

---

① 上田正昭编：『日本古代文化の探究・都城』，東京：社会思想社，1976 年。岸俊男：『古代官都の探究』，東京：塙書房，1984 年。

② 岸俊男编：『日本の古代 9・都城の生态』，東京：中央公論社，1987 年。

③ 岸俊男著，王维坤、李自智译：《探寻日本古代都城的源流》，《考古与文物》，1998 年第 4 期。

潮，中国学者王仲殊、徐苹芳、马得志诸位先生[①]和日本学者森鹿三、上田正昭、砺波护[②]、千田稔、金子裕之[③]、妹尾达彦[④]以及上田早苗等先生都相继加入到了中日古代都城研究的行列之中，极大地加快了都城研究步伐与进程，学者们纷纷著书立论，从不同的视角对某些具体问题进行了再探讨。1987 年 5 月，上田早苗先生在河北省社会科学院历史研究所召开的中日共同研讨会上，曾介绍了日本学术界将邺城作为藤原京的原型这一新学说，他说："当时，日本是通过朝鲜半岛同北朝进行接触的，描写邺城的《魏都赋》已被收到《文选》之中，而且《文选》是古代日本人十分喜欢读的一本书，因此，可以说，在古代日本无疑是得到过许多有关邺城的详细情况吧！"[⑤]如果古代日本人真正是以《魏都赋》中对邺城的描写来设计建造平城京的话，那么平城京中的许多建制，为什么在邺北城却看不到呢？反之，邺北城中的许多建制，为什么在平城京中也是看不到的？像邺北城中有名的"三台"（即铜雀台、金凤台、冰井台）就在平城京中看不到，而平城京的朱雀门、朱雀大街、东市和西市、越田池、松林苑等名称和建制也在邺北城中看不到。[⑥]虽说这一观点难以成立，但经过中日学术界几代人的不懈努力，出现的那种"百花齐放，百家争鸣"的大好局面的确来之不易，它对于推动和活跃都城研究文坛无疑是大有裨益的。在 21 世纪的今天，中日学术界仍然需要提倡这种精神和学风，更加需要对中日都城进行综合性研究和共同攻关研究。正像山东大学蔡凤书教授指出的那样："中国都城的源流也需要今后做大量的发掘、充分占有资料、广泛与国外交流才能解决。在这一意义上说，中日两国学者相互启发、共同研究大有必要。"[⑦]如果照此下去，那么弄清楚中国都城的源流以及日本都城的模仿原型也就为期不远了。

---

① 西嶋定生编:『奈良·平安の都长安』，东京:小学館，1983 年。

② 上田正昭编:『日本古代文化の探究·都城』，东京:社会思想社，1976 年。

③ 岸俊男编:『日本の古代 9·都城の生态』，东京:中央公論社，1987 年。

④ 妹尾達彦:「宇宙の都から生活の都へ」，『月刊しにか』第 9 號，1996 年。

⑤ 上田早苗:「後漢末期の鄴地與魏都」，谷川道雄编『日中國際共同研究·地域社會在六朝政治文化上所起的作用』，京都:玄文社印刷，1989 年。

⑥ 王维坤:《日本平城京模仿中国都城原型探究——中日古代都城研究之二》，《西北大学学报》（哲学社会科学版），1991 年第 2 期。

⑦ 蔡凤书:《日本考古研究中的几个与中国有关的课题》，《东南文化》，1992 年第 5 期。

二、唐长安城与日本平城京的具体比较研究

其实，我是从 1986 年开始从事中日都城的比较研究的。当时，我去日本同志社大学留学，在著名考古学家森浩一教授的指导下攻读硕士学位，我的毕业论文就是以《关于古代中日都城研究——以长安城和平城京为中心》为题撰写而成。1988 年归国后，我又将它译成中文系列论文，刊布在《西北大学学报》[①] 和《文博》[②] 杂志上。1992 年，我应日本京都同志社大学的邀请再次去该校做客座研究员，利用这一千载难逢的时机，花费整整一年的工夫，终于完成了博士论文的撰写工作。1994 年上半年，我顺利地通过论文答辩，并于同年 10 月取得了文学博士学位。1997 年，又得到同志社国际主义教育委员会的基金资助，京都朋友书店正式出版了我的博士论文，了却了我十多年以来的最大夙愿。该文从地理位置上的选择、里坊设计上的模仿、里坊区划上的模仿、东西两市配置上的模仿、寺院建筑上的模仿、大学寮设计上的模仿、罗城门建造上的模仿、道路设施上的模仿、朝堂设计上的模仿、内里和大极殿以及朝堂院设计上的模仿、朱雀大路设计上的模仿、罗城名称上的模仿、大极殿设计上的模仿、越田池设计上的模仿、松林苑配置上的模仿等十五个方面，对唐长安城与日本平城京两者之间进行了具体对比研究，我始终坚持认为：平城京的直接模仿原型只能是唐长安城，而不会是曹魏邺北城、北魏洛阳城、东魏和北齐的邺南城，六朝的建康城，更不会是隋唐洛阳城。[③]

1998 年和 2003 年，我又先后两次去日本同志社大学和京都大学做客座教授，在教学与合作研究之余，我依然潜心于研究中国都城的建制以及日本都城的模仿原型问题。在此期间，我还发现了一些文献史料和考古学新资料，对于究明平城京与唐长安城之间的模仿关系是最为重要不过的，故拟通过以下相关的问题入手再加以详细论证和深入探究。

1. 在迁都诏令上的模仿

公元 581 年，隋文帝杨坚夺取了北周政权，建立了大隋帝国。起先，是以旧城

① 　a. 王维坤：《隋唐长安城与日本平城京的比较研究——中日古代都城研究之一》，《西北大学学报》（哲学社会科学版），1990 年第 1 期。b. 王维坤：《日本平城京模仿中国都城原型探究——中日古代都城研究之二》，《西北大学学报》（哲学社会科学版），1991 年第 2 期。

② 　王维坤：《日本平城京模仿隋唐长安城原型初探》，《文博》，1992 年第 3 期。

③ 　王维坤：『中日の古代都城と文物交流の研究』，京都：朋友书店，1997 年。

汉长安城为都，但这仅是权宜之计。很显然，旧城继续作为新一代首都不仅不能适应日趋变化的社会形势，而且也不能根除隋文帝"宫内多妖异"的最大心病。正因为如此，开皇二年（582年），隋文帝便着手选择新城址和实施宏大的迁都计划。其迁都的根本原因，在诏令中讲得一清二楚。诏令中这样写道："朕祗奉上玄，君临万国，属生人之敝，处前代之宫。常以为作之者劳，居之者逸，改创之事，心未遑也。而王公大臣陈谋献策，咸云羲、农以降，至于姬、刘，有当代而屡迁，无革命而不徙。曹、马之后，时见因循，乃末代之宴安，非往圣之宏义。此城从汉，凋残日久，屡为战场，旧经丧乱。今之宫室，事近权宜，又非谋筮从龟，瞻星揆日，不足建皇王之邑，合大众所聚。论变通之数，具幽显之情，同心固请，词情深切。然则京师百官之府，四海归向，非朕一人之所独有。苟利于物，其可违乎！且殷之五迁，恐人尽死，是则以吉凶之土，制长短之命。谋新去故，如农望秋，虽暂劬劳，其究安宅。今区宇宁一，阴阳顺序，安定以迁，勿怀胥怨。"[1]另外，汉长安城由于地处渭河南岸不远的地方，河床的不断南移，必然会对都城的安全造成威胁，所以文帝朝思暮想都要另筑新都。据《隋唐嘉话》记载："隋文帝梦洪水没城，意恶之，乃移都大兴。"不过，术者认为"洪水，即唐高祖之名也"。[2]这一解释，显然是不能令人信服的。还有，汉长安城一直为帝都，地大人众，加以岁久壅底，垫隘秽恶，聚而不泄，则地下用水变得咸卤难饮，难以满足人们继续在此生活的必备条件。据《资治通鉴》记载，开皇二年（582年），通直散骑庾季才向隋文帝上奏曰："臣仰观乾象，俯察图记，必有迁都之事。且汉营此城，将八百岁，水皆咸卤，不甚宜人。"再有，"隋主嫌长安城制度狭小，又宫内多妖异"。[3]以上所述，我认为这正是隋文帝执意要迁都的原因所在。

无独有偶的是，日本在建造平城京前夕，元明天皇于和铜元年（708年）二月十五日也颁布过一道诏令。如果要将其内容逐文逐句同隋文帝的诏令来比较的话，说它是隋文帝诏令的摹本与浓缩并不为过。诏文也是这样写道："朕祗奉上玄，君临宇内，以菲薄之德，处紫宫之尊。常以为作之者劳，居之者逸，迁都之事，心未遑也。而王公大臣咸言，往古已降，至于近代，揆日瞻星，起宫室之基。卜世相土，建帝皇之邑，定鼎（笔者注：原文中此字写作'易'和'斤'的复合字，应是'鼎'字的

---

① 魏徵等撰：《隋书》卷一《高祖上》，北京：中华书局，1973年，第18页。
② 刘𧫤：《隋唐嘉话》上，北京：中华书局，1979年，第3页。
③ 司马光编：《资治通鉴》卷一七五，北京：中华书局，1956年，第5457页。

异写体。）之基永固，无穷之业斯在。众议难忍，词情深切。然则京师者，百官之府，四海所归，唯朕一人，岂独逸豫。苟利于物，其可违乎！昔殷王五迁，受中兴之号，周后三定，致太平之称，安以迁其久安宅。"[1] 由此可见，日本平城京的迁都思想显然是从隋唐长安城的迁都思想那里抄袭过去的。因此两者在总体规划、平面布局以及许多方面所表现出来的高度一致性，并不是偶然的现象，而应是后者模仿前者的一种必然结果。仅凭这一点就足以说明，日本平城京的直接模仿原型，只能是唐长安城，而不可能是唐长安城以外的任何都城。

2. 在城址地理位置选择上的模仿

隋文帝相当重视新都地理位置的选择与四神（即四灵）以及阴阳五行之间的相互协调关系。他利用"卜食相土"的办法，将城址选在汉长安城东南 20 里"宜建都邑"的龙首山之南。正如诏令所说："龙首山川原秀丽，卉物滋阜，卜食相土，宜建都邑，定鼎之基永固，无穷之业在斯。"[2] 显而易见，这里是"宜建都邑"的理想之地。不仅如此，这里的"风水"也可谓上乘，坐北朝南，形成南面称王之势。具体来说，"前直子午谷，后枕龙首山，左临灞岸，右抵沣水。"[3] 如果要将都城周围这四大要素同日本平城京的所谓"四禽叶图"结合起来分析的话，那么我认为当时宇文恺在总体设计隋大兴城时，很有可能是将"左龙右虎辟不羊（祥），朱鸟（雀）玄武顺阴阳"[4] 的"四神"也贯穿在隋大兴城的设计之中。即将北边的龙首山当作玄武，南边的子午谷（终南山）视为朱雀，左边的灞河作为青龙，右边的沣水看成白虎来进行设计建造的。

日本在和铜元年（708 年），元明天皇决定将都城从奈良盆地南侧的藤原京迁到北侧的平城京。不过，在新都城地址选择这个问题上，可以毫无夸张地说，平城之地的选择完全是隋大兴城城址选择的一种翻版。它也是利用"龟筮并从"的占卜方法，将新城址选在"宜建都邑"奈良盆地北部。在和铜元年（708 年）二月十五日颁布的诏令中明确指出："方今，平城之地，四禽叶图，三山作镇，龟筮并从，宜建都

① 黑板勝美、国史大系编修会编：『新訂増補国史大系・続日本紀』卷 2，東京：吉川弘文館，1966 年，第 34 頁。

② 魏徵等撰：《隋书》卷一《高祖上》，第 17 页。

③ 徐松撰、张穆校补、方言点校：《唐两京城坊考》，北京：中华书局，1985 年，第 33 页。

④ 孔祥星、刘一曼：《中国铜镜图典》，北京：文物出版社，1994 年。

邑。"①1988 年，日本青山学院大学教授吉田孝先生对此作了详尽地考证。他认为诏令中的所谓"四禽叶图"，就是将东边的流水作为青龙，将南面的池畔作为朱雀，将西面的大道作为白虎，将北边的高山作为玄武。因此，我认为这与隋大兴城"前直子午谷，后枕龙首山，左临灞岸，右抵沣水"的设计理念是不谋而合的，同时这一设计理念也完全符合中国传统的阴阳五行思想。所谓"三山作镇"，就是指东边的春日山、北边的奈良山、西边的生驹山。对此地进行占卜的结果，同样表明也是十分吉利的。② 正因为如此，才将这里选定为"宜建都邑"的风水宝地。如果要将两者在"四神"地理位置选择上加以比较的话，我想谁也不会否定这是后者对前者的一种直接模仿。

3. 在"帝城横亘六岗"上的模仿

特别值得一提的是，宇文恺在设计建造隋大兴城时还对"帝城横亘六岗（即六条高坡）"③ 的自然地理条件进行了有效的利用，并做了一种合乎唯心主义的解释，将它视为乾卦六爻。即"宇文恺置都，以朱雀门街南北尽郭，有六条高坡，象乾卦。故于九二置宫阙，以当帝之居；九三立百司，以应君子之数；九五位贵，不欲常人居之，故置元都观、兴善寺以镇之"。④ 不过，爻本身有阴爻和阳爻之分，称呼也不尽相同。阴爻分别称之为初六、六二、六三、六四、六五、上六；阳爻则分别称之为初九、九二、九三、九四、九五、上九。日本学者平冈武夫先生研究认为，六条高坡应该视为《周易》中的乾卦六爻。并按照阳卦的称谓，自北向南依次排列。⑤1983 年，马正林先生也对六条高坡进行了颇有意义的探讨，分别称为"九一、九二、九三、九四、九五、九六"（见图 1）。

① 黑板勝美、国史大系編修会编：『新訂増補国史大系・續日本紀』卷四，東京：吉川弘文館，1966 年，第 34 頁。
② 吉田孝：『大系日本の历史 3・古代国家の步み』，東京：小学館，1988 年。
③ 宋敏求撰：《长安志》卷七《唐皇城》，台北：成文出版社，1931 年。
④ 王溥撰：《唐会要》卷五〇，北京：中华书局，1960 年，第 876 页。
⑤ 平冈武夫：「唐の長安」，『歷史教育』14（12），1966 年；同「唐の長安と洛陽」，京都大学人文科学研究所索引編集委員会编『唐代研究のしお』，京都：京都大学人文科学研究所索引編集委員会，1956 年。

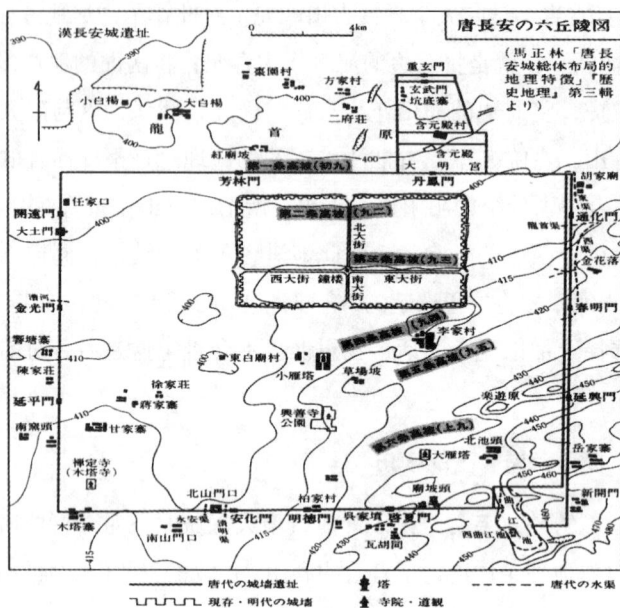

图 1　唐长安城六坡地形示意图

（摘自岸俊男编：『日本の古代 9・都城の生态』，東京：中央公論社，1987 年，第 109 頁。）

如果真正是这样的话，那么我也觉得将其中的"九一""九六"[1]分别改称为"初九""上九"要更为确切一些。尤其是到了唐代，达官显贵们居然将六条高坡视为官运亨通的风水宝地，纷纷抢占六坡，作为营建私宅的理想之地。例如，天宝年间将作大匠康𬱃便将自己的宅第建在比"上九"还高出数米的新昌坊，不乏就是其中一例。"𬱃自辨图皋，以其地当出宰相，每命相𬱃必引颈望之"。[2]当然，在众目睽睽之下要将私宅建在六坡高岗上，不管原因如何必然都会遭到一些流言蜚语。"帝城东西，横亘六岗，合易象乾卦之数"，唐宪宗时曾因此发生过这样一件事。裴度从兴元（今汉中市）入朝，将私宅建在"九五"高岗的永乐坊（既平安坊），此一行为立即成为反对派张权舆对其进行攻击的主要话柄。张权舆向皇帝道："度名应图谶，宅（在《新唐书》中改为'第'）据岗原，不召而来，其意可见。"[3]

日本平城京的京城地势，虽然不具备像长安城那样有"帝城横亘六岗"的客观

---

[1]　马正林：《唐长安城总体布局的地理特征》，《历史地理》第 3 辑，上海：上海人民出版社，1983 年。

[2]　徐松撰、张穆校补、方言点校：《唐两京城坊考》，北京：中华书局，1985 年，第 77 页。

[3]　刘昫等撰：《旧唐书》卷一七○《裴度列传》，北京：中华书局，1975 年，第 4427 页；欧阳修、宋祁撰：《新唐书》卷一七三《裴度列传》，北京：中华书局，1975 年，第 5217 页。

条件，但是北高南低的情况也是有目共睹的。从海拔高度上来说，最高处与最低处的高差居然也达到了 28 米。[①] 实质上，这也无形中形成了几道自北向南的高岗走势。尽管在日本古文献中，还没有找到有关地势方面的明文记载，但我认为平城京的内里、大极殿、朝堂院无疑都是建立在同长安城宫城和皇城一样的高岗之上。即使在建设当初这里并非高地，也一定要依靠人工力量首先将它用土夯筑成一个相当大的高台，然后在其上面建造宏伟的宫殿。否则的话，平城京朝堂院之前就不会出现像唐长安城大明宫含元殿前"龙尾道"那样的"龙尾坛"了。"坛"本身的意思，就是"土筑高台"的意思。因此我认为，平城京朝堂院前面的"龙尾坛"也就是直接模仿唐长安城大明宫含元殿前面的"龙尾道"而来的。[②] 不仅如此，就连当年平城京在建造东大寺、西大寺、兴福寺、元兴寺、唐招提寺、药师寺、大安寺等寺院的时候，寺址无疑都是应该选择在地势较高的地带。更有甚者，奈良时代的贵族宅邸不仅面积大，而且所处位置显赫，距大极宫相去较近。其中，藤原仲麻吕的宅邸就最具有代表性。据岸俊男先生考证：该宅邸位于左京四条二坊的田村第，所占土地面积为 8 坪。[③] 如果一条坊等于十六坪，按照一条坊为 120 米见方计算的话，那么 8 坪的面积就是 7200 平方米，可折合 10.8 市亩。由此可见，藤原仲麻吕的宅邸是相当豪华的。

4. 在隋唐长安城宫城与皇城结合体上的模仿

隋唐长安城的北部是宫城与皇城的所在地。宫城位于全城的北部中央，其宫殿名为太极宫，内部分为前、后两大部分，前面是皇帝会见群臣、处理朝政的场所；后面的东侧为东宫，西侧为掖庭宫，这里是太子、嫔妃的集中居住地。皇城位于宫城之南，是中央衙署机关的所在地。无独有偶，日本平城京的北部中央，同样也是集中安排着相当于隋唐长安城宫城与皇城的内里（亦称"大内"或"大内里"）、大极殿与朝堂院。如果说隋唐长安城的宫城和皇城是属于"二位一体"的建制，那么平城京的内里、大极殿与朝堂院也应该属于是"三位一体"的建制。从平城京内里、大极殿与朝堂院的所在位置以及社会功能上来比较的话，我想谁也否认不了这是日本平城京"三位一体"建制对隋唐长安城"二位一体"建制的直接模仿。因此，我认为将平城京的内里、大极殿与朝堂院视为隋唐长安城宫城与皇城的结合体倒是不无道理的。

① 王维坤著：『中日の古代都城と文物交流の研究』，京都：朋友书店，1997 年。
② 王维坤：「唐长安城における大明宫含元殿の発掘と新認識」，森浩一、松藤和人编：『同志社大学考古学シリーズⅦ 考古学に学ぶ—遺構と遺物』，京都：明文舍印刷株式会社，1999 年。
③ 岸俊男：「藤原仲麻吕の田村第」，『日本古代政治史研究』，东京：墙书房，1966 年。

　　首先，从其宫城名称和位置上来分析，我认为平城京的"内里"之制就直接来源于隋唐长安城的宫城之制。当然，包括"内里""大内"这些名称在内的平城京宫都制度，毫无疑问都是从隋唐长安城那里继承过去的。"内里"在唐代的本意就是指"宫内"。例如，王建《送宫人入道》诗云："问师初得经中字，入静独烧内里香。"《旧唐书·李辅国传》也有这样的记载："大家内里坐，处事听老奴处置。"其实，"大内"在唐代也是"皇宫"的总称。白居易在《和刘郎中学士题集贤阁》诗中曾经这样写道："旁闻大内笙歌近，下视诸司屋舍低。"进而言之，平城京的"大极殿"之名也是从隋唐长安城那里直接继承过去的。众所周知，隋代初年将新建的都城称之"大兴城"、宫城称之"大兴宫"、正殿称之"大兴殿"。进入唐代以后，将城、宫、殿的名称分别改为"长安城""太极宫"和"太极殿"。在中国古代汉语中，由于"太"字与"大"字是通假字，所以这个通假字后来也被古代日本人继承过去了。这样一来，唐长安城的"太极殿"一词就自然而然地衍变成为平城京的"大极殿"了。

　　其次，我认为日本平城京"朝堂院"的建制，也就相当于模仿了隋唐长安城"皇城"的建制，两者同样都是百僚廨署的集中场所。众所周知，隋唐长安城的"皇城"，俗称"子城"，位于宫城之南。皇城东、西、南三面筑有城墙，北面则是用一条东西向的"横街"与宫城相互隔开。街道宽度为"南北广三百步"，约合 441 米。[①] 因此，这条街道与其说是一条"横街"，倒不如是一个名副其实的"宫廷广场"。无独有偶，日本平城京在大极殿的前面也设有"朝堂院"的建制。朝堂院的四周筑有围墙，院内并左右对称地排列着 12 座殿堂，中央设有一个大广场。[②] 现在，假使我们要追溯日本朝堂院建制的来龙去脉，它无疑也是模仿了隋唐长安城中的"朝堂"制度。据《大唐六典》记载，长安城不仅在太极宫承天门之前设有朝堂，而且形制也与大明宫含元殿两阁之前朝堂的形制十分相似。前者迄今为止还尚未开展考古发掘工作；后者的遗迹已被考古发现所证实。即在大明宫含元殿左右两侧的"翔鸾阁"和"栖凤阁"之前，分别设立有东、西朝堂。不仅位置左右对称，面积大小也完全相同，且设有"肺石"和"登闻鼓"。[③] 这种情况与程大昌《雍录》卷三所记载的情形是完全相同的。所以，我认为日本平城京大极殿之前的朝堂院，不仅沿用了中国朝堂的名称，而且

①　张永禄：《唐都长安》，西安：西北大学出版社，1987 年。

②　王仲殊：《平城京遗址》，载中国大百科全书考古学编辑委员会：《中国大百科全书·考古学》，北京：中国大百科全书出版社，1986 年，第 365 页。

③　马得志：《唐代长安与洛阳》，《考古》，1982 年第 6 期。

还模拟了隋唐长安城皇城所设立的省、寺、台、监等政务机构。历史文献资料告诉我们，中国在宫城之南设立皇城的制度是从隋大兴开始的，这是以前都城所从未有过的现象。隋文帝之所以要在大兴城宫城之前新设立皇城，重要意图在于"自两汉以后，至于晋、齐、梁、陈，并有人家在宫阙之间。隋文帝以为不便于民（笔者注：《唐两京城坊考》卷一改"民"为"事"），于是在皇城之内惟列府寺，不使杂人居之，公私有便，风俗齐肃，实隋文（帝）新意也"。^①隋文帝的"新意"，显而易见就是想将一般的居民区与官廨府寺彻底分开，并隔得越远越好。从目前掌握的资料来看，我认为宫城之前设立皇城的制度，萌芽于魏晋时期，过渡于南北朝时期，成熟于隋唐时期。^②因此，在萌芽与过渡时期的都城中，根本不存在所谓皇城的称谓，这怎么会成为日本藤原京和平城京的直接模仿对象呢？

再次，从位置上来分析，日本平城京的内里、大极殿、朝堂院与隋唐长安城的宫城、皇城一样，都安排在一前一后的位置上，且均是位于全城的北部中央，既不偏东，也不偏西。尤其值得一提的是，自从隋大兴城开始出现皇城以后，皇城同宫城就结为一对孪生姊妹，彼此之间从此不再分开，总是被安排在相同的地方。在此，还应该强调的一点是，虽然当时的建筑大师宇文恺先后直接参与了隋大兴城（唐长安城的前身）和隋洛阳城（唐洛阳城的前身）的设计与建造工程，但是却把两者的宫城和皇城位置安排在不同的位置上。隋唐长安城的宫城和皇城位置被安排在全城的北部中央，而隋唐东都洛阳城的宫城和皇城位置却被安排在全城的西北隅。究其原因，我认为这与隋大兴城的"首都"地位和隋洛阳城的"陪都"位置以及洛阳城周围的具体地势都有着密切的关系。^③对此，宿白先生很早以前曾经发表过颇有见地的见解，他明确指出："东都洛阳城的宫城、皇城位于都城的西北隅。这是有意区别于京城大兴的布局，……可知这样的规划是下京城一等的。"^④如果这个推测不错的话，那么我认为"下京城一等的"隋唐洛阳城显然是不能成为日本平城京的直接模仿对象，而唐长安城才是日本平城京真正模仿的唯一蓝本。这一点，从日本平城京内里、大极殿、朝堂院与隋唐长安城宫城、皇城的所在位置上就可以看得一清二楚。

---

① 宋敏求撰：《长安志》卷七《唐皇城》，台北：成文出版社，1931年。

② 王维坤：《试论中国古代都城的构造与里坊制的起源》，载《中国历史地理论丛》，1999年第1期。

③ 王维坤：《试论隋唐长安城的总体设计思想与布局——隋唐长安城研究之一》，载西北大学文博学院编：《考古文物研究——纪念西北大学考古专业成立四十周年文集1956—1996年》，西安：三秦出版社，1996年。

④ 宿白：《隋唐长安城和洛阳城》，《考古》，1978年第6期。

5. 在隋唐长安城里坊划分和里坊内部区划上的模仿

隋唐长安城的里坊设计是以皇城南出大街朱雀大街为中轴线，将全城分为东、西两大部分，并形成了东、西完全对称的格局。东侧南北向 5 行纵坊，东西向 13 排横坊，共计 54 坊和 1 市。西侧南北向 5 行纵坊，东西向 13 排横坊，共计 54 坊和 1 市。这样一来，全城合计 108 坊（高宗龙朔期间为 110 坊，玄宗开元以后减到 109 坊[①]）和两市（见图 2）。

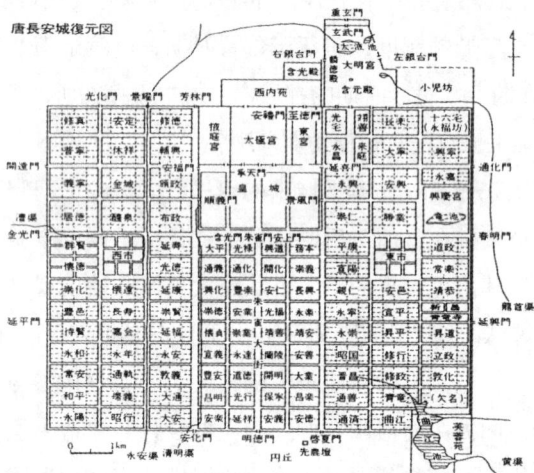

图 2　唐长安城复原图

（摘自王维坤：『中日の古代都城と文物の交流の研究』，京都：朋友书店，1997 年，第 71 页。）

其实，里坊的这种排列并不单纯是一个对称问题，而且还有一定的寓意。即"皇城之东尽东郭，东西三坊。皇城之西尽西郭，东西三坊。南北皆有一十三坊，象一年有闰。……皇城之南，东西四坊，以象四时。南北九坊，取则《周礼》九逵之制。隋《三礼图》见有其像"。[②] 诚然，这种解释在现代人看来，全然是唯心的、滑稽可笑的。但宇文恺在当时设计大兴城时，他似乎遵照隋文帝的"新意"，在里坊布局的设计上看来的确是有一定的考虑。例如，皇城之南的 4 行纵坊，不开北门就是其中最为明显不过的一个事例。这些 36 个里坊，不仅面积最小，而且只开东、西二门。之所以不开北门，完全是出于隋文帝的一种忌讳。由于这些里坊"在宫城直南，（隋文）

---

① 　西安地方志馆、张永禄主编：《唐代长安词典》，西安：陕西人民出版社，1990 年。
② 　徐松撰、张穆校补：《唐两京城坊考》，第 34 页。

不欲开北门，泄气以冲城阙"，因而，"每坊但开东、西二门"。[①] 另据《雍录》记载："每坊皆有门，自东西以出横街，而坊北无门。其说曰：'北出即损断地脉，此压胜术也。'隋文帝多忌讳，故有司希意如此。"除此之外的 6 行纵坊，不仅面积明显增大，而且是"每坊皆开四门，有十字街四出趣门"。[②] 宿白先生首次对这些里坊进行了复原研究，认为这些里坊的内部首先是用"十字街"将全坊分为"四区"，每面各开一门，然后再用"井字巷"划分，形成所谓"十六区"的区划格局。它们分别被称为"东北隅、东门之北、北门之东、十字街东之北，东门之南、东南隅、十字街东之南、南门之东、北门之西、十字街西之北、西北隅、西门之北、十字街西之南、南门之西、西门之南、西南隅"。[③] 宿白先生的这一论断，已被考古发掘的部分里坊新资料所证实。永宁坊的十字街道宽度为 15 米，井字巷道的宽度为 2 米有余。[④] 安定坊的十字街道宽度为 20 米，井字巷道的东西街宽 6 米，南北街宽 5 米（见图 3）。[⑤]

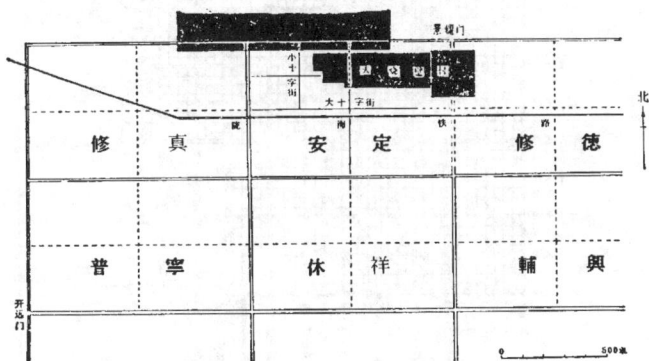

图 3　隋唐长安城安定坊小十字街位置示意图

（摘自中国社会科学院考古研究所西安工作队：《唐长安城安定坊发掘记》，《考古》1984 年第 4 期）

这样的里坊区划，在中国都城发展史上，仅见此例，无疑具有划时代的重大意义。同时，这样的里坊划分与里坊内部区划也成为我们今天进行中日都城制度比较研究的重要依据。首先，隋唐长安城东西向为 13 排横坊，南北向为 10 行纵坊。其实，实际用于居民居住的里坊并没有那么多。有些里坊，名曰里坊，但在相当长的

① 徐松撰：《增订唐两京城坊考》，西安：三秦出版社，2006 年，第 45 页。
② 徐松撰、张穆校补：《唐两京城坊考》，第 34 页。
③ 宿白：《隋唐长安城和洛阳城》，《考古》，1978 年第 6 期。
④ 马得志：《唐代长安与洛阳》，《考古》，1982 年第 6 期。
⑤ 中国社会科学院考古研究所西安工作队：《唐长安城安定坊发掘记》，《考古》，1984 年第 4 期。

时间内，一直是作为提供都城蔬菜的生产基地。据徐松《唐两京城坊考》卷二记载："自兴善寺以南四坊，东西尽郭，率无第宅。虽时有居者，烟火不接，耕垦种植，阡陌相连。"特别是称之为"围外地"的安善坊以南三坊，东西尽郭，更为辽阔、空旷、闲僻，并不具备那种"坊墙高筑，宅第栉比"的里坊性质。很显然，平城京在模仿唐长安城时，我认为正是从这种实际情况出发，即从本身所需要的里坊数字上加以考虑，有意识地取舍了兴善寺以南"耕垦种植，阡陌相连"的部分里坊。那么，日本平城京的里坊排列又会是一种什么样的情况呢？除了"外京"部分之外，其余里坊的排列是这样的，东西向为 11 排横坊，南北向为 10 行纵坊（见图 4）。

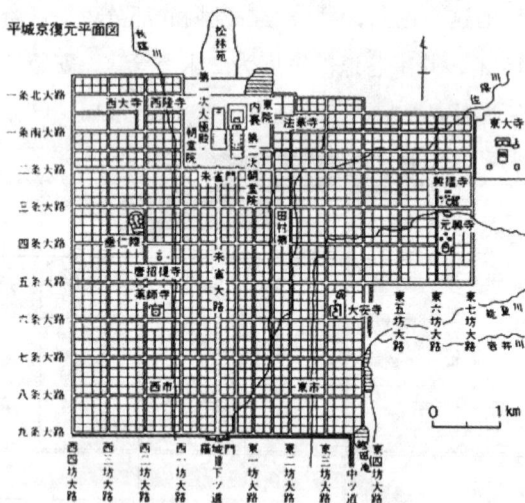

图 4　平城京复原图

（摘自王维坤著：『中日の古代都城と文物交流の研究』，京都：朋友书店，1997 年，第 71 頁。）

较之隋唐长安城的里坊来说，仅仅减少了南部东西向 2 排横坊。尤其值得重视的一个现象是，平城京的里坊与隋唐长安城的里坊相比，不仅朱雀大路左右两侧的里坊同为南北向 4 行纵坊，而且位于内里、大极殿、朝堂院左右两侧的里坊也同为南北向 3 行纵坊。这种情况的出现，我认为绝对不是一种巧合，而是出于后者对前者的一种模仿。在这一点上，无论是隋唐洛阳城，还是魏晋南北朝时期的都城，其里坊的排列都看不出与平城京有何相似之处，这怎么能说它们之间存在什么共同点呢？由此看来，以上这些都城显然是不能成为日本平城京的直接模仿对象。

其次，长安城皇城之南的 4 行纵坊，"每坊但开东西二门"。而平城京内里、大极殿朝堂院之南的 4 行纵坊似乎也是只开东西二门，不开南北二门，这种情况两者也是不谋而合的。除此之外，平城京的所有里坊，其内部也都是区划为"十六坪"。[①]从中国的考古发现来看，曹魏邺北城开始，已经出现了"长寿、吉阳、永平、思忠"[②]四里。20 世纪 80 年代末，考古工作者对该城进行了全面勘察，发现当时的里坊规划并不整齐，大小不一。位于中轴线两侧的里坊面积较大，接近于正方形；而外侧的两个里坊，则面积比较小，仅占大坊的 1/3 左右，并呈南北向纵长方形平面。[③]里坊内部是否存在有坊内小道，目前尚不清楚，有待今后的考古发现来证实。北魏洛阳城的里坊，据《洛阳伽蓝记》记载："京师东西二十里，南北十五里，户十万六千余。庙社宫室府曹以外，方三百步为一里，里开四门；门置里正二人，吏四人，门士八人，合有三百二十里。"[④]另外，隋唐洛阳城共计 103 个里坊，其平面呈正方形或近方形，长宽为 500~580 米，周围建有坊墙，每面正中开门，里坊之内设有十字街，即"四出趋门"。[⑤]从以上可以看出，唯有唐长安城的里坊划分和里坊区划与平城京的情况完全相同，其他都城的里坊划分与里坊区划就相差甚远了。正因如此，我始终坚持认为唐长安城则是日本平城京模仿的唯一蓝本。

6. 在"大明宫区"位置上的模仿

如果要将平城京的有些建制同隋唐长安城的有些建制向上逆推对比的话，至少可以找出一个大的相同点。最初，隋文帝在设计建造大兴城时，当时是以朱雀大街为中轴线，将全城分为"西城区"（属万年县）和"东城区"（属长安县）两大区域。到了唐贞观八年（634 年），太宗李世民便在宫城东北方向的龙首原上，为太上皇李渊清暑而兴建了"永安宫"，翌年改名为"大明宫"。这样一来，唐长安城也就自然而然地形成了"东城区""西城区"和"大明宫区"三大区。令人值得注意的是，平城京同样是以朱雀大路为中轴线，将全城分为"左京区""右京区"和"外京区"三大区。进而言之，在平城京模仿唐长安大明宫而建造"外京"这一点上，王仲殊先生同我数年前在日本讲学时发表的观点不谋而合。即"唐长安城在北面东头增建大明宫，规模宏大。受此影响，平城京全体的平面形状不拘泥于左右对称的格局，其

---

① 金子裕之：『平城京の精神生活』，東京：角川書店，1997 年。
② 萧统编，高步瀛著：《文选李注义疏》卷 6《赋丙》，北京：中华书局，1985 年，第 1367 页。
③ 中国社会科学院考古研究所、河北省文物研究所邺城工作队：《河北临漳邺北城遗址勘探发掘简报》，《考古》，1990 年第 7 期。
④ 杨衒之：《洛阳伽蓝记校笺》，北京：中华书局，2006 年，第 244 页。
⑤ 陈久恒：《隋唐洛阳城遗址》，载中国大百科全书考古学编辑委员会：《中国大百科全书·考古学》，北京：中国大百科全书出版社，1986 年。

在左京东侧增设外京，便是一例"。①显而易见，日本平城京的"外京区"是模仿了唐长安城的"大明宫区"；"左京区"是模仿了唐长安城的"东城区"；"右京区"是模仿了唐长安城的"西城区"。当然，从严格意义上来讲，日本平城京模仿的直接对象并不是中国魏晋南北朝时期的都城，也不是隋唐洛阳城，更不会是隋大兴城，而应该是大明宫竣工之后的唐长安城。所以说，这也是我始终坚持认为唐长安城是日本平城京模仿的唯一蓝本的根本原因所在。

7. 在朱雀门建制上的模仿

众所周知，隋唐长安城的宫城北门和皇城南门，分别称为"玄武门"和"朱雀门"。无独有偶的是，日本平城京内里、大极殿、朝堂院的南门也称为"朱雀门"。隋唐长安城和日本平城京虽然说是两座异国都城，但是在同一位置上却出现完全相同的命名，看来这绝不是偶然的现象，而应是后者对前者的一种模仿。首先，从中国历代都城的名称上来考察，不论是在曹魏的邺北城和东魏、北齐的邺南城，还是在北魏的洛阳城，都看不到有"玄武门"和"朱雀门"的称谓。隋唐东都洛阳城宫城的北门称之为"玄武门"，而皇城的南门却称之为"端门"。仅凭这一点来看，日本平城京模仿隋唐长安城则成为无可争辩的历史事实。另外，从考古学发现上还可以找到一些佐证材料。近年来，我在研究唐代帝王陵墓制度的时候，发现唐高宗李治与女皇武则天合葬的乾陵同样也是模仿隋唐长安城的建制而设计建造的。例如，乾陵内城的四门就是以"四神"（即青龙、白虎、朱雀、玄武）来命名的。其中，朱雀门和玄武门的名称和位置都与隋唐长安城的情况完全相同。由此不难看出，隋唐时代无论是都城还是帝王陵墓，都比较重视地理位置与四神之间的协调关系，尤其是与宫城、皇城以及陵墓相关的名称以"四神"的命名为最多。实际上，乾陵不仅是地面布局和建筑模仿了隋唐长安城的建制，而且就连地下的墓室也同样模仿了隋唐长安城宫城和皇城的建制。黄展岳先生曾经明确指出："从乾陵开始，唐陵陵园的平面布局是模仿长安城的建制设计的，而墓室的平面布局则是模仿皇帝内宫的建制设计的。前墓室象征前朝，后墓室象征后寝。"②黄先生的这一观点，可以说是较为令人信服的，且与我自 1977 年任教以来所讲授的观点也是不约而同的。对此，我向来是持赞成的

---

① a. 王维坤：《隋唐长安城与日本平城京的比较研究——中日古代都城研究之一》，《西北大学学报》（哲学社会科学版）1990 年第 1 期。b. 王仲殊：《论日本古代都城宫内大极殿龙尾道》，《考古》，1999 年第 3 期。

② 黄展岳：《中国西安、洛阳汉唐陵墓的调查与发掘》，《考古》，1981 年第 6 期。

态度。尤其是近些年来，我在研究都城制度的过程中，还发现唐陵的总体设计和布局与隋唐长安城之间存在着许多惊人的相似之处。如果说乾陵的内城相当于隋唐长安城宫城和皇城，那么理所当然在内城的外侧还应该有一周规模更加宏大的外城，这个外城实质上就相当于隋唐长安城的外郭城。值得庆幸的是，2000 年 4 月西安文物保护中心的考古工作者，借助现代航拍照片与大比例尺地形图，结合乾陵的地面考古调查首次确认了乾陵的外城城垣。新发现的外城城垣与以前确认的内城城垣平行，相距约 220 米，被考古工作者称为"地阶"的高度，一般也在 3~4 米。[①] 这次乾陵陵园新发现的外城城垣，其重要意义在于，它不仅纠正了学术界以前那种认为乾陵只有"内城"的错误认识，同时也证实了元代李好文《长安志图》中《唐高宗乾陵图》两重城垣的记载是正确的。更为重要的是，从考古学的角度证实了乾陵的设计思想与布局同样是直接模仿了隋唐长安城的建制而来的。

其次，在日本 7 世纪时期的墓葬和寺院中还能够看到一些来自中国隋唐时代的"四神"与阴阳五行思想的影响。例如，在奈良发现的高松冢古坟和キトラ（kitora）古坟中，都出土有青龙、白虎、朱雀、玄武四神壁画；另外，据说从藤原京向平城京迁都时，在四神的方向也不应对着形状不好的大山[②]；甚至后来就连平城京药师寺本尊的须弥座上也绘有四神的图案。[③] 由此可见，中国隋唐时代的"四神"思想对古代日本的影响是相当大的。

8. 在朱雀大路设计上的模仿

日本平城京"朱雀大路"的名称与建制，毫无疑问是直接模仿了隋唐长安城"朱雀大街"的名称与建制。这可以说也是平城京模仿隋唐长安城制度的一个最为明显的事例。大家知道，在古代汉语中，"路"与"街"的原意都是指"道路"而言，并且一般是多指"大道""大路""大街"。由于这些用字都是互相可以转借的，所以说日本平城京的"朱雀大路"和隋唐长安城的"朱雀大街"名称并没有什么区别。不仅如此，平城京"朱雀大路"的位置，也保持了像隋唐长安城"朱雀大街"那种既宽又直且居南向北正中的特点。在中国唯有隋唐长安城的"朱雀大街"是这样的。它不仅是位于全城南北中轴线上的街道，而且也是以"朱雀大街"来命名的街道。

---

① 秦建明、甄广全、王文阁：《乾陵外城垣跨山越谷气势恢宏》，《陕西日报》，2000 年 4 月 23 日第 1 版。
② 王维坤：《日本平城京模仿隋唐长安城原型初探》，《文博》，1992 年第 3 期。
③ 『壁画古坟の谜：日本古代史の原点を探る』，东京：講談社，1972 年。

所以仅此而论，日本平城京的"朱雀大路"只能是直接模仿了隋唐长安城的"朱雀大街"，而不可能模仿隋唐长安城以外任何都城的道路。不可否认的是，隋唐长安城"朱雀大街"的宽度为 150~155 米，而平城京"朱雀大路"的宽度为 70 多米，约占 1/2。如果要从人口的数量上来说，隋唐长安城号称 100 万人口，[①] 而平城京仅为 20 万人口，仅占 1/5。[②] 因此，相对来说平城京的规模并不比隋唐长安城逊色多少。在藤原京中就开始出现"朱雀大路"[③] 和南北向的中轴大街，这与我历来主张藤原京的直接模仿原型也应是隋唐长安城的观点不谋而合。由此可以推知，日本古代都城模仿中国都城的建制由来已久，并不是到了平城京时，才开始学习和模仿隋唐长安城的建制。随着今后日本更早一些都城的发掘与研究，这一问题将看得更加清楚。

9. 在东市、西市配置上的模仿

隋文帝开皇二年（582 年），在建造隋大兴城时，就在宫城和皇城的左前方与右前方分别设置了两个市场。东边名曰"都会市"，西边名曰"利人市"。进入唐代以后，虽然将"都会市"改名为"东市"，将"利人市"改名为"西市"，但市场的位置和规模却未做任何变动。隋唐长安城的这种市场布局从根本上改变了汉代以前所谓"面朝后市"的传统格局，使魏晋以来都城所形成的"面市后朝"的新布局更臻完善，两个市场被具体安排在宫城、皇城之前的左前方与右前方。这样一来，市场与宫城、皇城之间的位置还保持有一些的距离。这种布局，我认为一方面是由于在很大程度上着重考虑皇室贵族的切身利益，另一方面也是与"自兴善寺以南四坊，东西尽郭，率无第宅。虽时有居者，烟火不接，耕垦种植，阡陌相连"[④]，居民多集中居住于城北部的具体情况有关。

日本平城京于和铜五年（712 年）也在城内左、右两侧分别设置了两个市场。东曰"东市"，西曰"西市"。从名称和左右位置对称来看，平城京的东市和西市显然是模仿了唐长安城的东市和西市。至于曹魏邺北城、东魏和北齐邺南城到底有无东市和西市，由于文献上没有明文记载，所以现在也不得而知。即使有市场的话，至少也应是"面市后朝"的格局。北魏洛阳城城内虽有不少市场，但与平城京东市和西市的名称和位置却无一雷同。其中，北魏洛阳城有所谓"洛阳大市""洛阳小市"

---

① 张永禄著：《唐都长安》，西安：西北大学出版社，1987 年。
② 岸俊男编：『日本の古代 9・都城の生态』，東京：中央公論社，1987 年。
③ 王仲殊：《关于日本古代都城制度的源流》，《考古》，1983 年第 4 期。
④ 徐松：《增订唐两京城坊考》卷 2《西京·外郭城》，第 54 页。

和"四通市"，甚至还有"金市""马市""南市"之称谓。[①]进而言之，即使将"洛阳小市"的别称"鱼鳖市"和"四通市"的别称"永桥市"全部计算在内，其市场名称也无一雷同。[②]即使一向被人们认为对平城京曾产生过影响的唐代东都洛阳城，虽然也设立了三个市场，但分别称为"南市""北市""西市"。[③]很显然，也不存在任何模仿关系。所以，我认为平城京的东市和西市只能是对唐长安城东市和西市的直接模仿。至于"藤原京内的市，文献上未有记载，即不明其形制，亦不知其名称，但是，从平城京和平安京的情形逆推，认为藤原京内亦设两市，称'东市'和'西市'，这是可信的"。[④]对此，我认为王仲殊先生这一观点与实际情况是不会有多大的出入。即便如此，也与我历来所主张认为的那样，藤原京也是以唐长安城为原型进行直接模仿的观点，并未有任何冲突之处。

10. 在越田池设计上的模仿

隋唐长安城的整个地势，呈东南高、西北低的地形走向，东南隅的海拔高度为460米，西北隅的海拔高度为410米，最高处与最低处之间的高差已达50米以上（见图5）。

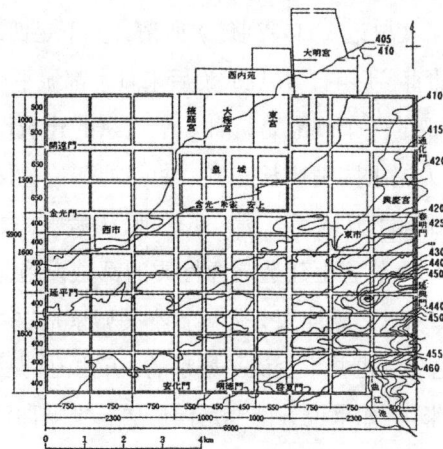

图 5　隋唐长安城地势图

（摘自井上光贞等编：《东アジア世界における日本古代史讲座5隋唐帝国の出现と日本》，东京：学生社，1981年。）

---

① 参见王仲殊：《中国古代都城概说》，《考古》，1982年第5期。

② 杨衒之撰：《洛阳伽蓝记校笺》，第113页。

③ 徐松撰：《河南志》卷1引《韦述记》，北京：中华书局，2012年，第4页。

④ 王仲殊：《关于日本古代都城制度的源流》，《考古》，1983年第4期。

现在看来，隋代初年宇文恺在建造大兴城时充分利用这一自然地理条件对这里进行了别具匠心的设计，有意识地将这里开辟为"曲江"风景区，尔后曾改名为"芙蓉园"。据《隋唐嘉话》记载："京城南隅芙蓉园者，本名曲江园，隋文帝以曲不正，诏改之。"[①]之所以要在这里辟园凿池，文献记载是有一定的讲究的。"宇文恺以其地在京城东南隅，地高不便，故阙此地，不为居人坊巷，而凿之以为池。"[②]所以说，曲江池并不是一所天然池塘，而是依靠人工在秦汉宜春苑的基础上开凿而成的。在唐代开元年间（713—741年），曲江池进入大规模的扩建和营缮时期。特别值得重视的是，"文宗太和九年（835年），发左右神策军各一千五百人淘曲江池，修紫云楼、彩霞亭。内出二额，左军仇士良以百戏迎之，帝御日营门观之。仍敕诸司，如有力有创置亭馆者，宜给与闲地任营建。先是郑注言，秦中有灾，宜以土工压之，故浚昆明、曲江二池"。[③]

这里，我联想起这样一个问题，即宇文恺为什么要在隋唐长安城的东南隅开凿曲江池。既然中唐权臣郑注所说"秦中有灾，宜兴工役以禳之"[④]可以成立，那么隋初宇文恺在城东南隅开凿曲江池显然也是出于"压胜"的目的来设计的。这种设计思想，我认为主要是受了《史记·日者列传》所谓"天下足西北，星辰西北移；地不足东南，以海为池"[⑤]的直接影响，并且成为后来日本都城平城京模仿隋唐长安城的重要内容之一。值得重视的一个现象是，日本平城京的建筑设计们，完全不顾平城京地理形势的限制，极力追求同隋唐长安城"曲江池"位置保持一致，在与隋唐长安城相应的位置上，也用人工开凿了一所"越田池"（后来称之"五德池"）。在不同国家、不同时期内，在同一位置上建造同样性质的都城设施，这无疑说明是后者对前者的一种模仿。在这一点上，就连大力倡导日本平城京是"模仿魏晋南北朝都城说"的岸俊男先生，在他的论著中也并不否认平城京的"五德池"是模仿隋唐长安城的"曲江池"而来的。在他看来，"如果说五德池是模仿唐长安城曲江池而建造的话，那么就可将它作为平京城是模仿长安城的一个具体实例"。[⑥]总之，在这一点上，中日学

---

① 刘悚撰：《隋唐嘉话》上，第2页。
② 程大昌撰：《雍录》，陕西通志馆，1935年。
③ 徐松撰：《增订唐两京城坊考》，第164页。
④ 刘昫等撰：《旧唐书》卷一六九《郑注列传》，第4400页。
⑤ 司马迁撰：《史记》卷一二七《日者列传》，北京：中华书局，1982年，第3219页。
⑥ 岸俊男：「平城京と長安城」，門脇禎二等編『エコール・ド・ロイヤル古代日本を考える3 古代飞鸟と奈良を考える』，東京：学生社，1985年。

术界已取得了共识，不存在多大的争议。

11. 在寺院建筑风格上的模仿

日本平京城在模仿隋唐长安城都城制度的同时，就连都城中的有些寺院建筑风格也进行了模仿。其中，平京城的"大安寺"模仿唐长安城的"西明寺"就是一个典型的事例。"西明寺"位于唐长安城延康坊的西南隅，这是唐显庆元年（656年），高宗为孝敬太子病愈所立，到了唐大中七年（852年）改名为"福寿寺"。[①] 其寺院的规模，据《大慈恩寺三藏法师传》记载："其寺面三百五十步，周回数里。左右通衢，腹背廛落。青槐列其外，绿水亘其间，竂竂耽耽，都邑仁祠以此为最也。凡十院屋四千余间。庄严之盛，虽梁之同泰，魏之永宁，所不能及也。"[②] 由此不难看出，"西明寺"的建筑规模是相当宏大的，无愧于"长安寺院之冠"之赞誉。1985年，考古工作者还对西明寺东端进行了考古发掘，发现了佛殿、回廊、庭院及窖、井等遗址，还出土了100多件鎏金铜造像以及其他佛教遗物。特别是在此的还出土了1件石茶碾，在其外部表面上居然还刻有"西明寺石茶碾"六字。[③] 这一考古发现，对于确认西明寺的具体位置无疑具有极其重要的意义与帮助。尤其是出土的那些佛教文物，为尔后深入研究西明寺的历史增添了不少很有说服力的新资料。

众所周知，在中日文化频繁交流的盛唐时期，日本有许多学问僧、名僧随同遣唐使团先后来到大唐首都长安，有些僧人就在西明寺内传教受戒。其中，鲜为人知的人物就是高僧道慈。他于武周大足元年（701年）来到长安，以传三论宗为由，在长安一待就是十八个春秋。回到日本以后，他以其本人在长安临摹的西明寺建筑图为蓝本，于圣武天皇天平九年（727年）在平城京内设计建造了大安寺。关于这一点，在日本的古代文献中是有案可稽的。据《道慈传》记载："天平九年，圣武帝将新大官寺。下诏觅伽蓝制式，时有知者乎? 慈奏曰：'臣僧在中华时，见西明寺，私念异日归国，苟逢胜缘，当以此为则。写诸堂之规，袭藏巾笥。今陛下圣问，实臣僧之先抱也，以图上进。'帝大悦曰：'朕愿满矣！'诏任律师监造寺事，重赐食封一百户扶翼侍子，其余赍赐若干品。慈有巧思，延袤长短，自督绳墨，工匠叹伏。历十四年而成，赐额大安，敕慈主席。"更为难能可贵的是，两座寺院皆为同一模式，都是"取

---

① 杨鸿年著：《隋唐两京坊里谱》，上海：上海古籍出版社，1999年。
② 徐松撰：《增订唐两京城坊考》，引《大慈恩寺三藏法师传》卷十，第211页。
③ 马得志：《唐长安城发掘新收获》，《考古》，1987年第4期。

规于天竺祇园精舍，祇园摹率内院"。就连模仿西明寺而建造的大安寺，其规模也同样为平城京所有寺院之冠。所谓"本朝梵刹之制度，无可与大安寺齐齿"。[①] 另据《续日本纪》记载："律师道慈法师性聪悟为众所推。大宝元年随使入唐，涉览经典，尤精三论。养老二年归朝，是时释门之秀者唯法师及神睿法师二人而已。著述愚志一卷论僧尼之事（中略）。迁造大安寺于平城，敕法师勾当其事。法师尤妙工巧，构作形制皆禀其规摹，所有匠手莫不叹服焉。"[②] 由此可见，"西明寺"的建筑风格不仅对"大安寺"的建筑风格给予了直接的影响，而且也可以看出高僧道慈在平城京建造"大安寺"的过程中的确发挥了不可替代的作用。两座寺院之间的这种交流，实际上就是佛教文化与建筑文化的交流，同时也是中日文化交流的一个缩影与范例。因此，我认为包括"大安寺"在内的平城京将唐长安城作为自己的直接模仿对象是顺理成章的事情。

其实，中国佛教文化和寺院建筑对日本文化的熏陶与影响并不是始于奈良时代（710—794年），而是在飞鸟时代（593—710年）就渐显端倪。从考古发现来看，至少可以追溯到藤原京时期所建造的"大官大寺"。大家知道，位于平城京内左京六条四坊的大安寺，最初就是从藤原京的"大官大寺"那里搬迁过来的。正如刘建先生所指出的那样："日本佛教是在中国、朝鲜半岛佛教的不断刺激、影响下而逐步发展起来的。……舒明天皇（629—641年在位）即位后，王权与佛教的结合有了进一步的发展。舒明十一年（639年），舒明天皇在飞鸟的百济河畔开始营建'大宫'（又称'百济宫'，与当时诸王的'宫'相对。天皇的'宫'称'大宫'）、'大寺'（既'百济大寺'，后改称'大安寺'，为皇家寺院）。'百济大寺'的规模凌驾于苏我氏的'法兴寺'，其九层木塔系仿照长安'慧日寺'的九层木塔所建。"[③] 现在看来，刘建先生的论断是正确的，也是有一定依据的。据《增订唐两京城坊考》考证："慧日寺，开皇六年（586年）所立，本富商张通宅，舍而立寺。通妻陶氏常于西市鬻饭，精而价贱。时人呼为陶寺。寺内有九级浮图一百五十尺，贞观三年（629年）沙门道谠（《两京新记》作"道谠所立。李俨《道因法师碑》:"法师终于长安慧日之寺。"[④] 如果说"百济

① 僧师蛮撰:《本朝高僧传·和州大安寺沙门道慈传》,载大安寺史编辑委员会编:《大安寺史·史料》,实业印刷株式会社,1984年。

② 黑板胜美、国史大系编修会编:『新訂增補国史大系·續日本纪』卷十五天平十六年十月辛卯条,1966年。

③ 刘建著:《佛教东渐》,北京:社会科学文献出版社,1997年。

④ 徐松撰、李健超增订:《增订唐两京城坊考》卷二《西京·外郭城》,第252页。

大寺"的九层木塔是仿照长安"慧日寺"而建造的观点可以成立，那么早在藤原京时日本就开始以唐长安城作为自己的模仿原型就不难理解了。正因为如此，我坚持认为不仅藤原京的模仿原型是唐长安城，就连平城京的模仿对象也只能是唐长安城，而不可能是唐长安城以外的任何都城。

12. 在大学寮设计上的模仿

日本"大学寮"就如同中国的"国子监"一样，它既是教育管理机关和国家的最高学府，同时也是培养中央官吏的学校。在中国，"国子监"出现的年代相对要早一些。所谓汉有"太学"；晋立"国子学"；北齐称之"国子寺"；隋炀帝始改为"国子监"；唐代则是以"国子监"总辖"太学""国子""四门"等学。不过，根据《大宝令》记载，"大学"的名称是在日本天武、持统天皇统治时期（672—696 年）才开始出现的，所以使人很容易联想起这样一个问题，建于 8 世纪初期的平城京"大学寮"，大概是应该模仿了唐长安城中的"国子监"吧！严格来讲，日本的"大学"一词显然也是来自中国的"太学"之名。"大"与"太"在日本属于同义词，可以相互替换使用，甚至两者的读音完全相同。然而，在平城京中，"大"字的出现频率要高于"太"字。例如，隋唐长安城宫名"太极宫"，在平城京中则变成了"大极宫"。所以说，中国的"太学"在日本改称为"大学"也就不足为奇了。不妨，我们还可以从平城京"大学寮"的所在位置上观察到一些蛛丝马迹。众所周知，唐长安城的"国子监"位于皇城南边东侧安上门之外的务本坊之内，而平城京的"大学寮"位置由于文献失载确切位置不得而知。但是，从相当于中国宫城和皇城结合体的平城京内里、大极宫、朝堂院南边西侧门外出土的一些有关木牍来看，可以肯定平城京"大学寮"的位置应在此地或距此地不远的地方。如果真是这样的话，那么两者之间的位置就相差甚微，基本上是在同一位置上。所以我认为平城京的"大学寮"建制与位置无疑都是从唐长安城的"国子监"那里模仿过去的。另外，从其建造年代上来分析，说平城京的"大学寮"模仿唐长安城以外都城"国子监"的可能性是极小的，几乎可以说是零。如上所述，"大学"之名，在日本出现的时间为 672—696 年，正好相当于中国的盛唐时期。这一时期不仅是中日文化交流的高峰时期，同时也迎来了尔后日本遣唐使的大派遣时期。所以从这个意义上说，假使说日本的"大学寮"与"国子监"之间存在着模仿关系的话，那么可以肯定并不是唐洛阳城，而应是唐长安城无疑。据我所知，"国子监"在城中的位置随着时代的推移，不断地自南向北迁移，这一变化是非常明显的，也是有规律可循的，早在东汉洛阳城时，"大学"的位置处在远离宫城的最南郊，与所谓灵台、明堂以及辟雍排列在一起，这些都是中国古代建筑特有的礼制建筑。考古工作者也对太学遗址进行了勘查和部分发掘，出土了许多石经的残块。太学遗址的范围很大，主要是由两部分所组成。其中一部分在辟雍之北，平面略呈长方形，东西约 200 米，南北约 100 米，附近发现的石经残块，被认为是东汉太学主要部分之所在；另一部分是在它的东北约 100 米，遗址保存较好，平面亦呈长方形，南北约 200 米，东西约 150 米，四周筑墙。[①] 到了北魏洛阳城时，汉代的"太学"之名不仅改名为"国子学"，而且也将其位置从都城的最南郊一下子迁到了宫城的附近。"国子学"具体位于宫城南门阊阖门之南，铜驼街的东侧。进入隋唐时代以后，"国子监"的名称又被"国子学"之名取而代之，位置仅从长安城的情况来看，基本上被固定在皇城南边东侧安上之门之外的务本坊之内。目前，尽管我们对于曹魏邺北城、东魏和北齐邺南城以及东都洛阳城的"国子学"位置还知之甚少，估计它们之间也同样烙有时代的印痕。如果沿着这条线索去寻找，那么平城京"大学寮"的直接模仿原型是不难解决的。总之，我认为日本"大学寮"的模仿原型与其说是唐洛阳城，倒不如说是唐长安城可以令人心悦诚服。

13. 在罗城名称与罗城门建造上的模仿

罗城，亦称"外郭城"，它是指在古代宫城的外围另外加筑一道城墙，所以习惯上称之为"内城外郭"之制。其实，"郭城"之名在中国出现的年代较早，在《孟子·公孙丑下》一文中就有"三里之城，七里之郭"[②] 的记载。然而，"罗城"之名则始于魏晋至隋唐之际。尔后对罗城虽有许多别的称谓，因与本文关系不大而从略。可是，在日本却只有"罗城"[③] 这种称谓，而且出现的年代较晚，属于天武天皇八年（678年）。这个时期正值中国唐长安城的兴盛时期，所以说日本都城模仿中国唐长安城是顺理成章的事情。其实，仅从"罗城"一词来分析，这个问题也是不难解决的，诚然，魏晋南北朝时期在一些属于地方城镇的城市中有"罗城"[④] 的称谓，但是在岸俊

---

① 王仲殊：《汉魏洛阳城遗址》，载中国大百科全书考古学编辑委员会：《中国大百科全书·考古学》，北京：中国大百科全书出版社，1986 年。

② 焦循撰：《孟子正义》卷八《公孙丑章句下》，北京：中华书局，1987 年，第 251 页。

③ 黑板胜美、国史大系编修会编：『新訂增補国史大系·日本書紀』卷 29，天武天皇八年（678 年）十一月，"初置关于龙田山，大坂山，仍难波筑罗城"。

④ 王仲殊：《中国古代都城概说》，《考古》，1982 年第 5 期。

男先生一向所强调属于日本藤原京模仿"原型"的北魏洛阳城和东魏、北齐邺南城中，文献上却没有所谓"罗城"一词的记载。由此推之，日本在模仿中国带有罗城设施的都城时，看来并不是魏晋南北朝时期的都城，而应该是属于隋唐时期的都城。这样的话，日本都城的模仿对象不是唐长安城又会是哪座都城呢？此外，我们还可以从考古学上找到一条新证据。即日本平城京的"罗城门"模仿唐长安城的"明德门"就是一个最好的例证。首先，需要说明的一点是，日本的"罗城"只是一面建有所谓的"罗城墙"，形成一个"瓮城式"（亦称"回廊式"）的新格局。固然不像中国的"罗城"那样，在其四周建有高大、坚固的城墙，但是"罗城"的性质是完全相同的。尤其值得重视的是，平城京"罗城门"位置不仅与唐长安城的"明德门"在同一位置上，而且其规模也大小相当，都属于"一门五洞式"的建制。不仅如此，它们各自都是全城中唯一一座最大的城门。"明德门"是长安城外郭城的正南门，北面与皇城朱雀门和宫城承天门遥遥相对。该遗址位于今天西安市南郊杨家村西南。早在1972 年 10 月至 1973 年 1 月，中国科学院考古研究所西安工作队就对此进行了发掘。据发掘者介绍：明德门是被火烧毁后才废弃的。明德门共有五个门道，平面呈长方形，城门墩东西长 55.5 米，南北 17.5 米，五个门道建筑形成相同，每个门道宽 5 米，进深 18.5 米（加包砖壁），各门道之间隔墙厚 2.9 米。每个门道的两侧都有排柱的柱础坑，础基石被破坏无存，柱础坑每排 15 个。各门道中的门槛是用青石制作的，门槛上有车辙的沟槽，有四个车辙，一个门道可以两车并行。但五个门道中只有东西两端的两个门道有车辙，有的车辙是从中间三个门道的前面绕至两端的门道通行的。结合文献记载来看，明德门为五个门道，其中东西两端的门道为车马出入通行道；其次二个门道为行人出入通行道；中间门道很有可能就是专供皇帝出入通行的"御道"。在长安城的东、西、南三面，除了明德门之外，还有八个城门。不过，其他八个城门都属于"一门三洞式"的建制，唯有明德门是属于"一门五洞式"建制。因此，我认为这种规格的郭城正南门城门，应是代表最高等级、最高礼仪的城门，同时也是有"过渡期"的都城城门向"成熟期"都城城门不断发展的必然产物。例如，东魏、北齐邺南城的朱明门是属于"一门三洞式"[①]建制，发展到隋唐长安城时，明德门出现的"一门五洞式"建制也就不言自明了。另外，从明德门发掘出土的大量砖瓦和

---

① 中国社会科学院考古研究所、河北省文物研究所邺城工作队：《河北临漳县邺南城朱明门遗址的发掘》，《考古》，1996 年第 1 期。

粉面彩绘砖来看，这应是城门门楼建筑的遗物。[①] 正因为明德门是"一门五洞式"的建制，所以最晚在宋代明德门就是"五门"的别称。据宋人张礼《游城南记》记载："盖京城之南凡三门，中曰明德门，今谓之五门。"[②] 总之，在中国都城城门发展史上，唯有隋唐明德门一枝独秀，为"一门五洞式"的建制。

无独有偶，日本平城京的"罗城门"不论是在位置上还是在规模上，都与隋唐长安城的"明德门"非常酷似，同时，它也是平城京中唯一属于"一门五洞式"的建制。该城门的规模东西长 33 米，南北宽 18 米，是一个面阔五间、进深二间的大门洞。这种情况的产生，我认为绝不是偶然的现象，应是平城京对隋唐长安城建制的模仿。很显然，日本在建造平城京时，一方面采用了隋唐长安城"罗城"的名称和罗城的建制，另一方面也对隋唐长安城"明德门"的位置和规模进行了模仿。[③] 在这一点上，丝毫看不出日本平城京有模仿北魏洛阳城和东魏、北齐邺南城的地方，更看不出有模仿隋唐洛阳城定鼎门之处。

14. 在道路设施和树木绿化上的模仿

首先，平城京的街道走向同隋唐长安城的街道走向一样，都保持了东西向与南北向的笔直大道，而没有迂回曲折的现象，形成所谓"棋盘式"的格局。唐代著名诗人白居易的"百千家似围棋局，十二街如种菜畦"[④] 就是上述情况的真实写照。"街衢绳直，自古帝京未之有也"[⑤]，也是隋唐长安城有别于其他都城的显著特点之一。在长安城郭城之内共有二十五条大街，其中东西向的街道十四条，南北向的街道十一条。并将通向郭城南面三门的"三街"和贯穿于郭城东西六门的"三街"，称之为"六街"。与此同时，皇城南门朱雀门至郭城南门之间的"朱雀大街"还有"天门街"[⑥] 之称。不用说，以上"六街"是全城的主干大街。除最南面的延平门通往延兴门大街的宽度在 55 米外，其余五条大街的宽度都在 100 米以上。

值得关注的是，平城京的街道与隋唐长安城的街道相比，不论是道路的数量还

---

① 中国社会科学院考古研究所西安工作队：《唐代长安城明德门遗址发掘简报》，《考古》，1974 年第 1 期。

② 张礼撰，顾宏义、李文校标：《游城南记》，上海：上海书店出版社，2013 年，第 270 页。

③ 王维坤：《隋唐长安城与日本平城京的比较研究——中日古代都城研究之一》，《西北大学学报》（哲学社会科学版），1990 年第 1 期。

④ 白居易：《登观音台望城寺》，《白居易诗集校注》，北京：中华书局，2006 年，第 1968 页。

⑤ 宋敏求、李好文撰：《长安志 长安志图》卷七《唐皇城》注，西安：三秦出版社，2013 年，第 256 页。

⑥ 宋敏求、李好文撰：《长安志 长安志图》上卷，第 18 页记载："当皇城朱雀门曰朱雀街，亦曰天门街，南直明德门。"

是道路的排列情况都非常接近。很显然，它们之间是存在着一种不可否认的模仿关系。平城京共有道路二十四条，其中东西向的街道十条（包括一条北大路和一条南大路在内），南北向的街道十四条（包括两条朱雀大路两侧的小路在内）。这些街道的宽度一般都在 24 米左右，内里、大极宫、朝堂院之南街道的宽度均在 36~48 米之间，"朱雀大路"的宽度已达到了 70 多米，更是有过之而无不及。特别是两座都城的中轴大街都是以"朱雀"来命名，隋唐长安城的中轴大街称之为"朱雀大街"，而平城京的中轴大街同样称之为"朱雀大路"。如上所述，在古代汉语中，"街"和"路"的含义都是指"道路"而言，且多指"大道""大路""大街"。更何况"街"和"路"在日语中的读音也是一样的，都读作"まち"，其含义同样是指较为宽大的道路而言。所以说，"朱雀大街"和"朱雀大路"本身是相同的，别无两样。很显然，日本平城京的"朱雀大路"是模仿隋唐长安城的"朱雀大街"而来的，同时这也是在道路方面平城京模仿唐长安城的一个实例。

其次，平城京与唐长安城相比，在道路的排水沟设施方面也存在着惊人的相似之处。全城主干道路的路面均呈中间高、两边低的"脊梁骨"状，并且在这些道路的两侧还设有 2.5 米左右宽的排水沟。尤其值得一提的是，位于平城京朱雀大路两侧的排水沟，其宽度为 6 米，深度为 1.5 米。考古工作者也对唐长安城朱雀大街两侧的排水沟进行了发掘，排水沟的断面呈梯形，上部的宽度为 3.3 米，底部的宽度为 2.34 米，深度为 1.7~2.1 米。一般道路的排水沟，其宽度为 2.5 米，深度也在 1 米以上。[1]在唐宪宗元和十年（815 年）六月，曾经在长安城内发生过这样一件突发事件，据《旧唐书·裴度列传》记载："王承宗、李师道俱遣刺客宰相武元衡，亦令刺度。是日，度出通化里，盗三以剑击度，初断靴带，次中背，才绝单衣，后微伤其首，度堕马。会度带毡帽，故创不至深。贼又挥刃追度，度从人王义乃持贼连呼甚急，贼反刃断义手，乃得去。度已堕沟中，贼谓度已死，乃舍去。"[2]由此可见，多亏裴度遇刺后从马背上掉入排水沟内才幸免于难。否则的话，其后果是不堪设想的。现在看来，要让排水沟完全掩盖住一个人的身躯，我估计深度至少也应在 1 米左右，否则是不行的。总之，平城京和长安城的排水沟，不管是主干道路两侧的排水沟，还是里坊道路两侧的排水沟，其规模都是相当可观的，考古发现证实了这一点。

再次，隋唐长安城道路两侧的树木绿化也是都城建设的重要项目之一。可以说，

---

①　王维坤：「平城京の模倣原型」，上田正昭编『古代の日本と東アジア』，東京：小学館，1991 年。

②　刘昫等撰：《旧唐书》卷一七〇《裴度列传》，第 4414 页。

早在营建大兴城时，就着手在城市内的大街小巷的两侧栽值各种树木了，其中以槐树和柳树为主。从《朝野金载》卷一记载可以看出，当时的将作大匠高颍不仅带头栽种过槐树①，而且也"常坐此树下检校"。即所谓"西安朝堂北头有大槐树，隋曰唐兴村门首。文皇帝移长安城，将作大匠高颍常坐此下检校。后栽树行不正，欲去之，帝曰：'高颍坐此树下，不须杀之。'至今先天百三十年，其树尚在，柯叶森竦，株根盘礴，与诸树不同。"槐树理所当然成为珍贵的保护树种。不仅如此，在城内诸街衢，也不能随意栽种其他树种。据《唐会要》记载："广德元年（763年）九月敕，城内诸街衢，勿令诸使及百姓辄有种植。"②这样一来，道路两侧槐树的排列就显然得特别整齐，叶繁根壮，绿树成荫，形成一道靓丽的"槐衙"和"槐街"③风景线。种种迹象表明，"槐树"已成为隋唐长安城名副其实的"市树"。所以在当时官街有些地方的槐树枯死空缺时，所司想用榆树及时进行补栽，却遭到官史京兆尹吴凑的极力反对，声称"榆非九衢之玩，亟命易之以槐"。④除此之外，曲江池畔的风景树——柳树在长安城中也久负盛名，达到了"号为柳衙"⑤的地步。平城京在道路绿化方面较之隋唐长安城来说，也毫不逊色，依然是以"种植柳树、槐树"⑥为主。在日本最早的文学集《万叶集》中，还保存下来了许多歌吟道路两旁柳树的诗句。由此不难看出，日本平城京在模仿隋唐长安城都城制度的同时，也将长安的"市树"槐树和"风景树"柳树作为它自己的主要树种。当然，这也是平城京模仿隋唐长安城，而没有模仿其他都城的一个实例。

15. 在松林苑配置上的模仿

在隋唐长安城的内外，先后开辟了三个风景园林区，即西内苑、东内苑和禁苑。西内苑由于在西内太极宫之北，所以也有"北苑"⑦之称；东内苑是东内大明宫的一处园林，位于大明宫的东南隅；禁苑就是隋代著名的"大兴苑"，位于外郭城之北。从其规模上来看，禁苑居于三苑之首。值得重视的一个现象是，隋唐长安城的三苑都

---

① 张鷟撰：《朝野签载》卷一记载："(开元二年)六月，大风拔树发屋，长安街中树连根出者十七八。长安城初建，隋将作大匠高颍所植槐树殆三百余年，至是拔出。"北京：中华书局，1979年，第20页。

② 王溥撰：《唐会要》卷八六《街巷》，第1575页。

③ 徐松撰、张穆校补：《唐两京城坊考》卷一《三苑》，北京：中华书局，1985年，第10页。

④ 王溥撰：《唐会要》卷八六《街巷》，第4748页。

⑤ 尉迟幄撰：《中朝故事》记载："号为柳衙，意谓其成行如排衙也。"北京：中华书局，2014年，第225页。

⑥ 王仁波：《从考古发现看唐代中日文化交流》，《考古与文物》，1984年第3期。

⑦ 司马光撰：《资治通鉴》卷一九七《唐纪十三》，北京：中华书局，1956年，第6196页。

位于都城的北部，尤其是西内苑与禁苑相距颇近。

　　无独有偶，日本藤原京的园林是位于宫城北边一条和二条的"空地"之处。特别是平城京也是在宫城之北的京城（相当于隋唐长安城外郭城的北侧）外边，开辟了一处规模很大的"松林苑"。不过，从曹魏邺北城的"铜爵园"位置来看，它是在宫城的西边。而北魏洛阳城"华林苑"的位置同样也是在宫城的北侧。东魏邺南城的情况，据《资治通鉴》记载："邺都仿京洛之制，亦有华林园。"[1] 这样的话，邺南城的"华林园"位置应是同北魏洛阳城的"华林园"位置一样，毫无疑问也都应该在宫城的北侧。从以上数例可以不难看出，将园林区安排在宫城的附近，这是南北朝时期都城苑林布局的一大特点。到了隋唐时代，苑林的位置不仅被移到外郭城之外的西北方，而且规模也变得相当大了。不过，"西内苑"的范围，据《唐两京城坊考》记载："南北一里，东西与宫城齐。"[2] 大明宫建成后，西南隅一带也被划入"西内苑"的范围之内。这时的"西内苑"规模，实际上"东出于宫城之东而近东偏者，南北亦不止一里也"。[3] 东内苑的范围在东内之东南隅，"南北二里，东西尽一坊之地"。[4] 其面积在三苑之中，相对较小一些。"禁苑"就是隋大兴苑，位于外郭城之北，其规模"东距浐。北枕渭，西包汉长安城，南接都城。东西二十七里，南北二十三里，周一百二十里"。[5] 像这样大规模的苑林，在中国都城史上也是屈指可数的。在此，值得注意的是，日本平城京在与唐长安城几乎完全相同的位置上，也开辟了一个日本都城史上最大的"松林苑"。这种情况的产生，我认为绝对不是一种偶然的现象，而应该是"松林苑"对包括"西内苑"在内"禁苑"的一种模仿。实质上，这也可以说是日本平城京模仿唐长安城原型的真实写照。在这一点上，我与岸俊男先生的观点还有点不谋而合。

三、结语

　　通过以上 15 个方面的具体分析和比较研究，我认为建造于 708 年的日本平城京，

---

① 司马光撰：《资治通鉴》卷一五九《梁纪一一五》胡三省注，第 4927 页。
② 徐松撰：《增订唐两京城坊考》，第 34 页。
③ 徐松撰：《增订唐两京城坊考》，第 34 页。
④ 徐松撰：《增订唐两京城坊考》，第 35 页。
⑤ 徐松撰：《增订唐两京城坊考》，第 35 页。

它的直接模仿原型只能是唐长安城，绝不可能是曹魏邺北城、北魏洛阳城以及东魏和北齐的邺南城，更不可能是隋唐洛阳城。迄今为止，我依然还坚持认为："唐长安城则是平城京模仿的唯一蓝本。"[①] 更何况，隋唐长安城的建制本身就是在广泛吸收曹魏邺北城、北魏洛阳城以及东魏和北齐邺南城的优点基础上，由当时的将作大匠宇文恺按照"隋文（帝）的新意"[②] 一手设计而建造的，这一都城模式同时也成为中国古代都城进入发展成熟阶段的重要标志。话说回来，我之所以要坚持认为岸俊男先生的上述观点是难以成立和令人信服的，是因为他从根本上混淆了中国都城本身的承袭关系和中日都城彼此之间的模仿关系问题。也就是说，将曹魏邺北城→北魏洛阳城→东魏、北齐邺南城→隋唐长安城（在某些建制方面，其中也包括隋唐洛阳城在内）→藤原京→平城京这样的继承关系和发展关系，一下子改变为曹魏邺北城→北魏洛阳城→东魏、北齐邺南城→藤原京→平城京这样的承袭关系和模仿关系。一言以蔽之，我认为凡是持上述这一观点的学者，他们所犯的最大错误，就是从根本上否定和忽视了唐长安城对日本平城京的直接影响，甚至连平城京的模仿关系也变成无源之水、无本之木，最后必然会导致造成事物发展规律的本末倒置。

---

① 王维坤：《隋唐长安城与日本平城京的比较研究——中日古代都城研究之一》，《西北大学学报》（哲学社会科学版），1990 年第 1 期。
② 宋敏求、李好文撰：《长安志 长安志图》卷七《唐皇城》，第 248 页。

八、九世纪的国土意识与自他意识

○ 梁晓弈　北京大学

本文关注的重点是八、九世纪日本古代律令国家的国土意识与自他意识，认为律令国家的国土意识与自他意识在八、九世纪期间维持了很高的一致性。文中所使用的"国土意识"一词，指的是境界意识、空间认识，以及王土王民思想等与国土有关的意识，而"自他意识"指的则是根据是否受到律令国家的实际支配、是否在律令国家应支配领域的观念中而产生的区分自我与他人的意识。为此，本文选取新罗和虾夷作为比较对象，通过明确律令国家的新罗认识和虾夷认识的区别，来考察律令国家的国土意识与自他意识。

一、从镇守府的吉祥天悔过看律令国家的国土意识

关于九世纪中期律令国家的国土意识，村井章介曾经提出了如下观点，他通过九世纪中期编纂的《贞观仪式》中的追傩祭文中"穢く悪き疫鬼の所所村村に蔵り隠ふるをは、千里千里之外、四方之堺、東方陆奥、西方遠值嘉、南方土佐イ、北方佐渡よりをちの所を、なむたち疫鬼之住かと定賜行賜て"的一句话，指出九世纪中期的日本支配阶级存在着如下观念，认为"国土"只是列岛内部的封锁空间，日本国国境以外的地区都是住满疫鬼的污秽的世界；而使得这一观念在当时的律令贵族中传播开来的原因则是贞观年间出现的以所谓"新罗海贼问题"为代表的新罗

关系①。

三上喜孝继承了村井章介的学说，考察了律令国家国土意识变化的问题。② 他以在日本海沿岸诸国广泛推行的四天王法为材料，考察了贞观年间律令国家对新罗的认识，对村井说进行了补充，并指出这一新罗认识至少可追溯至宝龟四年在大宰府建立的四天王寺。四天王寺修建的目的在于"调伏"新罗，因此律令国家的国土意识的转换在光仁朝至桓武朝期间就已经出现了萌芽。此外三上举出了东北的例子，引用了窪田大介的研究③，指出镇守府的吉祥天悔过既是律令国家虾夷支配政策的一环，同时也具有对外敌防御的特殊性质，镇守府的吉祥天信仰是能够反映边境地区的境界意识的佛教信仰。然而三上所引用的窪田的研究中存在缺陷，此外村井的学说中也有不足之处，因此下文将先检讨前述诸人的学说，并提出自己的观点。

窪田氏认为律令国家许可镇守府举行吉祥天悔过的官符中所使用的文言与律令国家命令各国举办吉祥天悔过的史料不同，因此可以推定在镇守府举办吉祥天悔过的目的与诸国不同，因此可以认为这是律令国家的虾夷支配政策的一部分。那么我们首先来看这份官符的内容，这条官符就是【史料 1】。

【史料 1】《类聚三代格》卷二贞观十八年（876 年）六月十九日太政官符

应令镇守府講最勝王经并修吉祥悔過事

一　講読最勝王经僧廿口　右僧布施供養准国例充行

一　修吉祥天悔過僧七口　右僧法服布施供養、同准国例充行／

以前得陆奥国解偁、镇守府牒偁、検案内府去貞観十四年三月卅日申官解云、件法会諸国依格、各於国庁講修、而此府未有其例。夫边城為体、依養夷俘、常事殺生、加以正月五月二節、為用俘饗、狩漁之類、不可勝計、殺生之基、當在此府。因斯雖未裁下、承前鎮将引唱僚下、於鎮守府庁、修来年久。然而依無料物、毎事闕乏。望請、官裁准諸国例、将修件法為滅罪之業者。而于今未蒙報裁、重被言上者。国司覆審、所陳最実。望請、

---

① 村井章介：「王土王民思想と九世紀の転換」，『思想』847，1995 年。

② 三上喜孝：「古代の辺要国と四天王法」，『山形大学歴史・地理・人類学論集』第 5 号，2004 年 3 月；同「『古代の辺要国と四天王法』についての補論」，『山形大学歴史・地理・人類学論集』第 6 號，2005年 3 月；同「光仁・桓武朝の国土意識」，『国立歴史民俗博物館研究報告』137，2007 年；同「古代日本の境界意識と佛教信仰」，鈴木靖民編『古代日本の異文化交流』，東京：勉誠出版社，2008 年。

③ 窪田大介：「鎮守府の吉祥天悔過と岩手の毘沙門天像」，平田耿二教授還暦記念論文集編集委員会編『歴史における史料の発見』，1997 年。

早被裁許脱殺生報、謹請官裁者。右大臣宣、奉勅、依請。宜請精行僧、
正月七箇日間、准国府例、依件講修、其料同用正税。

貞観十八年六月十九日

如下划线所引，镇守府申请举办最胜王经讲读与吉祥天悔过的理由在于镇守府有杀生之业因此需要"灭罪"。确实，其他的史料中关于吉祥天悔过的目的都解释为祈祷国家太平与五谷丰登[1]，看起来似乎的确与镇守府存在区别。然而关于诸国的最胜王经讲读与吉祥天悔过的性质，正如吉田一彦的研究所阐明的一样[2]，是对律令国家而言最为重要的佛教仪式——宫中御斋会——在地方诸国举办的缩小版本，其前身可以追溯到持统年间的金光明经斋会和天平胜宝年间的诸寺正月悔过。如此一来，可以明确的一点是镇守府并非与国相同的行政机构，原本并没有举办这两个仪式的权力，假如由这一角度出发，那么镇守府申请举办吉祥天悔过的文件与律令国家向各国下达命令时出现用语上的差异是完全可以理解的。换言之，镇守府在此强调的是镇守府与诸国在行政上的平等地位，这也可说是九世纪以来镇守府从陆奥国分离独立的表现之一。[3]

如此一来，窪田说站不住脚可以说是显而易见的，镇守府在这里主张的正是其管辖地区与诸国管辖地区的一致，因此在镇守府举办的最胜王经讲读以及吉祥天悔过的仪式也正是出于和诸国完全相同的目的，由此读出律令国家针对虾夷采取的特殊佛教政策或是针对外敌的防御性佛教仪式，这些都是不折不扣的误读。此外，在这里我们应该注意到，由虾夷造成的杀生之罪也需要由律令国家进行祈祷和"灭罪"，这正说明了在律令国家的认识中，虾夷也属于他们的支配对象，而这与律令国家对新罗的认识完全不同，这一差异很好地反映出了律令国家的国土意识与自他意识。下一节将以四天王法为中心，讨论从佛教的修法仪式中所能见到的律令国家对新罗

---

① 『続日本紀』神护景云元年（767 年）正月己未（八日）条：神護景雲元年春正月己未、勅：畿内七道諸国、一七日間、各於国分金光明寺、行吉祥天悔過之法。因此功德、天下太平、風雨順時、五穀成熟、兆民快楽。十方有情、同霑此福。『続日本後紀』承和六年（839 年）九月己亥（二十一日）条：己亥、勅：如聞、所以神護景雲二年以還、令諸国国分寺、毎年起正月八日至于十四日、奉読最勝王経、并修吉祥悔過者、為消除不祥、保安国家也。（后略）『類聚三代格』巻 5 昌泰三年（900 年）太政官符：右大納言正三位兼行左近衛大将藤原朝臣時平宣、奉勅、毎年正月修吉祥悔過者、為祈年穀攘災難也。（后略）

② 吉田一彦：「御斎会の研究」，『日本古代社会と佛教』，東京：吉川弘文館，1996 年。

③ 鈴木拓也：「古代陸奥国の官制」，鈴木拓也著『古代東北の支配構造』，東京：吉川弘文館，1998 年。

的认识。

二、四天王法中所见的律令国家的自他意识

四天王法是律令国家在边境举行的以守护国家为目的的佛教仪式，如前所述，三上喜孝曾经以此为材料讨论过律令国家的国土意识与边境意识。[①] 本文将重视律令国家在大宰府大野城设置四天王寺的宝龟年间以及四天王法推广到日本海沿岸诸国的贞观年间这两个时间节点，由此探讨律令国家对新罗的认识。

众所周知，宝龟年间是律令国家对新罗加强警戒的时代，律令国家的这一警戒心从连续多次颁布沿岸的警戒令[②]与将漂流到日本的新罗人放还新罗的处置[③]等行为中都可见一斑。就是在这种对新罗的紧张关系之中，律令国家下令在大宰府修建四天王寺并开始修行四天王法，这一命令就是【史料 2】。

---

① 参考前注三上喜孝：「古代の辺要国と四天王法」，『山形大学歴史・地理・人類学論集』第 5 号，2004 年 3 月；同「古代の辺要国と四天王法"についての補論」，『山形大学歴史・地理・人類学論集』第 6 號，2005 年 3 月；同「光仁・桓武朝の国土意識」，『国立歴史民俗博物館研究報告』137，2007 年；同「古代日本の境界意識と佛教信仰」，鈴木靖民編『古代日本の異文化交流』，東京：勉誠出版社，2008 年。

② 『続日本紀』宝龜十一年（780 年）七月丁丑（十五日）条：丁丑、勅：安不忘危、古今通典。宜仰縁海諸国、勤令警固。其因幡、伯耆、出雲、石見、安芸、周防、長門等国、一依天平四年節度使従三位多治比真人県守等時式、勤以警固焉。又大宰宜依同年節度使従三位藤原朝臣宇合時式。『続日本紀』宝龜十一年（780 年）七月戊子（二十六日）条：戊子、<u>勅曰：筑紫大宰僻居西海、諸蕃朝貢舟楫相望。由是簡練士馬、精鋭甲兵、以示威武、以備非常。今北陸道不供蕃客、所有軍兵未曽教習、属事徴発、全無堪用。安必思危、豈合如此、宜准大宰依式警虜。</u>事須縁海村邑見賊来過者、当即差使速申於国。国知賊船者、長官以下急向国衙、応事集議、令管内警虜且行且奏。（后略）

③ 『続日本紀』宝龜五年（774 年）五月乙卯（十七日）条：乙卯、勅大宰府曰：比年新羅蕃人、頻有来著、尋其縁由、多非投化。忽被風漂、無由引還、留為我民、謂本主何。自今以後、如此之色、宜皆放還、以示弘恕。如有船破及絶粮者、所司量事、令得帰計。『類聚三代格』宝龜五年（774 年）五月十七日太政官符：右被内大臣宣稱、奉勅、如聞、新羅国人時有来著、或是帰化、或是流来。凡此流来非其本意、宜毎到放還、以彰弘恕。若駕船破損、亦無資粮者、量加修理、給粮発遣。但帰化来者、依例申上。自今以後、立為永例。

【史料 2 】《类聚三代格》卷二宝亀五年（774 年）三月三日太政官符

応奉造四天王寺埝像四躯事〈各高六尺〉

右被内大臣従二位藤原朝臣宣称、奉勅、如聞、新羅兇醜不顧恩義、早懐毒心、常為呪詛。佛神難誣、慮或報応。宜令大宰府直新羅国高顕浄地、奉造件像、攘却其災。仍請浄行僧四口、各当像前、一事以上、依最勝王経四天王護国品、日読経王、夜誦神呪、但春秋二时别一七日、弥益精進依法修行、仍監已上一人専当其事。其僧別法服、麻袈裟蔭脊各一領、麻裳絁綿袴各一腰、絁綿襖子汗衫各一領、襪菲各一両、布施絁一疋、綿三屯、布二端。供養布施、並用庫物及正税、自今以後永為恒例。

宝亀五年三月三日

在此我们需要注意的是在律令国家的认识中新罗是“早怀毒心，常为咒诅”的“凶丑”，四天王法正是基于这一认识，为了“攘却”由于新罗的“咒诅”所导致的灾变而开始的修法。此外在贞观年间，新罗即将来寇的传言盛行[①]，因此四天王法被推广到了日本海沿岸的诸国，这时颁布的命令就是【史料 3】和【史料 4】。

【史料 3 】《日本三代实录》贞观九年（867 年）五月甲子（二十六日）条

廿六日甲子、造八幅四天王像五鋪、各一鋪下伯耆、出雲、石見、隠岐、長門等国。下知国司曰：彼国地在西極、堺近新羅、警备之謀、当異他国。宜帰命尊像、勤誠修法、調伏賊心、消却災変。仍須点択地势高敞瞼瞰賊境之道場、若素無道場、新択善地、建立仁祠、安置尊像。請国分寺及部内練行精進僧四口、各当像前依最勝王経四天王護国品、昼転经巻、夜誦神咒、春秋二时别一七日、清浄堅固、依法薫修。

【史料 4 】《日本三代实录》元庆二年（878 年）六月丁亥（二十三日）条

勅、令因幡、伯耆、出雲、隠岐、長門等国、調習人兵、修繕器械、戒慎斥候、固護要害。災消異伏、理帰仏神、亦須境内群神班幣、於四天

① 『日本三代実録』贞观八年（866 年）十一月戊午（十七日）条：勅曰：廼者恠異頻見、求之蓍亀、新羅賊兵、常窺間隙。災変之発、唯縁斯事。夫攘未兆、遏賊将来、唯是神明之冥助、豈云人力之所為。宜令能登、因幡、伯耆、出雲、石見、隠岐、長門、大宰等国府、班幣於邑境諸神、以祈鎮護之殊効。又如聞、所差健児、統领選士等、苟預人流、曽無才器、徒称爪牙之備、不異蟷螂之衛。況復可教之民、何禦非常之敵。亦夫十步之中必有芳草、百城之内寧乏精兵。宜令同国府等勤加試練、必得其人。

王像僧前修調伏法。以著亀告加边警也。

在这里我们也可以看到，律令国家对于四天王法的认识是"调伏"新罗的"贼心"，消却新罗造成的灾变的所谓"调伏法"，换言之，对于律令国家而言，新罗是"调伏"的对象。我们在大元帅法缘起奏状中也能发现同样的认识[1]，可以说这在一定程度上是当时的共通意识。

四天王法曾经在九世纪的出羽国举办，这一点在文献上[2]和考古材料上[3]都能得到证明；而在同属北方的边要国陆奥国却完全无法发现曾经举办过四天王法的痕迹。关于这一点，三上喜孝的解释是陆奥与出羽虽然都是与虾夷相邻的北方边要国与军事要冲，但是在是否面对以新罗为代表的朝鲜半岛及大陆诸势力这一点上，陆奥国与出羽国有根本的差异，因此得到了四天王法是针对邻国威胁而举办的修法仪式的结论[4]；笔者认同这一观点，这一观点也与本文的结论不谋而合，正说明了律令国家的虾夷认识和新罗认识存在根本上的差异。

律令国家将虾夷认识为与公民相异的民族而开始了其虾夷支配，在一开始就没有追求从物理上完全消灭虾夷或是使得虾夷完全融合同化于公民之内，而是采取了谋求两者之间安定的共存的支配方针。与此相对，新罗则是"调伏"的对象，是完完全全的外国。也就是说，对于律令国家而言，虾夷虽然与公民之间存在差异却仍然是律令国家支配的对象，而新罗则是律令国家支配之外的敌国。【史料5】能够反映这一律令国家这一认识上的区别。

【史料5】《东大寺讽诵文稿》

（前略）各於世界講説正法者、詞无得解。謂大唐・新羅・日本・波斯・崑崙・天竺人集、如来一音随風俗方言令聞。仮令、此当国方言、毛人方

---

① 『平安遺文』4902「寵寿奏状案」:「貞觀十二年大宰府貢朝綿一万屯爲海賊被劫奪、爰新羅賊乘此隙來侵之、隣国賊難、天下騒動、同十三年正月御修法間、屢賜勅使宣云、可降伏隣國賊難之勤、專太元帥之力、須能勤仕之者。寵寿謹奉口勅、專盡身力祈祷國家、更无懈息、即便隣國賊難已從平伏、是難明明之德化、抑專在太元之扶持者乎」とある。

② 『類聚国史』171「地震」,『日本紀略』天長七年（830年）正月癸卯（二十八日）条:癸卯、出羽国駅伝奏云:鎮秋田城国司正六位上行介藤原朝臣行則、今月三日酉時牒称:今日辰刻、大地震動、響如雷霆。登時、城廓官舎、并四天王寺丈六佛像・四王堂舎等、皆悉顛倒、城内屋仆、撃死百姓十五人、支体折損之類、一百余人也。歴代以来、未曽有聞。

③ 川西町教育委員会:『道伝遺跡発掘調査報告書』,川西町（山形県）:川西町文化財調査報告書第8集,1984年。

④ 三上喜孝:「古代の边要国と四天王法」,『山形大学歴史・地理・人類学論集』第5號,2004年3月。

言·飛騨方言·東国方言。仮令、対飛騨国人、而飛騨国詞令聞而説云。
如訳語通事云。（后略）

《东大寺讽诵文稿》的具体编者不明，但是目前的研究证明它是八世纪末至九世纪前半之间由东大寺僧侣编纂的、在法会时使用的对佛经的解说文，其成立时间最晚不超过天长年间，这正可以作为考察这一时期律令国家虾夷认识与新罗认识的材料。引文是对法华经序品中"各于世界讲说正法"一句的解释，试图说明佛的说法能够跨越语音的障碍直达每个人的心中。为此讲说者举了这样的一个例子，假如佛同时向大唐、新罗、日本、波斯、昆仑、天竺人说法，那么佛的每一句话在唐人听来说的是唐语，在日本人听来说的则是日本语；或许是这个例子仍然不够简单易懂，文中又举了第二个日本国内的例子，这时使用的例子就是毛人（虾夷）、飞弹和东国的方言。由此可知，新罗是在律令国家的认识中是与唐、波斯、昆仑、天竺并列的独立国家，而虾夷则只是与飞弹人、东人相提并论的日本国支配秩序内部特殊的一部分。换言之，在律令国家的虾夷认识与新罗认识的区别之中，我们可以明确地看出律令国家区分"自我"和"他人"的境界线。

此外，作为贞观年间新罗海贼问题的对策，律令国家开始在日本海沿岸诸国设置弩师。弩师同样也设置于镇守府和陆奥国，因此这在讨论律令国家的新罗认识与虾夷认识的区别时也是一个有用的材料。下一节中将会把注意力集中在弩师上，由此来讨论律令国家的国土意识与自他意识。

三、弩与弩师中所见的律令国家的自他意识

根据最近的研究，日本开始大规模地使用弩是在天平年间设置节度使之后不久。[①] 在大宰府地区，弩与弩师的设置是天平宝字年间出于对安史之乱的对应以及藤原仲麻吕政权征讨新罗计划中的一环[②]，在镇守府设置弩师则是宝龟年间，这应该也

---

① 五十嵐基善：「古代日本の弩に関する基礎的考察：その構造と運用を中心として」，『文学研究論集』37，2012 年。大日方克己：「日本古代における弩と弩師」，『社会文化論集：島根大学法文学部紀要 社会文化学科編』10，2014 年。
② 『続日本紀』天平宝字六年（762 年）四月辛未（二十二日）条：辛未、始置大宰弩師。

与当时虾夷的不安定有关。① 在陆奥国设置弩师则是承和四年（837年），这恐怕也与承和年间奥郡地区的骚动有关系。到贞观年间，由于新罗关系紧张，律令国家在隐岐、长门、出云、因幡、对马、伯耆、石见诸国相继设置弩师，到元庆、宽平年间，弩师更进一步被推广到了北陆道诸国。弩师的设置顺序与范围扩大的顺序与四天王法之间存在的重叠，可以说正标志着律令国家对新罗所持有的警戒心。在此本文注意的是另一条史料，那就是陆奥国申请设置弩师并获得同意的官符，也就是【史料6】，同时【史料7】则是另一讨论律令国家虾夷认识的参考材料。

【史料6】《类聚三代格》承和四年（837年）二月八日太政官符②

> 右得陸奥国解偁。弓馬戦闘夷狄所長。平民数十不敵其一。但至于弩戦。雖有万万之獷賊不当一箭之機発。尤是<u>威狄之至要者也</u>。今在庫中弩機牙差誤。若有警急何忽調備。望請准鎮守府置件弩師。其公廨准一分給更不加挙。謹請官裁者。権中納言従三位兼行左兵衛督藤原朝臣良房宣。奉勅依請。

> 承和四年二月八日

【史料7】《日本三代实录》卷二四贞观十五年（873年）十二月戊戌条③

> 先是陸奥国言：<u>俘夷満境、動事叛戻。吏民恐懼、如見虎狼</u>。望請准武蔵国例、<u>奉造五大菩薩像、安置国分寺、粛蛮夷之野心、安吏民之怖意</u>。至是許之。

【史料6】中值得注意的是陆奥国将弩形容为"威狄之至要"这一点，换言之，陆奥国认为虾夷是"威压、威慑"的对象；这一认识在【史料7】中表现得更为明显，"俘夷"们普遍持有"野心"，随时可能叛乱，"吏民"对此感到十分恐惧，因此修建五大菩萨像希望凭借五大菩萨的神力肃清蛮夷们的野心；可以肯定的是，产生这样的虾夷认识的根源正在于"吏民"与"俘夷"们共同生活在陆奥国这一地区内，都受到律令国家的统治与管辖；与此相对的，新罗则完全处于律令国家的支配范围之外，

---

① 『類聚三代格』巻5天長五年（828年）正月二十三日太政官符："件弩師宝亀以来式部補任、始自大同二省互補"とあり、宝亀年間の設置が伺える。

② 『類聚三代格』巻5, 東京：経済雑誌社, 1900年, 第562頁。

③ 佐伯有義編：『三代実録』（『六国史』巻8）, 大阪：朝日新聞社, 1935年, 第535頁。

这就是前文论述过的律令国家的虾夷认识与新罗认识之所以会产生差异的根本原因。在《类聚国史》之中会将虾夷、俘囚会与国栖、隼人等归为一类，同属于"风俗部"，而将高丽与渤海等国归为"殊俗部"，也正反映了这一认识。

此外，贞观十一年（869 年）十二月向伊势神宫为首的诸神社奉币时的告文也可作为这一认识的旁证。这一告文中关于日本与新罗的关系作出了"新罗自古与我国为敌"的陈述，此后则表示"我日本朝乃所谓神明之国"，祈求神明保佑新罗海贼不要入侵；在最后向神明请求，罗列了新罗来寇以外的"国家之大祸，百姓之深忧"，其中包括"夷俘造谋叛乱之事、中国刀兵贼难之事、水旱风雨之事、疫病饥馑之事"等，这一排列顺序也从侧面说明了与外敌新罗不同，虾夷是律令国家支配秩序之内的存在。

四、律令国家的国土意识与自他意识

如前所述，村井章介以《贞观仪式》中的追傩祭文为根据，论证了将天下视为一分为二的世界的观念，一部分是位于日本列岛这一封闭空间内的国土，另一部分则是国土以外的充满污秽的世界，这样的观念成立于九世纪中叶，形成这一观念的原因则是贞观年间对新罗的紧张关系；然而弘仁年间编纂完成的《内里式》中关于追傩的部分里同样有"阴阳师跪诵咒文"的记载，并不能确证追傩祭文首次出现于贞观年间，要论证这一认识出现于贞观年间也还需要更多的论证；实际上，三上喜孝通过其研究已经成功地将这一意识的出现时间上溯到了光仁、桓武朝，要再上溯这一时间并非完全没有可能。而问题的核心在于村井章介提出的由"即自的王土思想"至"对自的王土思想"的这一转变是否确实存在，或是有无其他造成这一认识的可能性？在此笔者想到的是本乡真绍关于神祇信仰的变化对于王权的影响的研究。

根据本乡氏的研究，由于神祇的护法善神化，日本旧来的神明从灾害的制造者变为了国家、国王、国民的守护神，因此也产生了重新解释灾异发生原因的必要性。[1] 既然不能像原先一样将旧有的神明视为造成灾异的原因，那么就需要重新指定造成灾害的元凶。本乡氏举出的例子是称德朝出现的疫神和桓武朝与平城朝时的怨灵，本报告则认为由于与新罗的紧张关系以及旧来的敌视新罗的意识相结合，由此

---

① 本乡真绍:「天平期の神佛関係と王権」,『律令国家佛教の研究』, 京都：法蔵館, 2005 年。

新罗被设定成为这一造成灾异的元凶。正因为如此，律令国家将新罗视为对自己施加诅咒的"凶丑"，为了消除由新罗带来的灾异而开始了四天王法的修行。

最后再对本报告的结论加以总结。律令国家的虾夷认识与新罗认识两者之间存在根本上的差异，虾夷是生活在律令国家支配下的"夷狄"，而新罗则是完全位于律令国家支配范围之外的"敌国"。目前为止的"王民共同体"论认为，律令国家通过排除内部的贱民与外部的夷狄，由此构筑出一个所谓的"王民共同体"，本文则证明了以虾夷为代表的"夷狄"并非被排除在外的存在；此外详细的论述有待别稿，笔者认为可以通过与唐朝"城傍"制度的比较研究，证明指导律令国家制定虾夷支配政策的虾夷认识从由始至终没有发生过变化，也就是说律令国家从一开始就接受了虾夷与公民不同的现实，并在此认识的基础上制定其虾夷支配政策。由此，接下来的关于律令国家支配对象的研究需要对所谓的"王民共同体"加以重新考虑，必须考虑到将"夷狄"包括在内的更为广大的共同体的存在，而要进行这样的研究，则需要对当时基本世界观之一的华夷思想进行重新讨论，这也是笔者今后的课题。

裴世清出使与《隋书·倭国传》的伪造*

○ 苗 壮 辽宁大学

裴世清出使倭国是中日文化交流史上的重大事件，但是在《隋书·倭国传》中却存在一个相当奇特并长期无法合理解释的问题。从日本历史来看，当时的倭王是推古天皇。推古天皇是女帝，裴世清与倭王相见，倭王为女性应该是非常重要的外交信息，不过在《倭国传》中却一个字都没有提及。本文从裴世清出使的具体礼仪的考察入手，提出由于推古朝礼制改革强化了倭王的绝对权威，所以裴世清在出使中根本没有见到倭王并与之交谈的机会。那么，《倭国传》中裴世清与倭王相见的场景可能是裴世清所编造的。

一

自贞观十年（636年），大唐官方组织编写了《隋书》的"帝纪"和"列传"共五十卷的部分之后，在显庆元年（656年），又加入了"志"的部分，共三十卷，最终全部完成了这部史籍的编纂。从今天的中日交流史上看，《隋书·倭国传》是非常重要的文献，其中对于倭国的记述，增补了许多前代史籍中所未能知晓的知识，扩大了当时的中原王朝对于倭国的认识。而一部分新知识的来源，非常有可能是大业

---

* 原题为《解开裴世清出使之谜》，载《日本学研究》第27辑，收入本书时有修订。

四年（608 年），文林郎裴世清[①] 出使倭国时所写下的旅行记。[②]

有趣的是，在《隋书·倭国传》中存在一个相当奇特并长期无法合理解释的问题。《倭国传》中详细记述了裴世清到达倭国之后，受到盛大欢迎并与倭王相见交谈的场景。原文如下：

> 明年，上遣文林郎裴清使于倭国……倭王遣小德阿辈台，从数百人，设仪仗，鸣鼓角来迎。后十日，又遣大礼哥多毗，从二百余骑郊劳。既至彼都，其王与清相见，大悦，曰："我闻海西有大隋，礼义之国，故遣朝贡。我夷人僻在海隅，不闻礼义，是以稽留境内，不即相见。今故清道饰馆，以待大使，冀闻大国惟新之化。"清答曰："皇帝德并二仪，泽流四海，以王慕化，故遣行人来此宣谕。"既而引清就馆。其后，清遣人谓其王曰："朝命既达，请即戒途。"于是设宴享以遣清，复令使者随清来贡方物。此后遂绝。[③]

从日本历史来看，当时的倭王是推古天皇。推古天皇是女帝，倭王为女性应该是非常重要的外交信息，并且一眼就可以察觉，不过，在《倭国传》中却一个字都没有提及。同时，在《倭国传》中还记录了王妻、后宫和太子的信息：

> 开皇二十年，倭王姓阿每，字多利思北孤，号阿辈鸡弥，遣使诣阙……王妻号鸡弥，后宫有女六七百人。名太子为利歌弥多弗利。[④]

开皇二十年，为公元 600 年，即推古天皇八年。所谓"倭王姓阿每"，"阿每"即アメの音读，意为"天"。字"多利思北孤"，李延寿所撰《北史》，其《倭国传》做"多利思比孤"，"北"当为"比"之讹。所谓倭王字"多利思比孤"，即タリスヒコ的音读，是为"足彦"，"天足彦"是一般男性天皇的称号。倭王号"阿辈鸡弥"，是为オホキミ，或アメキミ的音读，意为"大君"或"天君"。王妻号"鸡弥"，即キミ，训为"君"。太子名为"利歌弥多弗利"，一般认为"利"当为"和"之讹，即ワカミトホリ的音读，ワカ即"若"，ミ是美称，トホリ是血统、血系的意思，是为"若

---

① 避唐太宗之讳，《隋书》只作"裴清"。对裴世清本人具体情况的研究，可见池田温："裴世清与高表仁——隋唐と倭交涉の一面」，『東アジアの文化交流史』，東京：吉川弘文馆，2003 年，第 45—67 页。
② 井上亘：《虚伪的"日本"》，北京：社会科学文献出版社，2011 年，第 243 页。
③ 《隋书·倭国传》卷八十一，北京：中华书局，1973 年，第 1827 页。
④ 《隋书·倭国传》卷八十一，第 1826 页。

御统"，即王子的意思。①

这一系列混杂的信息，被当时的官员们按照中国人的视角进行了重新整编，使之更符合中国帝王家族的形态。无论这些知识正确与否，显而易见，倭王的身份都是按照男性来描述的。由此可以肯定地说，对于倭王女性身份的失载显然是由于根本不知道这一重要信息所造成的。按照《隋书·倭国传》中的描述，裴世清曾经与倭王当面交谈，然而却没有发现倭王是女性，这不能不让后来的研究家们感到疑惑。

日本学术界一般认为，或许由于倭王是女性，倭国试图掩盖这一信息，故而由作为摄政的厩户皇子（圣德太子）代为接洽。这也就是说，裴世清见到的并不是倭王本人，他将厩户皇子误认为是倭王，故而才不知道真正的倭王是女性。但是我并不同意这样的看法。就裴世清而言，他作为肩负国家使命的外交官，如果连接洽的对方是不是倭王本人都没有弄清楚的话，似乎也不太可能。为了找出问题的真相，我们有必要重新对这一时期的相关史料予以缜密的分析。

除了《隋书·倭国传》外，对于裴世清出使倭国另一份非常有价值的史料，是养老四年（720年）在舍人亲王主持下编撰的《日本书纪》卷二十二《推古纪》的记述。其中记载了推古十六年（608年）裴世清到达倭国之后，倭国迎接使团的经过，对于裴世清觐见倭王的仪式用笔颇详。通过推古十六年的记述与《隋书·倭国传》的比较以及对所发现问题的解析，或许可以解开这个混沌的谜团。

二

如果回溯裴世清使团出使的时代，开皇九年（589年）正月隋灭陈，完成了自西晋短暂统一之后再一次的中国统一。对于东亚世界而言，大隋一方面通过朝贡体制重新整合以中原王朝为中心的东亚政治秩序，另一方面则通过外交和军事行动剪除中亚腹地直至东亚地区突厥、吐谷浑、高句丽等少数族裔对中原王朝的威胁。特别在七世纪初，大隋展开了积极的外交策略，以在东亚世界确立新帝国的权威。自大业三年（607年）隋炀帝巡行长城沿线，启民可汗表示效忠；大业五年（609年）大隋出兵驱逐了吐谷浑对西北边疆的威胁，连通西域；随后，大业八年（612年）、大

---

① 渡邊三男:「隋書倭国伝と日本語比定」,『駒澤国文』, 1966 年第 5 號。以及和田清等譯:《隋書·倭國傳》, 東京:岩波書店, 1951 年，第 70 頁。

业九年（613 年）、大业十年（614 年），大隋又三次远征高句丽以失败告终，裴世清的出使就发生在这样的时代。①

在大业三年，倭国的遣隋使向隋炀帝递交了那份著名的——"日出处天子至书日没处天子无恙"的国书，导致了隋炀帝的不满，他告知鸿胪卿"蛮夷书有无礼者，勿复以闻"。② 不过在第二年，隋炀帝依旧派遣裴世清同遣隋使小野妹子一同返回倭国，传达旨意。这一外交动作或许出于隋炀帝面对高句丽与大隋关系的急剧恶化，认为有必要了解日本的政治态度而做出的具体考量。

《日本书纪·推古纪》详细记载了从推古十六年夏四月，倭国获悉裴世清出使倭国的消息，直到同年九月，裴世清完成使命离开倭国的全过程。其文如下：

（a）十六年夏四月，小野臣妹子至自大唐，唐國號妹子臣曰蘇因高。即大唐使人裴世清，下客十二人，從妹子臣至於築紫。遣難波吉士雄成，召大唐客裴世清等。爲唐客更造新館於難波高麗館之上。

（b）六月壬寅朔丙辰，客等泊於難波津。是日，以飾船卅艘迎客等於江口，安置新館。於是，以中臣宮地連烏摩呂、大河內直糠手、船史王平爲掌客。……

（c）秋八月辛丑朔癸卯，唐客入京。是日，遣飾騎七十五匹而迎唐客於海石榴市術，額田部連比羅夫以告禮辭焉。（d）壬子，召唐客於朝庭，令奏使旨。時阿倍鳥臣、物部依網連抱二人為客之導者也。（e）於是，大唐之國信物置於庭中。（f）時，使主裴世清親持書，兩度再拜，言上使旨而立之。其書曰："皇帝問倭皇。使人長吏大禮蘇因高等，至具懷。朕欽承寶命，臨仰區宇。思弘德化，覃被含靈。愛育之情，無隔遐邇。知皇介居海表，撫寧民庶。境內安樂，風俗融和。深氣至誠，遠修朝貢。丹款之美，朕有嘉焉。稍暄，比如常也。故遣鴻臚寺掌客裴世清等，稍宣往意，並送物如別。"（g）時阿倍臣出進，以受其書而進行，（h）大伴囓連迎出承書，（i）置於大門前机上而奏之，（j）事畢而退焉。是時，皇子、諸王、諸臣悉以金髻花著頭，亦衣服皆用錦紫繡織及五色綾羅＜一云：服色皆用冠色。＞。（k）丙辰，饗唐客等於朝。

---

① 西嶋定生：『古代東アジア世界の形成』，東京：東京大学出版会，1983 年，第 429-434 頁。
② 《隋书·倭国传》卷八十一，第 1827 页。

（1）九月辛未朔乙亥，饗客等於難波大郡。（m）辛巳，唐客裴世清罷歸。

則復以小野妹子臣爲大使，吉士雄成爲小使，福利爲通事，副於唐客而遣之。①

如果从八世纪初完成《日本书纪》的时间来看，与《隋书·倭国传》相比，这些史料属于更为晚近的记录。不过，《推古纪》中对于此处的描述，包括时间、事件、仪式及其执行人，甚至具体动作、服饰情况等诸多信息的记录，非常详尽。日本学术界一般认为，《日本书纪·推古纪》中有关于接待外使的相关内容，其史料来源应该是当时太宰府保存的外交记录。② 当时如此详尽的外交记录，对于外交活动最重要的环节——裴世清与倭王见面交谈，却只字未提，不能不令人感到疑惑。

为了便于后文的分析，大致可以按照时间和事件，将整个出使流程划分为以下几个部分，它们共同构成了裴世清出使倭国的全部礼仪程序：

（a）遣使迎客，造新馆（四月）；（b）难波迎船，安置新馆，任命掌客（六月丙辰）；（c）郊劳（八月癸卯）；（d）~（j）唐客朝见（壬子）；（k）飨客于朝（丙辰）；（1）飨客于难波大郡（九月乙亥）；（m）唐客归国（辛巳）。

《隋书·倭国传》称裴世清的官职为"文林郎"，《推古纪》上段引文的大隋国书中称之为"鸿胪寺掌客"。年轻官员裴世清出身于关中贵族家族——中眷裴氏，《隋书·倭国传》称其职官为文林郎，是秘书省以文学见用的从九品散官，或许由于要出使倭国这一外交实务的原因，被授予正九品的鸿胪寺掌客。无论文林郎还是鸿胪寺掌客，职位级别并不高。使团成员除了裴世清之外，尚有十二名下客作为随员，称为"下客"，地位应该也很低。③ 从七世纪初大隋外交的整体情况来看，大业初年，隋炀帝向诸如西域诸国（侍御史韦节、司隶从事杜行满）、波斯（云骑尉李昱）、琉球（羽骑尉朱宽）、赤土（屯田主事常骏）等周边地域派出的使节级别都很低，官阶都未超过从七品。但是，在裴世清出使倭国的同一年，大隋也向突厥派遣了使节——朝司谒者崔毅，崔毅的官阶却是较高的从五品。一般认为，这种差异应该是大隋对这些周边小的邦国不甚重视所导致的。④

---

① 『日本書紀·推古紀』卷二十二，東京：岩波書店，1965 年，第 189-193 頁。

② 『日本書紀·解説』，第 15 頁。

③ 「元興寺伽藍縁起並流記資財帳」（天平十九年）："歲次戊辰大隨國使主鴻臚寺掌客裴世清、使副尚書祠部主事遍光高等來奉之。"『寧樂遺文』中卷，東京堂出版，1962 年，389 頁。有关于遍光高的情况，可以参看葛继勇、郑屹：《隋使遍光高与东亚佛教外交》，《海交史研究》，2002 年第 2 期。

④ 池田温：「裴世清と高表仁——隋唐と倭交渉の一面」，『東アジアの文化交流史』，第 61 頁。

与此不同，倭国将裴世清视为"大国客"①，并在难波做出精心的准备，"更造新馆于难波高丽馆之上"（a）。当六月壬寅朔丙辰，裴世清抵达难波津之后，使团就被安置此。可见，倭国对于裴世清的到来非常重视。

三

《隋书·倭国传》同《推古纪》相重叠的记录从（b）开始，即"倭王遣小德阿辈台，从数百人，设仪仗，鸣鼓角来迎。"《倭国传》提到的小德阿辈台（アベト），即《推古纪》中作为掌客之一的大河内直糠手（オオシカフチノアタイアラテ）②，小德为其官位。

在推古十一年（603 年）十二月，倭国始制位阶制，并在第二年春正月"始赐冠位于诸臣，各有差"，其冠位依次为"大德、小德、大仁、小仁、大礼、小礼、大信、小信、大义、小义、大智、小智，并十二阶。"③此外，作为推古朝礼仪制度改革的一部分，同年的十一月"皇太子请于天皇，以作大盾及盾，又绘于旗帜。"④因此裴世清在迎船的过程中，看到了设置仪仗、三十艘饰船鸣鼓角来迎的热烈场面。可以想象，大隋的使节应该非常震撼地感受到了推古朝改革之后扑面而来的新的国家气息，并且把倭国冠位的情况和迎船的场面都记录下来。

这里需要说明的是，此后在舒明四年，即贞观五年（632 年），高表仁使团抵达难波津，也有"遣大伴连马养，迎于江口。船卌二艘及鼓吹旗帜，皆具整饰"等仪式事件的记录，与之几乎完全相同。此外，延长五年（927 年）所编订完成的《延喜式》，卷二十一"玄蕃式"云：

> 凡新羅客入朝者，給神酒⑤……蕃客來朝，攝津國遣迎船。（王子來朝，遣一國司。餘使郡司。但大唐使者迎船有數。）客舶到難波津之日，國

① "時天皇敕之曰：妹子雖有失書之罪，輒不可罪。其大國客等聞之，亦不良。乃赦之不坐也。"『日本書紀·推古紀』卷二十二，第 191 頁。

② 『日本書紀·推古紀』卷二十二，第 190 頁注釋八認為"阿輩臺"為"阿輂臺"之訛，即"糠手"（アラテ）。

③ 『日本書紀·推古紀』卷二十二，第 181 頁。

④ 『日本書紀·推古紀』卷二十二，第 181 頁。

⑤ 在高表仁到達難波津迎船儀式的記錄中，也有給神酒的場面："於是，令難波吉士小槻、大河內直矢伏為導者，到於館前。乃遣伊岐史乙等、難波吉士八牛引客等入於館。即日，給神酒。"『日本书纪·舒明紀』卷二十三，第 231 頁。

使著朝服，乘一装船，候於海上。客船來至，迎船趨進。客舶迎船比及相近，客主停船。國使立船上。客等朝服出立船上，時國使喚通事，通事稱唯。國使宣云……客等再拜兩段謝言，託引客還泊。[①]

裴世清使团所面对的迎船的仪式也与此相同。可以推想，对于倭国而言，或许这一迎船的仪式在七世纪初已经开始制度化，直到《延喜式》编纂的时代，成为律令的具体实施细则。[②]

再随后，裴世清入京，倭王派遣额田部连比罗夫，举行了郊劳的仪式（c）。额田部连比罗夫，训读为ヌカタベノムラジヒラフ，即《倭国传》中所谓"又遣大礼哥多毗，从二百余骑郊劳"的大礼哥多毗。哥多毗是カタベ的音读，即额田部（ヌカタベ）。

在这里，有一点值得注意，在郊劳仪式举行的时间上，《推古纪》与《倭国传》出现了分歧。《倭国传》称这一仪式发生在迎船仪式的"后十日"，而《推古纪》提供了非常准确时间。郊劳仪式发生在秋八月癸卯，此时距离迎船、并将裴世清使团安置在新馆的六月丙辰，已经过去了四十七天，两者叙述的时间不符。不过，如果考虑到高表仁使团的情况，似乎可以做出一些推断。按照《舒明纪》中的记述，高表仁使团自迎船仪式之后（舒明四年十月甲寅）就没有了记载，再随后的记录出现在次年（舒明五年，633年）：

五年春正月己卯朔甲辰，大唐客高表仁等歸國。[③]

这一年的正月甲辰，正好是迎船仪式、安置使馆之后的第五十天。《旧唐书》中称高表仁"与王子争礼，不宣朝命而还"[④]，可以确定，在这将近两个月的时间中，双方应该一直在反复磋商朝觐礼仪、递交国书等问题。在裴世清之前相当长的时间内，并没有中国的使节来到倭国，双方都没有具体的接洽经验，由此可以推想，这段时间或许都在接洽并商定觐见倭王的相关事宜。那么在接洽的过程中，双方必然会有

---

① 『延喜式』卷二十一，東京：吉川弘文館，1975年，第546–547頁。

② 对这一仪式的具体研究，可以参看森公章：『古代日本の対外認識と通交』第三部第一章「古代難波における外交とその変遷」，東京：吉川弘文館，1998年。

③ 『日本書紀·舒明紀』卷二十三，第231頁。

④ 《旧唐书·东夷传·倭国》卷一百九十九上，北京：中华书局，1975年，第5340頁。《通典》卷一百八十五、《唐会要》卷九十九、《册府元龟》卷六百六十四、《资治通鉴》卷一百九十三、《新唐书》卷二百二十、《善邻国宝记》舒明三年条所引《唐录》中，皆做"與其王爭禮"。池田温：「裴世清と高表仁——隋唐と倭交渉の一面」，『東アジアの文化交流史』，第56頁。

一些分歧和最终的妥协。《隋书·倭国传》仅称"后十日"，简化了这些叙述，这样出使的流程看起来就非常顺利吧。

四

在郊劳仪式之后的第九天（壬子），裴世清朝觐了倭王，这也是出使活动的高潮部分，《倭国传》中所说的"既至彼都，其王与清相见"，就发生在此时。

在展开论述之前，有必要对此时倭国的礼制改革做出一些简单的考量。众所周知，礼仪是通过肢体表达意义的方式，以在空间中展现出其制定者所要赋予的意涵。裴世清的出使正是在推古朝礼制改革的时代所发生的，那么，就需要首先从推古朝的礼仪制度中澄清其所要展现的意义。其后，才有可能将之推衍到朝觐仪式的具体规则上来谈论倭王接见裴世清的问题，进而推定出正确的结论。

推古朝的改革是从推古十一年开始，其间对仪仗、冠位、服饰以及仪式等多方面都做出了明确的规范，可以说整个改革是围绕着政治礼仪为中心展开的。其中，《宪法十七条》是此次推古朝改革的纲领性文献，以将改革的成果制度化。《宪法十七条》其核心价值即在于通过"礼"在政治活动中支配作用，强化以倭王为中心的权威。

> 三曰：承詔必謹，**君則天之，臣則地之**。天覆地載，四時順行，萬氣得通。地欲覆天，則致壞耳。是以**君言臣承，上行下靡**。故承詔必慎，不謹自敗。
>
> 四曰：**群卿百寮，以禮為本**。其治民之本，要在乎禮。上不禮而下非齊，下無禮以必有罪。是以**群臣有禮，位次不亂**。**百姓有禮，國家自治**。[①]

从《宪法十七条》所预设的倭王与臣属之间的权力关系来看，有两点值得重视：其一，倭王的权威必须得到完全的肯定（天 - 公 - 君），使之成为政治权力的核心；其二，倭王与臣属的秩序也得到了明确的区分（君 - 臣），强调了"君言臣承，上行下靡"、"群臣有礼，位次不乱"的基本原则。这些措施的推行，既是应用"礼"对权力秩序重新进行政治整合的过程，同时也是国家文明化的过程。那么，根据礼仪制度改革所制定的觐见倭王的仪式，也势必贯彻了君臣秩序在礼仪实践中不可僭越的要求。

---

① 『日本书纪·推古纪』卷二十二，第181、183頁。

从礼仪实践的具体空间环境上来看，整个朝觐仪式（d）~（j）以及随后的（k）饷客于朝，都发生在小垦田宫中。1987年，在奈良县雷丘东方遗迹的考古发掘中，发现了平安时代墨书"小治田宫"字迹的土器，推定该地遗迹为小治田宫之所在，由此得以明确小治田宫内庭的大致形制。推古十一年，推古天皇从飞鸟川西岸的丰浦宫迁往东岸新营建的小垦田宫，随后皇极、齐明、天武直到淳仁、称德各朝在其原有的基础上做过进一步的修葺，至淳仁朝之时（758—764年）更名为小治田宫，其宫室的基本形制则继承了小垦田宫的面貌。[1] 这一发现也使我们可以较为直观地看到了当时的倭王接见裴世清的场所。

小垦田宫的构造取用了中国宫殿构造中"天子南面"以及中轴线的原则，象征着王权的中心建筑——大殿，被设置在宫廷的北方南向，南门、大门以及大殿都在中轴线上，其余建筑则以中轴线为中心，左右对称设置。小垦田宫的建筑形式，也体现出"君则天之，臣则地之""群臣有礼，位次不乱"的原则。在建筑中，以大门为间隔将宫殿分为公私两个空间。大门以北的区域以大殿为主要建筑，从《日本书纪》卷二十三《舒明纪》中："时中臣连弥气，自禁省出之曰：天皇命以唤之。则参进向于阁门，亦栗隈采女黑女迎于庭中，引入大殿"的记述来看[2]，"大殿"是当时倭王的私人空间（私的空间），并不允许群臣随意进出。大门以外则为朝庭（公的空间）。朝政通过群臣在大门以外合议（大夫合议制）之后奏请倭王，倭王在内庭决断的方式来处理，两个空间以大门为阻隔不能僭越，倭王也不与群臣百寮在朝庭上相见。[3]这一新的宫廷构造形式，同推古朝的国家政治改革相一致，也推动了朝礼仪式的改革。可以说，小垦田宫这一礼仪空间的修建是倭王权力绝对化的具体表现，具有划时代的意义。[4]

---

① 橋本義則：『古代宮都の内裏構造』，東京：吉川弘文館，2011年，第254頁。对于小垦田宫的发掘与具体形制的研究，参见林部均：「遣隋使と飛鳥の諸宮」，『遣隋使がみた風景』，東京：八木書店，2012年，第190-222頁。

② 『日本書紀・舒明紀』卷二十三，第221頁。

③ 井上亘：「推古朝の朝政」，『學習院史學』，1995年第33期。

④ 由于地势的原因，在实际修建中小垦田宫的中轴线并非南北的正方向，而是向西北偏离了二十度。见林部均：「遣隋使と飛鳥の諸宮」，2012年。

图 1　小垦田宫图 [1]

在壬子当天，首先，由阿倍鸟臣、物部依网连抱二人引领裴世清通过宫门（南门），进入朝庭（d）。现存文献并没有提供裴世清如何进入宫门的场景，按照推古十二年（604 年）的改革之后的朝礼要求，凡是通过宫门之人必须以匍伏礼进入。

> 秋九月，改朝禮。因以詔之曰：凡出入宮門，以兩手押地，兩腳跪之，越梱則立行。[2]

《三国志·魏志·倭人传》称：

> 传辞说事，或蹲或跪，两手据地，为之恭敬。[3]

匍匐礼是日本固有的传统礼仪，以表示恭敬。这一礼仪直到天武十一年（682 年）才被废止 [4]，所以裴世清及倭国的阿倍鸟臣、物部依网连抱，可能都是以匍匐礼进入朝庭的。

再随后，信物被放置在庭中（e），《推古纪》称："裴世清亲持书，两度再拜，言上使旨而立之"（f）。读到这一段时，让我非常惊讶。两度再拜，亦作两段再拜、四拜。这也就是说，裴世清亲自拿着大隋的国书，在朝庭中向倭王行四拜之礼。如果站在中国人的角度来看，这是无法让人理解和接受的事情。由于文献的散佚，我们不很清楚大隋接受蕃国国书的具体仪则。不过唐初"郊庙宴享，悉用隋代旧仪"，之后太宗、高宗两朝"修改旧仪"先后修成《贞观礼》和《显庆礼》。至开元之时，又

---

① 　岸俊男：『日本古代政治史研究』，東京：塙書房，1966 年。
② 　『日本書紀·推古紀』卷二十二，第 187 頁。
③ 　《三国志·魏志·倭人传》卷三十，北京：中华书局，1959 年，第 856 頁。
④ 　"九月辛卯朔壬辰，敕自今以後，跪禮匍伏禮並止之，更用難波朝廷之立禮。"『日本書紀·天武紀』卷二十九，第 455 頁。

在此二礼基础上"更讨论古今，删改行用"，始成《开元礼》，并于开元二十年（732年）颁行。① 今唯有《开元礼》尚存，从其卷七十九"皇帝受蕃使表及币"的仪式记录，或许可以从中窥见一二有价值的信息。其文如下：

> 皇帝出自西房，即御座，南向坐。符寶郎奉寶置於御座，侍衛如常儀。樂止，中書侍郎一人，令史二人持案預俟於西階下，東面北上。舍人引使者及庭賓入就，懸南位。使者初入門，太和之樂作，立定樂止。中書侍郎帥持案者進詣使者前，東面。侍郎受書置於案，回詣西階。侍郎取書升奏，持案者退。初，侍郎奏書，有司各帥其屬受幣馬於庭。典儀曰：再拜，贊者承傳，使者以下皆再拜。舍人前承制降詣使者前，問蕃國主，使者再拜，對訖，又再拜。舍人回奏，又承敕問其臣下，使者再拜，對。又勞使者以下，拜，對，及舍人回奏，並如常……侍中前跪奏，稱侍中臣某言，禮畢，俯伏興，還侍位。②

国书是君主的旨意，代表着国家的权威，礼仪则是通过肢体语言表达等级关系的方法。从以上仪式来看，皇帝在接受蕃国国书的过程中，蕃使在朝庭上不需要持国书向皇帝行礼。国书由蕃使转交给中书侍郎，随后由中书侍郎取书升奏给皇帝。随后，当"有司各帅其属受币马于庭"以及中书舍人依次传承皇帝对蕃国国王、臣下等人的劳问之时，蕃使才需要向皇帝行拜礼（再拜或拜）。从中国礼仪的角度看，倭国要求大隋的使节持国书行拜礼非常无理吧！

此外，作为中国的研究学者，看到两度再拜也会感到困惑。两度再拜，或者说四拜礼，并不是中国常见的礼仪。按照顾炎武在《日知录》中的考证"古人未有四拜之礼"：

> 若平禮止是一拜、再拜，即人臣于君亦止再拜。《孟子》："以君命將之，再拜稽首而受"是也。禮至末世而繁，自唐以下即有四拜……《戰國策》："蘇秦路過洛陽，嫂蛇行匍伏，四拜，自跪而謝。"此四拜之始，蓋因謝罪而加拜，非禮之常也。③

由于后世礼仪不断繁复的缘故，自唐代以下才有四拜之礼。增加拜的次数，意

---

① 《旧唐书·礼志》卷二十一，北京：中华书局，1975 年，第 816–818 页。
② 《大唐开元礼》卷七十九，北京：民族出版社，2000 年，第 388–389 页。
③ 《日知录集释》卷二十八，上海：上海古籍出版社，2006 年，第 1579–1580 页。

味着对对方的尊敬不断地加深，而自己一方的地位则不断地降低。从七世纪初中国使节的角度来看，两度再拜已经不合规制，何况"持国书，两度再拜"更是根本无法接受的礼仪。难道裴世清真的履行了这一礼仪吗？

在裴世清出使倭国之后的第三年，即推古十八年（610年）十月，新罗使、任那使来到倭国，并且也在朝堂上觐见了倭王。如果以新罗使、任那使的觐见仪式做一个对比，就可以发现裴世清所履行仪式的记述一定是有问题的。

> 丁酉，客等拜朝庭。於是，命秦造河勝、土部連蒐為新羅導者，以間人連塩蓋、阿閉臣大籠為任那導者。共引以自南門入，立於庭中。時大伴咋連、蘇我豊浦蝦夷臣、阪本糠手臣、阿倍鳥子臣，共自位起之，進伏於庭。於是，<u>兩國客等各再拜以奏使旨</u>，乃四大夫起進啓於大臣。時大臣自位起，立庁前而聽焉。既而，賜祿諸客，各有差。①

这一仪式的记述与裴世清觐见的步骤相同，皆是由两名导者引领使节进入宫门，立于庭中，随后再拜奏旨。"新罗、百济皆以倭为大国"②，新罗使节尚且仅是"再拜"，而被视为"大国客"的裴世清却"持国书，两度再拜"，让人无法理解。我怀疑，此处所谓的"两度再拜"是《日本书纪》修纂过程中被修改过的结果。

在《日本书纪》的全文中"两度再拜"的叙述仅此一处。若从《日本书纪》此处的行文来看：

> 時，使主裴世清親持書，<u>兩度再拜</u>，言上使旨而立之。其書曰：<u>皇帝問倭皇</u>……

其后，紧接着的内容就是以"皇帝问倭皇"开头的国书。对于这篇国书，学界已经形成了较为一致的看法，即其中的"倭皇"当为"倭王"二字，它是《日本书纪》在编纂过程中有意修改了史料的文辞，以提高当时日本之国家地位的结果③。如果从日本礼仪的角度看，四拜之礼并不难理解。四拜是比再拜更为尊敬的肢体语言，四拜之礼是日本的传统礼仪之一，以表达至高的敬意。在平安时期，四拜之礼成为了专门祭拜神祇的礼仪。所以，藤原公任（966—1041年）所著《北山抄》云：

---

① 『日本書紀・推古紀』卷二十二，第195頁。
② 《隋书》卷八十一，《倭国传》，第1826页。
③ 瑞溪周凤（1392—1473年）编纂的日本外交史料集《善邻国宝记》中引《经籍后传记》"皇帝问倭皇"一句，为"皇帝问倭王"。『善鄰國寶記』，東方學會鉛活字本，1928年。

本朝之風，四度拜神，謂之兩段再拜。[①]

根据承和七年（840年）修纂而成的《日本后纪》中的记述，桓武朝之时曾经废除了朝礼中的四拜之礼，改为再拜。其文曰：

十八年春正月丙午朔，皇帝禦大極殿受朝。文武官九品以上、蕃客等陪位。<u>減四拜為再拜</u>，不拍手，以有渤海國使也。[②]

可知，在桓武十八年（797年）以前，四拜礼尚未形成对于神祇的专门礼仪，也曾经应用于朝礼等国家礼仪之中（另见之前《延喜式》卷二十一"玄蕃式"引文）。或许，《推古纪》中此处的原文应该只是：

使主裴世清親持書再拜，言上使旨而立之。

两度再拜，则是依据当时的表示至高敬意的四拜之礼做出的修改。即便如此，持书再拜也很难让大隋的使节接受吧。我怀疑，贞观五年，高表仁礼仪之争的关键性问题可能就在于此。

五

再随后：

（g）時阿倍臣出進，以受其書而進行，（h）大伴齧連迎出承書，（i）置於大門前機上而奏之，（j）事畢而退焉。

这其中有两个步骤需要特别注意，即"倭国受书"（g）和"承书再奏"（h，i）。从便捷的角度讲，这两个步骤完全可以由阿倍臣一个人来完成，不需要国书在他与大伴啮连两个人的手中再转移一次。但是，为什么还要增加一个烦琐的程序呢？在仪式中使原本可以简易的步骤繁复化必然是为了强化某种意义。这两个步骤的设定，首先，大隋的使节裴世清将所执的国书递交给了同样是臣属的阿倍臣，裴世清与阿倍臣分别是大隋和倭国的臣属，拥有对等的地位。阿倍臣在其中起到将国书在两个国家之间过渡性的作用；随后，阿倍臣将国书承递给另一位倭国臣属大伴啮连，再由后者再次上奏给"大殿"上的倭王，完成二次呈奏。这一程序被繁复化的目的，则

---

① 藤原公任《北山抄》卷一，平田職康舊藏抄本。
② 『後日本紀』卷八，東京：吉川弘文館，1984年，第15頁。

在于在使节面前显示出倭王的威仪 ①。当这一系列仪式结束之后，裴世清退出（j）。

从朝觐仪式上看，裴世清一直都在"庭中"；放置国书的"机"摆放"大门"（阁门）之前；倭国的皇子、诸王、诸臣身着"冠位十二阶"推行之后等级分明的新礼服在厅（朝堂）的位置上出席。倭王则在大殿里面，观看着"庭中"举行的各种仪式。在这样的仪式中，裴世清的活动始终未能超出群臣们所在的区域——"朝庭"。因此，裴世清根本就没有同倭王直接交谈的机会。

在朝觐之后的第四天，裴世清再一次来到朝庭接受了宴请（k），其所在的区域仍然是朝庭的空间之中，而不能越过大门、升入大殿。倭国此时应该派出了重要的官员在朝庭上"共食"。之后，裴世清返程回到难波使馆，倭国再次宴请（l），六天后裴世清回国（m）。

此外，还有一处史料需要澄清。推古十八年十月，新罗使、任那使觐见的仪式场景中，作为"受书"的阿倍臣与"承书再奏"的大伴啮连同样再次出现在朝庭上，其中特别引人注目的是还出现了苏我大臣在厅前听旨的身影。这很容易让人产生联想，裴世清的觐见仪式中，苏我大臣是不是也出现在这样重要的位置上，只是史籍失载。裴世清所谓"其王与清相见"，会不会将参与了仪式的苏我大臣误认为是倭王。如果不是的话，又该如何解释呢？其文为：

> （1）時大伴咋連、蘇我豊浦蝦夷臣、阪本糠手臣、阿倍鳥子臣，共自位起之，進伏於庭。（2）於是，兩國客等各再拜以奏使旨。（3）乃四大夫起進啓於大臣。（4）時大臣自位起，立厅前而聽焉。

我认为，苏我大臣听旨的原因，在于新罗使、任那使与裴世清所奏的使旨的形式不同。《日本书纪》推古二十九年（621 年）有一条非常重要的记录：

> 是歳，新羅遣奈末伊彌賣朝貢，仍以表書奏使旨。<u>凡新羅上表，蓋始起於此時歟。</u> ②

这也就是说，推古十八年的新罗使还没有表文，此时所谓的"使旨"只能通过口头传达，也就是"捎口信"。那么仪式差别的原因就明白了。由于口头传达没有实物载体，原本负责"受书"和"承书"的两位官员阿倍臣和大伴啮连，也就没有办

---

① 这一觐见仪式或许受到了大隋宾礼的影响，相当于《开元礼》"皇帝受蕃使表及币"里中书侍郎的工作。田島公：『日本の古代』第七卷「外交と儀礼」，東京：中央公論社，1986 年，第 207-213 頁。
② 『日本書紀・推古紀』卷二十二，第 205 頁。

法完成"受"与"承"的肢体动作,只能用耳朵来听。于是,就有了四位官员"共自位起之,进伏于庭"——用耳朵听使旨的动作,这一过程也就相当于受书(g)和承书(h)的过程。当听到之后,他们又应该如何让远在大殿上的倭王也听到使旨呢?四大夫作为朝庭上的官员,没有进入大门的权力,这就只能通过一名可以进入内庭的官员——朝庭的最高长官苏我大臣,以耳受口传的方式来转达,所以才有了(3)四大夫进启于大臣,(4)大臣起身站在厅前"听"的动作。最后,再由大臣将"口信"上奏给倭王,这也就相当于(i)"置于大门前机上而奏之"的步骤。

所以可以肯定,裴世清的朝觐仪式中,应该没有苏我大臣听旨的情景,裴世清也根本没有见到倭王。

结语

从以上的讨论看来,《隋书·倭国传》没有记载倭王是女帝这件事情就容易解释了。通过仪式的还原,我们可以做出如下的推断:裴世清之所以没有发现天皇是女性,当然不能排除倭国官员们有意的隐瞒;就裴世清个人而言,朝庭与大殿属于两个不同的权力空间,裴世清按照倭国安排的朝觐仪式递交了国书,他所活动的区域仅仅被限制在朝庭之内,并没有靠近倭王的机会,才没有发现倭王是女性。

既然裴世清没有见到倭王,那么《隋书·倭国传》中裴世清与倭王的对话应该怎么解释呢? 这段话必然出自裴世清的记述,因为他是倭王谈话的当事人。裴世清所携带的国书中说:

> 知皇(当作"王")介居海表,抚宁民庶。境内安乐,风俗融和。深气至诚,远修朝贡……故遣鸿胪寺掌客裴世清等,稍宣往意,并送物如别。

可知在隋炀帝的构想中,倭国应该被纳入到以大隋为中心的朝贡体制之中,倭国的遣隋使一直被大隋理解为朝贡使,裴世清则作为大隋的宣谕使到倭国传达旨意[1]。与倔强的老臣高表仁相比,年轻而圆滑的裴世清履行了倭国所安排的朝觐仪式。但是,推古朝所制定的礼仪制度强化了倭王的绝对权威,裴世清根本没有见到倭王的可能,也没有尽到隋炀帝所期待的向倭王宣谕的职责。从这一点上来看,裴世清

---

[1] 川本芳昭:「隋書倭国伝と日本書紀推古紀の記述をめぐって——遣隋使覚書」,『史淵』,2004 年第141 期。

的出使可以说是失败的。所以，裴世清有可能为了掩盖这种失败，伪造一段对话放在此处，以营造出隋炀帝理想的情景。

在《隋书·倭国传》的记述中，倭王热情地欢迎裴世清的到来，在见面时又非常谦恭地说自己是"夷人僻在海隅，不闻礼义""以待大使，冀闻大国惟新之化"，特别是说到"故遣朝贡"，无疑承认了隋炀帝倭国应该是东亚世界中大隋的朝贡国的政治构想。同时在交谈中，与倭王的谦逊卑躬相反，裴世清则宣扬国威，又称"皇帝德并二仪，泽流四海"对皇帝极尽赞美。

可以推想，当隋炀帝看到裴世清报告中的记述，宣谕非常顺利，倭王也心悦诚服地承认倭国的朝贡国地位，并且极力赞美大隋在东亚世界的权威和皇帝本人魅力，隋炀帝应该对裴世清这次出使的成果非常满意吧，裴世清本人也能成为这套谎言最大的受益者。①

---

① 根据池田温的考证，入唐之后（618年），裴世清以主客郎中身份再次出现在史记之中。按照《唐六典》的描述，从五品上的主客郎中是专门负责"诸蕃朝聘之事"的官员。很有可能，裴世清凭借成功地出使了倭国的外交成就，此后十年内获得了这一职位。池田温：「裴世清と高表仁——隋唐と倭交渉の一面」，『東アジアの文化交流史』，第49頁。

《大日本史》神代记事研究

○ 葛栩婷　京都大学

一、引言

　　明历三年（1657年），水户藩藩主德川光国创修《大日本史》，并于宽文十二年（1672年）设史局彰考馆，集人见卜幽、佐佐十竹、栗山潜锋、三宅观澜、安积澹泊等众多学者进行该书的编纂，历时二百五十年终得以完成。《大日本史》是日本首部体例完备的纪传体通史，该史著共计三百九十七卷，其中本纪七十三卷，列传一百七十卷，志一百二十六卷，表二十八卷。

　　《大日本史》是近世日本最具价值的史书之一。它有别于幕府的官修正史《本朝通鉴》[①]，在史观、体裁、取材对象以及史论上，有鲜明独特的见解；与私人撰写史著相比，又规模巨大、史料丰富、史论兼备，在内容和思想上独树一帜，兼具幕府官修史书和私人撰史两者的优点，在尾张的《神君年谱》与纪伊的《创业记考

[①]　《本朝通鉴》：自宽永二十一年（1644年）林罗山起稿《本朝编年录》，至宽文十年（1670年）《本朝通鉴》正、续篇编成，整部史书的编修共历时三十六年。《本朝通鉴》是江户幕府全力支援之下的第一部官修正史，前三代将军都对其十分关注，大老、老中、寺社奉行以及御三家还参与到史料搜集、体例议定、图书保存等修史活动之中。参见翟亮：《日本近世的修史与史学》，博士学位论文，南开大学历史系，2012年，第77页。

异》等藩修史著中成为代表性著作[1]，在日本近世史学中占有重要的一席之地。[2] 主修《大日本史》的水户藩作为拱卫德川幕府的"御三家"[3]之一，却在《大日本史》中表现出了极强的尊皇观念，甚至独创了"尊南朝为正统、降神功皇后于列传、进大友天皇于本纪"三大"特笔"，以"正闰皇统、是非人臣"为诉求，其背后反映的是江户时期天皇、将军及亲藩大名等势力之间错综复杂的关系。

日本古代史学发轫于中国传统史学。在整个东亚世界中，受到中国传统史学文化影响的外国史著并不少见，朝鲜的《李朝实录》[4]、越南的《越史略》[5] 都在其列。然而统而观之，当属日本史学受中国传统史学影响最深。日本首部官修正史《日本书纪》以汉唐史学为修史蓝本，全书以汉文写就，与其后的《续日本纪》（797 年）、《日本后纪》（840 年）、《续日本后纪》（869 年）、《日本文德天皇实录》（879 年）、《日本三代实录》（901 年）并称为"六国史"[6]，造就了日本历史上的第一个汉文修史高峰。江户时期，国民复古之风盛行，学者多诉求于直接从中国传播而来的古籍，并重新运用汉字为其书写语言，掀起了汉文修史的第二个高潮。《大日本史》便在这样的时代环境下应运而生。

《大日本史》与中国史学的渊源不可谓不深。首先，《大日本史》深受司马迁《史记》的影响。邢永凤辟专文分析了《史记》与《大日本史》编撰动机的关系[7]，周一良先生则从《大日本史》体裁的角度谈到了《史记》对其产生的影响。作为日本第

---

[1]　坂本太郎：『日本の修史と史学』（増補版），東京：東京至文堂，1966 年，第 179 页。

[2]　瞿亮：《日本近世的修史与史学》，博士学位论文，南开大学历史系，2012 年，第 105 页。

[3]　"御三家"出自日本的江户时代，指当时除德川本家外，拥有征夷大将军继承权的尾州家、纪州家、水户家三支分家，是与将军家关系最为紧密的三家大名。

[4]　《李朝实录》又称《朝鲜王朝实录》，记载了由朝鲜王朝始祖太祖到哲宗的 25 代 472 年（1392—1863 年）间历史事实的年月日顺编年体汉文记录；若连最后两任君主的记录也包括在内，则包含总共 27 代 519 年（1392—1910 年），共 1893 卷，888 册，总共约 6400 万字。该实录从基础资料的起草到实际编述和刊行，所有工作由春秋馆的史官负责，此官职的独立地位和对记述内容的保密，得到了制度上的保障。该实录是在下一代国王即位后开设实录厅、安排史官编撰的。

[5]　《越史略》为越南古代历史文献，作者不详，约撰于越南陈朝（1225—1400 年）年间。该书共三卷，采用编年体，以汉语文言文写成，记述李朝史迹较详，后附陈朝纪年。是越南最古史书之一，记载越南上古时代（包括越裳氏、南越国等）至李朝（1009—1225 年）事迹的重要典籍。

[6]　六国史是对日本奈良时代、平安时代所编辑的六部史书的总称。公元 720 年舍人亲王临摹中国正史文笔，主编《日本书纪》，成为日本正史的滥觞。公元 797—901 年，日本朝廷陆续编撰五部正史：《续日本纪》《日本后纪》《续日本后纪》《日本文德天皇实录》《日本三代实录》，加上原来的《日本书纪》，合称"六国史"。

[7]　邢永凤：《〈大日本史〉中的中国要素》，日语教育与日本学研究国际研讨会论文，上海，2011 年 5 月，第 332-337 页。

一部最为完整的纪传体通史,《大日本史》的体例,其纪、传、志、表的安排,基本都是模仿《史记》的产物。[①] 其次,《大日本史》的"大义名分、正闰皇统"思想与南明遗民朱舜水有着莫大关联,覃启勋[②]、韩东育[③]、李晓航[④] 等学者是从事这类研究的典型代表。再次,从史学文本看,与六国史时代相比,《大日本史》对文本内容的处理进一步受到中国史学叙事传统的影响,从内容的选择到文章的修辞,均能看出此种影响深化的痕迹。

本文将从《大日本史》的神代记事入手,主要通过对比《日本书纪》的神代记事,从史学文本、史学体例、史学思想等方面探讨《大日本史》神代记事的变化及其所反映出来的种种现象,管窥日本史学传统的特点、中国史学传统的特点以及两种史学传统碰撞后所发生的各种变化。本文第二节的讨论对象为《大日本史·本纪》中的神代记事。《大日本史·本纪》完成于元禄十年(1697 年),记录了从神武天皇至后小松天皇之间一百代天皇的历史,完成之初被称为"百王本纪"。在共七十三卷的"本纪"中,神代记事所占篇幅极小,270 余字的内容在接近 80 万字的本纪中占比不到 0.1%。神代记事在本纪中占比如此之小说明《大日本史》对神代记事不甚重视,而探讨这一现象形成的原因便是本文第二章的目标。本文第三章将对《大日本史·神祇志》中的神代记事展开讨论。《神祇志》成书于明治十五年(1882 年),与《大日本史·本纪》的成书年代时隔 185 年之久,这之间发生的诸多变化促成了《神祇志》的产生,然而,与《日本书纪》时代的神代记事相比,保留在《神祇志》中的神代记事仍然发生了很大的变化。讨论这一变化的具体过程以及这一变化说明的问题是本文第三节的主要目标。通过第二、三两节的讨论,在对《大日本史》神代记事有一定认识的基础之上,本文第四节将总结本研究的意义所在与此后可以继续深入的研究方向。

---

① 周一良:《〈大日本史〉之史学》,《周一良集》第四卷:《日本史与中外文化交流史》,沈阳:辽宁教育出版社,1998 年,第 31-32 页。

② 覃启勋:《朱舜水东瀛授业研究》,北京:人民出版社,2005 年;《朱舜水与日本水户学关系之考辩》,《湖北大学学报》(哲学社会版),2009 年第 6 期,第 90-95 页。

③ 韩东育:《朱舜水在日活动新考》,《历史研究》2008 年第 3 期,第 94-108 页;《朱舜水在日活动再考》,《古代文明》,2009 年第 3 期,第 94-105 页;《日本近世界对中国经典结构的改变——兼涉朱舜水的相关影响》,《社会科学战线》,2010 年第 11 期,第 211-219 页。

④ 李晓航:《朱舜水史学思想及其对日本史学发展的影响》,《北方论丛》,2012 年第 2 期,第 105-109 页。

二、《大日本史·本纪》中的神代记事

按照日本国内传统说法，日本天皇是神之后裔，其权威的合法性来自于"神"。据《日本书纪》载，天照大神之孙天津彦彦火琼琼杵尊受天照大神及高皇产灵尊之命从天而降，治理苇原中国，其子彦火火出见尊即为日本初代天皇神武天皇祖父。壬申之乱以后，取得政权的天武天皇欲向外宣示自身皇统，故命舍人亲王等撰《日本书纪》以强化中央权力、为政权树立合法性和正统性。[①] 由是，在天皇权威神圣不可侵犯的话语体系中，"神的历史"成为浓墨重彩的一笔。《日本书纪》全书共三十卷，记述了从神代至持统天皇（686—697 年在位）时期的日本历史。其中，卷一卷二记述神代，即神武天皇（前 660—前 585 年在位）即位之前由神统治的时代，神代记事部分详细记述了天地开辟、国土生成、众神生成、天照大神神隐、天孙降临等众多神话，共计 2 万余字，在 20 余万字的全文篇幅中占比达 10%。与《日本书纪》同时代的《古事记》[②] 更重视神代记事。《古事记》共分上、中、下三卷，上卷记神代之事，共计 19484 字，中、下两卷记神武天皇至推古天皇（592—628 年在位）共三十三代天皇之事，共计 34557 字。《古事记》全文共计 54041 字，神代记事在其中占比高达 36%。由此可知，在日本国的历史传统中，神代占据了至关重要的地位，记纪神话可谓是日本历史之源。但是，《大日本史·本纪》，仅以 270 余字记录神代。

《大日本史·神武天皇本纪》开篇云（笔者译）：

天祖大日灵尊治高天原，是为天照大神。天照大神之子正哉吾胜胜速日天忍穗耳尊娶高皇产灵尊女栲幡千千姬，生天津彦彦火琼琼杵尊。天祖既命群神平定下土，乃使天孙降居苇原中国，而为之主。赐以八坂琼曲玉、及八咫镜、草薙剑三种宝物。因谓之曰："丰苇原瑞穗国，是吾子孙可王之地也，尔宜就而治焉，宝祚之隆，当与天壤无穷矣。"于是琼琼杵尊离天磐座，降于日向高千穗峰，遂到吾田。娶大山祇女木华开邪姬，生彦火火出见尊。彦火火出见尊娶海神丰玉彦女丰玉姬，生彦波瀲武鸬鹚草葺不合尊。杵尊而下至葺不合尊，世世相袭，有天津日高之号，后世尊之，亦皆称天祖。天祖之胤，传于无穷，故腾极谓之日嗣。上世之事，年代悠远，神异

① 韩昇：《日本古代修史与〈古事记〉、〈日本书纪〉》，《史林》，2011 年第 6 期，第 148 页。
② 《古事记》是日本最早的历史书籍，成书于和铜五年（712 年），由太安万侣根据稗田阿礼口述的《帝纪》与《旧辞》写就。虽成书年代稍早于《日本书纪》（720 年），但由于《古事记》记录稗田阿礼的口述，从体例、行文等考虑，均称不上敕撰的正史。由是，《日本书纪》仍是日本历史上首部正史。

不测，总而称之曰神代云。①

这段记事不及天神五世，只从天孙降临讲起，以表明神武天皇血统的神圣性，而神代的其余丰富内容则以"上世之事，年代悠远，神异不测，总而称之曰神代云"一句一笔带过。

值得关注的是，今日所见之《神武天皇本纪》亦非其原貌。天和四年（1684年），撰写神武天皇纪的板垣宗憺并未将神代之事列入卷首，其时的旧文为：

神武天皇，讳彦火火出见，小名狭野，茸不合尊第四子也。②

及至享和三年（1803年），高桥广备、藤田幽谷上请藩主德川治保，加入神武天皇之前的皇室世系，才在神武天皇卷中追加了以上270余字的内容。③

针对这一现象，日本学者井川作之助认为，《大日本史》本应仿照《史记》卷首的《五帝本纪》在卷首置《天神纪》《地神纪》④，但之所以《天神纪》《地神纪》最终未成，是因为编修者"一则遗斥奉旨笔记，一则舛释先公之意"。⑤井川指出⑥，光国曾称：

神代は怪異の事ばかり候間、神武の口へものせがたし、別に天神本紀地神本紀を立、七代五代の事をかくべしと、吉弘佐介・佐々介三郎・人見又左衛門へ、天和四年三日おほせらる。（御意覚書）

但藤田一正在汉译时出错，将其译成：

貞享元年四月三日。公謂傅、宗淳、元常曰：神代之事，率皆怪誕，難載神武首，宜別作天神本紀、地神本紀。（奉旨筆記）

也就是说，藤田一正将日语中本来应该指称"场所"的"口"错误地翻译为"首"，更由于高桥、藤田二人延续了这一错误，所以只是在神武本纪中添笔，而未在神武本纪前另写《天神纪》《地神纪》。笔者认为，井川的这一理解存在一些问题，不论"口"是指"首"还是"场所"，就上述史料而言，其核心思想是需另辟《天神纪》《地神纪》以记录神代，故而最终《天神纪》《地神纪》未成的根本原因并不在语义理解错误，而应当有别的理由。如名越时正、三木正太郎就通过《大日本史·神代纪》缺

---

① 德川光圀编：『大日本史』第一册，卷一「神武天皇本紀」，東京：吉川半七，1900年，第1頁。
② 井川作之助：『大日本史改造論』，東京：東京堂，1916年，第87頁。
③ 瞿亮：《日本近世的修史与史学》，博士学位论文，南开大学历史系，2012年，第133-134页。
④ 井川作之助：『大日本史改造論』，第57頁。
⑤ 井川作之助：『大日本史改造論』，第1-4頁。
⑥ 井川作之助：『大日本史改造論』，第89-90頁。

失所引发的争论，看到了重视神道的国学派和重视史实展开的水户学派之间的矛盾。[①]中国学者瞿亮则以"合理精神"来解释《大日本史》首篇不记神代的原因。[②]

依笔者拙见，《大日本史·本纪》对神代的这一处理表明两点：

其一，与《日本书纪》《古事记》相比，《大日本史·本纪》对神代着墨如此之少，且不论如何，《天神纪》《地神纪》最终都未成书，至少可以证明《大日本史》对神代的重视程度已大有下降，因为在《大日本史》这里，如此神圣的神代，已经是可以从本纪里删减至此的存在。在《日本书纪》中占比达10%、在《古事记》中占比达30%的神代记事，只在《大日本史·本纪》中占比不足0.1%。其内容被大量删减，被保留的仅仅是与神武天皇的神圣血统紧密相关的天孙降临的故事。

其二，此时中国史学叙述传统对日本修史事业的影响相较于六国史时代有所加深。在中国史学叙事传统之下，神话从来不是正史叙述的主要对象。中国历代正史叙述的都是"人的故事"。《五帝本纪》中的黄帝、颛顼帝、帝喾、帝尧、帝舜均为人间的帝王，然后有夏禹，承颛顼帝之血脉，为黄帝之子孙。司马迁反对把超自然内容写进历史。他认为那些内容"不雅驯"，所以《史记》作为通史，却只从《五帝本纪》开始，其中有关黄帝的超自然内容（见《山海经》）也一概不予记录，对更早的三皇时代则完全付之阙如。[③]但日本的神代讲述的是"神的故事"。天地开辟之初，先有国常立尊，再有伊奘诺尊、伊奘冉尊，然后二神生国土，生自然万物，生天照大神、月夜见尊、素戋鸣尊等神，再有其他神话故事，其中有超自然现象，也有不雅驯的内容。如何将日本的神代兼容于中国传统史学叙事模式之下，是《日本书纪》与《大日本史》遇到的一个难题。不同于《日本书纪》对神代完整的保留，将神代从本纪中几乎删减至无，便是《大日本史》对这一难题的一种回答。而两者之间选择的差异，正是中国史学叙述传统对日本史学叙事影响加深的表现。

其三，通过《神武天皇本纪》中神代记事自身的前后变化，可以窥见水户学前后期的变化。尾藤正英氏认为，前期水户学主要受朱子学的影响，重视个人的道德；江户中后期，随着古学与国学的兴起，水户学亦受其影响，开始重视制度等"礼乐

---

① 名越時正：「大日本史と義公」，日本学協会編『水戸学集成 5——大日本史の研究』，東京：国書刊行会，1997 年复刻版，第 146 頁；三木正太郎：「大日本史と国学者」，日本学協会編：『水戸学集成 5——大日本史の研究』，第 416-424 頁。

② 瞿亮：《日本近世的修史与史学》，第 133 页。

③ 陈连山：《走出西方神话的阴影——论中国神话学界使用西方现代神话概念的成就与局限》，《长江大学学报》，2006 年第 6 期，第 21 页。

刑政",关注天皇作为君主的神圣皇统。① 反映在《大日本史》的编纂上,一方面是享和三年高桥、藤田二人在神武本纪中追加了270余字的神代记事。另一方面则是《神祇志》的编写。有关《神祇志》的讨论,详见第三节,这里不作展开。

由此,透过《大日本史·本纪》中神代记事的变化,中日两国史学传统的碰撞、碰撞过程中的龃龉以及水户学本身前后期的变化,已略显一二。但问题的全貌远不止于此,通过对《大日本史·神祇志》中神代记事的考察与探究,想必能对这些问题有更为全面而又深入的理解。

三、《大日本史·神祇志》中的神代记事

1. 神代记事的重要性与必要性

《大日本史》是日本一部纪传体通史,全书纪、传、志、表合计共三百九十七卷,其中,《神祇志》居于十志之首,从卷二四四至卷二六六,共二十三卷,分总叙、祭仪、神社、神殿、神官与斋服等篇,"总叙篇一"记神代。沉寂了五十年之久的彰考馆于宽政元年(1789年)重开,藤田幽谷等人逐渐着手编写志表。《神祇志》由栗田宽博士开始编纂于安政六年(1859年),于明治十五年(1882年)成书,历时24年。此前,青山延于曾于享和三年(1803年)写成一份《神祇志稿》,但该稿仅仅停留在草稿阶段,并未最终成文。②

《大日本史》虽将神代从本纪中几乎削减至无,但时隔百年,又作一《神祇志》,且于篇首记天神地祇之史。《神祇志》的出现,意味着《大日本史》的编纂者无法完全抛却日本国所固有的历史传统,也意味着"国体"观念在这一时期得到了前所未有的强化。

《神祇志·序》很好地阐释了《神祇志》的编纂理由(以下《大日本史》所引皆笔者译):

> 若舍人亲王之撰,以该博之才,网罗古今,然至神代之事,则胪列众

---

① 尾藤正英:「水戸学の特質」,今井宇三郎·瀬谷義彦·尾藤正英校注:『日本思想大系53·水戸学』,東京:岩波書店,1976年,第562-570頁。

② 西山德:「『神祇志』的学問価値」,日本学協会編:『水戸学集成5——大日本史の研究』,第436-438頁。

说，以广异闻，疑以传疑，不敢自断，盖后世不易述也。<u>虽然生神立人之世，视为神异，措而不论，则国家所重，神祇之典，祭祀之礼，其义皆不可考也</u>。……<u>神物灵踪，今皆见存，触事有效，不可谓虚</u>。夫元始虽邈矣，苟载籍所存，谨择其说，述而不作，以备稽古，史氏所当务也。

——《神祇志·序》①

《大日本史》为何不得不记神代？首先，"生神立人之世，措而不论，则国家所重，神祇之典，祭祀之礼，其义皆不可考"；其次，"神物灵踪，今皆见存，触事有效，不可谓虚"。也就是说，神代于日本历史而言，既有论述的重要性，也有论述的必要性。

（1）神代记事的重要性

《神祇志》正文之前有两序，一是《大日本史》志表的总序，一是《神祇志》的序。两序均对神代给予了高度肯定。学者秋元信英甚至认为："两序既担当了规定《大日本史》全体的任务，也担当了总括文化史的任务。"②

《总序》云：

> 正闰皇统，是非人臣，汙隆淑慝之迹，纪传既备矣。综敷政体，经纪世道，治乱盛衰之故，志表宜详焉。考诸汉土之史，有表书者，创于司马迁，而后世模仿，各以一代所重，为之编次，则体例固不可执一而论也。况我天朝，神圣肇基，光宅日出之邦，照临宇内之表，其典章文物，复出于三方之外。夫祭祀者，政教之所本，敬神尊祖，孝敬之义，达于天下。凡百制度，亦由是而立焉。天皇以天祖之遗体，世传天业，群臣以神明之胄裔，世亮天功。君之视民如赤子，民之视君如父母，亿兆一心，万世不渝，莫不各献其力，以致忠诚，是海外诸蕃之所绝无者。<u>故以神祇为首，君传天统，臣皆神胤，一气贯通，上下和睦</u>。③

《神祇志·序》云：

> 谨按：开辟之初，<u>三神作造化之首，二灵为群品之祖</u>。皇统与天地共始，而所谓八十万神，皆本乎一祖，或亮天功，或治地事，上下同力，以辅赞

① 德川光圀编：『大日本史』第十册，卷二四四「神祇志」，東京：大日本雄弁会，1929年，第2-3页。
② 秋元信英：「大日本史「神祇志」の思想」，『神道宗教』1989年6月135号，第20-21页。
③ 德川光圀编：『大日本史』第十册，卷二四四「神祇志」，第1页。笔者译。

皇业。国土之所以修理，物类之所以蕃育，人民之所以安息，莫不皆赖其功。而天祖膺天之正统，怀柔神祇，以图皇基于亿载。及至太祖，以命世之英，赖神祇之灵，扫荡妖氛，光宅天下。首修祀典，以昭报本反视之义，天下皆知神威之可畏，而神孙之可尊，万世一统之业，于是乎定矣。①

两序表明：神代于日本历史而言有着触及根本的重要性。天皇为天祖之遗体，群臣乃神明之胄裔。国土之所以修理，物类之所以蕃育，人民之所以安息，皆有赖于天祖神明。现世的所有皆本于邈远的神代，故必须以《神祇志》为首，理顺万世一统之业，才能一气贯通，上下和睦，皇国之基才能稳固。而且为了表明神代记事的重要性，《大日本史》还特地拔高了"志"的地位。

在中国传统史学框架下，一般对"志"的定位是"总括遗漏"。继司马迁作《史记》、班固撰《汉书》之后，纪传体成为了历代正史的首选体裁，所谓"自是世有著述，皆拟班、马，以为正史，作者尤广"。②刘知几对纪传体的评价是：

> 纪以包举大端，传以委曲细事，表以谱列年爵，志以总括遗漏，逮于天文、地理、国典、朝章，显隐必该，洪纤靡失。③

但《神祇志》的编者认为："考诸汉土之史，有表书者，创于司马迁，而后世模仿，各以一代所重，为之编次，则体例固不可执一而论也。"故将"志"定位为"综敷政体，经纪世道，详治乱盛衰之故"的重要文本，也未尝不可。在中国的二十四正史中，除《三国志》《梁书》无志之外，其余均含有"志"。"志"的内容非常丰富，涵盖礼、乐、律、历、天文、地理、职官、食货、刑法等各个方面，但却极少论及宗教方面的内容。唯《魏书》有一《释老志》，置于《魏书》最末一篇，内分述佛教与道教二家之略史。如《大日本史》一般，作《神祇志》置于志首，且反复强调其地位十分重要的情况，在中国史学传统之下是很难想象的。而这正是日本历史特殊性的体现。正如第二章所述，日本天皇的神圣性来源于神，而唯一能对神作出解释的就是神代记事。神代对于日本历史而言有着"不得不记"的重要性。周一良先生认为：《神祇志》首即记神代传说，亦以补其阙也。"④但通过上文的分析可知，《神祇志》的作用已经远远超越了所谓的"补阙"。神代记事被《大日本史》从本纪中删除，但由于其对于日本历

---

① 德川光圀编：『大日本史』第十册，卷二四四「神祇志」，第2页。笔者译。
② 瞿林东：《中国史学史纲》，北京：北京出版社，1999年，第48页。
③ 刘知几：《史通》，白云译注，北京：中华书局，2014年，第35页。
④ 周一良：《〈大日本史〉之史学》，第47页。

史而言的重要性，时隔百年之后，《大日本史》编修者又作《神祇志》来记录神代，更为重要的是，《神祇志》的作用并不仅仅是"补阙"，其地位被异常拔高，甚至已经完全超出了一般情况下"志"在中国传统史学框架中的地位。而这样一种对于神代重要性的再次发掘，显然与当时的历史背景有着密切关联。如前所述，后期水户学的治学理念发生了重大变化。前期水户学受朱子学影响较深①，以"正闰皇统、是非人臣"为诉求，书写"三大特笔"，奉南朝为正统，均是此种"道德信念"的体现。而随着时势迁移，后期水户学开始聚焦于本民族的独特性之上，塑造强化"国体"。追本溯源，神代的重要性已是不言自明。

（2）神代记事的必要性

《神武天皇本纪》以一句"上世之事，年代悠远，神异不测，总而称之曰神代云"略过了神代记事，而《神祇志》则以"神物灵踪，今皆见存，触事有效，不可谓虚"作为回应，将神代记事重新编入《大日本史》。从"六国史"时代开始，经过漫长的历史演进，神代记事已经成为了日本历史上不可或缺的一个部分。神代于日本而言，并不仅仅是停留在故纸堆上的文字，同样是刻印在社会生活中的实在。分布于日本各地的神社、代代相传的祭祀仪式，都是神代历史的载体。如若不追溯到神代，许多祭仪的来源、神社建造的起源，便无法得到解释。《神祇志》中不乏此类例证：

例1：新尝神衣之祭

祭祀之起尚矣。天祖在天原，盖始行新尝神衣之祭。其隐乎天窟也，群神悚惧，陈币宣祝，以致祈谢，后世祭仪皆原于此。

——《神祇志·祭仪上》②

神衣祭。太古天祖在天原也，首开桑蚕之道，自御斋服殿，令天衣织女织神御衣，盖献天神以报神恩也。其隐天窟也，长白羽神作青和币，津咋见神作白和币，天羽槌雄神织文布，天棚机姬神织和衣，奉之天祖，以慰神意，神衣祭盖本于此。

——《神祇志·祭仪上》③

---

① 元禄六年（1693年）起担任彰考馆总裁的安积澹泊是朱舜水的门生，曾为朱舜水作《舜水先生行实并略谱》；水户藩第二代藩主德川光国亦甚为敬重朱舜水。光国还尤其仰慕伯夷叔齐的高义。
② 德川光圀编：『大日本史』第十册，卷二四四「神祇志」，第61頁。
③ 德川光圀编：『大日本史』第十册，卷二四四「神祇志」，第79頁。

"新尝神衣之祭"源于《日本书纪》对天照神隐的记载：

是后，素戋呜尊之为行也，甚无状。何则天照大神以天狭田、长田为御田，时素戋呜尊，春则回放种子且毁其畔，秋则放天斑驹使伏田中，复见天照大神当新尝时，则阴放屎于新宫，又见天照大神方织神衣、居斋服殿，则剥天斑驹，穿殿甍而投纳。是时，天照大神惊动，以梭伤身，由此发愠，乃入于天石窟，闭盘户而幽居焉。故六合之内常暗而不知昼夜之相代。

于时，八十万神，会于天安河边，计其可祷之方。故，思兼神，深谋远虑，遂聚常世之长鸣鸟使互长鸣。亦，以手力雄神，立盘户之侧，而中臣连远祖天儿屋命、忌部远祖太玉命，掘天香山之五百筒真坂树，而上枝悬八坂琼之五百筒御统，中枝悬八咫镜，下枝悬青和币、白和币，相与致其祈祷焉。又，猨女君远祖天钿女命，则手持茅缠之稍，立于天石窟户之前，巧作俳优。亦，以天香山之真坂树为鬘，以萝为手襁而火处烧，覆槽置，显神明之凭谈。

——《日本书纪·神代上》[1]

例 2：道飨祭

道飨祭。泰古阳神哀阴神之死，追至黄泉，见其丑秽趋出。阴神恨之，使泉津丑女追之，阳神投与蒲萄竹笋等物食之，得閒逃还，令岐神道侯神遏其来路，道飨祭源于此。

——《神祇志·祭仪下》[2]

"道飨祭"源于《日本书纪》对伊奘诺尊追伊奘冉尊于黄泉的记载：

然后，伊奘诺尊追伊奘冉尊，入于黄泉而及之共语时，伊奘冉尊曰："吾夫君尊，何来之晚也？吾已飡泉之灶矣。虽然，吾当寝息，请勿视之。"伊奘诺尊不听，阴取汤津爪栉，牵折其雄柱，以为秉炬而见之者，则脓沸虫流。今世人，夜忌一片之火、又夜忌掷栉，此其缘也。时，伊奘诺尊，大惊之曰："吾不意，到于不须也凶目污秽之国矣。"乃急走回归。于时，伊奘冉尊恨曰："何不用要言，令吾耻辱。"乃遣泉津丑女八人，一云泉津日狭女，追留之。故伊奘诺尊，拔剑背挥以逃矣。因投黑鬘，此即化成蒲陶，丑女见而采噉

---

①　坂本太郎校注：『日本書紀』，東京：岩波書店，1965 年，第 111-113 頁。
②　德川光圀编：『大日本史』第十册，卷二四四「神祇志」，第 88 頁。

之，嗷了则更追。伊弉诺尊，又投汤津爪栉，此即化成笋，丑女亦以拔嗷之，嗷了则更追。后则伊弉冉尊，亦自来追。是时，伊弉诺尊，已到泉津平坂。一云："伊弉诺尊，乃向大树放尿，此即化成巨川。泉津日狭女，将渡其水之间，伊弉诺尊，已至泉津平坂。"故便以千人所引盘石，塞其坂路，与伊弉冉尊相向而立，遂建绝妻之誓。

时伊弉冉尊曰："爱也吾夫君，言如此者，吾当缢杀汝所治国民日将千头。"伊弉诺尊，乃报之曰："爱也吾妹，言如此者，吾则当产日将千五百头。"因曰："自此莫过。"即投其杖，是谓岐神也；又投其带，是谓长道盘神；又投其衣，是谓烦神；又投其裈，是谓开啮神；又投其履，是谓道敷神。其于泉津平坂，或所谓泉津平坂者，不复别有处所，但临死气绝之际，是之谓欤。所塞盘石，是谓泉门塞之大神也，亦名道返大神矣。

——《日本书纪·神代上》①

例3：雷命神社

穗雷命神社。祀火雷神。伊奘冉尊在黄泉国生八雷神，火雷即其一也。

——《神祇志·神社四》②

雷命神社源于《日本书纪》对伊奘冉尊在地狱生雷神的记载：

一书曰：伊弉诺尊，欲见其妹，乃到殡敛之处。是时，伊弉冉尊，犹如生平，出迎共语。已而谓伊弉诺尊曰："吾夫君尊，请勿视吾矣。"言讫忽然不见，于时闇也。伊弉诺尊，乃举一片之火而视之，时伊弉冉尊，胀满太高。上有八色雷公，伊弉诺尊，惊而走还。是时，雷等皆起追来，时道边有大桃树，故伊弉诺尊，隐其树下，因采其实，以掷雷者，雷等皆退走矣。此用桃避鬼之缘也。时伊弉诺尊，乃投其杖曰："自此以还，雷不敢来。"是谓岐神。所谓八雷者，在首曰大雷，在胸曰火雷，在腹曰土雷，在背曰稚雷，在尻曰黑雷，在手曰山雷，在足上曰野雷，在阴上曰裂雷。

——《日本书纪·神代上》③

---

① 坂本太郎校注：『日本書紀』，第93—95頁。
② 德川光圀編：『大日本史』第十册，卷二四四「神祇志」，第177頁。
③ 坂本太郎校注：『日本書紀』，第99頁。

例 4：哭泽神社

畝尾都多本神社，又日哭泽神社。伊奘冉尊之崩也，伊奘诺尊哭之，
涕化为神，居香山之畝丘树下，号啼泽女命，盖祀此神也。

——《神祇志·神社四》[1]

哭泽神社源于《日本书纪》对伊奘诺尊哭伊奘冉尊一事的记载：

至于火神轲遇突智之生也，其母伊奘冉尊，见焦而化去。于时，伊奘
诺尊恨之曰："唯以一儿，替我爱之妹者乎。"则匍匐头边，匍匐脚边而哭
泣流涕焉，其泪堕而为神，是即亩丘树下所居之神，号啼泽女命矣。

——《日本书纪·神代上》[2]

《日本书纪》作为日本古代最为经典的文本，从养老四年（720年）成书开始，
一直在日本社会流传。其与日本的祭祀文化之间有着深刻的联系。可以说，《日本书
纪》中的神话记载已然成为 8 世纪至 18 世纪日本人宗教生活、信仰生活的一部分。
这一点在上述例证中有很好的体现。上述例证表明，如若脱离《日本书纪》中的这
些神话记载，留存于日本社会的祭仪、神社就会成为无本之木、无源之水。许多祭
祀仪式、神社来源都将无法得到解释。《神祇志》之所以把《总叙篇》中未曾提及的
神代记事保留在这些《祭仪篇》《神社篇》中，就是由于神代于日本历史而言有着"不
得不记"的必要性。神代是日本社会无法割舍的文化渊源。

有鉴于此，王家骅先生将《大日本史》的修史思想划分为前后两期。《大日本史》
的前期修史事业（1672—1715 年）围绕本纪与列传展开，依据的是中国儒家的"正
名"思想；而《大日本史》后期（1786—1906 年）编写的志与表，则多受日本传统
的神话历史观的影响。[3]这种说法不无道理，通过上文的分析也确实能看出这样一种
编写过程中修史思想动态变化的状态。但真正的情况恐怕并不这样简单。王家骅先
生看到了《大日本史》志、表对神的再度重视，但却没有意识到这种重视程度所发
生的变化。截至目前，还没有学者对《大日本史》于神代的真正态度"这一问题作
出过讨论。由是，在下一节中，笔者希望通过对《神祇志》神代记事文本的深入分析，
尝试对这一问题给出自己的回答。

---

[1] 德川光圀编：『大日本史』第十册，卷二四四「神祇志」，第 200 页。
[2] 坂本太郎校注：『日本書紀』，1965 年，第 91 页。
[3] 王家骅：《儒家的修史观与日本古代的史学》，《日本研究》，1998 年第 3 期，第 76 页。

2. 所谓"谨择其说，述而不作"

《神祇志》的序文除了谈到其编纂理由之外，还说明了《神祇志》是如何记录神代的。在神代记事的处理方法上，《神祇志》显然不赞同《日本书纪》"胪列众说，以广异闻，疑以传疑，不敢自断"的做法，认为这样做使得"后世不易述"，故"谨择其说，述而不作"。

（1）谨择其说

《日本书纪》神代记事最大特点是"一书曰"的存在，例如《日本书纪》对天地开辟之初的一段记载：

> 古，天地未剖，阴阳不分，浑沌如鸡子，溟涬而含牙。及其清阳者薄靡而为天、重浊者淹滞而为地，精妙之合搏易，重浊之凝竭难。故，天先成而地后定。然后神圣生其中焉。故曰，开辟之初，洲壌浮漂，譬犹游鱼之浮水上也。于时，天地之中生一物，状如苇牙。便化为神，号国常立尊，次国狭槌尊，次丰斟渟尊，凡三神矣。乾道独化，所以成此纯男。
>
> 一书曰，天地初判，一物在于虚中，状貌难言。其中自有化生之神，号国常立尊，亦曰国底立尊。次国狭槌尊，亦曰国狭立尊。次丰国主尊，亦曰丰组野尊，亦曰丰香节野尊，亦曰浮经野丰买尊，亦曰丰国野尊，亦曰丰囓野尊，亦曰叶木国野尊，亦曰见野尊。
>
> 一书曰，古，国稚地稚之时，譬犹浮膏而漂荡。于时，国中生物，如苇牙之抽出也。因此有化生之神，号可美苇牙彦舅尊。次国常立尊，次国狭槌尊。
>
> 一书曰，天地混成之时，始有神人焉，号可美苇牙彦舅尊。次国底立尊。
>
> 一书曰，天地初判，始有俱生之神，号国常立尊，次国狭槌尊。又曰，高天原所生神名，曰天御中主尊，次高皇产灵尊，次神皇产灵尊。
>
> 一书曰，天地未生之时，譬犹海上浮云无所根系。其中生一物，如苇牙之初生埿中也，便化为人，号国常立尊。
>
> 一书曰，天地初判，有物，若苇牙，生于空中。因此化神，号天常立尊，次可美苇牙彦舅尊。又有物，若浮膏，生于空中。因此化神，号国常立尊。[①]

---

① 坂本太郎校注：『日本書紀』，第77—79頁。

《神祇志》"谨择其说"的写法，则是仅选择其中一种编者认为最为合适的说法加以记录：

> 天地剖判之初，有神首出高天原，曰天御中主尊，次曰高皇产灵尊，一名高木神，次曰神皇产灵尊，三神实为造化之首矣。①

这样做的直接结果便是《神祇志》的神代记事仅有 7941 字，与 25913 字的《日本书纪》神代记事相比减少了近 2/3 的内容。这些减少的内容包括：

①《日本书纪》中三个完整的神话故事

"天稚彦之妻以生误死的故事""花开耶姬避火生彦火火出见尊的故事""山幸彦（即彦火火出见尊）降服其兄海幸彦（即火阑降命）的故事"皆不见于《神祇志》中。《日本书纪》中以上三个故事的内容为：

故事一：花开耶姬避火生彦火火出见尊的故事

> 其地有一人，自号事胜国胜长狭。皇孙问曰："国在耶以不？"对曰："此焉有国，请任意游之。"故皇孙就而留住。时彼国有美人，名曰鹿苇津姬。皇孙问此美人曰："汝谁之女子耶？"对曰："妾是天神娶大山祇神，所生儿也。"皇孙因而幸之。即一夜而有娠。皇孙未信之曰："虽复天神，何能一夜之间，令人有娠乎？汝所怀者，必非我子欤。"故，鹿苇津姬忿恨，乃作无户室，入居其内而誓之曰："妾所娠，非天孙之胤，必当焚灭。如实天孙之胤，火不能害。"即放火烧室。始起烟末生出之儿，号火阑降命。次避热而居，生出之儿，号彦火火出见尊。次生出之儿，号火明命。凡三子矣。久之，天津彦彦火琼琼杵尊崩、因葬筑紫日向可爱之山陵。②

故事二：天稚彦之妻以生误死的故事

> 先是，天稚彦，在於苇原中国也，与味耜高彦根神友善。故，味耜高彦根神，升天吊丧。时此神容貌，正类天稚彦平生之仪。故，天稚彦亲属妻子皆谓"吾君犹在。"则攀牵衣带，且喜且恸。时，味耜高彦根神，忿然作色曰："朋友之道、理宜相吊。故，不惮污秽，远自赴哀。何为误我于亡者？"则拔其带剑大叶刈以斩仆丧屋，此即落而为山，今在美浓国蓝见川

---

① 德川光圀编：『大日本史』第十册，卷二四四「神祇志」，第 3 頁。
② 坂本太郎校注：『日本書紀』，第 141-143 頁。

之上丧山是也。世人，恶以生误死，此其缘也。[①]

故事三：山幸彦（彦火火出见尊）降服其兄海幸彦（火阑降命）的故事

兄火阑降命，自有海幸；弟彦火火出见尊，自有山幸。始兄弟二人相谓曰："试欲易幸。"遂相易之，各不得其利，兄悔之，乃还弟弓箭而乞己钓钩。弟时既失兄钩，无由访觅，故别作新钩与兄。兄不肯受而责其故钓，弟患之，即以其横刀，锻作新钩，盛一箕而与之。兄忿之曰："非我故钩，虽多不取。"益复急责。故彦火火出见尊，忧苦甚深，行吟海畔。时逢盐土老翁，老翁问曰："何故在此愁乎？"对以事之本末。老翁曰："勿复忧。吾当为汝计之。"乃作无目笼，内彦火火出见尊于笼中，沈之于海。即自然有可怜小汀。于是，弃笼游行，忽至海神之宫。其宫也，雉堞整顿，台宇玲珑。门前有一井，井上有一汤津杜树，枝叶扶疏。时彦火火出见尊，就其树下，徒倚彷徨。良久有一美人，排闼而出，遂以玉碗，来当汲水，因举目视之。乃惊而还入，白其父母曰："有一希客者，在门前树下。"海神于是铺设八重席荐，以延内之。坐定，因问其来意。时彦火火出见尊，对以情之委曲。海神乃集大小之鱼逼问之，佥曰："不识。唯赤女比有口疾而不来。"固召之探其口者，果得失钩。

已而彦火火出见尊，因娶海神女丰玉姬。仍留住海宫，已经三年。彼处虽复安乐，犹有忆乡之情。故时复太息，丰玉姬闻之，谓其父曰："天孙凄然数叹，盖怀土之忧乎？"海神乃延彦火火出见尊，从容语曰："天孙若欲还乡者，吾当奉送。"便授所得钓钩，因诲之曰："以此钩与汝兄时，则阴呼此钩曰贫钩，然后与之。"复授潮满琼及潮涸琼而诲之曰："渍潮满琼者则潮忽满，以此没溺汝兄。若兄悔而祈者、还渍潮涸琼则潮自涸、以此救之。如此逼恼、则汝兄自伏。"及将归去，丰玉姬谓天孙曰："妾已娠矣，当产不久。妾必以风涛急峻之日，出到海滨。请为我作产室相待矣。"

彦火火出见尊已还宫，一遵海神之教。时兄火阑降命，既被厄困，乃自伏罪曰："从今以后，吾将为汝俳优之民。请施恩活。"于是，随其所乞遂赦之。其火阑降命，即吾田君小桥等之本祖也。

后丰玉姬，果如前期，将其女弟玉依姬，直冒风波，来到海边。逮临

---

① 坂本太郎校注：『日本書紀』，第 145 頁。

产时，请曰："妾产时，幸勿以看之。"天孙犹不能忍，窃往觇之，丰玉姬方产化为龙。而甚惭之曰："如有不辱我者，则使海陆相通，永无隔绝。今既辱之，将何以结亲昵之情乎？"乃以草裹儿，弃之海边，闭海途而径去矣。故因以名儿，曰彦波瀲武鸬鹚草葺不合尊。后久之，彦火火出见尊崩，葬日向高屋山上陵。[1]

如此丰富的神代记事已完全不见于《神祇志》中。

②《日本书纪》神代记事中的超自然描写

在"素戋鸣尊斩杀八岐大蛇"的故事中，素戋鸣尊为国神脚摩乳、手摩乳夫妇斩杀了吞食其女的八岐大蛇。八岐大蛇的奇特形态不见于《神祇志》中：

> 至期果有大蛇，头尾各有八岐，眼如赤酸酱，松柏生于背上而蔓延于八丘八谷之间。

——《日本书纪·神代上》[2]

素戋鸣尊幻化为奇稻田姬降服八岐大蛇的情节亦不见于《神祇志》中：

> 素戋鸣尊，立化奇稻田姬，为汤津爪栉，而插于御鬘。

——《日本书纪·神代上》[3]

《神祇志》对素戋鸣尊斩杀八岐大蛇一事的记载简略为：

> 素戋鸣尊迺审问大蛇之状，使夫妇酿酒，盛之八槽以待焉。至期大蛇果至。得酒而饮，醉而睡。素戋鸣尊挺剑寸斩，至尾刃少龋，割而视之，获一剑，曰是神剑也，我何敢私，迺献之天神。所谓天丛云剑是也。[4]

中间几乎不存在超自然描写。

③《日本书纪》神代记事中"不雅驯"的内容

在伊奘诺尊、伊奘冉尊生国土一事上，《神祇志》中不见《日本书纪》中诸如：

> "因问阴神曰：'汝身，有何成耶？'对曰：'吾身有一雌元之处。'阳神曰：'吾身亦有雄元之处。思欲以吾身元处合汝身之元处。'于是、阴阳始遘合

---

① 坂本太郎校注：『日本書紀』，第 163–169 頁。
② 坂本太郎校注：『日本書紀』，第 121–123 頁。
③ 坂本太郎校注：『日本書紀』第 121–123 頁。
④ 德川光圀编：『大日本史』第十册，卷二四四「神祇志」，第 8 頁。

为夫妇。"①

"雌元""雄元""媾和"等"不雅驯"的描写，而代以"正夫妇之位"②这样较为文雅不俗的语言。

其他"不雅驯"的内容如"吐""小便""大便"等词汇也未在《神祇志》中出现。《日本书纪》对伊奘冉尊生神的描述为：

> 伊奘冉尊，且生火神轲遇突智之时，闷热懊恼。因为吐，此化为神、名曰金山彦。次小便，化为神，名曰罔象女。次大便、化为神、名曰埴山媛。③

而《神祇志》的描述为：

> 次又生神、曰轲遇突智、金山彦、金山姬、埴安彦、埴安姬、罔象女、稚产灵、凡七神矣。④

④《日本书纪》神代记事中不合伦理的内容

在《日本书纪》中，伊奘诺、伊奘冉二尊不仅是夫妻，还是兄妹：

> （伊奘诺尊与伊奘冉尊）约束曰："妹自左巡，吾当右巡。"⑤
>
> 至于火神轲遇突智之生也，其母伊奘冉尊，见焦而化去。于时、伊奘诺尊恨之曰："唯以一儿，替我爱之妹者乎。"⑥
>
> 时伊奘冉尊曰："爱也吾夫君，言如此者，吾当缢杀汝所治国民日将千头。"伊奘诺尊，乃报之曰："爱也吾妹，言如此者，吾则当产日将千五百头。"⑦

但在《神祇志》中，伊奘诺伊奘冉二尊仅为夫妻，并无任何二尊是兄妹的痕迹：

> （伊奘诺伊奘冉二神）将约为夫妇，广生国土，作八寻殿立天柱，男神右，女神左，旋而相会一处，女神先唱曰："憙哉遇可美少男焉。"男神和之。已而生蛭子及淡洲。二神意弗慊之，奏状天神，天神即以太占卜之，乃教曰：

---

① 坂本太郎校注：『日本書紀』，第81頁。
② 德川光圀编：『大日本史』第十册，卷二四四「神祇志」，第4頁。
③ 坂本太郎校注：『日本書紀』，第91頁。
④ 德川光圀编：『大日本史』第十册，卷二四四「神祇志」，第5頁。
⑤ 坂本太郎校注：『日本書紀』，第83頁。
⑥ 坂本太郎校注：『日本書紀』，第91頁。
⑦ 坂本太郎校注：『日本書紀』，第95頁。

"女先男弗祥也，宜更始焉。"二神更复旋天柱，男神左，女神右，既相会，男神先唱曰："妍哉可爱少女欤。"女神和之。于是正夫妇之位。①

⑤ 中国正史中不记的上古神话

《神祇志》开篇云：

> 天地剖判之初，有神首出高天原，曰天御中主尊，次曰高皇产灵尊、一名高木神，次曰神皇产灵尊，三神实为造化之首矣。②

《日本书纪》开篇云：

> 古，天地未剖，阴阳不分，浑沌如鸡子，溟涬而含牙。及其清阳者薄靡而为天，重浊者淹滞而为地，精妙之合搏易，重浊之凝竭难。③

根据小岛宪之的研究，《日本书纪》的开篇之句来源于《三五历纪》④：

> 未有天地之时，混沌状如鸡子，溟涬始牙……又曰，清轻者上为天，浊重者下为地，冲和气者为人，故天地含精，万物化生。

三者对比即可发现，《神祇志》中不见来源于《三五历纪》⑤的"浑沌如鸡子，溟涬而含牙。及其清阳者薄靡而为天，重浊者淹滞而为地"一文。

《三五历纪》非儒家经典，盘古神话亦不载于中国正史，与《日本书纪》不同，《神祇志》不再借用盘古开天传说来描述天地开辟。由此可见，相较于《日本书纪》的神代记事而言，《神祇志》的神代记事更符合中国正史的叙事规范。在《日本书纪》的时代，一些不被中国正史所载的内容仍然能在日本官修正史中被保留，而到了《大日本史》的时代，随着宋明理学的发展、中国史学叙事的进一步规范，以及这种发展对日本史学叙事的影响波及，这些不被中国正史所载的内容同样不载于日本史著之中。

可与此互证的是，《神祇志》不记日神、月神因伊奘诺尊洗左眼、右眼而生成。

《神祇志》仅记日神、月神的出生：

---

① 德川光圀编：『大日本史』第十册，卷二四四「神祇志」，第4页。
② 德川光圀编：『大日本史』第十册，卷二四四「神祇志」，第3页。
③ 坂本太郎校注：『日本書紀』，第77页。
④ 小岛宪之：『上代日本文学と中国文学』上，東京：塙書房，1977年，第375页。
⑤ 《三五历纪》是最早完整记载盘古神话的著作，由三国时代的吴国人徐整所著。该书现已散佚，其部分内容可见于《太平御览》《艺文类聚》等类书之中。

> 已而生日神，号大日灵贵，是为天祖天照大神。次生月神，曰月夜见尊。
> 次生建速素戋呜尊。[①]

而《日本书纪》有记载曰：

> （伊奘诺尊）洗左眼，因以生神，号曰天照大神。复洗右眼，以生神，
> 号曰月读尊。复洗鼻，因以生神，号曰素戋呜尊。[②]

《日本书纪》的这一记载同样源于盘古神话：

> 昔盘古之死也，头为四岳，目为日月。[③]

《神祇志》不记盘古死后目为日月这一信息，可与上文《神祇志》不记盘古开天神话一例互证。

通过以上对比分析可见，在《日本书纪》成书的年代，关于无法判断的神代记事，《日本书纪》选择"存说"，那是由于神代记事有其不可撼动的神圣性。《大日本史》则不是如此。在《神祇志》中，一些神话故事被全盘抹消；一些超自然的描写、不雅驯的描写被有选择地剪除；一些不符合伦理道德的内容则被隐去不谈；还有一些中国正史中不记的上古神话被不着痕迹地剔除。对待神代史，《大日本史》的态度不再谨小慎微，只是选择最合理的内容加以保留，而这个"理"的内容，正是中国史学传统。自司马迁首创《史记》以来，中国正史始终以"人"为叙述中心，鲜见"神"的故事；而且中国正史的文辞崇尚高雅严肃，与之相反的表述则会被尽量避免。中国正史的编纂深受儒家修史观的影响，在儒家修史观的统领之下，不符合伦理道德的内容、神异莫测的内容都会被尽量剪除。而以上这些中国史学传统的特征在《神祇志》中均有所体现。

（2）难以实现的"述而不作"

"述而不作"是孔子的主张，《神祇志》的编者自比于孔子，以《神祇志》为"述而不作，信而好古"的产物。然而但凡是史学著述，恐怕都无法避免主观意志对著述过程的左右。正如英国著名历史学家柯林武德所言："一切历史都是思想史。"著述者的主观判断与主观选择，难免会影响到历史著述所呈现出的形态。这一点于《神

---

① 德川光圀编：『大日本史』第十册，卷二四四「神祇志」，第 5 页。
② 坂本太郎校注：『日本書紀』，第 95—97 页。
③ 任昉：《述异记》，吉林：吉林大学出版社，1992 年，第 1 页。

祇志》的神代记事而言同样适用。由文本对比的结果来看，《神祇志》的神代记事不只有"述"，还有"作"，而且这一"作"的过程，依然受到中国史学叙事传统的影响。

"天照神隐"是日本神代记事中较为重要的一个部分，讲述了日神天照大神因不堪其弟素戈呜尊之辱而隐居于天石窟，致使天地晦暗，众神设法将天照大神引出天石窟以使天地恢复光明的故事。

相较于《日本书纪》而言，《神祇志》的"天照神隐"增加了以下内容：

① 日神雅重农功

② 日神初以亲弟故优容之

③ 奉日神迁御瑞殿

④ 迺使大宫卖神侍御前，以善言美辞，和悌宸襟 ①

《神祇志》增加的这些内容有两大特点。其一，伦理尊卑意味较为浓厚，①②两项表明日神之德，③④两项表明日神地位之尊、八百万神对日神之敬；其二，其文辞均较为典雅庄重。《神祇志》增加了这些内容以后，使得"天照神隐"这一记事有了很强烈的"朝堂"感，日神为君，八百万神为臣，君臣之间尊卑上下分明，君有德，臣敬君，万物有序。"明纲常之义"这一中国史学叙事传统中重要的精神内核在《神祇志》中得到了极好地体现。

上述分析表明，所谓"谨择其说，述而不作"，看似客观，实则对神代之事进行了有意识的筛选与重新编排。这中间有记事被抹消，也有记事被增加，而这些记事的增删表明：尽管《大日本史》后期的修史事业因社会思潮的变迁、水户学自身的变化而对神代的重视程度有所提升，但远不及《日本书纪》时期对神代的尊重程度；《大日本史》后期的修史事业不仅受日本传统神话历史观的影响，同时也深受中国史学叙事传统的影响。

四、《大日本史》神代记事研究的意义

至此，笔者完成了对《大日本史》神代记事的基本梳理。通过这一梳理可知，《大日本史》的神代记事是中、日两种史学传统共同作用下的产物。一方面，《大日本史》始终无法抛却神代记事，神代作为日本史学传统中的重要一环并在现实生活中

---

① 德川光圀编：『大日本史』第十册，卷二四四「神祇志」，第7-8頁。

保留了活动痕迹，有其存在的重要性与必要性，享和三年（1803 年）在《神武天皇本纪》中增加的神代世系、明治十五年（1882 年）《神祇志》的成书即为明证。另一方面，《大日本史》将神代从本纪中几乎删减至无、对《神祇志》神代记事进行的诸多增删又足以表明：到了明清时期，中国史学叙事规范进一步发展，而中国史学传统对日本修史事业的影响与六国史时代相比已经达到了一个新的高度。《大日本史》的神代记事与《日本书纪》的神代记事相比，发生了重大改变。"神的故事"不见于本纪，保留在志当中以后，"神的故事"经过种种编排，也越来越接近于"人的故事"。"子不语怪力乱神"的思想、"伦理纲常"的观念，比之六国史时期，更为深刻地融入了《大日本史》的神代记事中。

除此之外，通过对《大日本史》神代记事的梳理还可推测，水户藩藩主德川光国修《大日本史》的用心所在。前文提到，《大日本史》独创"尊南朝为正统、降神功皇后于列传、进大友天皇于本纪"的三大特笔。关于《大日本史》的"三大特笔"，周一良先生认为："德川光国观王室之衰微，思有以振作之，始不顾幕府之猜忌，直接交通朝廷，事天皇至恭谨，复与京都公卿结姻戚。光国尽其力所及，以表尊王之意，使幕府知戒惧，而他藩知大义名分之所在。光国之史观亦即源于此种政治上之主张，而三大特笔则是此种尊王史观最强有力之表现。"[1] 然而从《大日本史·本纪》几乎不记神代可见，光国的尊皇之心值得考究。尽管井川认为《大日本史》的《天神纪》与《地神纪》之所以缺失，都应该归罪于编修史书的史臣，但笔者认为，依当时光国对彰考馆众人的权威，如若光国确实有心编纂《天神纪》与《地神纪》，恐怕也没有不成书的道理。况且光国亦曾言神代"率皆怪诞"，这至少可以证明光国对神代并不那么尊崇。而如果光国创"三大特笔"最根本的目的在于"尊王""振作王室"，那么天皇权威神圣性的来源——神代又如何能那么不被光国所重视呢？除此之外，从"尊南朝为正统"这一点来看，光国的尊皇之心亦值得怀疑。如所周知，室町时代以来的北朝为武家政权所拥立，最终战胜南朝获得政治上的正统地位，一直延续至今。但彼时光国却尊南朝为正统，岂不就是以当时延续北朝一脉的天皇为非正统吗？由此何来光国"尊皇"一说？所以依笔者拙见，《大日本史》的"三大特笔"从学理上说，是坚持了儒家的道德义理观念，从政治上说，更多地则是为了水户藩自身的考量。

从当时的历史背景来看，在地位仅次于德川将军家的尾张德川家、纪州德川家、

---

[1] 周一良：《〈大日本史〉之史学》，第 29 页。

水户德川家这"御三家"中，水户德川家的地位很高。由于定府制，水户藩与他藩不同，水户藩主长期滞留在江户而非水户，且水户藩主在回领国水户之前，首先需要经过幕府的许可，水户藩主回领国又被称为"就藩""就国"与"归国"等。^① 还有说法称水户藩主为"副将军"。其政治地位之高可见一斑。但另一方面，水户藩的整体实力又在"御三家"之中最为薄弱。水户藩位于当时的常陆国，也就是今天的茨城县中部与北部地区。在德川幕府统治之前，支配常陆国的是佐竹氏。由于当时的领主佐竹义宣在关原之战中未支持德川一方，故于庆长七年（1602 年）被德川家康惩罚，以 21 万石转封至出羽久保田。代替佐竹义宣入封水户藩的是武田信吉，但武田信吉于翌年（1603 年）病逝，此后则由德川家康的第十子德川赖宣以 20 万石入封水户藩。庆长九年（1604 年），水户藩加封至 25 万石。此后又于元和八年（1622 年）加封至28 万石。直到水户藩第三代藩主德川纲条时代的元禄十四年（1701 年），水户藩的封地才增加到 35 万石。尽管如此，水户藩的实力相较于 62 万石的尾张藩与 56 万石的纪州藩而言，还是相当之弱的。尤其是在德川光国的时代，水户藩的封地甚至还未增加到 35 万石，其处境可想而知。从官位上来看亦是如此。尾纪两家的官位都达到了权大纳言，而水户的最高官位则是比之更低一段的权中纳言。^② 于德川光国而言，水户藩的政治地位亟须得到巩固。

在这样一种历史情形下，南明遗民朱舜水东渡日本。朱舜水（1600—1682 年）是明末清初的儒学家，出生于浙江省余姚，明末贡生，明朝灭亡以后，支持南明王朝，一直致力于明朝的复兴运动。万治二年（1659 年），朱舜水作为"日本请援使"被派往日本，但清军成功南下使得朱舜水放弃了反清复明运动，逃亡至日本长崎。万治三年（1660 年），朱舜水受到筑后柳河藩的儒者——安东省菴的援助，开始了在日的流居生活。宽文五年（1665 年）六月，德川光国派遣儒臣小宅生顺到长期聘请朱舜水到江户讲学。翌年（1666 年），朱舜水抵达江户。德川光国亲执弟子之礼，对其敬爱有加。此后，朱舜水以传授实理实学为主要内容的授业活动，在为日本培养了一大批德才兼备的汉学人才的同时，也为水户学的发展奠定了坚实的基础。^③ 除德川光国外，彰考馆的第二任总裁安积澹泊、参与《大日本史》编纂的木下道顺、山鹿素

---

① 瀬谷義彦：「水戸学の背景」，今井宇三郎、瀬谷義彦、尾藤正英校注：『日本思想大系 53・水戸学』，東京：岩波書店，1976 年，第 507–524 页。
② 瀬谷義彦：「水戸学の背景」，第 507–508 页。
③ 覃启勋：《朱舜水东瀛授业研究》，北京：人民出版社，2005 年，第 367 页。

行等均深受朱舜水之影响。

朱舜水的到来为德川光国带来了中国最新的学术思想，从此，德川光国有了从精神上确立水户藩地位的可能性。水户学思想的传播和人才的培育为《大日本史》提供了人才基础；彰考馆的建立为《大日本史》的编修提供了物质基础。正如前文所述，德川光国编修《大日本史》之时，并不站在天皇的立场之上，从本质上来说，《大日本史》编修的根本目的不在于建立新的政治秩序，而在于在德川幕府的政治体制下确立水户藩自身的政治地位。《大日本史》的神代记事之所以从本纪中被删除，一方面可以说是因为深受中国史学传统的影响，换个角度也可以理解为水户藩对中国史学传统的利用。在这样一种契机下，中国史学传统获得了前所未有的扩展空间。

然而，随着日本社会的发展，日本国内的思想也在逐渐发生变化，其中特别重要的就是神国思想的进一步发展。日本的神国思想由来已久。13世纪末，元朝两次入侵日本，在日本被合称为"元寇来袭"，然而元朝的这两次入侵均以失败告终。在这场战争中，海上的飓风是元军失败的主要原因，而对飓风的超自然解释唤起了日本人强烈的独得神佑的自我意识。这种自我意识在后来逐渐演变为"日本乃神国"这一观念。《神皇正统记》（作于14世纪中期）首先明确了这一点：日本有着不同于中国的特殊性，日本的皇统连绵是日本乃神国的体现，皇室正统的来源在于其祖先就是神。[①]《神皇正统记》分天、地、人三卷，天地二卷讲述的便是以国常立尊为始的天神七代和以天照大神为始的地神五代。待到江户时期，神国观念得以进一步加强。在东亚明清鼎革的时局之下，日本试图构建以日本为中心的新型华夷秩序[②]。而除了传统的"文化优越论"之外，此种"以日本为中心的华夷秩序"背后的支撑点之一便是"日本乃神国"这一观念。这种神国观念在《大日本史·叙》与《进大日本史表》中均有所体现：

正德五年（1715年）：

盖自人皇肇基二千余年，神裔相承，列圣缵统，奸贼未尝生觊觎之心。神器所在，与日月并照，猗欤盛哉。[③]

---

① 王家骅：《儒家的修史观与日本古代的史学》，《日本研究》，1998年第3期，第75页。
② 韩东育：《华夷秩序的东亚架构与自解体内情》，《东北师范大学报》，2008年1期，第50页。
③ 德川光圀编：『大日本史』第一册「大日本史叙」。

文化七年（1810 年）：

> 太阳攸照，率土莫匪日域；皇化所被，环海咸仰天朝。帝王授受三器，
> 征神圣之谟训。宝祚之隆，与天壤无穷。国家治乱一统，绝奸宄之窥窬。
> 威灵之远，于华夷有光。……属辞比事，殊方岂无载籍，详内略外，正史
> 固存体裁。……皇帝陛下绍天祖之正统，神明其德照临八方。[1]

《大日本史·叙》和《进大日本史表》均反复强调"神圣皇基"。所谓"神裔相承，列圣缵统，神器所在，与日月并照""皇化所被，环海咸仰天朝""宝祚之隆，与天壤无穷""威灵之远，于华夷有光"，这里的"天朝"指的自然不是中国，"华"是日本，"夷"是日本以外的地区。"神圣皇基"作为弘扬日本国威的理论依据发挥了十分重要的作用。而这也为《神祇志》的出现做了很好的解释。用《志》编写神代的努力，水户学的前后期转变，就是神国观念在日本不断加强的重要表现。

尽管如此，通过文本对比可以看到，这种努力仍无法摆脱中国史学传统的影响。前期的《大日本史》修史事业深受儒家史学传统影响，几乎不记神代；后期随着"国体"观念渐盛，《神祇志》虽大力宣扬了神代的重要性，但依然对神代记事根据中国儒家史学传统做了不少整改。由此可知，中国史学传统的力量着实不可小觑。

整体而言，《大日本史》神代记事所呈现出来的内容着实十分丰富，其中牵涉到江户的时代背景、学术潮流等诸多问题，如若想要更深刻地分析之，则需结合更多相关内容，以笔者目前有限的学识暂时还无法完全讨论，故留待日后作深入探讨。

---

[1] 德川光圀编：『大日本史』第一册「進大日本史表」。

《大日本史》对中国传统史学的受容
——以神功皇后纪事为中心

○ 龚　卉　北京联合大学

中国作为东亚文化圈的中心，史学传统影响广泛，日本的修史正是以模仿中国史籍为起点。日本的第一部正史《日本书纪》成书于 720 年，在体裁和史学观念上都主要以《春秋》为典范。江户时期出现了修史之潮流，期间出现了日本第一部纪传体史书《大日本史》，成为日本国史编纂的巅峰之作。《大日本史》[①]也被称为《日本史记》，它不仅是日本史学史中承前启后的一部史书，还是中日之间史学交流的重要结晶。《大日本史》始编于 1657 年，经过 250 年的编修于明治三十九年（1906 年，清光绪三十二年）完成出版，全部用汉文写成。该书在体例上最突出的特点被概括为"三大特笔"[②]，此外，其内容等所体现出来的"正统论""忠义观"等既有中国史学传统特点又有日本特有的文化含义。

围绕《大日本史》与中国传统史学关系的研究，已有不少成果且以中日两国为

---

① 《大日本史》的内容全书包括从第一代神武天皇持续到第一百代后小松天皇的本纪 73 卷、列传等列传 170 卷、十篇志 126 卷和五表 28 卷，加上 5 卷目录共计 402 卷。

② 三大特笔：即确定南朝为正统（当时明治天皇实际属于北朝系统，时人多以北朝为正）、将神功皇后从本纪退入后妃传，并将大友皇子列入天皇世系。这一说法始见于 1701 年安积觉等为德川光国撰写的《义公行实》（年三十岁，春二月二十七日，始撰国史。如其列神功于后妃传，揭大友于本纪，归统于南朝、不与号于北主，公卓见也），后藤田幽谷在《修史本末》中称之为义公之"特见"，后来的研究者如松本纯郎、平田澄、坂本太郎等将其统称为"三大特笔"。

304

主。① 日本方面以加藤繁、久保田收、平田俊春、吉田一德和尾藤正英等为代表②，中国方面则有周一良、吕玉新、邢永凤等所著的数篇文章。③《义公行实》记载德川光国受《史记·伯夷叔齐列传》之影响而立志于学，后《大日本史序》称光圀仿《史记》而修史，由此日本学者多认为两者的相似之处主要是形式上，在史学思想上《大日本史》主要体现的是日本特性。如尾藤正英和平田俊春等人提出《大日本史》以朱子学或《春秋》之大义名分为核心理念而编成，只是这一大义名分实为日本特有之思想已不同于中国之本义，加藤繁更指出《大日本史》的正统观是日本独有的而非袭自中国。我国学者则以周一良为代表，指出《大日本史》之思想综合了朱学和日本固有之神道，但对上述两元素的相互关系未作具体分析。总体来说，专从中日史学史传统比较视角来研究《大日本史》的成果较少，且对《大日本史》中包含的中日史学观念之异同缺乏更为深入地探讨。因此，本文试图以《大日本史》的神功皇后记事作为具体案例，来分析其在编纂体例和史学观念上如何对中国史学传统进行吸收和改造，以此作为了解东亚文明圈史学互动的切入点。

一、《大日本史》神功皇后记事的编纂及特点

神功皇后在日本文化和历史中具有多重角色，也是塑造日本传统的重要元素。日本最早的史书《日本书纪》所记载神功皇后事迹成为各种传说及风俗演义的源泉，在其身上神性与人性的融合既是人们质疑的关键，也包含着历代修史者对日本国家

---

① 西方以介绍为主研究较少，较早的作品有 19 世纪 Clement Ernest Wilson 的 *Chinese Refugees of the Seventeenth century in Mito* 和 *Instructions of a Mito Prince to His Retainers*，较近期的则有 Herschel Webb 于 1960 年出版的 *What Is the Dai Nihon Shi?* 和 John S.Brownlee 于 1997 年出版的 *Japanese Historians and the National Myths, 1600—1945: The National Myths, 1600—1945-the age of the GODS and Emperor Jinmu* 等。

② 详见加藤繁：「大日本史と支那史学」，史学会编『本邦史学史論叢』，東京：富山房，1939 年，第 865-907 頁。久保田收：『日本史学史論』，東京：皇学館大学出版社，1968 年，第 59-172 頁。尾藤正英：「水戸学の特質」，『日本の国家主義—「国体」思想の形成』，東京：岩波書店，2014 年，第 239-268 頁。平田俊春：「神皇正統記と大日本史」，『軍事史学』，1976 年第 12 卷第 1 号（通卷第 45 号）。吉田一德：『大日本史紀伝志表撰者考』，東京：風間書房，1965 年。

③ 详细可参考周一良：《〈大日本史〉之史学》，《史学年报》，第 2 期第 2 卷，1935 年。吕玉新：《水戸〈大日本史〉编纂方针之确立与朱舜水》，收入《国际汉学研究通讯》，第 3 期 2011 年；《尊皇敬幕：朱舜水、德川光国之水户学》，《政治思想史》，2011 年第 2 期。邢永凤：《〈大日本史〉中的中国要素》，《日语教育与日本学研究——大学日语教育研究国际研讨会论文集（2011）》，2012 年 00 期。

诞生之初的理解和解释。《大日本史》的神功皇后记事在内容上以《日本书纪》（为叙述便利下文略记为《书纪》）为本，[①] 在体裁上改编年之帝纪为纪传的本纪、列传两部分，即改《书纪》中的"神功皇后纪"为《大日本史》的"仲哀天皇本纪""应神天皇本纪"和"后妃列传"。通过文本内容的比较，《书纪》与《大日本史》之间的差异之处可从删、增、改三类文本异同来具体考察。

（一）删减与求实

神功皇后记事中被删减的部分相对集中地反映了《大日本史》编纂者对素材的取舍标准。史臣们在编纂时以中国式的"原始理性主义"为基础，尽可能去除史料中的神异元素，又强调以本国史料为准，削弱中国及朝鲜史籍的影响。《大日本史》所删减的部分，不包含那些大意未变只在语句或用词等细节进行改写缩略的部分。如《大日本史·仲哀天皇本纪》开篇，"仲哀天皇，景行帝孙。日本武尊第二子也，母两道入姬命"，相对于《书纪》之记载"足仲彦天皇，日本武尊第二子也。母皇后曰两道入姬命。活目入彦五十狭茅天皇之女也"。上述两处记载中，明显可见日本《书纪》中的"皇后"两字被删除，而"足仲彦天皇"相对于"仲哀天皇"只是改写而非删除，将在后面部分进一步讨论，在此不作深入讨论。《大日本史》中删减部分大致可以分成以下几类来具体分析：

一是删除具体事件的发展经过，包含人物对话等。这一类的删除内容较多，也是《大日本史》与《书纪》在记载内容上差别的主要表现之一。《书纪》被删除的具体内容如下文画线部分所示：

例一：冬十一月乙酉朔。詔群臣曰，朕未逮于弱冠，而父王既崩之。乃神靈化白鳥而上天。仰望之情，一日勿息。是以冀獲白鳥養之於陵域之池，因以覩其鳥欲慰顧情。則令諸國，俾貢白鳥。閏十一月乙卯朔戊午，越國貢白鳥四只。於是送鳥使人宿菟道河邊。时蘆髮蒲見別王視其白鳥而問之曰，何處將去白鳥也。越人答曰，天皇戀父王而將養狎。故貢之。則蒲見別王謂越人曰，雖白鳥而燒之則爲黑鳥。仍強之奪白鳥而將去。爰越人參赴之請焉。天皇於是惡蒲見別王無禮於先王。乃遣兵卒而誅矣。蒲見

---

① 《修〈大日本史〉例》第一条："凡纪传之文，根据正史，务遵其旧，不妄改削。本纪神武至持统全据《日本纪》，故下惟称本书，不注书名。……下至《三代实录》一例也"。

别王，则天皇之異母弟也。时人曰，父是天也。兄亦君也。其慢天違君。何得免誅耶。是年也大歲壬申。

例二：及潮滿即泊于崗津。又筑紫伊覩縣主祖五十迹手聞天皇之行，拔取五百枝賢木，立于船之舳艫，上枝掛八尺瓊，中枝掛白銅鏡，下枝掛十握釼，參迎于穴門引嶋而獻之。

例三：爰定神田而佃之。时引儺河水欲潤神田而掘溝。及于迹鷲崗。大磐塞之不得穿溝。皇后召武内宿禰，捧釼鏡令祷祈神祇，而求通溝。則當时，雷電霹靂，蹴裂其磐，令通水。故时人號其溝曰裂田溝也。皇后還詣橿日浦。解髮臨海曰。吾被神祇之教。賴皇祖之靈。浮涉滄海。躬欲西征。是以今頭滌海水。若有驗者。髮自分爲兩。即入海洗之，髮自分也。[①]

上述三例被《大日本史》删除的部分用下划横线标出，其内容包括白鸟传说的来龙去脉、祭祀的具体仪式以及民间故事等。这些内容多保留在寺庙愿文等民间史料中，《大日本史》的史臣对这一部分的内容既没有完全清除其痕迹，却又删除了其中许多关键部分，使后人在阅读相关记载时会发现前后文有明显的断裂或逻辑缺失。这些逻辑缺失的内容似无法归结于编修者的汉文水平问题，从全书和史臣们的其他作品可见编者的汉文水平极高，按理不应当出现如此简单的逻辑问题。以例一删除的白鸟故事为例，神鸟的故事在中国史书中也有众多类似的记载，如商代的玄鸟传说、汉武登函山而玉函化白鸟等[②]，但多出现在野史或私人笔记中，一般正史或国史中不收录。上述示例正说明了大日本史臣编史时的合理求实精神，只是由于神道仪式深嵌入日本人的文化和生活中，神异的部分未能被完全清除。

二是《书纪》正文被删除部分在《大日本史》的注释按文中具体说明。与日本以往的史书不同，根据德川光国指示，史书内容需明确注出史料的出处，如有不同的说法记载也需注释。神功皇后的相关部分，针对《书纪》与《大日本史》的内容差异，编者会在按文中用"本书曰"的方式说明不采用《书纪》说法的理由，通常都是未找到明确的证据或语焉不详。《书纪》的相关内容未被《大日本史》采用的部

---

① 『日本書紀』，経済雑誌社『国史大系』巻 1，東京：経済雑誌社，1897 年，第 155 頁，第 157-158 頁，第 162 頁。

② 参见段成式《酉阳杂俎·羽篇》："王母使者。齐郡函山有鸟，足青，嘴赤黄，素翼，绛额，名王母使者。昔汉武登此山，得玉函，长五寸。帝下山，玉函忽化为白鸟飞去。世传山上有王母药函，常令鸟守之。"

分如下：

> 卅九年。是年也。大歲己未。
>
> 四十年。
>
> 四十三年。[①]

编者在按语中指出"本书（《书纪》）注，引魏志云，己未岁，庚申岁，癸亥岁，与魏道使，然我史策所不载，故不取"。这一类删除部分在编者看来理由非常充分，即"我国"史册不载。在《书纪》的时代，面对更加先进的隋唐文化，日本几乎照搬了中国整套的制度规定，在修史时也大量使用中国以及朝鲜半岛的史料来补充本国历史内容，因此在《书纪》当中，将魏志中的倭人传记载的日本女王卑弥呼等同于神功皇后。到《大日本史》编纂时，受《通鉴考异》等做法启发增加了自注或按语[②]，这一方面展现本国史料资源的丰富，另一方面则体现出一种史学传统的自觉。大日本史馆的史臣们，对史料的考订除了事实考察之外，还包含对东亚秩序判断的政治取向。也就是说《大日本史》在遵循"如实书写"的基本原则之上，更加注重对本国史料的征引和考辨，以此来强调本国的文化独立性。

（二）增补与正朔

在中国的统治传统中，天子授时乃是王权的重要标志，因此纪元、改元以及相应的表记方法都是史书编纂中需要规范的重点。《大日本史》的神功皇后相关记载中增加的部分，除不见于《书纪》的事实性增补外，主要集中在地名、时间等两大类上。

《大日本史》的事实增补依据包括《愚管抄》《姓氏录》《三代实录》等，都是《书纪》之后出现的史料，在此暂不讨论。需要特别注意的是《大日本史》的时间记录方式，其相对于《书纪》来说，它显得更加明确和简洁。《书纪》中时间记录除使用干支纪年纪日之外，还使用了朔闰纪月的方式，而《大日本史》保留干支纪日，还将干支纪日与具体的时期相结合，如遇上没有确定时期的时间则保留朔闰纪月，

---

① 『日本書紀』，第 172 頁。

② 关于《大日本史》自注与《通鉴考异》之间的影响关系可参考加藤繁：「大日本史と支那史学」，史学会编『本邦史学史論叢』，東京：富山房，1939 年，第 884-890 頁。

否则省略。[①] 具体可参看表1[②]：

表1 《大日本史》与《日本书纪》纪年比较

示例	《大日本史》	《日本书纪》
例一	九年庚辰春二月五日丁未，天皇身忽有痛。六日戊申，崩于檀日宫。	九年春二月癸卯朔丁未，天皇忽有痛身，而明日崩。
例二	**丙寅岁三月乙亥朔**，遣斯摩宿祢于卓淳国，斯摩宿祢遂绥抚百济而还。	**四十六年春三月乙亥朔**，遣斯摩宿祢于卓淳国。……甲子年七月中，百济人久氐、弥州流、莫古三人到于我土曰，百济王闻东方有日本贵国，而遣臣等，令朝其贵国。故求道路以至于斯土。

　　除对时间的标记方式有差别外，再看例二所引用的内容还有不同之处。《书纪》与《大日本史》在纪年上有明显的差别，《书纪》当中使用的是"四十六年春三月"，而《大日本史》只使用了"丙寅岁"，即神功皇后摄政四十六年的干支纪年，除此处引用的例二一处之外，《书纪》当中用摄政纪年的部分都用干支纪年替代。梶山孝夫指出，在孝德天皇之前，天皇纪年不使用年号，由天皇即位元年顺次增加年次，再加上纪年干支、季节，如神武天皇纪"元年辛酉，春正月庚辰朔……"等。可见天皇位阙之时，使用的是干支纪年，天皇即位之后使用天皇纪年，有年号之后则干支纪年和天皇纪年混合使用。因此《大日本史》在仲哀天皇驾崩之后应神天皇即位之前，即神功皇后摄政期间只使用干支纪年。

　　由上可见，《书纪》与《大日本史》在具体的纪年标记方式上有所区别，但其核心思想仍然是中国式的天子授时以定正朔的正统论观念。两种表记方法之差异最突出的一点是对太岁纪年的扬弃。《书纪》中的太岁纪年常出现在新任天皇即位之后，被视为天皇圣运的象征。[③] 而《大日本史》则主要采用干支与年号纪年的不同来表明

---

① 大日本史中的纪日和改元等问题在梶山孝夫所著《大日本史之史眼》中有专门章节进行总结。坂本太郎先指出《日本书纪》的纪年一般是年份、季节、月朔日干支，纪日干支，这一记载方式与起居注和实录等记载方式一致，而大日本史本纪的纪年方式则是年、干支、季节、月日、干支，省略了朔日干支。但是根据梶山孝夫的考察，并非所有本纪记载都如坂本太郎所述，进而指出大日本史应当有一套独立的纪年纪日方式。

② 《日本书纪》原文出自经济杂志社，1897年，《大日本史》原文引自明治线装版《大日本史》。译文及标点为笔者所加，下同。

③ 《书纪》太岁纪年与天皇继承关系问题参看那珂通世：『増補上世年紀考』，東京：養德社，1948年。

天皇世系的继承关系。对《大日本史》的编纂者来说，如实直书，褒贬自现，"是以人事得失，宜鉴于古今，彰往考来，有述有作，劝善惩恶，或褒或贬。属辞比事，殊方岂无载籍；详内略外，正史故存体裁。"[①]史臣们广泛搜集各地史料、探访史迹，以"秉笔直书"的"实证态度"编纂天皇在位与缺位的年次序列，自然地展现连绵不绝的日本皇统。因此，《大日本史》在以纪年、"天子授时"等形式表现天皇正统的修史方式和理念上，与《书纪》是相通的，这也是东亚文明圈历史编纂的通例。

（三）改写与语言

《大日本史》属于江户时期"汉文体"修史传统，用汉字及汉文法记载本国历史，不同于用日文修史的另一支传统。汉文修史也是江户时代的日本融入东亚文明圈、强化文化自信的一种有效方式，因此《大日本史》的编者非常重视借鉴中国经典史籍，以符合中国士人习惯和审美的文章来完成史书的编纂。事实上，有史料记载德川光国及修史的主要人员曾明确提出，要仿照欧阳修《新五代史》的简约风格，修正以往史料在语言文字方面的不足，具体如表2所示：

表2 《大日本史》与《日本书纪》改写示例

示例	《大日本史》	《日本书纪》
例一	仲哀神功皇后，气长宿弥王女也，母曰葛城高颡媛。幼而聪睿，容貌壮丽，宿弥王异之。	气长足姬尊。稚日本根子彦太日日天皇之曾孙，气长宿祢王之女也。母曰葛城高颡媛。足仲彦天皇二年（己酉一九三），立为皇后。幼而聪明叡智。貌容壮丽。父王异焉。
例二	新罗王波沙寐锦，大骇曰，神兵不可敌，即封图籍，素组面缚请降。	新罗王于是战战栗栗厝身无所。则集诸人曰，新罗之建国以来，未尝闻海水凌国。若天运尽之，国为海乎。是言未讫间，船师满海，旌旗耀日，鼓吹起声，山川悉振。新罗王遥望以为非常之兵将灭己国。慴焉失志。乃今醒之曰，吾闻，东有神国，谓日本。亦有圣王，谓天皇。必其国之神兵也。岂可举兵以距乎。

例一与《书纪》相比，《大日本史》的结构显得更为工整，同时将《书纪》中的"貌容"改为"容貌"，使《书纪》中具有日语说话习惯的词汇变为更加符合汉文呈

---

① 德川治纪:《进〈大日本史〉表》，见于德川光国编《大日本史》序言，合肥：安徽人民出版社，2013年。

现方式。另外《书纪》当中使用"父王"一词，在汉文习惯中一般不用于第三人称对话当中。例二则是明显的缩写和改写。此外《书纪》和《大日本史》对神功皇后的描述也明显借鉴了汉籍的经典描述，如《东观汉记》中形容汉明帝"幼而聪明睿智，容貌壮丽，世祖异焉"，这一内容被收入《艺文类聚》和《太平御览》当中。

　　例二记载神功皇后在出征三韩时，由新罗国王之口明确日本的神国地位。《书纪》对新罗国王发现神功皇后军队之后的动作、语言做了详细描写，将一段与读者极有距离的往事拉到了读者的面前，阐释了将"陌生者熟悉化"的过程。《大日本史》中则将这一过程大大简化，直接删除了详细的动作描写，将对话内容缩减成"神兵不可敌"一句。但是无论是《书纪》还是《大日本史》，作为非母语国家人书写的汉文仍然存在问题。正如周一良在《〈大日本史〉之史学》中所指出的，"《大日本史》所据史料，除仅有之数种如六《国史》为纯粹汉文者外，皆为假名文字及准汉文。苟欲采用，必先移译，故远不若中国史家于史料之能运用自如，不失其真。……《大日本史》之文字固不能动人，其辞藻亦未丰美。"[1] 对《大日本史》的汉文用词准确和美感提出明确质疑。从总体来说，《大日本史》的编纂者模仿和学习汉籍经典的做法是明确的，但相较于早期的《书纪》，又可以看到其在汉文的具体使用上更为自由和随意。

　　通过上文对《大日本史》神功皇后记事的内容讨论，可以看到《大日本史》通过删、增、改三法，以中国传统史学之正统观念为线索，秉笔直书为理念，选取中国史籍中的经典叙述，完成了从编年体《书纪》到纪传体《大日本史》的转换。刘知几在《史通》中指出，编年与纪传二体各有其长短，编年体长于线索脉络、考察时代之大势，而短于委曲琐细、不能详备；纪传长于记述完备、别夷夏异统，短于同事分述、编次不求年月。《大日本史》将神功皇后退入列传，重新整理了天皇世系以明皇室之正统，并在东亚文明圈的修史原则基础上强化了日本文化的独立性。

---

① 周一良：《〈大日本史〉之史学》，《史学年报》，第二期第二卷，1935 年，第 203 页。

二、《大日本史》神功皇后记事的历史思想考察

史籍文本作为载体，除了展现具体的编纂做法和习惯之外，还是各种历史或史学思想的具体呈现。概括来说，历史思想大致有天命与人事的关系、古与今的关系、多民族同源共祖问题等。[①]在这一部分的讨论中，试图从神人关系、华夷之辨和性别角色三大层面来看《大日本史》所包含的历史思想及其与中国史学思想之异同。

（一）究天人之际——神人关系

史学史研究者认为历史学要解决几个根本问题，即天人关系或神人关系和历史发展动力等问题。[②]天与人或者神与人之间的问题不仅是中国史学上的重要问题，同时也是史学的一般问题。这一问题在神功皇后的记载当中也有极为有趣的体现。

作为水户学代表之一的安积觉在《神功皇后论》中提到，西山公（德川光国）命令修史诸史臣探明神功皇后之事实。[③]此外，不同于《古事记》和《书纪》等以神代为篇首的做法，直接将神代记事从本纪中移除。瞿亮在《日本近世的修史与史学》中提出："（大日本史）遵循了朱子学理念同时，又充分地体现了近世兴起的尊皇思想和神国主义。本纪结构中所体现的合理主义，则反映了水户藩在编修史书史秉承了严谨、客观的态度。"[④]

回到文本具体探讨神功皇后相关部分的记载。《书纪》卷八仲哀天皇纪载："九年春二月癸卯朔丁未，天皇忽有痛身，而明日崩。注曰，时年五十二。即知，不用神言而早崩。"《大日本史》在正文部分基本上沿用了《书纪》的说法，但是在自注中作如下说明（笔者译）：

> 本书一说曰，天皇亲伐熊袭，中贼矢而崩。又曰，天皇不信神诲，忽病而崩。古事记曰，天皇将讨熊曾国而弹琴，健内大臣居沙庭请神明，皇后以神言白天皇，天皇不信，遂舍琴不弹。神大怒，健内大臣劝使弹之，未几不闻琴因，举火而视，既崩矣。诸说纷纭，未知孰是。今以当时大势

① 瞿林东：《中国史学史纲》，北京：北京师范大学出版社，2009 年，第 31 页。

② 瞿林东：《中国史学史纲》绪论，北京：北京师范大学出版社，2009 年。

③ 原文出自《澹泊史论》，转引自梶山孝夫：『大日本史の史眼—その構成と叙述』，東京：錦正社，2013 年，第 75 頁。

④ 瞿亮：《日本近世的修史与史学》，南开大学博士论文，2012 年，第 134 页。

考之，天业草创，经纶方始，则西伐三韩，时务之最所当急，而天皇之专事熊袭不能决策远讨者，殆不可解。且任那人苏那曷叱智之入贡，在崇神之时，新罗王子天日枪之归化，在垂仁之时，是人人之所知，而天皇之谓有海无国者，本书所载亦不为无疑也。又按本书注，古事记，竝言，崩年五十二。古事记注曰，壬戌年六月十一日崩，然生年无定说，故今不取。[①]

从注中可以发现史臣在编纂时的严谨态度确如周一良、瞿亮等所述，再将其与《书纪》原文中的注进行对比，在篇幅差异之外更重要的是书写顺序之别。《书纪》列举了两种不同说法，将天皇"不用神言"放在第一位，《大日本史》则正好相反。《大日本史·仲哀天皇纪》，对同一事件保留了《书纪》的基本内容，在注释顺序上相反，首先引入了征讨熊袭中敌矢而亡这一更为现实的说法，针对不用神言而亡的说法则详细追述了《古事记》当中的具体记载，更进一步指出其记载存在的矛盾之处，将这一说法弃置不取。这一做法，一方面仍然可以说是一种合理或者理性精神的体现，但是为何修史者指出了问题却将其内容保留下来而未直接删除？

前文已提到《大日本史》将神代部分放在神武天皇本纪开篇寥寥数语简单带过，神的故事集中编入后期完成的神祇志中。与纪传体一般以本纪为纲、志表为辅不同，编成较晚的《志》开篇指出，人间帝王的正统性根源于天神，也就是神代故事中天孙降临的传说，地上的天皇世系正是天照大神子孙的延续。在文化年间[②]上大日本史表中，提到日本建国之由，由天降神器统治地上国度，而神器之所在即为正统之所在。江户时期的"神器正统论"将三种神器与儒家的智仁勇相对应，既有日本神道的传统又吸收朱子学的礼义名分之说。可以说《大日本史》中不彻底的"去神话"趋势，从一个侧面展现了日本历史发展中的特性，既学习中国的修史方法和观念又兼顾日本传统和现实观照。

（二）明华夷之辨——神功皇后征三韩记载

华夷之辨作为一种文化之别在中晚唐时期得到强化，以韩愈等人为代表的古文运动倡导者，有感于当时的藩镇割据及戎夷侵扰的现实，主张建立儒家道统。这一华夷之辨通过朝鲜半岛传播到日本，经过本土化改造之后成为当地文化的一部分。

---

① 原文引自明治线装版《大日本史》，译文及标点为笔者所加。
② 文化：1804—1818 年，第 119 代天皇光格天皇的年号。

在神功皇后的记载中，朝鲜半岛对于日本来说正相当于夷狄之于华夏，征服三韩具有重要的象征意义。《书纪》卷九神功皇后纪从仲哀天皇驾崩皇后代而征三韩的记录开始，日本教科书中因神功皇后征服三韩的功绩视其为发扬日本国威的先驱。《书纪》和《大日本史》对三韩记载都指出，"愈兹国而有宝国，譬如处女之眜，有向津国。眼炎之金、银、彩色，多在其国。是谓栲衾新罗国焉。"[1] 神功皇后征三韩不仅为国土之争，更为朝鲜半岛的金属矿藏和先进铸造工艺而为。在《书纪》的编纂年代从朝鲜半岛传来的佛学以及儒学成为日本文化发展的重要养分，因此能够征服在文化和技术上处于领先地位的朝鲜半岛，对于当时的修史者来说标志着日本领先地位的获得。在江户时期后期，以总裁藤田幽谷为代表的《大日本史》史臣通过编撰国家通史，强调并完善了日本在文化上的优越性。藤田氏指出：

> 汉土历代之史，以马迁为宗，马迁录黄帝以来至麒趾，谓之《史记》，班固而下始以代号命其书，虽然，彼土自虞唐夏商周之盛，莫不皆易姓革命，况其下此者乎。各冠以国号以亦殊别，不得不然，惟我天朝开辟以来，一姓相承，天日之嗣，传之不穷，修史事纪矣，必日本云乎哉……夫四海之内，天皇所照临，莫非日域，修书作史命以日本，岂对异邦人而称之乎，何其拘拘是也。[2]

文化七年（1810年）修订之后流布于世的《大日本史》，将原本的外国列传改为"诸藩列传"，这一更名体现了当时视周边国家为藩国的民族优位心态。[3]

日本的华夷之辨与中国重视文化差异上的华夷之辨有细微却根本的差异，如王中江在《华夷观念与神夷观念的比较》一文中指出华夷神夷观的区别主要有两点："第一，中国的华夷观念与"天下"观念联系在一起，而日本的神夷观念则与"国家"观念密切相关。……第二，中国的华夷观念，注重文化上的优越性，并坚持其连续性。……而日本在文化上自然没有优先性，也不以文化为神夷之别的标准。他们强调日本皇统的连续性和日本民族的独立性。"[4] 上述"华夷"与"神夷"之别，在《大

① 『日本書紀』，第158頁。
② 岡崎正忠：『修史復古紀略』，義公三百年記念会編『大日本史』第17冊，東京：大日本雄弁会，1931年，第4頁。译文及标点为笔者所加。
③ 瞿亮：《日本近世的修史与史学》，南开大学博士论文，2012年，第137页。
④ 王中江：《华夷观念与神夷观念的比较——中日东西文化论模式》，《中国青年政治学院学报》，1999年第5期。

日本史》神功皇后征韩故事中的各种神迹和神讬中表现得尤为明显，神人关系与华夷之辨不可断然分而论之。同时由于中国和日本之间在实际发展中处于不同的位置，华夷观念在日本出现了变化，尤其到了江户时期随着国学、神道等发展，日本的华夷观念不仅是强调日本的"华夏"地位，更借助天皇的神性色彩塑造日本在制度文化上的绝对权威。

（三）辨性别角色——"胎中天皇"记事

周一良《〈大日本史〉之史学》指出："《史记》以吕后临朝，为立本纪，班氏因之。新旧《唐书》皆为武后立纪，咸师史公之意。而《新唐书》则武后称制武后立为纪，称制以前及私人行事别入《后妃传》，为例益精。……日本神功皇后只摄政而未尝为天皇，故《大日本史》系其摄政事于《应神纪》首，而纪其私人行事于《后妃传》，是善体史公诸人之意，而尤能应用《新唐书》之例者也。"[1] 从神功皇后的记载大致框架来看这一论断并无太大问题，但是结合性别角色之辨再进入到内容细节，却可以再进一步考察。

根据《书纪》及《大日本史》的记载，仲哀天皇九年二月崩，同年十二月神功皇后生誉田皇子。仲哀天皇崩后第二年，因幼子无法理政而任摄政之职务，是为摄政元年。在摄政三年时，立誉田皇子为皇太子。摄政六十九年时，神功皇后崩。次年正月，应神天皇即位，定都轻岛。需要注意的是，仲哀天皇崩到摄政三年立皇太子中间所存在的三年时间，按照《大日本史》的编撰义例来看，这三年显然是出现了天皇空位的问题。神功皇后为日本上古史中的重要人物，关于史籍中的神功皇后记载真伪问题前人已有诸多论述，其中《书纪》中推古朝之前的时间和世系多为史臣之整理制作，这一论断几为共识。[2] 而在上古连续的天皇世系更迭之中出现天皇空位并不多见。如果按照《书纪》直接列神功皇后纪的方法，则不存在空位问题。但是《大日本史》的史臣却需要解决这一问题。

神功皇后的时代处于大化改新之前，日本政权与神权紧密相关。《魏志·倭人传》记载日本女王掌权且善鬼神，另有一男王负责具体事务。而关于日本传统社会中的性别职能问题，20世纪60年代以高群逸枝为代表的研究者通过对物语文学等众多史

---

[1] 周一良，《〈大日本史〉之史学》，《史学年报》，第二期第二卷，1935年，第183页。
[2] 关于日本上古史的真实性问题，在津田左右吉、那珂通世等著述中都有较详细的论述。神功皇后记事中的虚构部分，可以参看冈本坚次的《神功皇后》中的具体讨论。

料研究，提出女性在财产所有权和家庭经营权上拥有的极大主动性，进而发展出了父权与母权并行的双系家族制度学说。与家族制度一致，在政治上也有类似的双重王权体制，即女性掌握祭祀权、男性掌握行政权。20世纪80年代今井尧通过考察考古发现成果，对双重政权提出修正，指出女性不仅有祭祀权还有军事和经济权，男性与女性所掌握的权力基本相同。① 大化 ② 二年（646年），中大兄皇子进言孝德天皇说："天无二日，国无二主"，从反面证明了天皇与皇后共天下的事实。天智天皇时期，大海人皇子进言实行以大后先即天皇位、以皇太子辅佐的双头体制，后经过推古朝、皇极朝逐渐形成日本的女帝定制。

前文已经提到誉田皇子生于仲哀天皇崩年，但是并没有立即被立为太子，而是到仲哀天皇崩后四年（皇后摄政三年）才被立为太子，这里的皇太子继承的是谁的皇统？按照日本男性与女性共掌握政权的传统，被摄政的皇后立为太子且在皇后死后即天皇位并无问题，但是《大日本史》编者按照中国史法中的改制与否标准来看，神功皇后未称制不可视为天皇，史臣们仍需要解决皇统继承问题。回到《大日本史》的应神天皇本纪，史臣们用"胎中天皇"的说法做出了回应。"胎中天皇"最早出现在《书纪》的"继体纪"中，但是并未直接出现在"应神纪"中，后《神皇正统记》指出因神之预言故称应神天皇为"胎中天皇"。③《大日本史·应神天皇纪》开篇"应神天皇，仲哀帝第四子也，母神功皇后。……亦称胎中天皇。"虽然"胎中天皇"的应对仍存在一定问题，但三年空位的问题从神兆这一更高逻辑上被解决了。

如周一良所言，作为三大特笔之一的神功皇后退入后妃传，史臣试图严格按照中国正史之义例来梳理日本历史，但是日本女性创世神的影响调和了男女之别，且日本双重家族体制和双重政权统治传统使日本出现一段时间的女帝传统，这与中国的王权继承是很不一样的。《大日本史》中的神功皇后内容经过删改，反映了史臣尽量调和日本天皇与皇后共天下的传统与儒学所提倡的男女角色之别的努力，也展现了中日之间史学传统的具体差异。

---

① 今井尧：「古墳時代前期における女性の地位」，『歴史評論』，1982年第3期，通383號。

② 大化：645—650年，日本第36代孝德天皇年号。大化元年进行一次社会变化，被称为大化改新，标志着日本进入律令时代。

③ 北畠親房著，増鏡時枝誠記、木藤才蔵校注：『神皇正統記』，『日本古典文学大系87』，東京：岩波书店，1965年，第78頁。

三、结语

中国的修史传统源远流长，对东亚文明圈的其他国家和地区也产生了深远影响。日本最初的史籍正是在模仿中国史籍的过程中完成的，此后中日之间的史学交流绵延不绝，大致可分为三个阶段。第一个阶段是日本史学系统的发端时期。大约从公元 6 世纪开始到 12 世纪，借助对中国史学传统的模仿而形成了日本自己的史学，此时出现了日本最早的官修史书——《日本书纪》，其后由官方连续编纂了《续日本纪》《日本后纪》等并称为"六国史"的编年体史书，这同时也是日本历史上第一次修史的高潮。第二个阶段可称为内化阶段，从时间上来看相当于日本中世。这一时期的史学著作所体现的史观和编纂文体更加多样，日文修史成为主流，其与中国史学传统的区别被扩大。第三个阶段从 16 世纪末开始，日本史学逐渐成熟并走向巅峰。官方修史再兴，汉文修史成为正史编纂主流，私人修史成果也被广泛流传。明治之后随着西方文化史、社会史等新观念的进入，日本深受中国影响的修史传统逐渐消退。

需要注意的是，第三阶段再次出现了汉文修史的新高潮，尤其是经历过中世的日语修史之风后，这一现象更显得意味深长。相较于第一个阶段全面模仿汉文修史，第三阶段的汉文修史吸收了日本国学和神道教的成果，具有更强的文化自觉意识和国家宣传意图。《大日本史》横跨了江户和明治两个大的时期，参与编修的人员众多，学问流派也极为复杂，是第三阶段日本修史实践的典型代表。《大日本史》内容中所强调的"正统思想"与明治维新前后盛行的"尊皇思想"有着鲜明的传承关系，成为明治乃至日本整个近代化过程中重要的思想和文化资源。①

德川光国编纂《大日本史》以"正闰皇统"为己任，采取了纪传志表分而详述的体裁。在编纂体例上，《大日本史》通删、增、改三各类别对《日本书纪》进行改编，以中国传统史学之正统观念为线索，选取中国史籍中的经典叙述，完成了《大日本史》从编年体史料到纪传体史籍的转换。在历史思想上，可从神人关系、华夷之辨以及性别之辨三个层面分别讨论，但三者之间是彼此联系、相互交叉的。性别角色划分本身也包含了神人之别，《大日本史》判断华夷之辨更是以神人关联为基础的，而华夷之辨的确定反过来又加强了神人之间的关联性。事实上，上述三者是统

---

① 明治时期重新排版发行了《大日本史》，其后附《大日本史之刊行》列出了与大日本史出版关系密切的各色人物，其中包括中央到地方的各级官僚、参议院和众议院议员、高校教师以及公司总裁等众多角色。

一于《大日本史》的编纂体裁，以日本天皇统治的正统性证明为桥梁，三个层面的讨论最终归结到日本的神人观念之上。可以说《大日本史》的编纂过程既有对中国传统史学的继承，也有结合日本文化特色所进行的改造和创新。

20世纪初日本史学在相继接受了文明论史学、实证史学以及马克思史学等西方理论路数之后，逐渐与深受中国史学传统影响的日本传统史学拉开了距离。但是21世纪全球化发展的今天，史学作为东亚地区文化传统的重要组成，对相关研究具有现实意义，而《大日本史》则是其中代表性的作品。其一，《大日本史》作为江户时期汉文修史传统复兴的代表作，对其史法进行研究，可将他者的视角引入中国史学史研究之中，让观察更加深入和多元，有助于理解"什么是中国传统史学"这一核心问题。其二，《大日本史》本身编撰时间长，参与人员众多，反映了日本从近世到近代复杂的发展过程，展现了"史"如何深刻影响社会和时代精神，梳理其形成过程也是了解中国史学思想变迁过程的一部分。最后，作为东亚传统文化交融的成功案例，《大日本史》深受中国史学传统影响，中日之间的这一史学交流可为当今的东亚地区文化交流提供有益的借鉴。

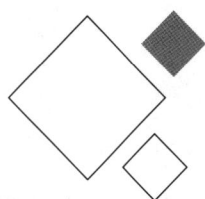

异域交流与
文化传播

五经博士和吴音

○ ［韩］李根雨　釜庆大学

目前，日本的汉字读音存在吴音和汉音并存局面，近世以前，吴音的比例相对较大。可以说，汉音是代表隋朝和唐朝的汉字发音，吴音是长江流域南朝的汉字发音。不过，倭国和宋朝（刘宋）的交往仅限于几次使团往来，此后于公元 600 年才再次向隋朝派遣使节，在这长达 130 年的时间里，根本没有与中国大陆进行交流，反映江南地区汉字发音的吴音是怎么在日本形成的呢？

一、五经博士

日本列岛使用汉字汉文是在中国南朝时期。当时，倭国王多次向南朝宋派遣使节，并上书要求制定将军名号和国王号。倭国的上书是用正式的汉文书写，料想是与中国有直接关联的人写的。因为，当时日本列岛上，汉字和汉文都是由来自中国和朝鲜半岛的人专门负责，汉字汉文在日本还没有落地。反而，遵循日语语序的变体汉文的出现才被看作汉字和汉文的落地。

南朝刘宋以后，日本列岛与中国的直接交流中断，转而通过百济接受先进的文化。佛教传播和五经博士的派遣就是其典型案例。从根本上转变日本使用汉字环境的事件是五经博士的派遣。

韩国学术界认为，五经博士制度存在于百济，百济的儒学得到发展，后来百济向倭国派遣五经博士。五经博士制度随着后汉的灭亡而消失，后来又因梁武帝复活。

1.五经博士的废除和复兴

根据董仲舒的建议，汉武帝确立儒教为国教，并于公元前136年设立五经博士和大学。魏晋时期，儒教衰退，能经业的公卿士庶寥寥无几。到了宋、齐时期，虽然设置了国学，但其教育似乎没能如愿以偿。东晋时期各经设置的博士制度开始瓦解，到东晋后期分掌五经的观念荡然无存，改叫太学博士。国子学也如此，设有十经课程，但有助教来分配。刘宋也设一名助教。^① 换句话说，五经博士制度到了宋朝已不存在，而由助教来教人经书。实际上，据史书记载，在《宋书》中无法确认叫五经博士的人物，只有国子博士、太学博士和博士。就是如同毛诗助教，也设置研究五经的助教。^② 梁朝时期（532年），一度设置孝经助教专门负责向梁武帝解释《孝经》的含义。^③

另外，南齐在建元四年（482年）设置了国学，同刘宋一样，设有国子祭酒和国子博士二人、助教十人，没有制定各经博士制度。即，刘宋和南齐没有五经博士制度，由助教负责五经的研究和教育。

后来，梁武帝重开五馆和国学，开始进行五经教育^④。随着梁武帝积极鼓励五经教育，儒学也开始重振扬威。^⑤但值得注意的是，五经博士的人数。天监四年（505年）

---

① 《宋书》卷三九《百官志》："博士，班固云，秦官。史臣案，六国时往往有博士，掌通古今。汉武建元五年，初置五经博士。宣成之世，五经家法稍增，经置博士一人。至东京凡十四人。易、施、孟、梁丘、京氏；尚书，欧阳，大、小夏侯；诗，齐、鲁、韩；礼，大、小戴；春秋，严、颜，各一博士。而聪明有威重者一人为祭酒。魏及晋西朝置十九人，江左初减为九人，皆不知掌何经。元康末，增仪礼、春秋公羊博士各一人，合为十一人。后又增为十六人，不复分掌五经，而谓之太学博士也。秩六百石。……国子祭酒一人，国子博士二人，国子助教十人。周易、尚书、毛诗、礼记、周官、仪礼、春秋左氏传、公羊·谷梁各为一经，论语、孝经为一经，合十经，助教分掌。国子，周旧名，周有师氏之职务，即今国子祭酒也。晋初复置国子学，以教生徒，而隶属太学焉。晋初助教十五人，江左以来，损其员。自宋世若不置学，则助教唯置一人，而祭酒、博士常置也。"《宋书》，北京：中华书局，1974年，第1228页。

② 《宋书》卷七五《王僧达·颜竣传》"（省略）苏宝者，名宝生，本寒门，有文义之美。元嘉中立国子学，为毛诗助教，为太祖所知，官至南台侍御史，江宁令。坐知高阁反不即启闻，与阁共伏诛。"《宋书》，第1958页。

③ 《梁书》卷三《武帝纪》"（中大通四年）三月庚午，侍中、领国子博士萧子显上表置制旨孝经助教一人，生十人，专通高祖所释孝经义。"《梁书》，北京：中华书局1973年，第76页。

④ 《梁书》卷三《武帝纪》"修饰国学，增广生员，立五馆，置五经博士。"《梁书》，第96页。

⑤ 《陈书》卷三三《儒林传》"魏、晋浮荡，儒教沦歇，公卿士庶罕通经业矣。宋齐之间，国学时复开置，梁武帝开五馆建国学，总以五经教授，经各置助教云。武帝或纡銮驾，临幸庠序，释奠先师，躬亲试胄，申之醢语，劳之束帛，济济焉斯，盖一代之盛矣。高祖创业开基，承前代离乱，衣冠殄尽，寇贼未宁，既日不暇给弗遑劝课。世祖以降，稍置学官，虽琏延生徒，成业盖寡。今之采缀，盖亦梁之遗儒云。"《陈书》，北京：中华书局，1972年，第433页。

设有五经博士各一人，并设置五馆，交由五经博士管理，各经下设助教。那么各馆里有五经博士各一人，还带有一人负责各经的教育，可能五馆各自指定经书。五经博士制度为国家政策在汉代被积极推进，而后来走向衰退，到了博学君主梁武帝时期又复活了。可以说，百济是通过与梁朝的外交关系接触到了五经博士制度。

2. 百济向倭国派遣五经博士

公元512年，百济首次向梁朝派遣使节，而向倭国派遣五经博士段杨尔是513年。考虑到使节来回的时间，百济接受梁朝的五经博士制度，而后派遣自己培养的五经博士这个假设并不成立。据史书记载，百济要求梁朝派遣毛诗博士（《三国史记》《梁书》），或梁朝的讲礼博士曾经被派往百济（《南史》）。因此，派往倭国的五经博士并不是百济人，而是由百济邀请梁朝官员，再派往倭国这个说法更为确切。

据《三国史记》之《百济本纪》"近肖古王条"的博士高兴的案例，也有主张百济就有博士制度的人，即便高兴头带博士的称呼，但不清楚其是百济的官职还是来自乐浪人的俗称。即使在乐浪还遗留汉朝的五经博士制度，但对百济是否至六世纪还一直维持五经博士制度，还存疑问。目前可以得出结论，随着梁朝的成立，学问渊博的君主梁武帝复兴了五经博士制度，访问梁朝的百济使节看到五经博士制度后，邀请其访问百济，而后作为军事回请再派往倭国。

另外，有必要关注派遣五经博士的时间，首次派遣五经博士段杨尔的年份是公元513年，是百济向梁朝派使节的第二年。梁朝制定五经博士制度是在公元505年，之后百济吸收梁朝的五经博士制度，并培养五经博士，于公元513年能向倭国派遣五经博士吗？

当然，五经是汉代以后广泛传播的文献，因此，有可能早就传到百济，即便如此，百济正式接受梁朝的文化，培养五经博士还是值得怀疑的。因为，五经博士并不是简单传授五经内容，而是教当时梁朝的汉字发音。可以说他们是 native Chinese speaker，对此将在汉字发音章节论述。

假设五经博士是向倭国传播梁朝汉字发音的，五经博士的归属就值得斟酌。由此可以提出，512年派到梁朝的百济使节把梁朝的五经博士（或者助教）段杨尔带到百济后，重新派往倭国的可能性。516年派出的汉高安茂也可能相同，他的姓名前加汉也说明他来自梁朝。之后一段时间不见关于五经博士的记载，到了百济圣王十九年（541年）又见要求梁朝派遣毛诗博士的记载。据《陈书》和《南史》记载，梁朝应邀向百济派遣讲礼博士陆湖，回国后被任命为给事中定阳令。百济不断要求梁朝派遣可以传授五经的博士。在三国之间五经博士流向的表格中，可以得出疑问，如果说公元 505 年梁朝制定五经博士制度后，百济接受该制度并在国内培养五经博士后，于 513 年和 516 年派往倭国，那么，此后为何还持续要求梁朝派遣五经博士呢？因为，510 年代百济有能力向倭国派出五经博士，那么 530 年代和 540 年代没必要再要求梁朝派遣五经博士。

另外，554 年派遣五经博士王柳贵，梁朝灭亡是 557 年。拥有百济官职的马丁安可能不是由梁朝派遣，因当时时局混乱，梁朝无法派出五经博士，百济先派出传授五经的马丁安，待 552 年镇压侯景叛乱后，可能再次派遣梁朝的五经博士王柳贵。以后，史书上一直没有出现五经博士，可能是因为供应五经博士的梁朝灭亡。梁朝后的陈朝虽在文帝之后设置学官，其学徒也增加，但没能得到发展，关于五经博士制度是否持续也没有定论。

表 1　梁·百济·倭之间五经博士来往的经过

年.月	百济派遣使节	梁朝派遣的五经博士	派往倭国的五经博士
512.4	百济、扶南、林邑等国 派使节献方物	段杨尔	
513.6			五经博士段杨尔
516.9		高安茂	五经博士汉高安茂
521.11	百济国、新罗国派使节献方物		
523/524	武宁王去世		
534.3	百济国派使节献方物①	毛诗博士	（毛诗博士）
541.3	高丽、百济国派使节献宝物	毛诗博士	一（毛诗博士）
		讲礼博士陆诩	一（讲礼博士）
549.12	百济国派使节献宝物		
			固德马丁安
553~	百济使节回国	王柳贵	
554			五经博士王柳贵

二、南朝汉字发音和吴音

基于唐朝和日本的外交关系，很容易了解日本汉字发音上汉音的地位。进入七

---

① 《梁书》卷 54《百济传》"中大通六年，大同七年，累遣使献方物，并请涅槃等经义、毛诗博士并工匠画师等。敕并给之。"《梁书》，第 805 页。

世纪，日本列岛正式来往于中国。从派遣到隋朝的遣隋使开始，派遣到唐朝的遣唐使的次数达到至少 12 次，甚至还有达到 20 次的看法。其使团成员包括僧侣，最澄、空海和圆仁等著名僧侣。他们收集数量庞大的书籍，或长时间停留在隋朝和唐朝。七到九世纪这三个世纪以来进行交流的结果就是汉音的传播。在这个时候，日本人开始正式到中国留学了，也是在这个时候，新罗接受唐朝的文化，其汉字发音也可能受到唐朝发音的影响。日本的僧侣也到统一后的新罗来留学，因此，唐朝的发音从两个方向影响日本列岛。

　　向日本列岛传授南朝发音的唯一机会只能是由派出五经博士的百济创造的。五经博士的意义在于从根本上改变了日本列岛的汉字环境，因为他们是南朝梁的博士，中文是他们的母语。同时，他们还传授了包括《千字文》《玉篇》《文选》和《高僧传》等梁朝的主要书籍。因为当时传授了流传后世的这些著作，所以，虽然五经博士逗留日本的时间不长，但为六世纪江南地区汉字发音和吴音落户于日本做了贡献，到目前为止，日本的汉字发音有两大主流。

表 2　日本汉字音上汉音和吴音

分类	清音／浊音	浊音／鼻音	齿音／舌音
汉字	神大土地分佛	男女万美无	二人日
汉音	xin, tai, to, ji, hun, huzi	dan, jyo, ban, bi, bu	ji, jin, jizi,
吴音	jin, dai, do, zi, bun, buzi	nan, nyo, man, mi, mu	ni, nin, niji

1. 玉篇

　　《玉篇》对日本的影响很大，《令集解》第四卷《职员令》援引桥道和津济的古记表汉字之音，"桥道：古记云，上奇乔反，野王案，说文，桥梁也，道路也。徐广云，道路已，言人之蹈而所行也。""津济：古记云，上子隣反，论语，使子路问津焉，郑玄曰，津济度处也，下子梯反，尚书孔安国曰，济渡也。凡泊处谓津，渡处为之济。"

　　汉字标记上使用半切法。如以"奇乔反"标记"桥"，半切法就是《玉篇》的发音标记方式。"津"读音标记为"子隣反"，这就是适用《玉篇》的半切法。

　　另外，通过八世纪初期日本人编撰的大治本《八十华严经音义》，也可以确认半切法的音标。比如，对"阶砌"的解释是，"上古谐反，进也，上进也。说文陛也，下且计反，砌限也云，〈倭言石太〉美"。"上"指第一个汉字，"下"则指下一个汉字。据《重修玉篇》之"阶（古谐切，登堂道也，上也，进也，梯也）"，同样以"古谐"

来标记"阶"。

空海的《篆隶万象名义》也是编辑《玉篇》的著作，不仅其收录的汉字数量同《玉篇》类似，编辑顺序也相似，而且字义也基本一致。只是省略例子或考证部分，剽窃字义，是研究南朝《玉篇》的最重要的资料。可以说，日本最早辞书的出现也受到《玉篇》的影响。同时，《玉篇》的半切法扩大了音韵的知识。

通过半切自然地把一个音节分为声母和韵母，而且理解简单组合的日本语音韵体系，可以说，这就是利用汉字走向日本文字的渠道。

2. 千字文

保存至今的《千字文》是奉梁武帝之命由南朝梁的周兴嗣编撰。在藤原京、平城京出土的木简中出现了与千字文有关的练字，显示了《千字文》的影响。据《古事记》记载，和迩博士传于应神天皇代《千字文》一册和《论语》十册。问题是，传《千字文》的时间比周兴嗣完成《千字文》的时间早约 100 年。对此，有两种看法：其一，王仁（和迩）传授的可信度不高；其二，周兴嗣编撰《千字文》之前，已有钟繇的《千字文》，因此王仁传的《千字文》应是由钟繇编撰的。

自李丙涛先生承认钟繇的《千字文》以来，韩国学术界认为王仁向日本列岛传播了钟繇的《千字文》和何晏编撰的《论语集解》（十册）。但是，承认钟繇的《千字文》也存在诸多问题，特别是如《隋书》等中国史书没有提及钟繇的《千字文》，只能在李至为《梁书》编写的注中找到钟繇。[①]

《隋书·经籍志》只记载《千字文》一册（梁给事郎周兴嗣撰），《千字文》一册（梁国子祭酒萧子云注），《千字文》一册（胡肃注）、《篆书千字文》一册、《演千字文》五册和《草书千字文》一册，而没有记载钟繇的《千字文》。《旧唐书》也只记载着萧子范的《千字文》和周兴嗣的《千字文》。目前，虽然有以"二仪日月"为开头的钟繇版《千字文》，但对其存疑问。

首先，可以参考李至为《梁书》编写的注，其内容是梁武帝获得钟繇所写一千字的残碑，令周兴嗣做次韵，即分析梁武帝所获的字是王羲之的还是钟繇的是该注的核心。从钟繇的残碑中获得一千字，因此，即便钟繇编撰书籍，应也不是千字文，

---

① 《梁书》卷四九《周兴嗣传》"次韵王羲之书千字，并使兴嗣为文。"《梁书》，第 697 页。《宋史·李至传》"千字文乃梁武帝得钟繇书破碑千余字，命周兴嗣次韵而成。今以为王羲之异矣。"引自周祖譔主编：《先唐文苑传笺证》，南京：凤凰出版社，2012 年，第 369 页。

因为一块残碑中完整保存的字只有一千字。

其次，钟繇是后汉时期魏国的政治家、武将和书法家，被称为书圣的王羲之也学习钟繇的字。钟繇是活跃在政治和军事一线的人物，没有什么学术著作。因此，很难断定钟繇编撰了《千字文》。如果钟繇编撰了流传至今的《千字文》，那么没有理由不被广泛传播。《急就章》算是《千字文》的雏形，前汉时期史游撰写的《急就章》没有一字是重复的，这一点类似于《千字文》。从汉到南北朝时期，《急就章》一直被广泛用于教孩子们汉字。

但是后来有了《千字文》，《急就章》的人气开始下降。《急就章》罗列很多人名，又没有押韵，因此既没有单调的罗列，还以容易背诵的韵文组成的《千字文》替代了《急就章》。以二仪日月为开头的《千字文》也有押韵，而且内容上不逊于周兴嗣的《千字文》，那么，可以预测它也享有同周兴嗣《千字文》一样的人气。但是，三百年来没有人提到该《千字文》，而与周兴嗣的《千字文》并提的只有《急就章》，令人费解。

另外，假设王仁传播了钟繇的《千字文》，他又是文首（西文氏）的鼻祖，那么王仁一族很有可能保存钟繇的《千字文》，但是在日本根本找不到以二仪日月为开头的《千字文》，木简中习字的内容也都是周兴嗣的《千字文》。

本文结合王仁、五经博士、《千字文》和《玉篇》了解日本汉字发音中吴音的情况，但只限于提出问题，很多方面都还不能确定，日后应对《玉篇》之音和吴音之音之间存在的关联性进行研究。

（自译）

论中国铜镜文化对日本的影响

○ 刘晓峰　清华大学

　　铜镜是中国古代诸种金属器物之中沿用时间最长、使用范围最广、又对人们物质与精神生活产生过许多影响的古器物。在古代中国，早在殷商时代就已经出现了最早的铜镜。经过春秋战国这一由稚朴走向成熟的过渡时期，发展到汉代，不仅出现了大量工艺先进、造型精美的铜镜，并且产生了与古代宗教思想与文化生活密切关联的铜镜文化。

　　作为中国古代文明向周边辐射的文化组成部分，铜镜与铜镜文化历史上曾漂洋过海传入日本，并对日本文化发展产生巨大影响。站在 21 世纪的今天，回溯日本文化的发展史，我们可以比较完整地看到铜镜曾在其中起到怎样重要的作用——从历史记载到考古发掘，从神话传说到文化精神，可以说一部日本文化史与铜镜密不可分。某种意义上甚至可以说，离开铜镜就不足以完整地诠释日本文化的发展过程。

　　正因如此，有关中国古代铜镜影响日本的研究，在中国和日本都有非常深厚的学术积累。特别是围绕中日青铜镜之间的渊源关系、围绕三角缘神兽镜的原产地，中日两国学者之间曾进行过非常深入的学术讨论。发展到今天，有关铜镜的形制、制造工艺、铭文等领域，已经积累了非常体系化的研究成果。这些研究成果对于笔者所从事的日本历史研究，特别是对于日本早期历史发展的研究，是极具启发意义的。与此同时，我们也遗憾地看到，对于中国古代的铜镜传入日本后所产生的巨大影响，特别是基础于这一影响之上所产生的日本特殊的铜镜文化，迄今为止却尚无专文论述。有鉴于此，笔者不揣浅陋撰作本文，期图对这一领域几个重要的方面进行一次初步的检点。然平生治学，多基于文字资料，器物考古之学，固非所长。是以临纸惴惴，不胜履冰之感。行文容或有缺，尚望海内硕学多施斧钺之正。

一、"铜镜百枚"的宗教性与政治性解读

按照《三国志·魏志》记载，景初二年（238年）六月，倭女王卑弥呼曾遣大夫难升米、次使都市牛利以男生口四人，女生口六人，班布二匹二丈，来到中国朝贡。这一年十二月，魏明帝曹睿发诏书报倭女王卑弥呼。诏称卑弥呼："所在逾远，乃遣使贡献，是汝之忠孝，我甚哀汝。"并封赏卑弥呼"为亲魏倭王，假金印紫绶，装封付带方太守假授汝。其绶抚种人，勉为孝顺。汝来使难升米、牛利涉远，道路勤劳，今以难升米为率善中郎将，牛利为率善校尉，假银印青绶，引见劳赐遣还。今以绛地交龙锦五匹、绛地绉粟罽十张、蒨绛五十匹、绀青五十匹，答汝所献贡直。又特赐汝绀地句文锦三匹、细班华罽五张、白绢五十匹、金八两、五尺刀二口、铜镜百枚、真珠、铅丹各五十斤，皆装封付难升米、牛利还到录受。悉可以示汝国中人，使知国家哀汝，故郑重赐汝好物也。"[1]

这段文字所展示的，是在以中国为核心的东亚地区外交领域常见的早期朝贡外交的一页。它与后世的国际贸易完全不是一个概念。如果单纯从利益上计算，以男女十名生口（奴隶）和二匹二丈班布，换得金印紫绶的"亲魏倭王"的称号，银印青绶的"率善中郎将""率善校尉"称号，以及"绛地交龙锦五匹、绛地绉粟罽十张、蒨绛五十匹、绀青五十匹，答汝所献贡直。又特赐汝绀地句文锦三匹、细班华罽五张、白绢五十匹、金八两、五尺刀二口、铜镜百枚、真珠、铅丹各五十斤"，这绝对是不等值交换。然而在这里展示的正是传统中国"厚往薄来、怀来远人"的文化理念，一如诏书所示，这些赏赐品带回倭国"可以示汝国中人，使知国家哀汝，故郑重赐汝好物"。另一方面，曹魏通过这场外交活动所得也并不小。它实际上获得了标榜自己才是东亚"正统国际领袖"的地位。在魏蜀吴三个政权处于对立状态的三国时代，这对于曹魏政治上无疑是具有积极意义的。

在魏明帝的赏赐品中，"铜镜百枚"四个字和本文关系密切。因为查考曹魏与其

---

[1] 《三国志》，中华书局，1982年，第857页。

他周边国家的外交活动中，并没有类似的赏赐铜镜的记载。也就是说，赏赐倭女王卑弥呼"铜镜百枚"是一件看似普通但实际上很特殊的事情。有学者认为曹魏是依照邪马台国的请求做出这一赏赐的，这是一种非常有意味的解读。[①] 按照《三国志》的记载，卑弥呼并不是一般的王。当时"倭国乱，相攻伐历年"，后来立了卑弥呼为王，形势才安定下来。重要的是卑弥呼成为王所依靠的根本力量并不是武力，而是如史所载"事鬼道，能惑众"，依靠的是宗教的力量。而她的生活状态也非常特殊。史载她"年已长大，无夫婿，有男弟佐治国。自为王以来，少有见者。以婢千人自侍，唯有男子一人给饮食，传辞出入。居处宫室楼观，城栅严设，常有人持兵守卫。"[②] 这里的年长而不婚，居处神秘其事，都应当与她"事鬼道"的神秘身份有关，是她作为宗教领袖这一特殊身份的一部分。那么"铜镜百面"与卑弥呼的"事鬼道"之间是否有联系呢？

日本历史和中国史不同，在我们所讨论的这个历史时期，日本本土并没有完整的文献资料留存下来。为此我们只能依靠考古学的资料，来理解铜镜在这个时代的意义。以下我们主要综合日本考古学权威森浩一教授的观点，将铜镜文化在日本的早期发展历史整理如下[③]：

铜镜传入日本是弥生时代的事情。最早传入的是多纽细纹镜。和普通的汉镜只有一个背纽相比，多纽细纹镜一般有二个或三个背纽。普通的汉镜镜形是平面或略有凸面，而多纽细纹镜则略呈凹面形制。在纹饰方面，普通的汉镜有各种复杂的与神仙思想相关的图案，但多纽细纹镜则只有几何形纹样。普通的汉镜通常有铭文，而多纽细纹镜没有。这种铜镜在日本共有五面出土。[④] 关于最早出现于日本的多纽细纹镜，驹井和俊曾在《中国古镜之研究》中指出，从凹形的镜面看，与其说用来作为化妆工具，多纽细纹镜形制上更接近"阳燧"。"阳燧"是古代借阳光取火的一种工具。镜后面的细纹也许是对于阳光的一种表现。这类铜镜在今天中国东北地区和朝鲜半岛已经有很多出土。相互间的谱系关系很清楚。多纽细纹镜大多出土在九州北部和山口市，如佐贺县唐津市宇木汲田遗址（同时出土有铜剑）、福冈市饭盛高木遗址（同时出土有铜剑和铜矛）、山口县下关市（同时出土有铜剑）等。出土多纽细纹镜的还有大阪府柏原市大县和奈良县御所。同一个地方还埋有铜铎。在本洲更北

①　王凯：《铜镜与日本原始政权》，《日本学刊》2010年第1期，第59页。

②　《三国志》，第856页。

③　参见森浩一：『日本神話の考古学』，東京：日本朝日新聞社，1997年。

④　参见菅谷文则：『日本人と鏡』，京都：日本同朋舎，1991年，第173-175页。

面的长野县佐久市野泽地区原遗址，则出土了上加工有两个孔的多纽细纹镜的碎片。考古学者们推测这碎片可能被当成宗教用途的祭品或者是护身符。和这些铜镜一起埋葬的，应当大多是该地方的统治者。

在多纽细纹镜之后约五十至一百年，大量典型的汉代形制的铜镜开始出现于陪葬品中。这是日本的弥生时代中期，这些铜器被放置在日本流行使用的两个非常巨大土瓮合成的瓮棺中。陪葬的铜镜的数量也明显增多。比如福冈县前原町三云一号瓮棺陪葬的有三十五面铜镜，二号瓮棺有二十二面，井原键沟瓮棺埋有二十一面。福冈县春日市须玖冈本遗址大石下瓮棺也埋有三十几面。在北九州坟墓里出土的随葬品中，有铜镜、铜剑和勾玉。如福冈县前原町三云一号瓮棺陪葬的有三十五面汉代铜镜之外，还有直柄铜剑一、铜矛二、铜戈一、金铜制四叶座饰金具八、玻璃玉币八、玻璃勾玉三、玻璃管玉一百余。这种剑、镜、玉同时出土的墓葬，用实物讲述着日本古代皇室的"三种神器"的说法，实在有着非常古老深厚的文化渊源。在二号瓮棺有二十二面铜镜出土，此外出土的尚有翡翠勾玉一、玻璃勾玉十二。令人深思的是日本学者森浩一指出的如下现象：这种以西汉铜镜等为陪葬品的风俗主要盛行于当时日本社会的上层，而在地域上则集中于北九州，并基本不见于以大和为中心的弥生时代遗址中。

从弥生中期到弥生后期，东汉的铜镜开始逐渐扮演主要的角色。多数日本学者认为，这一时期被使用的铜镜一部分来源于中国，同时，在日本北九州也开始生产铜镜。考古学者们挖掘出的当年生产铜镜时的镜范有力地证明了这一点。至弥生时代结束的四世纪，自西而东，日本各地突然出现大量的前方后圆坟。历史上称这一时代为古坟时代。这一时代是另一种被称为"三角缘神兽镜"的铜镜大流行的时代。这是在历史研究领域争论非常大的铜镜，也是在日本出土数量最多的一种铜镜。古坟的数量不断增多，到六世纪达到了顶点。不过铜镜的地位开始下降，工艺水平非常高的冠饰和马具流行起来。铜镜的制作技术也趋向衰败。在这个时代大流行的三角缘神兽镜，用途明显也并不是化妆用具。而是与长生不老的思想、与希望保护被葬主人的尸体或魂魄不受破坏为目标。

立足于上述考古学成果基础之上，再看《三国志》中下赐卑弥呼"铜镜百枚"的记载，我们可以看出很多新的问题点。在铜镜从大陆传入日本数百年后，女王卑弥呼从曹魏请回"铜镜百枚"这一行为，在当时的日本究竟意味着什么？景初二年（238年）倭女王卑弥呼遣使曹魏，时间正当三世纪前半叶，这正是东汉的铜镜大为活跃的历史时期，也是日本开始修筑巨大古坟的时期。《三国志》载"卑弥呼以死，大作冢，径百余步，徇葬者奴婢百余人"[①]，她的"径百余步"的坟塚就是古坟时代的先河。"鬼道"近似于中国道教。而道教中铜镜作为法器拥有特殊地位。"鬼道"这个词并不常用。《三国志》中除了《魏志·东夷列传》中提及"鬼道"外，还有《魏志·张鲁传》和《蜀志·刘焉传》。日本学者上田正昭分析《三国志》使用"鬼道"的用例，认为卑弥呼的"鬼道"不是普通萨满式宗教，陈寿是在与道教信仰相类似这一意义上使用的"鬼道"一词。[②] 也就是说日本当时出现的"鬼道"，尽管不能等同于汉代的道教，但两者可以断定有很多近似的地方。而在中国汉代，道教和铜镜之间是有很深渊源的。道教是传统的中国宗教，它根源于先秦道家思想。追求长生不老神仙世界，是其思想的根本特征之一。远在战国时就已为秦汉方士们所鼓吹的神仙思想，在汉代道教形成期被构建为超越时空和宇宙限制的长生不老的神仙世界，并成为道家所追求和宣传的终极目标。在道教文化体系中，作为法器的铜镜一直占有着重要的地位。反映在今天出土的众多仙人神兽镜、飞仙镜、四神镜、规矩镜上，就是铜镜背后的纹饰中所刻画的羽人、神仙、神兽以及铭文与纹样。从这些纹饰中我们可以解读出汉代人对现世幸福的追求，对长生不老的祈愿。汉镜中出现了许多有名有姓的神仙，如王子乔、赤松子、黄帝、东王公、西王母、南极老人、伯牙、钟子期等。汉代社会自上而下弥漫着浓厚的神仙观念，汉人长生登仙理想的大发展，都在狭小的铜镜纹饰之间得到了很好的反映。在汉代中国的墓葬中出土了大量的铜镜，考古学家认为大量的铜镜陪葬，正是因为当时的人们认为在生死之界铜镜可能起到的特殊的佑护作用。曹魏特殊赏赐卑弥呼"铜镜百枚"，应当是"与长生不老的思想、与希望保护被葬主人的尸体或魂魄"有很深的关联。这正是"鬼道"与铜镜之间的根本联系。

日本的弥生时代考古资料可以支持我们的这一推断。弥生时代铜镜大量出土的个案有十几件。依据河上邦彦的研究，当年陪葬这些铜镜是有秩序的。从总体上说，铜镜作为陪葬品放置部位五花八门，有的放置于棺内头部，有的放置于棺内足部，有的统一放置于棺外，也有少数置于棺与椁之间。但最多的是放置于头部，比如最典型的兵库县辑保郡权现山五十一号墓就是墓主的头部被五面镜子围住，这样的例子在考古学报告中有很多。特别是只有一两面镜子陪葬的时候，几乎都是放置于墓

---

① 《三国志》，第 858 页。
② 参见上田正昭：『倭国の世界』，東京：講談社，1976 年；同『古代道教と朝鮮文化』，東京：人文書店，1989 年。

主头部的。河上邦彦认为，要认识这种以铜镜为陪葬品的做法，必须先了解中国古代对于铜镜所拥有的神秘力量的认识。[①] 认识了在卑弥呼朝贡曹魏前后铜镜在日本的出土情况，我们就不难得出结论："鬼道"与铜镜之间是相互联系的。

以上我们以《三国志》有关下赐卑弥呼"铜镜百枚"的记载为线索，对于中国铜镜与铜镜文化从弥生时代对日本发生的影响做了总括性论述。我们在这里想要强调的是，中国铜镜与铜镜文化对于弥生时代的日本所产生的影响，一个重要的侧面是宗教咒术性的，另一个重要的侧面是政治性的。一如曹魏下赐给邪马台国的"铜镜百枚"，它既与作为祭祀王的卑弥呼所利用的"鬼道"相联系，同时又是卑弥呼依靠大陆力量号召日本国内的重要政治工具。宗教性与政治性这两个方面，在"事鬼道"的神巫卑弥呼那里是统一贯穿于其政教合一的身份之中的。

二、日本古代神话中铜镜的特殊意义

在古代日本，一旦老天皇去世，马上要做的一件事情就是把象征权力的"三种神器"从已故天皇那里转移到新天皇处。《赞岐典饰日记》记载，堀河天皇去世后，记主藤原长子悲伤之中听到堀河天皇居所那边传来一阵人声。她的同事哭着告诉她，那是宫里的人在搬动神玺与神剑的声音。还是大白天，他们就在移动家具，把天皇御帐中的秘器与宝镜取出来，送往即将即位的刚五岁的宗仁亲王那里。听到这一切，藤原长子是平添了一份物是人非的悲凉。同样的事例在今天也依如旧贯。1989 年 1 月 7 日六时，昭和天皇死去。仅仅同日两个多小时后，在皇宫正殿的松之间，就安排举行了"剑玺等承继之仪"[②]。今天的平成天皇从宫廷侍臣手中接过宝剑与神玺。神器的转移，当然象征着权力的转移。而说到神器，很多人自然会想到"三种神器"。作为神圣权力的象征，在日本天皇继承皇位之际，接受三种神器仍是重大的仪式之一。

三件"神器"之中，第一件就要数一面神镜。这面神镜准确的称谓为"八尺镜"（yatano kagami）。从第一百代天皇后小松天皇开始，在天皇与皇后的寝室旁边专门为存放神器设置了"剑玺之间"。在设置"剑玺之间"之前，剑与玺通常保存在天皇的寝室中。按照第八十四代天皇顺德天皇所著《禁秘御抄》的记载，其具体的位置是

---

① 参见河上邦彦：「石製腕飾り物と銅鏡とその呪術的意義」，上田正昭編：『古代日本と渡来文化』，東京：日本学生社，1997 年，第 351–359 頁。

② 参见稲田智宏：『三種の神器』，東京：学習研究社，2007 年，第 15–20 頁。

放置于皇枕前上方的二层格架上。而铜镜则被看成是三种神器中最神圣的一种，在皇宫内三座祭祀用的神殿中居于中央的位置，两边分别是祭祀包括天神地祇在内的八百万神的神殿和祭祀历代天皇和皇族灵的皇灵殿，足见这面八尺镜被神圣视到何种地步。因为神圣，这面镜子的真面目至今不为世人所知。史载这面镜子上有伤痕，《日本书纪》与《古语拾遗》皆称这是伊势神镜在放置进天石窟时遭到磕碰留下小的疤痕。① 今天我们不知道这面"八尺镜"真正的尺寸，但是有两个资料可以为我们讨论这一问题提供参考。这就是成书于 804 年的《皇太神宫仪式帐》和成书于 10 世纪的《延喜式》。它们都记载了装有这面镜子的盒子（御樋代）直径为一尺六寸三分（约四十九厘米）。这个数字对于推断这面宝镜的大小应当是很有参考意义的。镰仓时代日本学者卜部兼方《释日本纪》曾对八尺镜的"尺"做过考察，认为一尺相当于八寸，八尺者合为六十四寸，这"六十四寸"乃是镜子的圆周长。如果按照这一周长计算，镜子直径大概近于二尺六寸三分。② 这面神镜何以在日本有如此高的地位？回答这一问题需要我们到日本神话中寻找答案。

按照《日本书纪》记载，天照大神的出生就与铜镜有关。《日本书纪》记载，伊弉诺尊说自己想生出"御宇之珍子"，于是"左手持白铜镜，则有化出之神"，这就是天照大神，"此子光华明彩，照彻于六合之内"。"右手持白铜镜，则有化出之神"，这是名为"月弓尊"的月神。"又廻首顾眄之间，则有化神"，这是日本神话中声名显赫的素戋鸣尊。这三位大神中，日神天照大神和月神月弓尊因为"质性明丽"被置天上"使照临天地"，而素戋鸣尊"性好残害"所以被发配"下治根国"。③ 被发遣到根国的素戋鸣尊不甘心离开天庭，于是他在天国做了很多破坏活动，并与天照大神之间发生了很多争斗。因为素戋鸣尊行为无状，天照大神最后发怒进入"天石窟"中。当是时也，天昏地暗，"六合之内，常暗而不知昼夜之相代"。众神为请出天照大神下尽了气力。《日本书纪》写道：

> 于时八十万神会合於天安河边计其可祷之方。故思兼神深谋远虑。遂聚常世之长鸣鸟，使互长鸣；亦以手力雄神立磐户之侧；而中臣连远祖天儿屋命，忌部远祖大玉命，掘天香山之五百个真坂树，而上枝悬八坂琼之五百个御统，中枝悬八咫镜，下枝悬青和币、白和币，相与致其祈祷焉；

① 参见『日本書紀』「神代上」，『日本古典文学大系 68·日本書紀』，東京：岩波書店，1965 年，第 117 頁。
② 森浩一：『日本神話の考古学』，東京：日本朝日新聞社，1997 年。
③ 『日本書紀』「神代上」，『日本古典文学大系 68·日本書紀』，第 89 頁。

又猿女君远祖天钿女命，则手持茅缠之矛，立於天石窟户之前，巧作排优；亦以天香山之真坂树为鬘，以萝为手缢，而火处烧覆槽置显神明之凭谈。是时天照大神闻之而曰："吾比闭居石窟，谓当丰苇原中国必为长夜，云何天钿女命谑乐如此者乎？"乃以御手细开磐户窥之。时手力雄神则奉承天照大神之手，引而奉出。於是中臣神、忌部神，则界以端出之绳。绳，亦云左绳端出，乃请曰："勿复还幸。"然后诸神归罪过於素戋鸣尊，而科之以千座置户，遂促徵矣。至使拔发，以赎其罪。亦曰，拔其手足之爪赎之。已而竟逐降焉。①

这段描写天照大神从"神隐"到复活的"天石窟"神话，是日本古代神话中最有代表性的一部分。很多神话学家将这一神话解释为是在写冬至太阳的死而复活，而将诸神为重新请出太阳神所做的一切看成是一场祭祀的仪式过程。②值得我们注意的是，在这段"天石窟"神话中，铜镜作为与神沟通的重要工具，被悬挂在天香山的真阪树中枝，发挥了不可替代的重要作用。据说当时这枚宝镜由中臣氏远祖天儿屋命"以神祝祝之"后，被放入天石窟中，镜子为日神天照大神所照耀，马上放射出明亮无比的光辉。天照大神好奇于本该在长夜中惶恐不安的诸神居然会无比"谑乐"，而世间居然还有与自己同样熠熠生辉的日神存在，最终忍耐不住才走出天石窟察看的。关于这面铜镜的制作者，按照《日本书纪》的记载，当天照大神神隐之时，众神惶恐，"乃使镜作部远祖天糠户者造镜，忌部远祖大玉者造币，玉作部远祖丰玉者造玉，又使山雷者采五百个真阪树八十玉签，野槌者采五百个野荐八十玉签，凡此诸物皆来聚集"，是这面宝镜乃镜作部远祖天糠户者所造。另一种记载则说为石凝姥神"取天香山铜，以铸日像之镜"。

在日本古代人那里，铜镜还是天照大神的子孙作为统治者降临苇原中国时所携带的三件神宝之一。八坂琼之曲玉，八尺镜，及草刈剑被天照大神"授赐皇孙，永为天玺。视此宝镜，当犹视吾"。可以"与同床共殿，以为斋镜"。这面神圣的铜镜"其状美丽"，直到今天仍被伊势神宫作为"御灵"祭祀，是伊势神宫的"御神体"。实际上，在整个神道世界中铜镜的地位也同样如此重要。神道属于泛神论宗教的一种。

① 『日本書紀』「神代上」，『日本古典文学大系 68·日本書紀』，第 113 頁。（笔者译）
② 有关日本神话中的"天石窟传说"与冬至之间关系的研究，可参见松村武雄：『日本神話の研究』，東京：桜楓社，1960 年；松本信広：『日本神話研究』，東京：平凡社，1971 年；土桥宽：『古代歌謡の儀礼研究』，東京：岩波書店，1966 年；松前健：『日本神話の新研究』，東京：桜楓社，1966 年；鳥越憲三郎：『大嘗祭—新资料で密儀の全貌を講述』，東京：角川書店，1990 年。

神谱庞杂，号称有"八百万神"。举凡山川、草木、石头皆可以被当成神崇拜。但在"八百万神"中，最多的还是和天照大神一样以铜镜为"御神体""御正体"。依据《出云国造神贺词》的记载，日本大神神社的镇座神的和魂即托于八尺镜中。在《万叶集》卷五收有以镜招神的古歌。盖古代日本人认为铜镜可召神，神来可托身于铜镜，而铜镜也由此自然会被看成是神体。

综合上述叙事我们不难得出这样的结论，在日本早期创世神话中，在日本神道世界里，铜镜拥有着无比崇高的地位。这一地位非常特殊，甚至可以说远远高于铜镜在中国所拥有的地位。如果我们结合上一节围绕"铜镜百枚"所叙述的诸多史实来考察，很自然地会得出这样的结论——铜镜在日本拥有如此高的地位并不是出于偶然。早在《古事记》《日本书纪》成书之前，在日本神话形成的弥生时期、古坟时期，铜镜在日本人的政治生活与宗教生活中就占有了极其重要的地位。记载于《古事记》《日本书纪》中有关铜镜的上述日本神话，可以说是中国古代铜镜及其相关文化在日本所发生的巨大影响的一种曲折反映。从这些神话故事中我们可以看出，中国古代铜镜及其相关文化对日本的影响深远到了何种程度。可以说它业已内化为日本古代文化的一部分，成为日本古代文化中最有特征的一部分。①

---

① 需要补充说明的是，铜镜带给日本文化的影响不仅仅限于上述神话故事。《续日本后纪》天长十年十一月戊辰条记载："戊辰，御丰乐院。终日宴乐。悠纪主基共立标。其标，悠纪则庆山之上栽梧桐，两凤集其上。从其树中起五色云。云上悬悠纪近江四字。其上有日像，日上有半月像。其山前有天老及麟像。其后有连理吴竹。主基则庆山之上栽恒春树。树上泛五色卿云。云上有霞，霞中挂主基备中四字。且其山上有西王母献益地图。及偷王母仙桃童子。且其山上有西王母献益地图。及偷王母仙桃童子、鸾凤麟等像。"又《延喜式》卷八神祇八记载六月被除的祝词云："东文忌寸部献横刀时咒（西文部准此）谨请。皇天上帝。三极大君。日月星辰。八方诸神。司命司籍。左东王父。右西王母。五方五帝。四时四气。捧以银人。请除祸灾。捧以金刀。请延帝祚。咒曰。东至扶桑。西至虞渊。南至炎光。北至弱水。千城百国。精治万岁。万岁万岁。"前者所写的是公元 833 年日本古代举行大尝祭时的一个画面。大尝祭是与天皇神格获得和维持关系最为直接的重要仪式，是我们深入了解日本文化很重要的关节点，具有非常重要的研究意义。后一段文字中东文忌寸部与西文忌寸部均为古代移民日本的汉人之后代，这段咒文则是日本古代神道被除仪式的咒词。这两段史料中都出现了西王母、东王公（天老）。是非常值得我们加以重视和分析的。西王母是汉代道教中地位极高的大神，也是在汉代铜镜上经常出现的大神。在大尝祭中，悠纪之国在东，主基之国在西。大尝祭中天皇的祭祀过程暗含的正是从东而西太阳的移动。在这一记载中悠纪山前的天老是作为阳与东的象征，而主基山上的西王母则是作为西的象征。由天老和西王母组合成东西对瞰关系。这非常容易让我们想到由东王公与西王母共同组合成的汉代铜镜中的宇宙与世界。西王母、东王公（天老）毫无疑问是从中国传入日本的。熟悉汉代铜镜纹饰的读者，一定也非常熟悉这个由"西王母、东王公（天老）"结构而成的世界。以往的通说认为，上古日本人不通文字，对于铜镜上的图案和纹饰也缺乏正确的理解认识。所以这一由"西王母、东王公（天老）"结构而成的世界是隋唐以后传到日本的。但这种看法今天正被重新思考是否成立。因为历史上曾经有大量的大陆移民渡海来到日本，他们中间一定有认识汉字并有能力解读汉镜背后的纹饰。如果这样的推论成立的话，对于这两条史料的史源学解释无疑就有新的可能性。

三、作为“神器”的铜镜

讨论中国古代铜镜与铜镜文化对日本的影响，不能不论及“三种神器”。因为“三种神器”的说法，不仅与古代日本皇权正统性关系密切，而且作为神道思想的核心组成部分，在日本拥有广泛的影响。

以剑、镜、玉为“三种神器”的说法，准确说是平安时代将天皇的即位仪式与天孙降临神话结合后产生并得以体系化的。8世纪成书的《日本书纪》记载的日本神话中，火琼琼杵降临之前，天照大神把八尺镜、草刈剑、八坂琼曲玉三种宝物赐给了他。但说天照大神命天孙奉此神器，君临万姓，建立皇统，治理人间，则已经是后来的引申义。在《日本书纪》有关皇位继承的记载中，确实可以看到有关以神器作为皇权象征的文字。如继体天皇继位时，大伴金村大连跪上剑镜玺符，宣化天皇继位时，群臣“上剑镜”等，有关以剑镜为象征天皇神圣权力之神器的记载还可见于持统天皇四年正月条。但正如我们看到的，早期提到神器有时是“剑镜玺符”、有时是“剑镜”。不仅神器为何物并不十分明确，而且数字也不是确定一定为三。有关神器的说法不同如此，但和玉、玺、符、剑或有或无不同，每种说法里都一定有铜镜在其中。铜镜在神器中占有怎样核心的地位可见一斑。

前面讲到在日本神道中，伊势神宫以八尺镜为“御神体”，伴随神道学的发展，很自然地会对铜镜的象征意义多有阐释和挖掘。早在伊势神道早期经典《先代旧事本纪》中，已经有了称八坂琼勾玉、八尺镜、草刈剑这三件宝器为“神玺”的说法。而围绕这“三种神器”的文化含义，在后代出现了多种解释。而把三种神器明确地确定为剑镜玉的，是《神皇正统记》的作者、活跃于日本南北朝时期的北畠亲房（1293—1354年）。他同时还为这三种神器分别赋予了“正直”“决断”“慈悲”等象征意义，并认为这和儒家的智仁勇三德一样，是象征天皇的三种品德。

围绕“三种神器”中的“镜”，北畠亲房做了很多讨论。他引用《御镇座传记》《倭姬命世纪》等资料阐释天照大神的“正直之心”：镜不假一物，以无私心而照诸万象，则是非善恶之姿无不现。镜之德在于感应到什么就映射出什么，这乃是以“正直”为根本，天照大神之“御心”就是正直之心。人为天下之神物，不可破其心神。是以必先祈祷于神，要以正直为本。一如书名《神皇正统记》所示，北畠亲房的问题意识的核心是“正统”何在。在他看来，正统不是物质上的，而是精神的，是“正理”。而“正理”来自以“镜”为象征的天照大神的“御计”，它外化为正道、有德、积善、德政等。他认为日本国者，神国也。其统治者为天照大神之子孙。而作为天照大神的子孙，他们就应当遵守天照大神"御计"而行"正道"。所谓"正道"者，"舍己之所欲，先以利人。如对明镜以照物，明明而不迷，斯诚可谓为正道也"。[1]他还认为，这一正道就是《大学》中的"明明德"，因而与中国的儒家思想也是相通的："此道乃为昔之贤王如唐尧、虞舜、夏初大禹、殷初商汤、周始之文王、武王、周公治国济民之道。以之可正心修身齐家治国平天下者。及于末代人失其正，其道受徂而为儒教者也。[2]在"三种神器"中，镜为根本为宗庙正体，镜形尚明，心性明朗，则慈悲（玉）决断（剑）自在其中。北畠亲房立志通过《神皇正统记》"一叙神代之正理"。撰作这本著作时他正困守常陆的小田城。1339年他把《神皇正统记》和同期先后撰作的《二十一社记》《职原抄》等同时献给远在关西的刚刚继承南朝皇位的后村上天皇，不外是希望这位继任的天皇能拥有"正直""决断""慈悲"这三种德行。

《神皇正统记》对后世影响很大。15世纪初一条兼良撰写的《日本书纪纂疏》，在北畠亲房的思想基础上又有推进。从思想上看，北畠亲房在阐释日本神道时已有广泛吸收儒教与佛教思想的倾向。到一条兼良时这种倾向已经被进一步体系化："天孙以三器随吾身，而降于下土者，显而王法，隐而佛法，使一切群生，普悟有此秘而已"。"三种神器者，神书之肝心，王法之枢机也。何谓王法，盖儒佛二教，一致之道理，除此之外，岂有异道哉。一致之理，亦在于一心。心外无法，法外无心。心即是神，法即是道。一而三，三而一，故三器则一心之标识也"。"又三器，儒佛二教之宗诠也。孔丘之言曰：仁者不忧，智者不惑，勇者不惧。子思《中庸》之书，谓之三达德。圣人之道虽大，而博究而言之，不过此三者。镜照妍蚩，则智之用也；玉含温润，则仁之德也；剑能刚利，则勇之义也。佛教谓三因佛性者，法身也，般若也，解脱也。法身，即真如德，正因性开发报身，即般若德；了因性开发应身，即解脱德；缘因性开发，如此三身，发得本有之德。镜之能照，般若也，玉之能洁，法身也，剑之能断，解脱也。儒宗三德本于天性，佛教三因，具于本有。统而言之，不离一心。一心者，众生之心。"

在三种神器中，排列次序是"玉一镜二剑三"。这三种神器象征着日月星三

---

[1] 北畠親房著，增鏡時枝誠記，木藤才蔵校注：『神皇正統記』応神天皇条，『日本古典文学大系87』，東京：岩波書店，1965年，第83頁。笔者译。

[2] 北畠親房著，增鏡時枝誠記，木藤才蔵校注：『神皇正統記』綏靖天皇条，第69頁。笔者译。

光："三种在天下，犹三光丽天，镜日，玉月，剑星也。鉴之圆规，则日之象，其照物亦然。故名曰日像矣。珠生于水，月亦阴精，玉名夜光，月亦照夜，明月之珠，夜光之璧，同是玉也。剑者星也。星者，金之散气，丰城之光，射斗牛间。神剑所在，常有云气，剑星同气，可见矣。故以有三光而为天，以传三器而为天子。"①而三种神器中，地位最高者就是宝镜。"三器之为物，虽无优劣，原夫出生次第，镜在第二时。又挂真坂木之中枝。神明以中道为宗故也。又镜为日，而星月皆资其光于太阳。故举镜则剑玉在其中矣"。类似的、对于镜的神性认识在日本吉田神道体系里也可以看到。吉田神道祖师吉田兼具就讲过："镜者日之象也。玉者月之象也。剑者星之精也。三种宝者象于三光也。月与星之光，由日而起，举一镜具二宝也……宝镜之外无日神，日神之外无宝镜也。"②

新渡户稻造《武士道》曾经讲到参拜神社的人谁都可以看到，那里供礼拜的对象和道具很少，一面挂在内堂的素镜构成其设备的主要部分。在他看来这面镜子的存在表示的是人心。当人心完全平静而且澄澈的时候，就反映出神的崇高形象。因此，如果人站在神前礼拜的时候，就可以在发光的镜面上看到自己的映像。《武士道》是为了让外国人了解日本撰写的，直到今天，它仍旧是很多中国人了解日本的重要典籍。然而人们阅读这段文字的时候，大概很少有人会想到两千多年前中国的铜镜传入日本，想到这段文字背后，隐含着与中国古代铜镜文化如此深厚的文化渊源。

以上我们从历史记载、考古发掘、神话传说与文化精神等几个层面，对中国古代的铜镜及铜镜文化传入日本所产生的巨大影响做了一次综合性回顾。总结这一影响过程，我们可以看到：

第一，中国古代铜镜和铜镜文化传入日本并发生巨大影响，始于公元纪年前后。这正是日本历史的弥生时代。弥生本是指日本东京文京区本乡弥生町，在这里的贝冢中，第一次出土了和绳纹时代形制和风格完全不同的新型陶器。这种陶器后来被统称为弥生陶器。这个时代的文化，也被称为"弥生文化"。而在日本语中，万物萌芽的三月又称为"弥生月"。弥生时代，是古代日本国家走向成立的历史时期，是日本文化开始萌动的最为关键的时期。而在中国，这一时期也正是铜镜艺术创作水平和铜镜文化发展进入最高峰的两汉时代。正值发展高峰期的汉代铜镜与铜镜文化以其所拥有的无比鲜活之生命力传入刚刚开始文化萌动的弥生日本，这无

---

① 日本天理图书馆善本丛书『日本書紀纂疏　日本書紀抄』，第124-125页。
② 統群書類従完成会编：『日本書紀神代卷抄』，第220页。

疑是一场历史性的相遇。我们今天生活的世界所有繁复的思想，最初都起源于一个个简单的原点，而对于任何民族文化思想启动的原点产生的初始影响，它所拥有的意义都是极为巨大的。因为最初哪怕很小的变化，延展千百年后也会变得极其巨大。从最初的以镜埋葬逝者，到以镜祭祀神灵的仪式，到形成宝镜的神话并从中演绎出深刻的思想，中国古代铜镜与铜镜文化在弥生日本一如一场美丽的春雨，对于整个日本文化的发生、发展都产生了重要的影响。"好雨知时节，当春乃发生"，中国古代铜镜和铜镜文化对弥生日本文化发展有着极为重要的滋润之功。

第二，中国古代铜镜和铜镜文化传入日本，是发生在日本进入以中国为核心东亚朝贡体系这一大的历史背景之下的。正因如此，这一影响过程不仅仅是物的流动，而且是及于宗教性与政治性等多种深层面的文化影响。分析日本早期创世神话，我们可以清楚地看到，铜镜在日本神道世界里所拥有的无比崇高的特殊地位，这一地位甚至可以说远远高于铜镜在中国所拥有的。我们认为，记载于《古事记》《日本书纪》中有关铜镜的日本神话，是中国古代铜镜及其相关文化在日本历史上发生巨大影响的一种曲折反映。从这些神话故事中我们可以看出，中国古代铜镜及铜镜文化怎样进入了日本历史发展的核心层面。

第三，这里特别需要指出的是，铜镜以其特殊的形与意进入日本古代以日神信仰为中心的神道思想体系中，并产生了极其深远的影响。经过长时期的吸收与消化，中国古代铜镜及铜镜文化最终内化为日本古代文化的一部分，成为日本古代文化中最有特征的组成部分。可以说，历史上中国古代铜镜和铜镜文化这一影响，最终成为后来日本文化发展的底色。《论语》云："绘事后素"，后来的日本民族思想与文化都是在这一底色上展开的。由此我们完全可以毫不夸张得出这样的结论——离开铜镜就不足以完整地诠释日本文化的发展过程。而鉴于直到今天神道仍是日本人信仰最多的宗教，在这一意义上说，我们完全可以说今天日本人的精神世界，依旧与中国古代铜镜及铜镜文化有着内在的联结。

日本的律令体制与欧亚大陆

○ ［日］吉川真司　京都大学

　　如果从囊括整个日本列岛社会在内的大范围统一政权的出现、发展、解体这一观点来看，可以认为日本古代史所涵盖的时间范围大体上是从 3 世纪到 10 世纪。7 世纪中叶以降，日本形成了以中国为蓝本的中央集权政治体制，一般称之为律令体制。本文将从日本与欧亚大陆国际形势的关系出发，重新把握律令体制的各个阶段，由此论述律令体制的特性及其建立和解体的主要原因。

　　在日本古代史的研究中，特别是自 20 世纪 70 年代以来，从"东亚"的视野来进行考察的这一观念已经普及了。在清晰把握国际关系、国际秩序的同时来思考日本史，这本身就是无比正确同时也是理所当然的做法。然而不可否认的是，"东亚""东亚世界"这种用语其实也制约了研究者的见识。因此我希望在本文中，采用客观的地理术语"欧亚大陆"，这一术语能够囊括更大范围的地域，进而思考在其东部的大范围政治变动与日本律令体制之间的关系。

　　我已经发表过几篇从相关观点出发的总论性作品。[①] 在本文中，我将在梳理以往观点的同时再提出几个新观点，从 7 世纪中叶延续到 10 世纪中叶的整个律令体制时期进行阐述。

---

① 吉川真司：「平安京」，『日本の時代史 5　平安京』，東京：吉川弘文館、2002 年；「律令体制の形成」，歴史学研究会・日本史研究会編：『講座日本歴史 1　東アジアにおける国家の形成』，東京：東京大学出版会，2004 年；「律令体制の展開と列島社会」，上原真人ほか編『列島の古代史 8　古代史の流れ』，東京：岩波書店，2006 年；『シリーズ日本古代史 3　飛鳥の都』，東京：岩波書店，2011 年。

一、摆脱"东亚世界"论

在这半个世纪的日本古代史研究中，中国史研究者西岛定生（1919—1998 年）的"东亚世界"论在论及国际关系的时候具有压倒性的影响力。1962 年，西岛开始使用以中国王朝为中心的"册封体制"这种国际秩序的发展来理解 6 世纪至 8 世纪东亚的国际形势[①]，又在 1970 年提出了"东亚世界"这个概念，认为中国、朝鲜、日本、越南等国家组成了一个"世界"，这个"世界"是借助共同的文化而结成的。[②] 由此他假定存在着一个"东亚世界"，这个世界受到"册封体制"的限制，同时又作为一个整体在变化。

西岛的学说在学术界造成了巨大影响，日本古代史中也开始广泛使用"东亚世界"这一概念，但是对西岛学说的批判也不在少数。举其要者，第一，有观点认为其过于重视中国王朝的理念和场面话，而没有把握住"周边"各国、各势力主体性的动作和战略。[③] 第二，有学者批评其缺少对中国北方和西方的关注，如果将这两者排除在外的话，"东亚世界"这个东西能否被看作一个独立的政治和文化空间都是一个问题。[④] 后者甚至对"东亚"这个用词本身都提出了质疑。总而言之，西岛学说被批判的地方主要集中在以下一点上，即他把"中国—朝鲜—日本"这区区三国实体化为一个"世界"，从中国王朝的理念出发来说明其秩序和动向。

或许是这种论调的影响，最近也开始出现试图克服"东亚世界"论的尝试，我认为这一动向本身是可取的，但是在日本古代史研究者中间出现了很有意思的倾向，他们将"东亚世界"进一步扩大，但结果依然还是设想出一个以中国为中心的"世界"，进而去追寻其内部的秩序。比如，"东部欧亚大陆世界"论[⑤] 就是这样一个典型，结果仅仅是扩大了地理范围，而其想法本身与"东亚世界"论并没有什么区别。

为了建设性地超越"东亚世界"论，为了在欧亚大陆的历史中理解日本古代史，我们应该要思考以下两点。第一，必须超越将欧亚大陆的某个区域割裂出来设定成"某

① 西嶋定生：「6～8 世纪の東アジア」，『岩波講座日本歴史』2，東洋：岩波書店，1962 年。同『中国古代国家と東アジア世界』，東京：東京大学出版会，1983 年所収。

② 西嶋定生：「総説」，『岩波講座世界歴史』4，東京：岩波書店，1970 年；東京：東京大学出版会，1983 年。

③ 鬼頭清明：『日本古代国家の形成と東アジア』，東京：校倉書房，1976 年。

④ 杉山正明：『逆説のユーラシア史』，東京：日本経済新聞社，2002 年。

⑤ 鈴木靖民：『倭国史の展開と東アジア』，東京：岩波書店，2012 年。

某世界"的思维模式。[①] 第二，不能将视野只局限在外交的秩序上，还要留意包括中国在内的各个国家、各个势力的具体动向、战略、实力关系等（当然，外交上的理念和场面话也是重要的研究课题，但是如果只靠这些来考虑现实世界的话就很危险了）。这种考虑的前提是，需要我们实态性地去理解古代日本在复杂且牵一发而动全身的国际形势中扮演着什么角色，以及它对古代日本产生了怎样的影响，这种理解不仅是必要的，也是有效的。只有通过这样的方法，我们才能够全面地认识古代日本经历的、现实的历史过程。

本文将按照这种视角和方法，举出三个论题，具体地讨论欧亚大陆东部的国际形势与日本律令体制的关系。

二、吐蕃、突厥与新罗、倭（7 世纪）

在 7 世纪律令体制的形成中，国际形势造成的影响是巨大的。现在距离当年石母田正指出"国际性契机"的重要性[②] 以来已经过了 40 年，研究也明显深入了。[③] 在此，我将在参照这些研究的同时，将视野扩展到欧亚大陆东部，重新探讨律令体制形成的过程。

首先，在日本向律令体制转变的过程中发挥了划时代作用的是大化革新[④]，而其最根本的原因是唐版图的扩大。唐王朝在 628 年完成中国的统一之后，开始向周边各个地区进军，打败蒙古高原的东突厥（630 年），平定青海吐谷浑（635 年），消灭塔里木盆地的高昌国（640 年）。在平定了北方、西方之后，唐军转而向东，于 645年、647 年、648 年多达三次投入到高句丽战争中。为了对付这种情况，在 7 世纪 40年代里朝鲜三国都各自进行了权力的集中。高句丽的泉盖苏文通过政变确立了独裁政权（642 年），百济的义慈王肃清反对势力强化了王权（642—643 年），新罗也树立了金春秋和金庾信的亲唐独立政权（647 年）。此种冲击甚至波及倭王朝，上宫王

---

① 与这个问题相关，对于"伊斯兰世界"这一概念的问题，请参照羽田正：『イスラーム世界の創造』，東京：東京大学出版会，2005 年。

② 石母田正：『日本の古代国家』，東京：岩波書店，1971 年。

③ 如以下著作：鬼頭前揭書『日本古代国家の形成と東アジア』，東京：校倉書房，1976 年；鈴木靖民『古代対外関係史の研究』，東京：吉川弘文館，1985 年；山尾幸久『古代の日朝関係』，東京：塙書房，1989 年。

④ 吉川真司：「律令体制の形成」，『シリーズ日本古代史 3　飛鳥の都』，東京：岩波書店，2011 年。

家于 643 年、苏我本宗家于 645 年被灭，最终形成了以押坂王家的天皇为中心的改新政权，由此，崭新的中央集权政策才得以推行。

然而，战乱还在继续。唐在远征高句丽失败后，兵锋再度西指，于 657 年平定了天山以北以强大著称的西突厥。然后像钟摆一样再次把准星瞄准了东方的朝鲜半岛，百济于 660 年、高句丽于 668 年相继灭亡。倭国肩负着百济复兴战争的重任，于 663 年在白村江大败于唐与新罗联军。天智天皇直接感受到唐的军事威胁，采取了临战态势，分别于 664 年颁布《甲子之宣》，670 年编成《庚午年籍》，671 年开始施行《近江令》，由此急速地建立起官僚制和公民制。我把天智朝视为律令体制成立的标志性时代，是出于我的如下评价：面临着国家和王权的存亡危机，在现实中成功推行了这些政策，为其后国家制度的完善奠定基础。

至此为止所说的"国际性契机"的决定重要性，正是过去的研究在不断指出的。但是，到了天武朝（672—686 年）以后，人们就几乎不再关注唐所代表的欧亚大陆东部的动向了，仅对与新罗的交往还有所论及。除了与倭或日本有直接关系的国家之外，完全不关心与他国的关系，这可说是日本古代史研究的宿疾了。天武朝的政治过程和国家制度的完善也同样受到来自欧亚大陆东部国际形势的巨大影响。

在灭亡高句丽之后，唐的下一个目标就是倭。唐从 669 年就开始准备渡海作战，但是翌年 670 年，新罗趁着高句丽遗民叛乱开始对过去高句丽和百济的领地进行统治，此事成为转折的契机。正好在这一年，吐蕃从青藏高原进攻唐的西方领地，所以唐在没有派遣征东军的情况下就与立志统一半岛的新罗变成了敌对关系。唐转而与倭亲近，打算夹击新罗，但是此事由于 672 年倭的内乱（壬申之乱）而受挫。此后唐与新罗的战争还在持续，676 年唐将安东都护府、熊津都督府后撤到辽东，等待反攻的机会。而 678 年，虽然对新罗的征讨已经有了计划，但是势力强大起来的吐蕃展开的攻势让唐疲于应付，结果没能向朝鲜半岛进军。再加上 679 年东突厥掀起叛乱，经过长达数年的战争之后，在蒙古高原实现了独立。唐又回到了 7 世纪中叶同样的情况，不得不与西方、北方的敌对势力相对峙，再无余力向东方扩大版图了。[1] 就这样，唐暂时放弃了对半岛的统治，新罗的统治版图就这样固定了下来，唐对朝鲜半岛和日本列岛的直接压力就消除了。

倭的国家体制的进一步完善也正好是在这个时期。以天武十年（681 年）为转折

---

[1]　古畑徹：「七世紀末から八世紀初にかけての新羅・唐関係」，『朝鮮学報』107，1983 年。

契机，《净御原令》的编纂、礼制与氏族秩序的完善、史书的编纂等事业都得到了急速发展，这些事情虽然不被人所关注，但确是毋庸置疑的历史事实。在欧亚大陆东部的国际秩序出现变动、远东的紧张得到缓和的情况下，天武天皇试图将临战态势转换成平时体制。因为这个"天武十年的转换"，日本的律令体制迎来了确立期。

新罗早在7世纪80年代就开始进行国家制度的完善。[1] 他们将百济人、高句丽人编入政治序列，同时还完善了中央的官僚制、地方的行政组织、军事制度等。也就是说，在7世纪80年代，新罗也和倭同步进行了国家系统的更新。基于这种现象，有不少研究者认为倭引进的是新罗的制度。新罗与倭的密切交往导致了这种想法的诞生，但是这类研究目前还没有出现实证性的成果。理由很简单，这是因为两个王朝国家制度的完善乃是在紧张得到缓和的远东局势下出现的"平行现象"。日本古代史研究只关注直接关联的交往，抓不住大范围内复杂的国际形势，这种缺点在这一问题上表露无遗。

我们来总结一下以上的论述。在倭（日本）的律令体制得以成立的主要原因中，国内的原因当然不能忽视，但是从根本上说，这是由于唐的版图扩大而引起了欧亚大陆局势的变化。唐在西方、北方、东方都有战线，根据各个国家、各个势力的动向而调整战略的正面所向，就像钟摆一样在移动变化，其影响甚至波及倭的政治过程。新罗得以统一朝鲜半岛，是因为唐在与吐蕃、突厥的战争中腾不出手来，倭也幸免于唐的渡海侵略，最终得以实现国家制度的完善。在此意义上，倭也是欧亚大陆东部变动的相关者。律令体制就是在这种变动中建立的临战态势，而在天武十年（681年）以后被确立为平时体制。

三、与渤海的合作（8 世纪）

7世纪后半叶以后，欧亚大陆东部的局势就以"唐—突厥—吐蕃"三者的关系为中心而不断推移了。7世纪末，在唐与吐蕃战争进行到最激烈的时候，渤海国崛起于中国东北并获唐诏升格为国。下面我们来讲一下渤海与倭之间的关系，后者在8世纪初将国号改成了"日本"。

8世纪20年代，渤海采取了扩大版图的国策，在北与黑水靺鞨、在南与新罗对

---

[1]　李成市：「新羅文武・神文王代の集権政策と骨品制」，『日本史研究』500，2004 年。

立。在此形势下，721 年日本向渤海（靺鞨）派遣了使节，727 年渤海向日本遣使，两个王朝建立了合作关系。① 此后直到 10 世纪，渤海使来日超过了 30 次，二者保持着密切的联系。不过以往的研究讲到渤海的作用时，都仅仅强调它是"唐与日本政治文化的中介"。但是就像在日渤关系的建立始末中也能明白的那样，渤海是根据自己的国际战略而行动的。其中不仅是为了贸易利益——这在 9 世纪以后变得十分显著，同时也是一种观望欧亚大陆局势、与日本合作以求对自身有利的策略。

8 世纪的日本曾有两次加强军备的举措。天平四年（732 年）以九州和日本海沿岸诸国为中心进行军事动员，以进行沿岸防备。正像有学者指出的那样②，这可说是对"唐、新罗对抗突厥、契丹、渤海"战争的迅速反应，这大概是根据前年回国的遣新罗使所带回的情报而做出的决策。在这个阶段，日本对新罗、渤海一视同仁地投入防御力量。但是请留意，天平五年（733 年）日本在出羽（东北日本海沿海的北部）营造了秋田城。早期日本与渤海的交往都途经出羽，日本王朝在此地设立军事据点，可以认为是在关注渤海的动向。

第二次军备的强化始于天平宝字三年（759 年）。唐爆发了安史之乱（755—763年），整个欧亚大陆东部都陷入了动乱状态。有迹象显示，渤海曾抓住这个机会积极地动员日本定策从南北两个方向出兵夹击新罗。③ 掌握着日本王朝独裁权力的藤原仲麻吕响应此变化，时隔四个半世纪后再次设立了节度使体制，准备进行大规模的渡海攻击。在这次安史之乱中，唐王朝濒于灭亡，取代了回鹘以及变得强盛的吐蕃也各怀计划发起了军事行动。渤海和日本也卷入了这场动乱，积极地加入到局势之中。但是唐对渤海采取了怀柔政策，而且日本王朝内部也陷入分裂，这场行动就中止了，此后的日本在整个古代都没有采取过向海外出兵的姿态。另外，日本在这个时候加强了秋田城的功能，试图构造出西有大宰府（以及怡土城），北有秋田城的格局。它不同于面向唐和新罗的窗口，而是面向渤海和北海道以北的外交和军事据点，是日本为应对欧亚大陆东部的动荡局势而建设起来的。

在此之后，渤海也频繁地向日本派遣使者，偶尔告知唐朝的内部情况。将这些行为评价为"唐朝与日本的中介"并无问题。但是，这些信息大抵与安史之乱时期相似，很可能是渤海基于自身的利害和战略考量加以取舍后才传递的结果，而并非是

① 古畑徹：「日渤交涉開始期の東アジア情勢」，『朝鮮史研究会論文集』23，1986 年。
② 石井正敏：『日本渤海関係史の研究』，東京：吉川弘文館，2001 年。
③ 石井正敏：『日本渤海関係史の研究』東京：吉川弘文館，2001 年。

为了日本。另外，渤海的西边有契丹，渤海通过契丹维持着与欧亚大陆草原地区的关系。有证据显示，西边的粟特人也使用同一条道路造访过渤海国。[①] 新罗只跟唐交往，在这一点上渤海完全不一样。天长元年（824 年），抵达日本的渤海使节以两头"契丹的大狗"作为礼物。狗被放养在平安京神泉苑里，毫无疑问此时的日本王朝对契丹这一势力已得到了详细的情报。归根结底，渤海还是扮演了"日本与欧亚大陆草原地区的中介"。而在百年之后，渤海亡于契丹的耶律阿保机之手。日本虽然很快就得到了情报，但最终还是没能与契丹缔结往来，此处通往草原地区的小窗口也关上了。

如上所述，日本与渤海的交往，在很大程度上是通晓国际形势的渤海出于自身的战略而进行的，但日本也在"唐—新罗"道路之外获得了与欧亚大陆相连通的回路，其历史意义不可忽视。回想起来，持续到 7 世纪末的高句丽也跟渤海一样，是统治中国东北地方的国家，它也跟突厥建立了合作关系。[②] 有必要从这一观点出发，重新审视倭与高句丽的关系。大化革新之后的日本（倭）朝东北日本海沿岸进发的政策，如果脱离了与高句丽和渤海的关系就无从谈起。渤海最终在 10 世纪灭亡，此后通往欧亚大陆草原地区的回路被切断了，这与古代日本律令体制宣告终结的时期基本上是一致的。

四、王权变动的共振（9 世纪）

在第三个主题中，我想简单谈谈律令体制的终结与欧亚大陆局势的关系，议论的焦点就是 840 年前后的政治变动。

首先是蒙古高原上的回鹘 [③]，839 年彰信可汗肃清反对势力的时候遭到政变，翌年吉尔吉斯大军蜂拥而入，回鹘王权彻底崩溃。回鹘人向南、向西移动，给欧亚大陆东部带来了不稳定因素。另一方面，在青藏高原上的吐蕃，推行佛教政治的赤祖德赞于 841 年遭到暗杀，新王推行镇压佛教的政策。然而他也于 842 年被杀，统治阶层分崩离析，青藏高原上的统一政权消失了。[④] 这样一来，8 世纪以来的"唐—

---

① 酒寄雅志：『渤海と古代の日本』，東京：校倉書房，2001 年。
② 李成市：『古代東アジアの民族と国家』，東京：岩波書店，1998 年。
③ 山田信夫：『北アジア遊牧民族史研究』，東京：東京大学出版会，1989 年。
④ 山口瑞鳳：『チベット』，東京：東京大学出版会，1987 年。

回鹘—吐蕃"这一三角形构造就崩溃了,但是唐王朝内部也存在藩镇这一对抗势力,丝毫未见扩大版图的动作,反而是混乱和分权化在不断蔓延。

把目光转向东方,新罗自836年以来就未中断王位之争,839年神武王获得强大海上势力张保皋的支持而即位。然而841年张保皋被暗杀之后,其势力崩溃,以后在整个9世纪,朝鲜社会都处于动荡状态之中。然后是日本,842年嵯峨太上天皇死后,延续了30年的政治安定崩溃了,颠覆朝廷的事件爆发。以"承和之变"为契机,门阀贵族的力量增强,藤原良房势力抬头,在9世纪后半期开辟了通往"前期摄关政治"的道路。承和年间(834—848年)是律令体制的转变期,其中承和之变的政治意义巨大。但是过去几乎没有人注意到,日本王权的变动与欧亚大陆东部各国的政治变动几乎是同时发生的。[①]

不过,这"多米诺骨牌式的王权变动"是否存在着直接的因果关系却并非一目了然。维吾尔王权与吐蕃王权的同时崩溃确实是连锁反应,但是渤海、新罗、日本是否了解维吾尔遗民大量拥入中国社会的情况呢?关于这点我什么也说不上来。另外,新罗的张保皋灭亡事件确实使日本的对外姿态发生重大变化,但似乎并没有对王权中枢造成直接的影响。总而言之,直接的因果关系很难证明,但也不可能纯属偶然。"一种时代特征"为欧亚大陆东部的各个国家、各个势力所共有,因此产生了"同时性"乃至"共振现象",这种想法也许更加有建设性。而对于9世纪中叶以后的时代特征,如果用一句话来表达的话,那就是"政治秩序的分权化"[②]。

安史之乱以来,唐王朝陷入衰退,840年前后,以"唐—维吾尔—吐蕃"为轴心的政治秩序崩溃,唐也内乱不断。新罗的地方叛乱频发,日本的王朝安定出现破绽,以门阀贵族家分立为基本特征的"前期摄关政治"拉开了帷幕。欧亚大陆东部迎来了"分权化的时代",在各国的表现就是王权的变动。接下来到10世纪,从远东的契丹(辽)一直到欧洲的西法兰克王国,出现了一长串中等规模的王朝和军事政权并立的现象,由此可见"政治秩序的分权化"是一个欧亚大陆规模的动向。

让我们再次回到日本,律令体制以840年为界进入了解体期,分权化不断加深。

① 参考吉川真司「平安京」,『日本の時代史5 平安京』,東京:吉川弘文館,2002年;「律令体制の展開と列島社会」,上原真人ほか編:『列島の古代史8 古代史の流れ』,東京:岩波書店,2006年。最近山内晋次的论文「9世紀東部ユーラシア世界の変貌」(古代学協会編:『仁明朝史の研究』,京都:思文閣出版,2011年)进行了更加细致的讨论。

② 杉山正明:『遊牧民から見た世界史』,東京:日本経済新聞社,1997年。杉山用"维吾尔的擦枪走火"一词,生动地描写了欧亚大陆规模的变化。

这种状况持续到 10 世纪中叶，在 10 世纪 30 年代末爆发了天庆之乱这一严重的内乱。10 世纪后半叶，律令体制最终解体，出现了一直贯通到中世的"初期权门体制"。这便是建立在分权基础之上的国家体制，从后期摄关政治持续到院政的政治形态正好是这一体制的表现。

五、结语：律令体制的历史地位

日本的律令体制是随着 7 世纪唐的强势和膨胀所造成的欧亚大陆东部的变动而诞生，然后在 10 世纪这一分权化席卷欧亚大陆东部的时期解体的。欧亚大陆东部变动的中心很明显是唐王朝，而"周边"各国、各势力的动向也被编入其中。倭或说日本在与之联动、共振的同时，完成了自己的国家体制，不时还能见到采取直接军事介入的姿态。目光之局限于"中国—朝鲜—日本"的"东亚世界"论很难把握住其与极大范围内国际状况的关联性。但是，为了更深入、更全面地认识律令制的特质和变迁，日本与欧亚大陆历史的联动和共振这一视角又是不可或缺的。

话虽如此，本文打出"日本的律令体制与欧亚大陆"这样的标题，但却不过是论述了欧亚大陆东部的动向，对于这样的批评笔者只能心甘情愿地接受。不过，突厥人统治着从蒙古高原直到南俄罗斯草原的大片区域，"与拜占庭帝国结成同盟攻击萨珊王朝"[1]，这样的动向即使在分裂成东西以后也不能塞进"东亚"这个框架之内。曾经直接且有系统地接受了印度佛教的吐蕃的举动也是同样道理。对位于唐的北方、西方、南方的各个国家、各种势力来说，他们跟位于唐反方向的各个国家、各种势力之间的关系也是重要的，有战争也有协作。这种国际关系的连锁越过天山、帕米尔、喜马拉雅，一直延续到欧亚大陆各个地方，要在其中切割出"东亚世界"恐怕是很困难的。我希望在确实认识到唐王朝决定性的重要性的同时，也用这样的方式去理解唐王朝所处的历史环境。这对于重新认识向唐一边倒的新罗，以及建立了仿唐式律令体制的倭或日本的历史地位，肯定也是有帮助的。

接下来，从 10 世纪后半叶开始，日本进入了"初期权门体制"，这也是被称为中世时代的开端。被称作庄园制的全国统治体系逐渐发展起来，支撑起这种国家体制。不过，这种松散的政治构造其实在律令体制以前也可见到。3—6 世纪的"前方

---

[1]　杉山正明：『遊牧民から見た世界史』，東京：日本経済新聞社，1997 年。

后圆坟体制"就是以多元的、多层的统治系统"部民制"为基础的,而这种部民制的分权式秩序与中世庄园制是类似的。也就是说,只有借由律令体制而形成的中央集权不是日本古代的政治体制。这是因强力集权的欧亚大陆出现的变动而带来的东西,很难说是列岛社会自生性的变化,对列岛社会来说本不是必然的东西因为其身为欧亚大陆的一部分而变成了必然。

如果这样看的话,日本的中世究竟是什么呢?我们有必要从国际性的观点来重新思考,当然,"日本古代的第三阶段"这一可能性也要包括在内。另外,在被称为中世的时代,日本在政治上和军事上都是极为内向的,意味深长的是,武家建立的军事政权被视为中世的特征。除了内战以外几乎没有被使用过的军事力量、将其收编的武家政权在欧亚大陆历史上应该怎么评价呢?以上的这些讨论事实上早已超出了"日本古代史"的范围,但这些课题却很有意义,笔者今后将会继续关注这些话题。

（译者：［日］井上亘）

来到日本的吐火罗人、舍卫人与度罗乐（吐罗乐）

○ ［日］西本昌弘　关西大学

日本是亚洲大陆最东端的岛国，在古代曾经从中国与朝鲜半岛引进先进文化，整备了国家体制与各项制度。在正仓院宝库中收藏有受到中亚及印度影响的文物，这些多数是中国皇帝的下赐品，或是遣唐使在长安洛阳购入的高级物品。然而在 7 世纪中期，曾经有吐火罗人和舍卫人漂洋过海来到日本，他们直到 8 世纪前半都在飞鸟地区与平城京活动。如果这群吐火罗人和舍卫人确实是来自中亚与印度的人，那么可以想象他们带来的文物文化应该也有流传下来的痕迹。本报告将关注与吐火罗有关的度罗乐，由此检讨古代日本的外来音乐。

一、古代日本与吐火罗人、舍卫人

以下史料能够说明吐火罗人与舍卫人来到日本并长期驻留的事实。[1]

①《日本书纪》白雉五年（654 年）四月条

> 吐火罗国男二人、女二人、舍卫女一人，被风流来于日向。

②《日本书纪》齐明三年（657 年）七月条

---

[1]　『日本書紀 後編』，吉川弘文館，1974 年，第 256、264、269、273、335–336 頁；『令集解』，吉川弘文館，1966 年，第 91 頁。

秋七月丁亥朔己丑（3日），覩货逻国男二人、女四人，漂泊于筑紫。言：臣等初漂泊于海见岛，仍以驿招。

辛丑（15日）、作须弥山像于飞鸟寺西，且设盂兰盆会，暮飨睹货逻人（或本云，堕罗人）。

③《日本书纪》齐明五年（659年）三月丁亥（十日）条

吐火罗人、共妻舍卫妇人来。

④《日本书纪》齐明六年（660年）七月乙卯（十六日）条

高丽使人乙相贺取文罢归，又覩货逻干豆波斯达阿，欲归本土，求请送使曰：愿后朝于大国，所以留妻为质，仍与数十人，入于西海之路。

⑤《日本书纪》天武四年（675年）正月丙午朔条

大学寮诸学生、阴阳寮、外药寮、及舍卫女、堕罗女、百济王善光、新罗仕丁等，捧药及珍异等物进。

⑥《令集解》职员令、玄蕃寮条

头一人，掌佛寺、僧尼名籍、供济、蕃客辞见、燕飨送迎及在京夷狄。

（释云：谓堕罗、舍卫、虾夷之类。除朝聘外，蕃人亦入夷狄之例。古记云，在京夷狄，谓堕罗、舍卫、虾夷等。又说，除朝聘外，在京唐国人等，皆入夷狄之例。）

据史料①，白雉五年（654年）四月，有吐火罗国的男二人、女二人及舍卫国女一人漂流到了日向国（今宫崎县）。据史料②，齐明三年（657年）七月三日，有睹货逻国的男二人与女四人漂流到了筑紫（福冈县）。他们最初漂流到了海见岛（奄美大岛），此后才到达筑紫，日本朝廷通过驿马将他们召到了飞鸟地区，为了迎接他们，七月十五日在飞鸟寺以西地区修建了须弥山像，举办盂兰盆会，并召开了飨宴接待他们。《日本书纪》的分注里将"睹货逻人"也记载为"堕罗人"。而据史料③，齐明五年（659年）三月也有吐火罗人男性领着舍卫妻子来朝。

这些来到了飞鸟地区的吐火罗人中的男性在齐明六年（660年）七月踏上了归国之路。据史料④，睹货逻人中一位名叫干豆波斯达阿的人向朝廷提交申请，要求回国，并称将来还会返回日本，为此留下妻子在日本为人质，经由九州踏上了西行之路。

井上光贞认为史料③说明史料①的吐火罗人一行在齐明五年时来到了飞鸟，并与史料②中的睹货逻人一行汇合，这是很合理的解释。[1]也就是说7世纪中叶时期，曾经在短时期内连续有多艘吐火罗人（睹货逻人）乘坐的船漂流到了日本。

留在日本的吐火罗妇人的行动可以在史料⑤中看见，天武四年（675年）正月元日，舍卫女性与堕罗女性向天武天皇进献了药材及其他珍奇物品，这里的堕罗女指的是之前的吐火罗女，这一点应该是毫无疑问的。此后据史料⑥，堕罗、舍卫、虾夷等被视为"在京夷狄"的代表，可以知道虽然吐火罗人来日的记录只到7世纪后半为止，但是至少在古记成立的天平十年（738年）前后，平城京里还有吐火罗人和舍卫人等外国人居住。

关于舍卫人的国籍，研究者们一致认为是祇园精舍所在的中印度舍卫国，这一点上并没有分歧，但是关于吐火罗人的故乡则诸说纷纭，日本研究者内至少有如下几种观点：

① 西域吐火罗说（《大日本史》《书纪集解》、内田吟风（阿富汗说））
② 日本西南列岛中的吐噶喇列岛说（藤田元春、丸山二郎）
③ 菲律宾说（三宅米吉）
④ 缅甸的骠国说（竹内理三）
⑤ 泰国的堕和罗国说（井上光贞）
⑥ 西域波斯人说（松本清张、井本英一、伊藤义教）
⑦ 苏门答腊、爪哇说（榎一雄）

诸说之中，日本古代史学界目前以井上光贞的堕和罗国说为通说，波斯史研究者则多支持波斯人说，笔者则通过重新检讨中国文献指出西域吐火罗（阿富汗）说较为妥当。[2]

堕和罗说有以下的问题，玄奘在《大唐西域记》卷十中，提及了葱岭西方的睹货逻国（吐火罗国）以外，印度东方诸国中另有一国名为"堕罗钵底国"。义净的《南海寄归内法传》中则将"杜和钵底国"视为位于天竺的那烂陀东方的国家，在提及南海诸国的药物时提及了"杜和罗"的存在，然而又像"然北方诸胡，睹货逻及速利等"中见到的一样，将"睹货逻"与速利（粟特）并列，视为北方诸胡中的一部分，由此可知这里的睹货逻指的是粟特（Sogdiana）南边的大夏（Bactria）地区。

而波斯人说的问题在于，无论是《魏书》以后的中国正史，还是玄奘的《大唐

① 井上光貞：「吐火羅・舍衛考」，『井上光貞著作集』11，東京：岩波書店，1986年。
② 西本昌弘：「飛鳥に来た西域の吐火羅人」，『関西大学東西学術研究所紀要』43，2010年。

西域记》或是慧超的《往五天竺国传》，都明确地将吐火罗（睹货逻）与波斯区分开来，因此将这里的吐火罗人视为波斯人是不妥当的。

7世纪中期来到日本的吐火罗人和舍卫人来自中亚和印度地区，他们被招待到飞鸟地区，受到欢迎，至少到8世纪前半期为止，以女性为主的一行人还停留在平城京，估计从事贸易活动。众所周知，中亚与印度给中国带来了多样的文化，尤其是中亚的舞乐给隋唐音乐带来了巨大的影响，那么吐火罗人与舍卫人的音乐是否传入了日本呢？以下将概观隋唐的外来音乐，再考虑其传入日本的途径。

二、隋唐的音乐制度

隋文帝开皇年间（581—600年）举行的乐制改革，将宫廷音乐分为如下四类：①雅乐（天地祭祀与宗庙祭祀时演奏）；②燕乐（祭祀、仪式结束后的宴会上演奏）；③鼓吹乐（军乐）；④散乐（杂伎与假面舞俑等），这四种分类基本被唐代乐制所继承。[①]

②的燕乐由汉代以来的传统音乐（清商乐）与来源于周边诸民族的音乐所构成，隋文帝时设立了七部伎，在炀帝时拓展为九部伎，此后在唐贞观十六年（642年）更进一步扩大为十部伎。下面是从燕乐中抽取出的、来源于外国的音乐。

七部伎：西凉伎、天竺伎、高丽伎、龟兹伎、安国伎

九部伎：西凉伎、天竺伎、高丽伎、龟兹伎、安国伎、疏勒伎、康国伎

十部伎：西凉伎、天竺伎、高丽伎、龟兹伎、安国伎、疏勒伎、康国伎、扶南伎

起源于外国的音乐被称为四夷乐，由此可知在隋末唐初，四夷乐在燕乐中所占的比重是很大的。《通典》卷一四六前代杂乐条与四方乐条中[②]，关于四夷乐的由来有如下叙述。

① 前凉张重华时期，天竺通过重译送来了乐伎；

② 后凉吕光领有凉州时，在秦声中添加龟兹乐的特性创造了西凉乐；

③ 后凉吕光征服龟兹，获取了其音乐；

④ 北周的武帝（560—578年在位）娶突厥王女为皇后时，西域诸国送来陪嫁的

---

① 渡边信一郎：「燕楽七部伎楽の編成」，『中国古代の楽制と国家』，京都：文理閣，2013年。

② （唐）杜佑撰：《通典》，中华书局，1988年，第3722—3726页。

女性，由此龟兹乐、疏勒乐、安国乐、康国乐等传入了中国；

⑤ 刘宋获得了高丽乐与百济乐，此后北周灭北齐，高丽与百济也向北周献上了音乐。

由此可知四夷乐基本上是由外国贡献乐师，运用该国的语言与乐器演奏的音乐，而外国贡献乐师与乐器的原因多样，朝贡（通交）、征服、婚姻等都可以成为贡献乐师乐器的原因。五胡十六国时代的前凉、后凉至北魏、刘宋再到北周，中国从周边诸民族处获取了其音乐，以此为基础建立了隋唐时期的宫廷音乐。

特别需要注意的是，由于北周武帝与突厥王女的婚姻，北周获得了龟兹、疏勒、安国、康国等地的音乐。据《周书》卷九武帝阿史那皇后传[①]，北周武帝在保定五年（565 年）遣使突厥，迎聘突厥木杆可汗（阿史那）俟斤的女儿，于天和三年（568 年）将这位阿史那氏立为皇后。560 年前后突厥支配粟特诸国与吐火罗诸国[②]，因此在突厥王女的婚姻时才会有安国、康国等国的女性为陪嫁，也就是通过这些女性，安国、康国的音乐才传入了中国。

《大唐六典》卷十四太乐令条中有"凡大燕会，则设十部之伎于庭，以备华夷"[③]的规定，可知燕乐是在招待百官与周边诸民族的大燕会上演奏的音乐，尤其是其中的四夷乐，这是中国的天子招待仰慕天子之德化而来朝的"夷狄"音乐。通过在外国使节团参列的祭祀与仪式结束之后的飨宴上演奏这些音乐，则从文化层面上表明被编入十部伎中的诸外国都从属于唐帝国的政治演出。[④]

三、日本古代的音乐制度

古代日本学习了隋唐的律令制度，并努力整顿政治、经济、社会、文化各方面的制度，音乐制度也是其中之一，日本接受了唐的燕乐与散乐中的一部分，并在治部省管辖下设置了雅乐寮。757 年施行的养老令（与 701 年施行的大宝令几乎同文）

① 《周书》，中华书局，1971 年，第 144 页。
② 桑山正進：「トハーリスターンのエフタル、テュルクとその城邑」，『オリエント学論集』，東京：小学館，1985 年。岩井俊平：「トハーリスターンにおける地域間関係の考古学的検討」，『西南アジア研究』60，2004 年。
③ （唐）李林甫等撰：《唐六典》，中华书局，1992 年，第 404 页。
④ 渡辺信一郎：「燕楽七部伎楽の編成」，『中国古代の楽制と国家』，第 242–251 頁；「雅楽が来た道」，第 343 頁。

规定在雅乐寮下设置教授、学习日本本土音乐（久米儛、五节儛）的歌师、歌人、歌女、儛师、儛生等人，同时关于外来音乐的教授与学习则做了如下规定：

唐乐师 12 人，乐生 60 人

高丽乐师 4 人，乐生 20 人

新罗乐师 4 人，乐生 20 人

百济乐师 4 人，乐生 20 人

伎乐师 1 人，腰鼓师 2 人[①]

《养老令（大宝令）》中的外来音乐包括唐、高句丽、百济、新罗四国的音乐与伎乐。[②]5 世纪中期的允恭天皇的葬礼上，新罗王曾经派遣贡调船 80 艘并献上了"种种乐人"80 人，乐人们在从难波到京的途中准备好了各种乐器，一路奏乐舞蹈着参加了殡宫之仪（《日本书纪》允恭二十四年正月戊子条[③]）。此外，钦明十五年（554年）二月，向倭国请求救兵的百济王派遣使者前往日本，派遣了一批新的五经博士与此前在日本的五经博士相交换，此外新派遣易博士、历博士与乐人施德三斤等人前往日本[④]。通过这些记事可以知道，经由与新罗和百济的交流，两国的音乐与乐师一起传来了日本。据《日本书纪》记载，在天武十二年（683 年）正月丙午（十八日），在王宫的宫廷中演奏了小垦田儛与高丽、百济、新罗三国的音乐。[⑤]

此外，唐乐指的是唐朝的音乐，由于唐的燕乐中既有起源于中国的音乐，也有起源于西域、印度的音乐，因此传到日本的唐乐应该也是像这样多彩的音乐。[⑥]唐乐乐师和乐生的规模庞大，是高丽乐、新罗乐与百济乐的三倍，天平胜宝四年（752 年）四月九日东大寺大佛开眼会上演奏的唐乐分为唐散乐、唐中乐与唐古乐三类[⑦]，唐乐师 12 人与乐生 60 人可能就是按照这三种分类编成的。

关于伎乐的传来，《日本书纪》推古二十年（612 年）是岁条中有"亦百济人味摩之归化，曰：'学于吴，得伎乐儛。'则安置樱井，而集少年，令习伎乐儛"[⑧]的记录，据此可知是百济人前往吴（中国江南地区）学习伎乐舞，并将其传入了日本，因此

---

① 『令集解』，第 89-90 頁。

② 『令集解』，第 90 頁。

③ 『日本書紀 前編』，吉川弘文館，1973 年，第 349-350 頁。

④ 『日本書紀 後編』，第 83 頁。

⑤ 『日本書紀 後編』，第 367 頁。

⑥ 林謙三：「雅楽の伝統：唐楽を中心に」，『雅楽：王朝の宮廷芸能』，東京：平凡社，1970 年，第 44 頁。

⑦ 『東大寺要録』，東京大学史料編纂所蔵影写本第 3015-31 号。

⑧ 『日本書紀 後編』，第 155 頁。

可知伎乐是中国南朝的音乐。

假如先不考虑伎乐，那么日本在雅乐寮教习的就是唐、新罗、百济、高句丽的音乐，这也就是与日本维持有外交关系的所有国家的音乐。每当这些国家有使者前来日本之时，在接待使者的飨宴上应该会演奏使者国家的音乐。在这一意义上，日本整备乐制的原因很大可能上与唐朝一致，虽然规模比起唐朝要小得多，就其性质而言，也可以说是具备中华帝国性质的乐制。①

此后雅乐寮导入了新的外国音乐。据《续日本纪》天平三年（731年）七月乙亥条，关于雅乐寮的杂乐生的定数做了如下规定："大唐乐39人，百济乐26人，高丽乐8人，新罗乐4人，度罗乐62人"②，这是度罗乐这一名词首次登上历史舞台。根据职员令集解雅乐寮条的古记所引用的尾张净足之说，天平十年（738年）前后的雅乐寮所属乐师中，有度罗伎师、歌师各1人，其他伎人共51人，可以推测度罗乐应该是一种大规模且有群像剧性质的歌舞。③

《续日本纪》天平宝字七年（763年）正月庚申条中有如下记载："帝御阁门，飨五位以上及蕃客（渤海使），文武百官主典以上于朝堂，作唐、吐罗、林邑、东国、隼人等乐，奏内教坊踏歌"④，在正月十七日平城宫的朝堂上举办的迎接渤海使的宴会（踏歌宴）上，演奏了唐乐、吐罗乐、林邑乐等外国的音乐。这里的吐罗乐与前文的度罗乐应当是同一种音乐。此外，这是林邑乐在国史上第一次出现，这一点也值得注目。在天平胜宝四年（752年）的东大寺大佛开眼供养会上也演奏了度罗乐与林邑乐，可以知道至少在7世纪中叶以前这两者已经作为外国音乐的一种固定下来了。

度罗乐（吐罗乐）可以视为由吐火罗人与舍卫人传来的音乐，这一点基本没有问题；由前引史料⑤中的"舍卫女、堕罗女"与史料⑥中的"堕罗、舍卫"可知，当时吐火罗也被写作"堕罗"，这一"吐火罗＝堕罗"与"度罗"和"吐罗"是相同的，度罗乐＝吐罗乐可以认为是与吐火罗和舍卫有关的舞乐。

如前所述，中国在北周武帝的时代通过与突厥王女的通婚，获得了西域诸国送来的陪嫁女性，由此传入了粟特诸国的安国乐、康国乐等音乐；日本由于没有与安国、康国等国构建直接的外交关系，因此没能直接引入这些音乐，但是也不能排除这些

---

① 渡边信一郎：「燕楽七部伎楽の編成」，『中国古代の楽制と国家』，第343頁。

② 『続日本紀』，东京：経済雑誌社，1987年，第183頁。

③ 小野功龍：「供養舞楽と法会形式の変遷について」，『相愛女子大学相愛女子短期大学研究論集』12・13-2，1966年，第32頁。

④ 『続日本紀』，第408-409頁。

音乐作为唐乐的一部分传入日本的可能性。与唐乐传入的时间稍有出入，7 世纪中期吐火罗人与舍卫人漂流到日本，其中的一部分女性居住于飞鸟地区与平城京，因此吐火罗和印度的音乐被导入了宫廷音乐之中。

林邑乐据传是由天平八年（736 年）来日的天竺僧人婆罗门僧正菩提僊那与林邑僧人佛哲传入的[①]，林邑指的是现在的越南地区。但是《东大寺要录》卷二的"大安寺菩提传来记"中有"胆婆国僧（此云林邑）北天竺国佛哲"[②] 的记录，这里将佛哲的出生地明确地表述为北天竺的胆婆国，这一点不能忽视。《大唐西域记》卷十中记载，在中印度地区有"胆波国"一国（位于今帕格尔布尔地区附近），高楠顺次郎与田边尚雄认为，林邑乐是佛哲等人经由中国传入日本的印度音乐[③]，岸边成雄则认为佛哲等人从天竺出发经由西域进入中国，并将唐朝十部伎中的天竺乐传入了日本。[④] 笔者则认为田中於菟弥的观点[⑤] 较有说服力，他认为佛哲是北天竺的胆波国僧（将其视为中南半岛的林邑国僧人是田中的误解），经由南海进入了中国再渡来日本，并传入了印度乐。

无论是前述的哪一种观点，林邑乐都是起源于印度的音乐，度罗乐（吐罗乐）也一样。假设发祥于印度的音乐普及到大夏（Bactria）地区，那么度罗乐就既是中亚的舞乐同时也是印度乐。来到日本的吐火罗人有来自印度的舍卫妻子，留在日本的也是吐火罗与舍卫人中的女性，不妨相信她们演奏的印度风情度罗乐在飞鸟地区以及平城京周边博得了人气，最终被采纳入日本的宫廷舞乐。

四、结语

古代日本仿照唐代的音乐制度，创建了在雅乐寮教习本土音乐和外来音乐的制度。外来音乐中包括了唐、高丽、新罗、百济等与日本有外交关系的东亚诸国的舞乐，每当这些国家的使者来到日本的时候就会演奏对应的舞乐。

此后，度罗乐与林邑乐也进入了外来音乐的范畴，度罗乐是 7 世纪中期来到日

[①] 『教訓抄』，宫内厅書陵部蔵第 553 の 21 号。

[②] 『東大寺要録』，東京大学史料編纂所蔵影写本第 3015-31 号。

[③] 高楠順次郎：「奈良朝の音楽殊に「林邑八楽」について」，『高楠順次郎全集』9，東京：教育新潮社，1978 年；田边尚雄：『東洋音楽史』，東京：平凡社，2014 年。

[④] 岸边成雄：「雅楽の源流」，『日本の古典芸能』2，第 10–11 頁。

[⑤] 田中於菟弥：「林邑僧佛哲について」，『酔花集』，東京：春秋社，1991 年。

本的吐火罗人和舍卫人传来的中亚地区的音乐，而林邑乐则是 8 世纪中期来日的天竺僧与胆波国僧（天竺僧或林邑僧）所传入的音乐，两者都可以被推定为印度乐或是受到印度乐强烈影响的音乐。

　　在日本的正仓院中，以 8 世纪时使用的唐乐乐器为首，保存下了唐乐、狛乐、度罗乐等的衣装与舞具；此外虽然有了很大的变形，雅乐中也留存下了许多古代亚洲诸国音乐的要素，一直流传到现代日本。为了考察这些贵重的文化遗产所具有的历史意义，需要考察起源于亚洲各国、各地区的古代音乐的实态，并明确其广范围下的传播与变化过程。

（译者：梁晓弈）

五至九世纪的亚洲佛教
——从亚洲史到日本史、从日本史到亚洲史

○ ［日］河上麻由子　大阪大学

一、佛法与王法

笔者在以前的论文中曾对皇帝受菩萨戒、化身菩萨这一现象进行过考察，调查结果表明皇帝受菩萨戒的现象，在南北朝以后直至唐朝期间虽经过几度中断，但仍得以继承。

历史上最早被称为菩萨的皇帝是北魏文成帝。在经历了北魏太武帝灭佛政策后，佛教界将过去的皇帝视为如来、现在的皇帝视为弥勒菩萨，甚至通过将皇帝用于石佛化身雕塑等视觉表现手法以示对皇帝权力的迎合。[①] 但是，在北魏时期并没有看到皇帝受菩萨戒的现象。

顺应北魏时期的时代潮流，南朝刘宋明帝时代开始出现皇帝受菩萨戒活动。[②] 北朝通过雕刻试图使皇帝的形象与菩萨重合，而在宗教学术较为发达的南朝，则选择

---

① 佐藤智水：「雲岡仏教の性格」，岡山大学文学部編『北魏佛教史論考』，岡山：岡山大学文学部，1998年，初出 1977年，第 160-163 頁。

② 船山徹：「六朝時代における菩薩戒の受容過程—劉宋·南斉期を中心に—」，『東方学報』67，1995年，第 78 頁。据船山氏之说，皇帝最早计划受菩萨戒是于刘宋的文帝时期（同上，第 46-48 頁）。

了不违背教义就能使皇帝获得菩萨地位的方法。[①] 到了梁朝，武帝大规模举行皇帝受菩萨戒活动[②]，于是皇帝受菩萨戒活动在接受梁朝禅让的陈，以及吸取梁朝佛教一部分做法的东魏、北齐得以继承。皇帝受戒的风潮亦传入北朝，甚至在时隔三百年重新统一全国之后，隋朝皇帝仍会举行受菩萨戒的活动，这与大量江南民众对早已灭亡的梁朝始终保有好感有关[③]，于是隋文帝和隋炀帝考虑到对江南地区的攻占和统治，在此基础上将梁武帝作为直接先例而接受菩萨戒。[④]

或许因为梁武帝受戒后的百余年间也屡次举行皇帝受菩萨戒活动的缘故，对于佛教界、崇佛阶层来说，受菩萨戒成为皇帝所必需的经历。以老子的子孙自居，从官方立场上最尊重道教的唐朝皇帝们也顾忌佛教所具有的影响力，于是屡屡接受菩萨戒。[⑤]

表 1 是南北朝至唐朝通过史料可以查明的受菩萨戒的皇帝，其受戒年、戒师、史料出处的汇总表。[⑥]

表 1　南北朝至唐朝皇帝受戒情况汇总表

受戒的皇帝、皇太子	受戒年	戒师	史料出处
刘宋明帝（465—472 年在位）	不明	自誓	《出三藏记集》
梁武帝（502—549 年在位）	天监十八年（519 年）	慧约	《续高僧传》卷六
东魏孝静帝（538—550 年在位）	天平三年（536 年）兴和四年（543 年）	僧达	《续高僧传》卷一六
北齐文宣帝（550—559 年在位）	大约天保六年（555 年）	僧稠	《续高僧传》卷一六
陈武帝（557—559 年在位）	永定二年（558 年）？	安廪	《续高僧传》卷七
陈文帝（559—566 年在位）	不明	不明	《广弘明集》卷二八
陈宣帝（569—582 年在位）	不明	不明	《广弘明集》卷二八
陈后主（582—589 年在位）	不明	慧布	《续高僧传》卷七

① 受戒礼法中，设有如下程序，即戒师提问"汝是菩萨不"，受戒者回答"是"（船山徹：《六朝时代菩萨戒的受容过程》，第 126《梁天监十八年勅写出家人受菩萨戒法卷第一》等），即受菩萨戒的人物，受到礼仪保障的形式，自己领悟自身为菩萨（船山论文，第 112 页）。

② 关于武帝崇佛的政治意义，参照颜尚文：《梁武帝》，台北：东大图书公司，1999 年。

③ 川忠夫：『侯景の乱始末記』，東京：中央公論社，1974 年。

④ 河上麻由子：「隋代佛教の系譜―菩薩戒を中心として―」，『古代アジア世界の対外交渉と佛教』，東京：山川出版社，2011 年（初出 2005 年）。

⑤ 关于唐朝皇帝的受菩萨戒，在拙著第 2 部第 1 章（初版 2010 年）至第 3 章中作详细描述。另外关于这方面的内容，能否与"南朝化"相关连进行论述？关于"南朝化"，参照唐长孺：《魏晋南北朝隋唐史三论——中国封建社会的形成和前期的变化》，武汉：武汉大学出版社，1992 年；牟发松：《社会与国家关系视野下的汉唐历史变迁》，上海：华东师范大学出版社，2006 年；牟发松：《汉唐历史变迁中的南方与北方》，《学习与探索》第 174 卷第 1 期，2008 年。

⑥ 通史性描述中国的佛法与王法关系的著作有，古正美：《从天王传统到佛王传统》，台北：商周出版，2003 年。

受戒的皇帝、皇太子	受戒年	戒师	史料出处
隋文帝（581—604 年在位）	开皇五年（585 年） 不明	法经 云延	《弁正论》卷三 《集古今佛道论衡》二
隋炀帝（604—618 年在位）	开皇十一年（592 年）	智凯	《国清百录》卷二
唐太宗（626—649 年在位）	不明	自誓	《集古今佛道论衡》二
太宗长子承乾（619—645 年）	贞观初年（627 年） 不明 贞观五年（631 年）	玄琬 云藏 法常	《续高僧传》卷二二 《续高僧传》卷一三 《续高僧传》卷一六
武后（690—705 年在位）	不明	恒景	《宋高僧传》卷五
唐中宗（705—710 年在位）	神龙元年（705 年） 不明 神龙三年（707 年） 景龙二年（708 年） 不明	道亮 恒景 道岸 法藏 思恒	《宋高僧传》卷八 《宋高僧传》卷五 《宋高僧传》卷一四 《法藏和尚传》 《金石萃编》卷七七
唐睿宗（710—712 年在位）	景云元年（710 年） 景云二年（711 年） 先天中（712—713 年）	崇业 法藏 文纲	《宋高僧传》卷一四 《康藏法师之碑》 《宋高僧传》卷一四
唐代宗（762—779 年在位）	不明	良贲	《宋高僧传》卷五
唐德宗（779—805 年在位）	贞元二年（786 年） 不明	道澄 惟宽	《宋高僧传》卷一六 《宋高僧传》卷二七

这些皇帝在各种各样的场合被官员、崇佛阶层、佛教界等加以"菩萨"之称号。梁武帝因在大臣们的奏表上书中被称为"皇帝菩萨"而闻名。[1] 还有将隋文帝、隋炀帝称作菩萨的很多史料，其中尤其值得关注的是隋炀帝受菩萨戒师智凯的弟子灌顶，他在恭祝炀帝即位时的奏表上书中称隋炀帝为"皇帝菩萨"[2]，我们认为这是沿袭称梁武帝为"皇帝菩萨"而采取的表现。另外，唐朝初期，唐太宗采用道先佛后的政策，而法琳对此提出异议，在他遭受太宗的惩罚时，因其称太宗为"观音菩萨""势至菩萨"而免遭责难。[3]

南北朝以后，在民众狂热地信奉菩萨的同时，皇帝们为了将佛教的能力吸收到自己的权力当中而受菩萨戒[4]，另一方面，崇佛阶层、佛教界以受菩萨戒为关键来使皇帝转向护持佛教。

---

① 《魏书》卷 98《东夷萧衍》，北京：中华书局，1974 年，2187 页。

② 「仁寿四年皇太子登極天台衆賀至尊」『国清百録』卷 3、『大正新修大蔵経』卷 46，第 815 頁 a1。（『大正新修大蔵経』以下简称为『大正』）。

③ 藤善眞澄：『隋唐時代の佛教と社会　弾圧の狭間にて』，東京：白帝社，2004 年，第 107-109 頁。史料出自『唐護法沙門法琳別伝』，『大正』卷 50，第 210 頁 c 25-第 211 頁 a13。

④ 当然，皇帝受戒的背景中不能否定他们具有的信仰心。

二、佛教与对外交涉

从南北朝时期到唐朝，因皇帝作为菩萨，所以在支撑皇帝权力的基石中也纳入了佛教的要素。

例如，6 世纪时在北朝的僧侣中可以确认因有"菩萨"的武帝而认定梁朝为"正朝"的认识。[①] 南朝与北朝分别以获取中国的正统性为目标，对南北的佛教界、崇佛阶层来说，皇帝作为菩萨这一现象可以保证王朝的正统性。

隋仁寿元年（601 年），文帝作为"菩萨戒佛弟子皇帝"向各个州分送舍利，开始建舍利塔事业。当时，隋文帝选择如下地区建立舍利塔：（一）隋朝版图的边境（二）名山、圣山（三）交通要道（四）旧北齐地区（五）考虑到对高句丽、林邑两国战争而设立的地区（即可能会成为战争征兵对象的地区）。从此确定了隋的疆域，并提高了文帝的声望（一、二、三），尤其试图在旧北齐地区掌控人心（四），或者是将来对外战争的部署（五）[②]。更有甚者，文帝命令奉送舍利塔各州的道俗士女、各官吏参加迎接舍利的仪式。仪式时，由从京师派遣来的僧侣宣读"菩萨戒佛弟子皇帝"文帝祈愿救济众生的忏悔文，于是"大众"请愿"生生世世常得作大隋臣子"[③]，由此可知文帝试图使用佛教为工具将长久分离的中国大地统一起来。

综上所述，可以发现佛教从南北朝到隋朝在保证王朝的正统性或统一国家方面的意义。因此，在亚洲的各个国家中，出现了向中国派遣重视佛教的使者的现象。

关于佛教与对外交涉的关系，韩昇进行了可视为指南的研究，他所关注的是东亚国家之间，从百济传来佛教、由三国向倭国传入佛教文物、僧侣往来等的宗教交流，论述了掌握其主导权的国家可以采取自由行动，即使交流失败也不失国家体面，如若成功则达成对外谈判的目的，遣隋使也属于伪装成宗教交流的"佛教外交"之一。[④] 承继韩昇的观点，笔者过去曾对五至九世纪对中国交涉中佛教所产生影响进行了调查。

通过笔者以前的调查可见，各国使用不同方法，强调了对中国交涉中的佛教色彩。例如，刘宋时期，位于南海的诃罗施国奏表上书称誉道：皇帝是信重三宝，兴立

---

① 「魏洛下广德寺释法贞传」,『统高僧传』『大正』卷 50，第 474 页 b 14-17。
② 大岛幸代、萬纳惠介：「隋仁寿舍利塔研究序说」,『奈良美术研究』12, 2011 年。
③ 『广弘明集』,『大正』卷 52，第 214 页 b 2。
④ 韩昇：《〈隋书·倭国传〉考释》,《中华文史论丛》61，上海：上海古籍出版社，2000 年；韩昇：《东亚世界形成史论》，上海：复旦大学出版社，2009 年。

塔寺，周满国界，四兵具足，皇帝是平等忍辱且具有大慈悲之"圣主"，中国是"庄严微妙""清净深广"，"敷演正法"之"上国"。① 如此一来，在东南亚各国向南朝送付的奏表上书中，很多使用佛教用语称颂皇帝、中国，其目的是为了讨崇佛皇帝的欢心、在对南朝贸易中获取利益。此外，土谷浑请求在益州修建佛寺亦是如此，他正是判明了中国崇佛的时代潮流，为了能够与梁朝顺利地进行贸易往来②，于是采取对其资助的方式以追求自己国家的利益。

另外，前述筹建舍利塔事业之际，滞留在隋朝高句丽、百济、新罗的使者，在回国时请愿求赐舍利，欲在自己国内建塔以供奉舍利③，可以认为这三国的使者是为迎合隋朝崇佛的做法而提出求赐舍利的要求。④ 大业三年（607年）倭国的遣隋使称赞隋帝为"重兴佛法"的"菩萨天子"。⑤ "重兴佛法"是文帝在修建舍利塔时常用的表达方式。隋朝的用意不仅仅是隋朝国内，甚至试图通过佛教把高句丽、百济、新罗置于隋的世界秩序下，倭国大概是因为参透隋朝的这种用意，故在倭国使者的言辞中使用上述措辞。⑥

到了唐代，通过佛教形式的建筑和翻译佛经，不仅在国内，连周边地区也因佛教而得以统合的趋势更为明显。⑦ 并且，据此各国与以前一样，针对中国内部的崇佛状态，采用了强调佛教色彩的对中国交涉。特别值得关注的是在唐玄宗时期，遭受吐蕃、大食入侵的中亚、南亚各地区通过派遣僧侣，与唐朝构建、维持了以宗教为

---

① 《宋书》卷 97《夷蛮传》"诃罗施国"条，北京：中华书局，1974 年，第 2380–2381 页。

② 諏訪義純「梁武帝の蜀地経略と佛教—益州刺史の任免を中心として—」，『中国南朝佛教史の研究』，京都：法蔵館，1998 年，初出 1970 年，209 頁。

③ 「慶舍利感応表」『広弘明集』，『大正』巻 52，第 217 頁 a 17–18。

④ Chen, Jinhua. Monks and Monarchs, Kinship and Kingship: Tanqian in Sui Buddhism and Politics. Kyoto: Italian School of East Asian Studies, 2002, p. 85

⑤ 《隋书》卷 81《东夷传》"倭国条"，北京：中华书局，1973 年，第 1827 页。

⑥ 上述关于隋朝以前重视佛教色彩的对中国交涉，参照拙著《古代亚洲世界的对外交涉与佛教》第一部第一章（初版 2006 年）、第二章（初版 2008 年）、第四章（初版 2008 年）。

⑦ 例如明堂和天枢。关于这两建筑物 Forte, Antonino. Mingtang and Buddhism Utopias in the History of the Astronomical Clock: The Tower, Statue and Armillary Sphere Constructed by Empress Wu. Paris: Ecole francaise d'Extreme–Orient, 1988. 同 "On the so-called Abraham from Persia" Pelliot, Paul. L'inscription Nestorienne de Si-ngan-fou. Forte, Antonino（edu），Kyoto : Scuola di studi sull'Asia Orientale, 1996 年完成基础性研究。唐代翻译佛经所具有的意义参照如下，中田美絵「唐代徳宗期『四十華厳』翻訳にみる中国佛教の転換—『貞元録』所収「四十華厳の条」の分析より—」，『佛教史学研究』53-1，2010 年；「八世紀後半における中央ユーラシアの動向と長安仏教界—徳宗期『大乗理趣六波羅蜜多経』翻訳参加者の分析より—」，『関西大学東西学術研究所紀要』44，2011 年；「長安・洛陽における仏典翻訳と中央アジア出身者—武則天・中宗期を中心に—」，森部豊、橋寺知子編：『アジアにおける文化システムの展開と交流』，大阪：関西大学出版部，2012 年等。

媒介（尤其是佛教）的良好关系，或者试图在反吐蕃、反大食战争中引起唐朝的介入。[1] 在唐朝确立为亚洲的佛教信仰中心地位的过程中，以上各国主要依赖佛教寻求唐朝的支援，试图以此维持自己国家的存续。从南北朝时期到唐朝，佛教成为推进中国与其他国家间顺利谈判的思想基础之一。

三、多元化的佛教世界

上述内容主要是以旧作中的知识为基础而加以润色，即从南北朝时期到唐朝，在接受菩萨戒方面，皇帝中出现主动要求提高向心力者；另一方面则是亚洲各国为了圆满达成对中国交涉的目的，派遣重视佛教相关使者的现象。

但是，用佛教来强化国家权力并不只出现于中国。与其相似的现象也出现于信仰佛教的亚洲各地。[2]

例如，唐朝灭亡以后，10 世纪的敦煌归义军政权、于阗以及回鹘是否举行过国王的受菩萨戒不甚明确，但称誉国王为菩萨的做法很盛行。[3] 处于蒲甘王朝统治下的缅甸，11 世纪建造了将国王视为菩萨的碑文。[4] 在契丹，不仅很多皇帝接受菩萨戒，在他们中间还出现了撰述受菩萨戒法者。[5]

根据现有材料，可以推测以国王为菩萨的现象始于斯里兰卡[6]，在中国得到发展之后，传播到亚洲各地。

在佛教与国家权力相结合的过程中，也有必要考虑以佛教为基础所进行的对外交涉在"中国—各国"以外的地域也有开展的可能性，当时最值得关注的是吐蕃。吐蕃权力相争的结果使赤松德赞王成为赞普，他为了向国内外证实自己地位的强烈

---

① 森安孝夫：「唐代における胡と佛教的世界地理」(『東洋史研究』66-3，2007 年)。河上麻由子：「唐代における佛教と対中国交渉」,『古代アジア世界の対外交渉と佛教』，東京：山川出版社，2011 年（初出 2005 年）。

② 8 世紀中期到后半期，在包括日本在内的欧亚各地区，宗教被利用于作为确立王朝正统性方法之一，Beckwith, Christopher I. "The revolt of 755 in Tibet." Contributions on Tibetan Language, History, and Culture.Ernst Steinkellner and Helmut Tauscher eds, Wien: Universität Wien, pp.11–12。

③ 赤木崇敏：「十世紀敦煌の王権と転輪聖王観」,『東洋史研究』69–2，2010 年。

④ Gordon, Luce, Old Burma‐Early Pagan vol. New York UP, 1969, p.56。

⑤ 古松崇志：「法均と燕京馬鞍山の菩薩戒壇—契丹（遼）における大乗菩薩戒の流行」,『東洋史研究』65-3，2006 年；藤原崇人：「契丹（遼）後期の王権と菩薩戒」，同前掲『アジアにおける文化システムの展開と交流』等。

⑥ 斯里兰卡的事例参照薮内聡子：『古代中世スリランカの王権と佛教』，東京：山喜房佛書林，2010 年。

正统性，将佛教定位为国教。[1] 其后，约成立于 9 世纪的《于阗国悬记》中记载了松赞干布与唐太宗并称为菩萨的记录[2]，由此可以推断出吐蕃的松赞以菩萨的面目与周边国家相对的现象。笔者认为吐蕃与回鹘同时与唐朝互争长短，针对作为菩萨的唐朝皇帝必须从宗教上进行对抗，于是吐蕃采用了向国内外推广将赞普视为菩萨的认识。因此，处于唐朝以及吐蕃权力影响范围之内的于阗[3]，同时称唐朝皇帝与吐蕃松赞为菩萨。[4]

但是《于阗国悬记》中同样将于阗国王称为菩萨[5]，菩萨君主可以同时有几个人并存。这种根植于佛教思想的国际关系，因为国王的崇佛（有时只是作为表面的原则）程度、有无著名寺院、圣地、神圣古物等来区分中心与周边，同时可以有几个中心并存的现象。为了探求重视佛教色彩的对中国交涉在亚洲史中的重要意义，有必要弄清根植于佛教的国际关系的多重性。

四、从亚洲史到日本史、从日本史到亚洲史

8 世纪时期的日本，天皇通过受菩萨戒试图获得作为菩萨的权威。天皇的受戒开始于 8 世纪，过去的研究注重中国皇帝受菩萨戒的影响，试图于中国探求其先例。[6]

---

① 前述 Beckwith " The revolt of 755 in Tibet. " Uray, Géza. "Tibet's Connections with Nestorianism and Manicheism in the 8th–10th Centuries" 前述 Contributions on Tibetan Language, History and Culture, pp.399–429。森安孝夫「中央アジア史の中のチベット―吐蕃の世界史的位置づけに向けての展望―」，長野泰彦、立川武蔵編：『チベットの言語と文化』，東京：冬樹社，1987 年。

② 史料为ポール・ペリオ、羽田亨共編：『燉煌遺書』，上海：東亜攷究会，1926 年。

③ 关于唐、吐蕃、于阗的详细情况，参照森安孝夫：「吐蕃の中央アジア侵出」，『金沢大学文学部論集史学科篇』4，1984 年。

④ 8 世纪后半叶至 9 世纪前半叶的唐吐蕃会盟当时受到唐朝的主导，之后接受吐蕃的意志而添加佛教的因素，与这种动向不无关系。关于唐吐蕃会盟与佛教的关系 Imaeda, Yoshiro. "Rituel des traités de paix sino-tibétains du VIIIe au IXe siècle. " La Sérinde, terre d'échanges. Paris: La documentation française. 2001。小幡みちる：「唐代会盟儀礼にみえる宗教と国際関係―唐・南詔間の貞元会盟を中心として―」，『早稲田大学文学研究科紀要　第四分冊』48；2002 年。

⑤ Emmerick, R. E. Tibetan Texts Concerning Khotan. London : Oxford UP, 1967, p, 29。

⑥ 岸俊男：「天皇と出家」，同編『日本の古代　第七巻　まつりごとの展開』，東京：中央公論社，1986 年；上川通夫：「古代佛教の歴史的展開」，『日本中世佛教形成史論』，東京：校倉書房，2007 年，初出 1989 年，1991 年，2005 年；勝浦令子：「聖武天皇出家攷―『三宝の奴と仕へ奉る天皇』と『太上天皇沙弥勝満』」，大隅和雄編『佛法の文化史』，東京：吉川弘文館，2003 年；河上麻由子：「聖武・孝謙・称徳朝における仏教の政治的意義―鑑真の招請と天皇への授戒からみた―」，『古代アジア世界の対外交渉と仏教』，東京：山川出版社，2011 年。

但是，国王作为菩萨的潮流并非只见于中国。探求 8 世纪天皇受戒的意义时，为了区分其独立性与非独立性，也有必要考虑亚洲整体的动向。

另外，为了综合理解王法与佛法之关系，应该一并调查国王被称为转轮圣王的事例。在日本，8 世纪时天皇开始被称为转轮圣王[①]，其后到了 9 世纪，几位天皇受密教灌顶。[②] 近年来很流行探查 8—9 世纪天皇与转轮圣王的关系，但尚未充分探讨有关天皇的转轮圣王化与亚洲其他地区君主（特别是唐朝皇帝）的转轮圣王化之间的关联。即便如此，因为作为研究材料的史料十分丰富，所以日本围绕国王权力与佛教所展开的讨论与其他地区相比较为翔实。

在包括日本在内的亚洲史中，将国王称为菩萨或转轮圣王的动向是如何诞生、展开的？一般说来，如果能够参照日本古代史多年的研究成果，并且超越日本史的境界进行探讨，应该能够得到一些线索来综合分析曾经作为亚洲世界宗教的佛教对各地区的国王权力是如何发挥作用的。

（译者：孙晓宁）

---

① 稲城正已:「8～9世紀の経典書写と転輪聖王観」，元興寺文化財研究所・元興寺文化財研究所民俗文化財保存会編:『元興寺文化財研究所創立 40 周年記念論文集』，東京:クバプロ，2007 年。

② 关于 9 世纪天皇受灌顶，参照佐伯有清:『円仁』，東京:吉川弘文館，1989 年，第 233–234 頁;西本昌弘:「平城上皇の灌頂と空海」，『古文書研究』64，2007 年;西本昌弘:「嵯峨天皇の灌頂と空海」，『関西大学文学論集』56-3，2007 年;阿部龍一:「平安初期天皇の政権交代と灌頂儀礼」，サムエル・C・モース，根本誠二編:『奈良・南都佛教の伝統と革新』，東京:勉誠出版，2010 年等。

从布帛到黄金

——八至九世纪东亚的国际货币*

○ 王　勇　浙江大学

笔者曾分析过日本奈良时代的遣唐使入唐后频繁的求书活动。[①]这些求书活动不仅仅是入唐僧俗求学的必然之举，而且也应是遣唐使所肩负的官方使命之一。

遣唐使入唐后获得书籍的途径有许多种，如大唐朝廷的下赐，又如唐人的馈赠，当然还应该存在等价购书的情况。

日本学界有这样一种说法：遣唐使携带大量砂金用于使节团各项开支及交通费用，给唐人造成了日本盛产黄金的印象，这一印象又通过唐人传给伊斯兰商人，从而促成九世纪的黄金之国"外克瓦克"（al-Wāqwāq）传说的产生。[②]

中日两国文献中确实多次记载九世纪以来遣唐使和入唐僧从日本朝廷获得砂金并在中国实际使用的事例。不过，众所周知，日本从 8 世纪中期才开始开采黄金。在那之前的百余年间以及那之后的半个世纪之中，遣唐使以何物充当购书资金，这

---

* 原载：《浙江大学学报（人文社会科学版）》，2016 年第 2 期。收入本书时有修订。

① 王勇：「遣唐使の求書活動—平城遷都 1300 年紀念」，内田慶市・中谷伸生編『東アジアの言語・文化・芸術』大阪：関西大学文学部，2011 年，第 203–228 頁。

② 例如宫崎正胜认为："唐时遣唐使携带大量砂金用于生活开销等，促成了有关'遍布黄金之岛'的传言。这一传言随后在伊斯兰商人中间蔓延，催生了'外克瓦克'（倭国）传说，并成为'日本国（Zipangu）'传说的源头。"宫崎正勝：『黄金の島ジパング伝説』，『歴史文化ライブラリー』226，東京：吉川弘文館，2007 年，第 8 頁。另外，前川明久在《八世纪陆奥产金与遣唐使》（载前川明久：『日本古代政治の展開』，東京：法政大学出版会，1991 年）一文中说，自八世纪初以来，遣唐使一直向外输出黄金。不过，东野治之则认为"有关这一点并无相关论证，无法赞同"。東野治之：「『延喜式』に見える遣外使節の構成」，『遣唐使と正倉院』，東京：岩波書店，1992 年，第 58 頁。

一问题尚未得到彻底解决。

本文意识到了这一问题，着力于推定 8 世纪东亚世界中通用的、先于砂金存在的货币形态。

一、遣隋使"买求书籍"

日本遣唐使的求书行为属于国家性工程之一，实际早有遣隋使的先例。《经籍后传记》[①]记载了代表性事例如下（括号内为夹注）：

> 以小治田朝(今案推古天皇)十二年岁次甲子正月朔，始用历日。是时，国家书籍未多。爰遣小野臣因高于隋国，买求书籍，兼聘隋天子。

以前国内外学者均未提及推古十二年（604 年）的遣隋使，我们也不清楚其细节。[②]不过，与"聘隋天子"这一政治外交使命相比，日本似乎主要是为了求书而派遣了这批使节。文中提到的"买求书籍"，可以视为一种交易行为。这样说来，遣隋使为了"买"书，自当携带流通区域囊括中国的某种"货币"形态。

遗憾的是，上述史料并未提到遣隋使携带何物作为货币。稍晚时候流通的开元通宝和日本的和铜开弥（或富本钱）其时未铸，假如不是物物交换，那么多数学者推断交易货币应该是金银。

舒明天皇年间（630 年）派出的第一批遣唐使继承了遣隋使的多项事业，其中求书活动得到了进一步强化。幸运的是，记录当时购书所用"货币"的资料今天尚存吉光片羽。

二、《白氏文集》的买卖

遣唐使同东亚诸国的使节团一样，入唐后热心搜求书籍，这在来自其他地区的

---

① 引自田中健夫编：『善隣国記　新訂統善隣国宝記』，東京：集英社，1995 年。《善邻国宝记》卷上·推古天皇条中引用此书，称《经籍后传记》。坂本太郎发现《政事要略》所引《儒传》中有几乎相同的文字，故推测《儒传》与《经籍后传记》为同书异名（参见坂本太郎：『聖德太子』，『人物叢書』，東京：吉川弘文馆，1979 年）。若此推断正确，则《经籍后传记》的成书时间最迟当不晚于《政事要略》（1002 年）。

② 参见王勇：《隋文帝与遣隋使》，王勇编《东亚视域与遣隋唐使》，北京：光明日报出版社，2010 年，第1-9 页。该文考证了推古十二年（604 年）的遣隋使的相关情况，推断此年曾派遣过使节。

遣唐使中并非罕见。例如唐朝诗人白居易（772—846 年）在《白氏文集》的自记中记录了日本、新罗等国之人抄写文集带回的事情。[1] 金泽文库所藏《白氏文集》卷三十三的一段跋语，可为此事提供佐证：

> 会昌四年五月二日夜，奉为日本国僧惠萼上人写此本，且缘忽忽，夜
> 间睡梦，用笔都不堪任，且宛草本了。

据此可知，会昌四年（843 年）初夏，居于苏州南禅院的入唐僧惠萼得到唐人僧俗之助，抄写《白氏文集》并带回日本。[2] 白居易自己也知晓此事，因而在注明"会昌五年夏五月一日乐天重记"的《白氏集后记》中说，自己选定了收藏文集的地方（其一为苏州南禅院），分抄五部，并明言"其日本、新罗诸国及两京人家传写者，不在此记"。

惠萼誊抄《白氏文集》的经费何处而来我们不得而知，不过与日本一同提到的新罗写本是有资金支持的。白居易自编《白氏文集》时曾借用过元稹所编《白氏长庆集》，而《白氏长庆集》的卷首载有编者元稹之作《白氏长庆集序》，其中提到了下面的故事：

> 鸡林贾人求市颇切，自云本国宰相每以百金换一篇，其甚伪者，辄能
> 辨别之。

鸡林即朝鲜半岛，此处指新罗。新罗商人之所以"求市颇切"，即热心于购买白居易作品，是因为若将白居易作品带回本国，新罗宰相能为了一篇文章拿出"百金"。"贾人"原本就是以经商射利为生，由此可知他们利用了唐和新罗的差价获取利益。

元稹《白氏长庆集》还提到，长安、扬州、越州等地在实际生活中出现了买卖白居易以及元稹自己诗文的现象。元稹在序中写道，"至于缮写模勒，衒卖于市井，或持以交酒茗者，处处皆是"，并作注说"杨、越间，多作书模，勒乐天及予杂诗，

---

[1] 《四部丛刊》所收《白氏长庆集》中有白居易自记《白氏集后记》，文中说"集有五本（中略），各藏于家，传于后。其日本、新罗诸国及两京人家传写者，不在此记。（中略）会昌五年夏五月一日，乐天重记"。

[2] 白居易生前其作品已经传到日本的证据包括：承和五年（838 年）任大宰府少贰的藤原岳守从唐商船的货物中搜得《白元诗笔》一事（《文德实录》），圆仁在长安求得《白家诗集》六卷（《入唐新求圣教目录》）。《白氏文集》金泽文库本除卷 33 外，卷 11、卷三 31、卷 41、卷 52 等均发现了与惠萼相关的跋文，从中可知抄写时间为当年四月至五月。详见太田次男：「白氏文集金沢文庫本私见—卷三十一を中心にして—」，『史学』44-3，1972 年 4 月。后载太田次男：『旧鈔本を中心とする白氏文集本文の研究』上卷，東京：勉誠社，1997 年。

卖于市肆之中也"，深叹假托两人姓名伪做文章获利的情况。[①] 新罗宰相能立辨作品真伪，应该与当时伪作泛滥有关。

值得注意的是，白居易作品买卖的市价以"金"为基准。以黄金百两购白居易诗文一篇之事虽然略有夸张之嫌，但是自九世纪中期以来，包括日本砂金在内的黄金成为东亚各国通用的国际货币，却是不争的事实。

通过上面的事例，我们可以看到东亚的书籍流通，即便不是全部，至少有部分事例涉及货币交易。不过，尽管九世纪的情形如此，这一现象是否出现于本文所关注的时间段即 8 世纪呢？

三、张鷟和"金贝"

江户初期的儒者那波道圆于元和四年（1618 年）复刻宋版《白氏长庆集》，并在《后序》中称赞白居易"诗文之称于后世，不知其数千万家也。至称于当时，则几稀矣。况称于外国乎"。

白居易在去世前便已经名闻东亚世界，李商隐所说"姓名过海，流入鸡林、日南有文字国"（《唐刑部尚书致仕赠尚书右仆射太原白公墓碑铭并序》）便是明证。"日南"应为越南，"有文字国"当指汉字文化圈。

如那波道圆所述，独步当代、名扬海外的诗人的确"几稀"，却并非空前绝后。先于白居易百年前的张鷟（字文成）便是其中一人。

张鷟（660—740 年）以《游仙窟》闻名，又有《朝野佥载》《龙筋凤髓判》等名作传世。《旧唐书》卷一四九在其孙张荐传中记述张鷟的事迹如下：

> 下笔敏速，著述尤多，言颇诙谐。是时天下知名，无贤不肖，皆记诵
> 其文。天后朝（中略）新罗、日本、东夷诸藩，尤重其文。遣使入朝，必
> 重出金贝，以购其文。[②]

张鷟当时天下驰名，新罗、日本等东夷诸国对其十分仰慕。遣唐使每次入华，都以重金求购他的诗文。《新唐书》卷一六一的《张荐传》中简要记述了张鷟"属文下笔辄成，浮艳少理致，其论著率诋诮芜猥，然大行一时。（中略）新罗、日本使至，

---

① 元稹《白氏长庆集序》中说："其甚者，有至于盗窃名姓，苟求自售。杂乱间厕，无可奈何。"

② 《旧唐书》，中华书局，1975 年，第 4023 页。

必出金宝购其文"。[①]

《旧唐书》记录新罗遣唐使购买张鷟诗文所用货币为"金贝",《新唐书》则为"金宝"。那么,这能否成为以"黄金"作为通货的证据呢?

"金贝"或许是"金刀龟贝"的缩略语,这个词出自《汉书·食货志》。"金刀"可指战国时期流行仿刀金属货币等物(即"刀币"),"龟"和"贝"也都曾作为货币使用。因此,这里提到的"金贝"应当视为货币的泛称,难以断定是否指代"黄金"。

四、新罗的"买书银"

稍晚时候的资料表明,新罗朝廷会拨发给本国遣唐使用于购买书籍的特殊经费,即"买书银"。目前已知有两则相关史料。

其一是高丽朝仁宗二十三年(1145年)金富轼编纂的《三国史记》卷十一《新罗本纪》景文王九年(869年)七月条。

这一年,新罗王子苏判金胤作为谢恩使入唐,携带大量朝贡品,包括马两匹、麸金一百两、银二百两、牛黄十五两、人参一百斤,另有多种锦织品和工艺品。在这条记录的末尾写道:

> 又遣学生李同等三人,随进奉使金胤,入唐习业,仍赐买书银三百两。[②]

新罗使朝贡品清单中的"麸金"是如同麸子一般细碎轻薄的黄金。不过这并非通货,而是向唐皇进献的贡品。而赐予留学生李同等三人的购书经费"银三百两",才应是具有通货性质之物。

第二个例子出自朝鲜时代正祖二年(1778年)安鼎福所编的汉文编年史书《东史纲目》卷五·真圣女王三年(889年)条,内容如下:

> 新罗自事唐以后,常遣王子宿卫。又遣学生入太学习业,十年限满还国。又遣他学生入学者,多至百余人。买书银货则本国支给,而书粮唐自鸿胪寺供给。学生去来者相踵。[③]

---

① 《新唐书》,中华书局,1975年,第4979页。
② 『三国史記』,朝鲜史学会,1928年,第6页。
③ 朝鲜古书刊行会编:『朝鲜群书大系 统々第16辑』,朝鲜古书刊行会,1915年,第45页。

这则记事的大意是说，新罗自从奉唐王朝为宗主国后，常派遣王子作为宿卫，又派出留学生进入太学学习。据史料，留学生人数过百，需要在唐学习十年，生活费用由唐鸿胪寺负担，而购买书籍的费用则由本国拨付。

通过以上两种史料可知，新罗的入唐留学生用于买书的费用由本国承担，且新罗人入唐后所用的通货为"银"。

中国古代将银称为"白金"的例子极为常见。因此，单单一个"金"字，可能指黄金，可能是金银并称，也可能指"银"。例如《资治通鉴》卷百九十七·贞观十八年（644年）九月乙未条写道：

> 鸿胪奏，高丽莫离支贡白金。褚遂良曰："莫离支弑其君，九夷所不容，今将讨之而纳其金，此郜鼎之类也，臣谓不可受。"[1]

文中出现的"白金"和"金"无疑是指"银"。联系前文提到的新罗宰相以"百金"购白居易诗文一事，以及日本新罗以"金贝"或"金宝"竞相购买张鷟诗文一事，如果只讨论新罗一国，那么文中以金指代"银"的可能性大大增加。

如果假定新罗以"银"作为通货用于购买书籍，那么日本遣唐使会以何物作为通货购买书籍呢？我们接下来需要讨论这一问题。

五、陆奥黄金的幻想

天平十五年（743年）十月十五日，圣武天皇发愿铸造东大寺大佛，"尽国铜而镕象，削大山以构堂"（《续日本纪》），翌年十一月十三日动工，天平二十一年（749年）竣工。不过，当时用作金箔的黄金不足，大佛难现庄严宝相。正当"人们多怀疑事将不成，朕亦深忧黄金不足"[2]之时，同年二月二十二日"陆奥国始贡黄金"（《续日本纪》）的消息传报京城，过了两个月，担任陆奥守的百济王敬福献上了黄金九百两。

东京大学教授保立道久指出，发现黄金一事可视为"奈良时代最大的政治史事件"[3]，为此改元天平感宝，朝野欢欣鼓舞。大伴家持所咏和歌"天皇御代荣，东方陆

---

① 《资治通鉴》，中华书局，1959年，第6212页。
② 《续日本纪》卷十七·天平二十一年四月一日条，石上乙麻吕所宣读圣武天皇之宣命。参照宇治谷孟：『続日本紀　全現代語訳』，東京：講談社，1992年，第75页。
③ 保立道久：『黄金国家　東アジアと平安日本』，東京：青木書店，2004年，第53页。

奥国，山中金花繁"① 就体现了当时的氛围。

然而，"最大的政治史事件"却不一定是"奈良时代对外贸易中的大事件"。宫崎正胜认为，发现黄金一事是马可波罗笔下奇幻的日本国（Zipangu）传说"黄金岛"② 之源头：

成为日本国（Zipangu）传说之源的大量砂金与奈良的大佛有着密切联系。大佛落成与否关系朝廷威信，造像的镀金工程成为发现陆奥砂金的契机。（中略）当时朝廷需要大量黄金用于大佛镀金，陆奥发现黄金一事正使得朝廷热切期盼成真。③

宫崎正胜进而断定"陆奥的黄金由遣唐使一行运至唐朝"，"特别是据推测有多达 255 吨左右的黄金开采于奈良时代至安土桃山时代，被用作遣唐使以及唐宋时期留学僧吸收中国文化、学习各种学问的经费，并一直占据着对华贸易主要出口货物的地位"。④

笔者认为，高估奈良至平安时代的黄金出口，一定程度上受到日本中世对宋贸易出口黄金以及在西方流传甚广的"黄金岛"传说的影响。一些研究者已经开始怀疑"日本黄金大量出口"这一习惯说法。山内晋次整理了前人的观点，指出"中国开始关注日本黄金流入，还是要到南宋以后"，并提出质疑称"自南宋起中国逐渐注意到日本黄金流入，但是即便如此，学者们还是高估了当时的进口额度"。⑤ 另外，田岛公也证明了九世纪后半期大宰府的对外贸易通货是逐渐从棉变为砂金的。⑥

如上所述，若单纯将时间范围限定为奈良时代，我们不得不说陆奥的黄金作为遣唐使的对外通货大量输出唐朝的观点，仅仅是一种"幻想"。下面将细说理由。

六、"黄金来自他国"

值得注意的是，圣武天皇在庆祝陆奥发现黄金的宣命中说："此大倭国自天地开

---

① 小岛宪之等校注、訳：『万叶集』4，小学馆，1996 年，第 260 页。
② 马可·波罗在《东方见闻录》中将 Zipangu（日本）视为"黄金岛"，他写道"这个国家处处是黄金，国民不论何人均拥有大量黄金"（爱宕松男訳：『東方見聞録』，東京：平凡社，1970 年）。
③ 宫崎正胜：『黄金の島ジパングの伝説』，第 9 页。
④ 宫崎正胜：『黄金の島ジパングの伝説』，第 1 页。
⑤ 山内晋次：『奈良平安期の日本地アジア』，東京：吉川弘文館，2003 年，第 246 页。
⑥ 田岛公：「大宰府鴻臚館の終焉—八世紀～十一世紀の対外交易システムの解明」，『日本史研究』389，1995 年。

辟以来，虽有黄金自他国献上，但本国原无此物。"[1]

与上面文字相关的记录还有《扶桑略记》抄二·天平二十一年（749 年）正月四日条，其中提到"陆奥国守从五位上百济敬福，进少田郡所出黄金九百两。本朝始出黄金时也"，并引《或记》称："东大寺大佛为买黄金，企遣唐使。"[2]

这就是说，直到天平二十一年（749 年），日本并没有开采出黄金，为了筹措用于装饰东大寺大佛的黄金，甚至还计划派出遣唐使。因此可以推断，更早时期的古坟中所发现的黄金装饰品和生活用具，以及镀金佛像所用金箔全部为舶来品。[3]

在律令制度逐渐完善和佛教日益兴盛的双重影响下，日本朝廷越来越感到缺少黄金一事带来的焦躁和自卑。进入 8 世纪后不久，政府便向各地派出寻找黄金的使者，凡海宿祢麁镰和三田首五濑带着"冶金"的使命分赴东方陆奥和西方对马。文武五年（701 年）三月二十一日，对马急报发现黄金，朝廷大张旗鼓庆祝，"建元为大宝元年"（《续日本纪》）。八月七日，朝廷表彰"冶成黄金"中的功臣、地方官和百姓，为其叙位免税。但没过多久，对马产金为三田首五濑伪造一事便暴露了。[4]这样一来，日本的产金梦落空，直到半个世纪后才得以最终实现。

如此看来，由于日本天平二十一年（749 年）之前没有开采出黄金，自推古八年（600 年）第一次遣隋使到天平五年（733 年）第十次遣唐使（抑或加上天平胜宝四年的第十二次遣唐使），均不可能携带作为国际货币的黄金出发。若是《旧唐书》和《新唐书》的记录可信，那么日本使节购入张鷟（660—740 年）诗文时所使用等价"金贝"或"金宝"里的"金"应当不指代黄金。

那么，陆奥发现黄金之后，情况有了哪些变化呢？当时的产金量大约有多少？这能不能满足日本自身的需求呢？假若能够满足日本的需求，那么有多少陆奥黄金作为遣唐使的经费带出日本？下面我们将重点关注陆奥黄金发现后的半个世纪里黄金的去向问题。

---

[1] 宇治谷孟：『続日本紀　全現代語訳』（中），東京：講談社，1992 年，第 73-74 頁。

[2] 此系日本式汉文，大意是：为筹集东大寺大佛所需黄金而派出遣唐使。

[3] 舶来黄金的事例包括：建武中元二年（57 年）汉光武帝赐倭奴王国金印、景初二年（239 年）魏明帝赐卑弥呼"金八两"等。早期佛教相关记载可见《日本书纪》推古十三年（605 年）四月条"高丽国大兴王，闻日本国天皇造佛像，贡上黄金三百两"。保立道久指出，"五世纪中叶后，头领级坟墓遍布日本各地，从中出土了金质装饰品。它们全为三国时代的朝鲜所制"。保立道久：『黄金国家　東アジアと平安日本』，東京：青木書店，2004 年，第 55 頁。

[4] 《续日本纪》卷 2 大宝元年（701 年）八月七日条引用《注年代历》，记载"于后，五濑之诈欺发露。知赠右大臣为五濑所误也"。

七、产金地的盛衰

众所周知，推算东大寺大佛镀金所需黄金数量，《大佛殿碑文》[①]和《延历僧录》[②]是最为基本的史料。比较两者记录的大佛镀金量可知，《大佛殿碑文》记"炼金一万四百四十六两"，《延历僧录》记"涂炼金四千百八十七两一分四铢"，不到前者的 4/5。

《延历僧录》记录的法量与奈良时代的"权衡制"[③]更为相合，我们以此为基准计算得知，陆奥贡金九百两不过相当于大佛镀金用量的 1/5。

上面说的只是大佛主体的镀金用量。铃木舜一采用《大佛殿碑文》的记录，估算仅仅大佛、左右高三丈的胁士塑像以及东西两塔的露盘就需要黄金超过 13000 两。[④] 在此数据基础上继续计算可知，陆奥贡金尚不足所需总量的 1/13。

朝廷意识到这一情况后，为了建成大佛以及相关建筑，将陆奥持续性开采黄金视为急务，于天平胜宝三年（751 年）二月十八日颁布租税政策，要求"陆奥国庸调者，多贺以北诸郡，令输黄金。其法，正丁四人一两"（《续日本纪》）。

铃木舜一假定课税对象"多贺以北诸郡"有 27 乡，每乡 50 户，各户正丁 2 人，通过计算得出每年贡金为 675 两。[⑤] 即便采取这样的应急措施，想要完全满足大佛镀金所需黄金量仍需要相当长的时间，因此陆奥产金绝不可能随便用于他途。

铃木舜一还指出了另一个重要的事实：宝龟元年（770 年）陆奥国产金地小田郡东约十一公里处桃生城附近的虾夷族长逃入虾夷地，以此事为导火索，宝龟五年（774 年）虾夷爆发叛乱，陆奥国陷入战乱之中。延历十六年（797 年）坂上田村麻吕受命为征夷大将军征讨叛乱，取得了诸多战果。弘仁二年（811 年）长期战乱终于宣告结束。这三十多年的战乱中，多贺城被战火吞噬，律令体系遭到巨大破坏。因此铃木

---

① 《大佛殿碑文》成文于九世纪前半期，除收录于《东大寺要录》外，还以异名收录于《朝野群载》《扶桑略记》《诸寺缘起集》（醍醐寺本）等。详见小西正彦：「創建時東大寺大佛の鍍金に使われた金と水銀の量について」，『計量史研究』24-2，2002 年 12 月。

② 随鉴真赴日的唐僧思托于延历七年（788 年）作僧传《延历僧录》，全本失传，逸文散见于《日本高僧传要文抄》《东大寺要录》等。

③ 《养老令》（杂令）说"权衡，二十四铢为两，三两为大量，十六两为斤"，参考《正仓院文书》可知奈良时代的权衡制为 1 斤=16 两，1 两=4 分，1 分=6 铢。

④ 铃木舜一：「天平の産金地　陸奥国小田郡の山」，『地質学雑誌』114 卷 5 号，2008 年 5 月，第 259 頁。

⑤ 铃木舜一：「天平の産金地　陸奥国小田郡の山」，第 259-260 頁。

舜一推断"这段时间采金不得不停止"。[1]

假如铃木舜一的推论没有错误，"多贺以北诸郡"的正丁持续开采陆奥黄金，并将其作为庸调上供。就在将要满足大佛镀金所需黄金用量之时，产金地却沦为了战场。

如上所述，陆奥黄金于奈良时代中期被发现后，为了满足东大寺大佛的特需而加急开采，后来因为卷入战火之中不得不停止作业。因此，遣唐使携带大量黄金出海的假说不能成立。

八、朝贡品和回赐品

前面提到了天平二十一年（749 年）的陆奥发现黄金一事，这意味着日本终于成为期盼已久的"产金国"。通过以下的三个事例，我们可以推测出日本朝廷是如何处心积虑，最大限度地利用保立道久所说的"奈良时代最大的政治史事件"[2] 的。

其一是天平宝字四年（760 年）日本首次铸造金币，名为"开基胜宝"[3]；其二是宝龟七年（776 年）下赐身在唐土的遣唐大使藤原清河"砂金大一百两"[4]；其三是宝龟八年（777 年）赠予渤海使"黄金小一百两"。[5]

上面三个事例分别为日本最早的金币、最早的遣唐使赐金和最早的外国使节黄金赠予，都是早期使用黄金的案例。可以看出，陆奥发现黄金后，日本信心倍增，试图向海内外展示充满自信的新形象。应当承认，这些行为并未考虑经济因素，是非持续的、偶发的。

那么，奈良时代遣唐使到底是携带何种"通货"入唐的呢？如果将派遣遣唐使

---

① 铃木舜一：「天平の産金地　陸奥国小田郡の山」，第 260 頁。

② 保立道久：『黄金国家　東アジアと平安日本』，東京：青木書店，2004 年，第 53 頁。

③ 今存三十二枚，最早一枚于江户宽政六年（1794 年）出土于西大寺西塔遗址，现为皇室收藏。其他三十一枚于昭和十二年（1937 年）与金块、金板及写有疑似"贾行"字样的银币一同出土于西大寺町的畑山，现藏于东京国立博物馆。

④ 据《续日本纪》卷三十四·宝龟七年（776 年）四月十五日条，仁明天皇托第十六次遣唐使（小野石根任大使）带给藤原清河亲笔信中有"汝奉使绝域，久经年序。忠诚远着，消息有闻。故今因聘使，便命迎之。仍赐絁一百匹，细布一百端，砂金大一百两。宜能努力，共使归朝云云"。

⑤ 据《续日本纪》卷三十四·宝龟八年（777 年）五月二十三日条，史都蒙率渤海使归国之时，天皇所赐国书中记录了赠品含"绢五十匹、絁五十匹、丝二百絇、绵三百屯"。又缘都蒙请，加附黄金小一百两、水银大一百两、金漆一缶、漆一缶、海石榴油一缶、水精念珠四贯、槟榔扇十枝"。如此丰富的赠物大概既是考虑了"都蒙等比及此岸，忽遇恶风，有损人物，无船驾去"的情况，又是回应了史都蒙的强烈要求即"又缘都蒙请"。

视为一种朝贡贸易的活动，那么我们也可以把朝贡品（通常情况下已预先考虑到了常冠以"锡赉"之名的回赐品）理解为物物交换中的双方设定的等价"货币"。日本在这一方面留下了丰富的史料。《延喜式》（大藏省·赐藩客例）的"大唐皇"条中罗列了以下品目：

> 银大五百两，水织𫄢、美浓𫄢各二百匹，细𫄢、黄𫄢各三百匹，黄丝五百絇，细屯棉一千屯。[1]

与上文相关的史料还有《延喜式》中关于"渤海王"的记载，为"绢三十匹，𫄢三十匹，丝二百絇，棉三百屯"，而"新罗王"则是"𫄢二十五匹，丝一百絇，棉一百五十屯"。

东野治之注意到了《册府元龟》所载天平五年（733年）遣唐使所带朝贡品与"大唐皇"式条一致，而《续日本纪》所载神龟五年（727年）赐渤海使之物与"渤海王"式条不合，推定《延喜式》（大藏省·赐藩客例）中诸条款的订立时间为"天平初年"。[2]

从日本的角度看，"大唐皇"中规定的物品为朝贡品清单，而"渤海王"和"新罗王"中记载的则是回赐品清单。值得关注的是，去掉对唐朝贡品中的"银"，其他均属于"𫄢"[3]"丝""棉"三类。

这三类物品统称为"布帛"，正是"租庸调"里的调。在八世纪的东亚世界，朝廷依据律令制向民众征收"租庸调"作为税金。如果依照东野治之的推断，日本天平初年（729—732年）规定以布帛为对外贸易的等价物，这一情况一直持续到8世纪末期。[4]

九、遣唐使携带的货币

前文所引《延喜式》（大藏省·赐藩客例）诸条款中规定的"𫄢""丝""棉"为官方之间交换的朝贡品和回赐品，并不一定是通行于市场的通货。不过，有数百人（规

---

[1] 后附"别送"品目，有"彩帛二百匹，叠绵二百帖，屯绵二百屯，𫄢布三十端，望陁布一百端，木绵一百帖，出火水精十颗，玛瑙十颗，出火铁十具，海石榴油六斗，甘葛汁六斗，金漆四斗"。

[2] 東野治之：「遣唐使の文化的役割」，『遣唐使と正倉院』，第38—41页。

[3] 因𫄢为绢的一种，因此本文并未将仅出现于"渤海王"式条中的"绢"单独列出。

[4] 東野治之：「遣唐使の文化的役割」，『遣唐使と正倉院』，第40—41页。

模大的话超过五百人）之多的遣唐使团需要在异国他乡生活一年左右，那么一定需要资金用于日常生活吃穿用度、官方或私人的购物、请益生的束脩、留学僧等购买书籍、寺院法会、与唐人赠答等方面。

日本朝廷当然会结合遣隋使以来的经验预先考虑这些情况。遣唐使船起航前，上至大使下至水手，全体人员会按照身份和工种发放一定旅费。《延喜式》（大藏省·诸使给发·入诸藩使给法）中规定的物品即为此。（〈 〉表示原文夹注）

入唐大使 〈絁六十匹、棉一百五十匹、布一百五十端〉

副使 〈絁四十匹、棉一百匹、布一百端〉

判官 〈各絁十匹、棉六十匹、布四十端〉

录事 〈各絁六匹、棉四十匹、布二十端〉

知乘船事、译语、请益生、主神、医师、阴阳师、画师 〈各絁五匹、棉四十匹、布十六端〉

史生、射生、船师、音声长、新罗奄美等译语、卜部、留学生学问生傔从 〈各絁四匹、棉二十匹、布十三端〉

杂使、音声生、玉生、锻生、细工生、船匠、柂师 〈各絁三匹、棉十五匹、布八端〉

傔人、挟杪 〈各絁二匹、棉十二匹、布四端〉

留学生、学问僧 〈各絁四十匹、棉一百匹、布八十端〉

还学僧 〈絁二十匹、棉六十匹、布四十端。已上布各三分之一给上總布〉

水手长 〈絁一匹、棉四匹、布二端〉

水手 〈各棉四屯、布二端〉[①]

虽有数量上的差异，但是遣唐使团全员都获得了同种物品。这是因为"絁""棉"和"布"均能用于遣唐使各种开销，在唐土可作为通货使用。

《延喜式》在"入唐大使"一段后又有"入渤海使"和"入新罗使"，均记录了向使节团全员发放"絁""棉"和"布"的数量。此处的"絁""棉"和"布"本是日本的调，也可以看成是包括唐、新罗、渤海在内的东亚区域流通货币。

我们通过上文清单发现，向留学生和学问僧发放布帛的量较多，相当于副使级。

---

① 后记"别赐"品目，本文从简略去。

据此可以推断，这些物品中包含了用于类似于新罗遣唐使购书所用"购书银"之物。

十、从布帛到黄金

《延喜式》（大藏省·诸使给发·入诸藩使给法）所定的拨发旅费之法，即向遣唐使发放作为国际货币的布帛之法是何时出现，又是何时消失的呢？

首先我们思考一下出现的时期。

东野治之在论述这种制度出现时期时，推测其"大致定型于天平宝字末年"[1]，即公元757—758年之间。不过，笔者对此不能完全认同。虽无直接证据，但是由于旅费清单中不含砂金，所以可能这一规定出现时间早于陆奥产金，其前身甚至可追溯到养老元年（717年）的第九次遣唐使，其时"四船制度"成型，且开始实行分为大使、副使、判官、录事等的四等官制度。

幸运的是，养老年间的遣唐使记录留在了中国史书《旧唐书·日本传》中，内容如下：

> 开元初，又遣使来朝。因请儒士授经书，诏四门助教赵玄默，就鸿胪寺教之，乃遣玄默阔幅布，以为束修之礼。题云"白龟元年调布"。人亦疑其伪。[2]

"开元初"即开元五年（717年），相当于日本的养老元年。"白龟元年"若为"灵龟元年"的笔误，则相当于开元三年（715年）。我们可以合理推测，发放给遣唐使的旅费为他们接到任命年份（灵龟二年）前一年的"调布"，这些布能够作为"束修"使用。末尾"人亦疑其伪"大概是说，唐朝官员此前没有经历过类似日本使节以布帛抵学费的事情。这件事恐怕从侧面体现了《延喜式》"入诸藩使给法"实行初期的情况。

接下来我们探讨一下可能的消失时期。

前文提到，日本的黄金出口除了宝龟七年（776年）下赐藤原清河以及翌年（777年）赠送渤海使的特例之外，整个8世纪再无相关记录。黄金作为固定的国际货币出现后，国际货币为布帛所垄断的时期宣告结束。这一变化发生于9世纪初。

日本延历二十年（801年）八月十日，朝廷发布第十八次遣唐使人事任命，以

---

① 東野治之：「『延喜式』に見える遣外使節の構成」，『遣唐使と正倉院』，第57页。

② 《旧唐书》，第5341页。

藤原葛野麻吕为大使，石川道益为副使。三年后遣唐使正式出航时，《日本后纪》卷十二·延历二十三年（804 年）三月五日条只简略记载"遣唐使拜朝"，而据《日本纪略》同日条记载，天皇赐大使金二百两、副使金一百五十两。这次对遣唐使的赐予，颠覆了《延喜式》所规定的传统条式，开启以砂金代替布帛作为遣唐使旅费的先例。

最澄作为还学生随此次使节团入唐，到了明州后不久便前往天台山，最终于九月二十六日到达台州。他在此与当地僧俗唱和，在台州司马吴顗的《送最澄上人还日本国序》中，有与黄金相关的部分：

> 日本沙门最澄，（中略）闻中国故大师智顗，传如来心印于天台山。遂赍黄金涉巨海，（中略）臻于海郡。谒大守陆公，献金十五两（中略）。陆公（中略）返金于师。师译言，请货金贸纸，用书天台止观。陆公从之，乃命大师门人之裔哲曰道邃，集工写之，逾月而毕。

最澄拜谒台州刺史陆淳，献上十五两黄金以及其他礼物，陆淳并没有接受。最澄随即请求"货金贸纸"——用砂金购买纸张——用于抄写天台止观，于是道邃便集合了一些书手写经。这或许是日本黄金最早用作写经经费的事例。特别是"遂赍黄金涉巨海"一句，体现了"黄金日本"带给唐人的深刻印象。

我们并不清楚最澄是通过什么渠道获得了随身携带的黄金。一种可能性是，同大使和副使一样，这些黄金是朝廷发给的部分旅费。

进入 9 世纪后，东亚世界在许多方面发生了变化。从在华流通货币形态方面看，布帛垄断的时代逐渐落下帷幕，新罗遣唐使"买书银"和日本遣唐使"买书金"所象征的贵金属货币并行时代到来了。

实际上，在最后一次遣唐使即承和期的使节团出发前，仁明天皇于承和三年（836年）正月二十五日对陆奥国下诏，"令采得砂金，其数倍常，能助唐之资也"。随后，四月二十四日向遣唐使赐物，大使藤原常嗣得"砂金二百两"，副使小野朝臣篁得"砂金百两"。

最后的遣唐使节所携带的砂金也许就是虾夷叛乱平复后，得以恢复开采的陆奥国所产黄金。入唐僧圆仁也在这次使团中，他的日记《入唐求法巡礼记》中记载了大量日本砂金和购买书籍的事例。

（译者：徐仕佳）

古代日本的文化受容与世界观

○ ［日］吉川真司　京都大学

一、序言

本文想要探讨的内容是古代日本开始全面接受大陆文化，并在此基础上构建古典日本文化的历史进程，为此，本报告选择了与文化受容有密切关系的古代日本的世界观作为考察的对象。奈良时代后期至平安时代前期在日本形成了两个不同世界观，即"和汉思想"与"三国思想"，本报告将以这两者为中心展开讨论。

古代的日本（倭）在公元1世纪开始与中国大陆进行接触，3世纪的卑弥呼与5世纪的倭五王先后接受了中国皇帝的册封。然而相较于中国，在这一时期与日本有着更为密切的政治、文化关系的是朝鲜半岛诸国，到7世纪为止，倭从朝鲜诸国获取了数不胜数的文物、思想与技术，人口的移动与交流也十分兴盛，半岛系的渡来人在文化上的贡献极为重大。到隋唐统一中国之后，日本（倭）成为朝贡国，开始了对中国文化的直接受容。本报告要讨论的是这一时代开始以后的历史。面对中国压倒性的政治力与文化力，隔海相望的日本是如何应对的，这又怎样联动到国际秩序的变化上，以及对朝鲜半岛，日本的认识又产生了怎样的变化？本文将针对这些问题，对研究史进行总结并提出相应的观点。

二、国风文化与中国文化

"国风文化"被视为日本古典文化的典型，10 世纪后半叶至 11 世纪中叶的后期摄关政治时期，文学、美术、宗教，以及衣食住行的各方面，都产生了与前代不同的文化，对以后的日本文化产生了深远的影响。这一文化被统称为"国风文化"，是基于如下的理解：以 9 世纪为唐风文化的全盛期，与此相对以遣唐使的停止（894 年）与唐王朝的灭亡（907 年）为标志，中国大陆对日本的影响逐渐衰退，日本开始产生其独有的文化。这是传统的国风文化论的理解。

然而在 1990 年以后，学界对这一传统认识提出了批判，其代表者榎本淳一指出，在这一时期，由于宋海商的活动，就中国文物的输入量而言，比起遣唐使时代不但没有减少，反而有了极大的增加，因此中国文化能够被更为广阔的阶层所接触到，其结果则是这一时期的日本文化出现的变化。榎本说的核心理解是国风文化本质上是中国文化的延续，只是在表面上改披了一层日本文化的外衣。[①] 此外，河添房江从"东亚世界"的视点上提出了对国风文化论的检讨，也将国风文化视为唐风文化经过洗练后一般化的产物。此外，河添强调，正如这一时代将中国文物称为"唐物"被尊崇一样，国风文化是一个没有唐物就无法成立的充满国际色彩的文化。[②] "与中国文化和国际关系密不可分的国风文化"这样的论点，这些年来逐渐得到强化，至今已有翔实的研究材料。[③]

新的国风文化论在否定旧来的国风文化论中"国风文化是日本在相对封闭的环境下独自形成的日本独特的文化"这一定说上有重要意义，这一点不言自明。在国风文化的时代，日本文化的要素（和）与中国文化的要素（汉）并存这是不容否认的事实，由于海商与僧侣的活动，宋的文物与思想得以传入并发挥了一定的影响力，这一点也是事实，国风文化并非是一个能够仅完结于日本内部的单纯由（和）构成的文化。然而，个人认为，新的国风文化论还有以下两个问题。

第一是由于对汉文化的过分重视，使得对于和文化没有做出其应有的评价。新国风文化论的论点集中在中国文化的消化度与中国文物的输入量等问题上，对于为何国风文化会出现在 10 世纪后期这一历史时期，以及国风文化为何会作为古典文化

---

① 榎本淳一：『唐王朝と古代日本』，東京：吉川弘文館，2008 年。
② 河添房江：『源氏物語时空論』，東京大学出版会，2005 年。
③ 西本昌弘：「『唐風文化』から『国風文化』へ」，『岩波講座日本歴史 5』，東京：岩波書店，2015 年。

的代表对后世产生持续性的影响等问题上没能给出明确的解答。假名的完成及假名作为书写媒介的普及，以及以平面性、安稳性与纤细性为特征的"日本的美"①的产生，这些事实仅以中国文化的传入难以作为解释；相反，10世纪的日本经历了怎样的政治、社会的变迁，这如何与"和"的文化要素相结合，这些问题必须得到解答。换言之，我们有必要明确"和"文化的要素作为与"汉"文化相对立的产物而诞生，并一直传播到后世的日本国内的原因与经过。②

第二个问题点在于目前的新国风文化论只重视"物"（物品、书籍）的输入，而忽视了能够带来更深层面的文化交流的人（尤其是知识分子与技术工人）的移动与交流。在前近代时期，对于与中国大陆、朝鲜半岛隔海相望的日本来说，通过人的移动与交流而实现的"直接的文化交流"是十分困难的。在国风文化期，除了少数能够往来中国大陆与日本的僧侣之外，这一点也是一样的。然而在此之前的遣唐使的时代则完全不同，日本与唐王朝维持着国交，由于得到了唐王朝与日本双方面的支援，相对而言比较高密度的人口交流得以实现，学问、思想、技术、生活样式能够作为直接经验传入日本。③考虑到这样的"直接的文化交流"的中断，遣唐使的废止自然造成了非常重要的影响。最后的遣唐使在承和六年（839年）年归国，"和"文化的成长壮大正是这之后的事情。

如前所述，目前的新国风文化论在国内与国际两方面都还存在问题。由全盘接受中国文化到国风文化的形成，现在的研究正走到重新考虑这一历史过程与其意义的这一步上。

三、和汉思想的形成

国风文化中包含"和"与"汉"两方面的要素，这是所有讨论的前提；而将所有的文化现象以"和"或"汉"的标签分门别类，这一态度则基于当时日本以"内部＝日本"和"外部＝中国"的二分认识对世界进行定义的思想。本报告将这一国风文化的基本世界观称为"和汉思想"，并简论其形成过程。

---

① 千野香織：『岩波日本美術の流れ3：10–13世紀の美術　王朝美の世界』，東京：岩波書店，1993年。

② 吉川真司：「摂関政治と国風文化」，京都大学大学院文学研究科編『世界の中の「源氏物語」』，京都：臨川書店，2010年。

③ 吉川真司：「天平文化論」，『岩波講座日本歴史3』，東京：岩波書店，2014年。

我们应当先确认一点，"和"与"汉"绝不是同质的，据千野香织的研究，平安时代确立了"和"与"汉"（千野将其表述为"和"与"唐"）的两项对立的文化符号，"和"的文化特质是私的、女性的，而"汉"的文化特质则是公的、男性的记号，这两者之间的区别通过和歌与汉诗、假名（女手）与汉字（男手）、大和绘与唐绘之间的对比，一目了然。①

本报告将遵循这一观点所指出的方向，追寻"由中国文化的全面受容到国风文化的形成"这一历史过程。私见认为，日本古代最倾心于中国文化的年代是8世纪中叶的四字年号时代（749—770年）至9世纪中叶的承和（834—848年）之间的近百年，而其基础就是以遣唐使为代表的人的移动与交流。首先我们关注于735年归国的吉备真备，他经历了18年的留学生活，带回了文史、礼乐与兵法的最新知识。由于他带回了大量的书籍与器物因此在研究史上受到了关注，然而更重要的是能够实际运用并教导这些知识的吉备真备本人的归国。这一时期唐人袁晋卿、皇甫东朝也东渡而来，将唐乐与音韵传入日本，由这群人的活动而带来的"文化的直接受容"是这百年间唐风文化高扬的出发点。此后的宝龟、延历、承和年间的遣唐使也持续地移植唐的文史与音乐等文化知识，其结果则是纪传道的兴盛、文章经国思想的高扬以及服制、仪礼的唐风化。② 在9世纪前半敕撰汉诗文集《凌云集》《文华秀丽集》《经国集》也正是唐风文化全盛期的代表。在这一时期，中国文化是由人直接传来的，全面、现实而可模仿的文化。

承和年间是唐风文化的全盛期，被后世视为"承和的圣代"而备受憧憬，而在这一唐风文化全盛的时代洪流之下，则隐藏着国风文化的胎动。③ 由于长久以来对中国文化的倾倒，作为其反动，形成了重新评价文化中"日本独有部分"的意识，而这一意识则由于遣唐使的中断，也就是"文化的直接受容"的衰退使得这一意识得到了高速的成长。在此特别需要注意的是和歌与和语的地位上升。在公元849年仁明天皇的算贺之仪上，兴福寺僧献上了长歌，这一长歌值得重视的一点是其回顾了日本的历史与风土人情，另一点则是不以"唐朝之词"而是以"我国原本之词"所诵，这两者都强调了日本的传统性。同样的，在《日本书纪》的讲读中也能看出这一特性，在9世纪初至10世纪中叶为止的六次讲书，原本是根据纪传道的精神进行的重

---

① 千野香織：「日本美術のジェンダー」，『美術史』43-2，1994年。
② 前揭西本昌弘：「『唐風文化』から『国風文化』へ」。
③ 吉川真司：『日本の時代史4　平安京』，東京：吉川弘文館，2002年。

视史学与文学的讲读，而逐渐地开始倾向于重视古语与和语的训读，在 9 世纪后半的元庆年间，则开始了在讲读结束后的宴会上咏和歌的传统。[①] 接下来的公元 905 年，诞生了日本最初的敕撰和歌集《古今和歌集》，将假名序（和文）置于卷首、真名序（汉文）置于卷末，论证和歌的历史以及和歌与汉诗的关系。由此，在文学的世界内"和"的要素逐渐明确，汉诗文知识仍然构成贵族教育的基础部分，然而更为重要的是，此时"和"是与"汉"相对的文化要素的意识逐渐确立，这一点在遣唐使停止、唐王朝灭亡之前的 9 世纪中叶就已经发生了。

和歌与和文受到重视，这一点与其书记媒介，也就是假名的广泛使用有着密不可分的关系。假名（平假名）是万叶假名的发展形态，根据现存史料，其成立时间可以确定于 9 世纪后半叶，这正与和歌与和文再兴的过程一致。此外，大和绘的兴盛也与和歌屏风的发展有着密切的联系，其最早的例子可以上溯到文德朝（850—858 年）期间。构成国风文化的各个"和"的要素，都是在 9 世纪后半的贵族社会中形成并得以成长，直到 10 世纪初期终于发展壮大到能够与"汉"比肩而立的地步。

《和名类聚抄》的完成（930 年前后）也可以在这一历史潮流中解释。源顺作为文人贵族，他更为关心的是"和名"，这由本书序文中提及的编纂目的也可见一斑，据源顺在序文中所言，本书与其说是为了汉诗文的"风月之兴"，不如说是为了解决"世俗之疑"而生的，"和"是世俗与日常性的代表，这正与国风文化中"汉＝公""和＝私"的对应关系相一致。此外，在 10 世纪以后，文人贵族们开始编纂以《日观集》《扶桑集》《本朝文粹》等冠有"日本""扶桑""本朝"文字的汉诗文集，这反映了时人强调日本特质的姿态。[②] 这一点研究史上称其为"本朝意识"，在将日本与中国相提并论这一特征上，可以视为国风文化的和汉并立意识与和汉思想的一个变形。如此，和汉思想与国风文化同时成长，成为国风文化的基础世界观。

然而到了 10 世纪以后，"汉"成为日本无法通过直观经验感受与理解的现实存在，这是由于日本开始采取孤立的外交政策，贵族官人的"直接的文化受容"越来越难以实现的缘故。同时由于国内贵族社会的体系化，女性的文字（假名）文化作为这一贵族社会的媒介发挥了重要的作用，由此带来了王朝文学的兴盛。[③] 由此，"汉"文化作为贵族社会的"正式、非日常、规范"的部分发挥作用的同时，"和"文化也

① 関晃：「上代に於ける日本書紀講読の研究」，『史学雑誌』53-12，1942 年。
② 小原仁：『中世貴族社会と仏教』，東京：吉川弘文館，2007 年。
③ 吉川真司：『律令制官僚制の研究』，東京：塙書房，1998 年。

在贵族社会的"私人、日常、世俗"的场合迎来了其全盛时期。考虑到对外来品的爱好（在平安时期表现为对唐物的喜爱）不分时代的普遍性，我们不妨认为在国风文化时期，中国与中国文化在逐渐脱离现实，而作为规范与原理性质的东西，上升到观念的领域受到崇敬，这才是和汉思想的实际情况。

在最后要提及的是在国风文化中，将"高丽"视为"和"与"汉"的中间性质的研究。①平安时代的王朝文学中常见"高丽（こま）"文物与"高丽人"的存在，而"高丽人"则是渤海使的形象的投影。然而将朝鲜诸国合称为"高丽"的例子在8世纪中期就出现了，因此这一用语更可能是反映了与新罗和渤海的外交关系。到了9世纪，乐舞被编为"唐乐"与"高丽乐"两部，也是这一认识的延长。然而"高丽"的影响在音乐以外的其他文化上几乎微不足道，10世纪后半之后"高丽人"作为"异族人""不理解日本文化的人"的形象逐渐定型。由于和汉思想的展开，导致了此前作为日本人文化导师的朝鲜在日本的影响力逐渐衰亡，在和汉思想下应当如何定义"高丽"的历史意义，这还需要更多详细的考察。

四、三国思想的形成

和汉思想这一世界观是国风文化的根基，以及在和汉思想的表层下的实质是"中国文化的观念化"，这一点如前所述。然而在国风文化体系下还存在着另外的一种世界观，那就是将"天竺（印度）—震旦（中国）—日本"的三国视为世界主要构成要素的"三国思想"。②例如10世纪初的《竹取物语》中多次提及"天竺"，并将其作为"此国（日本）"与"唐"的对立存在；11世纪的《今昔物语集》则分为天竺、震旦与本朝三部，共收录了千余个说话故事。此后三国思想逐渐一般化、肥大化，直到室町幕府时期都是日本人的基础世界观。先从结论说起，三国思想的形成也是古代由于"文化的直接受容"所导致的，而且三国思想的形成在实际上起到了将中国与中国文化相对化的作用。

我们无法具体地知道古代日本人是从什么时候开始有天竺的概念的，但是由于佛教的传来，天竺作为佛教的诞生地开始为日本人所知这件事应该是毫无疑问的。

---

① 前揭河添房江：『源氏物語时空論』。
② 高木豊：『鎌倉仏教史研究』，東京：岩波書店，1982年。

在《日本书纪》中公元 552 年的佛教公传记事中，明确地写着佛教诞生于天竺，此后传入三韩（朝鲜），再经由百济传入日本（倭）。以"天竺—三韩—倭"为佛教东传的道路的认知很可能来自百济人，而这在此后也成为日本人的基本认识。在这一时期我们还看不到"三国思想"的痕迹。

转变产生于 8 世纪中叶。吉备真备归国的前后，天竺僧菩提仙那与唐僧道璿先后来日，这与十多年后的鉴真东渡一起，成了诱发这一转变的契机。[①] 在 752 年东大寺的大佛开眼法会上，菩提仙那担任开眼师，道璿则担任了咒愿师。圣武太上天皇以下的文武百官以及多达万人的僧尼目睹了天竺人菩提仙那特异的容貌，耳闻了道璿的汉音。在国家性的大法会上由来自天竺和唐朝的僧人担任核心职务，这一点可以说是空前绝后的，"天竺—震旦—日本"这一"佛法东归"的观念毫无疑问给参会者留下了深刻的印象；而公元 754 年，鉴真在大佛殿前庭为圣武太上天皇授菩萨戒一事也同样重要。在光明皇太后献给大佛的宝物目录"国家珍宝帐"中，专门提及天竺的菩提仙那远涉流沙、震旦的鉴真远渡沧海而来，这可以视为是三国思想的萌芽。与此相对的，在《东大寺要录》的开眼会记事中完全不见朝鲜僧与朝鲜留学僧的名字，三韩的历史地位在此被舍弃了。

对天竺的认识也逐渐深化。东大寺的大佛莲瓣与二月堂本尊光背上描绘了以须弥山为中心的世界图，由此可看到以圣地天竺位于南赡部洲中心的佛教世界观。7 世纪的倭国也曾制作过须弥山像，然而 8 世纪的须弥山像具有 7 世纪所无法比拟的具体性。此外，菩提仙那以梵语教授日本僧人陀罗尼，鉴真带来日本的物品中有仿阿育王塔所制的金铜塔等大量由天竺传来之物。现实的天竺与唐朝僧侣来到日本，一方面将有关天竺的知识带来了日本，另一方面则有大量的僧侣接受他们的指导，从他们身上获取知识。由于 8 世纪的国际关系使得"文化的直接受容"成为可能，由此使得古代日本产生了三国思想的萌芽，并在观念上开始了中国的相对化与对朝鲜的舍弃。

日本的佛教学由于留学僧与渡来僧的作用，在 8 世纪中期开始迎来发展期，并在 9 世纪初迎来了最高潮。菩提仙那和鉴真带来的冲击性的体验以及佛教理解的深化，使得三国思想与崇敬天竺的观念以及以须弥山为中心的世界观成为日本佛教的共通理念。

---

① 前揭吉川真司：「天平文化論」。

空海与最澄正是其代表。空海将正统密教传入了日本，由于密教与天竺的紧密关系，空海十分注重梵字的学习。此后他带回了大量的汉译经典及梵语经典，并断言为了回归佛教的本源，梵语的学习是必不可缺的。"天竺—震旦—日本"这一佛法东渐的观念，对于受到导师惠果与般若的委托回到日本传法的空海而言，毫无疑问是不言自明的观念。最澄也同样在学习天台宗的同时兼习密教，并带回了各种梵字与梵汉文的经典，在他的著述中也随处可见对天竺与唐的描述，在《显戒论》《守护国界章》《法华秀句》中他多次将天竺与唐作为比较的对象，论及了日本的存在方式；在《内证佛法相承血脉谱》中，则首次将"天竺—震旦—日本"并称为"三国"，并揭示了这一传法的系谱。

这一点在南都佛教也是一样的。翻看 9 世纪前半叶的天长六宗的主要典籍我们会发现，护命的《大乘法相研神章》中简述了诞生于天竺与震旦的佛教流传至日本的历史，并将日本视为须弥山世纪中的南赡部洲的遮末罗洲；丰安的《戒律传来记》中虽然提及了"佛传西域""凡圣传汉""百济传倭""唐传日本"的流通途径，对于百济向日本传法部分的记载却十分简略，评价也并不高，戒律传入日本的主流是"天竺—震旦—日本"，而这正是南赡部洲内佛教的流传过程。玄叡《大乘三论大义抄》也通过与天竺、震旦的佛教相对比，讲述了"经本东流"的日本佛教的情况，同时也可见试图在须弥山世界中定位日本的态度。须弥山世界观与佛教在天竺诞生、在震旦展开的这一认识可以说十分普遍。重要的是在这一思想中加上日本，想定"三国"的存在，并由此产生舍弃和轻视朝鲜的态度，这一思考可以说是当时的学界所共有的。

9 世纪前半叶的日本，三国思想与崇敬天竺的思想以及须弥山世界观逐渐成为佛教界的共通意识，也对有机会接触到的贵族官人们产生了影响，这一点毫无疑问。然而三国思想毕竟只是佛教的世界观，以及虽然通过以天竺为中心从而在观念上实现了中国的相对化，但是中国相对于日本处于优势地位，这是三国思想的大前提。

然而到了 9 世纪后半叶，天台僧安然提出了特殊的观点，他认为三国的诸宗都随着时代的发展而有所兴废，而只有日本九宗齐全（《教时净》），不同于天竺与大唐，只有日本理解了成佛的概念（《菩提心义抄》）等将日本置于天竺与震旦之上的言论（末木 1993）。安然是入唐僧圆仁的弟子，从圆仁处获传天台密教与悉昙学，他对于天竺与中国的认识自然很深刻，这样的人会产生日本位于三国顶峰的三国思想，其中或许也有圆仁在唐朝遭遇到会昌废佛的因素，然而更重要的恐怕还是 9 世纪后半叶思想与文化的趋势所致吧。无论如何，在 9 世纪后半叶出现了将优劣关系完全逆转的三国思想，这一点十分重要，这一想法在 10 世纪后半叶被源为宪的《三宝绘词》所继承，而在院政期以后，随着国际形势的变化[1]与神祇信仰的变革[2]，产生了各种各样的中世社会的变奏形态。[3]

如前所述，三国思想是这样一种产生于 8—9 世纪的以佛教为基础的世界观。如果关注它在中世产生的各种变体，我们很容易错失它的本质，然而将其视为起源于国风文化期前的"文化的直接受容"的现象这一点毫无问题，它和前述的和汉思想可以说是同源的世界观，在对朝鲜的舍弃这一点上也是一致的。然而和汉思想与三国思想原本是不同的东西，和汉思想产生于贵族社会，三国思想则产生于寺院社会；象征前者的文字是假名，后者则是梵字；在和汉思想中出现的是"中国文化的观念化"，而在三国思想中出现的则是"中国文化的相对化"。这两个世界观有着相似的成长过程，由于贵族社会与寺院社会的密切交流因而时有重复、时有折中，同时构筑了国风文化的基础观念。

五、承和的转换

本节将以时间顺序整理到目前为止的论点，并加以若干补足。

直到 6 世纪为止，倭国与朝鲜诸国维持着密切的关系，从朝鲜诸国获得了先进的文化。进入 7 世纪，随着遣隋使与遣唐使的派遣，开始了对中国文化的直接受容，以 645 年的大化改新为标志，文化的直接受容开始步入正轨。须弥山世界观和"西域""东土"的认识也是这一前后出现的（《续日本纪》道昭传）。然而文化的直接受容在 8 世纪中期开始真正深化，其决定性的原因是在唐朝积累了长年学习经验的留学生与留学僧的归国，以及唐人与天竺人的渡来所带来的影响。如此全面地埋头于引进中国文化的时间，换言之也就是唐风文化的全盛期持续了约百年，在此期间三国思想逐渐成为佛教界的普遍思想。而和汉思想在这一时期虽然还只潜藏在水面之下，然而例如"高丽"这一针对朝鲜半岛的总称开始出现一样，日本对朝鲜的认识也开始出现了变化。此后到了 9 世纪后半期，日本开始重视其独立性，"文化的直接受容"的终止则给这一倾向提供了强有力的助推，和汉思想的形成与三国中日本处

---

① 上川通夫：『日本中世仏教形成史論』，東京：校倉書房，2007 年。

② 上島享：『日本中世社会の形成と王権』，名古屋：名古屋大学出版会，2010 年。

③ 前田雅之：『古典論考』，東京：新典社，2014 年。

于优势地位的主张开始出现。国风文化就这样逐渐形成，而其作为文化整体成形的时间大致在 10 世纪的后半，一直被后世所重视的古典文化在这时成立，其在思想上的表现则是中国的观念化与相对化，以及对朝鲜的轻视与舍弃，由此，迎来了国风文化的全盛时代。

经过这一概观整理，从中国文化的全面受容到国风文化的形成这一转换期中，最需要重视的时期是 9 世纪中叶这一点想必已经很明确了。我很早就开始主张在考虑日本古代律令体制历史的时候应当重视正好位于这一时间点上的"承和转换"①，文化的变容也是其重要的一环。文化与世界观很少自主发生变动，其变化多是与政治或是社会的运动相共振的结果，"承和转换"也是如此。以王权为中心的安定秩序逐渐崩溃，贵族联合体制的前期摄关政治成立；贵族们的家政机关与在列岛各地成长壮大的在地豪族势力相结合，确立起地域社会的新秩序。由此以官僚制与公民制为两大支柱的律令体制开始崩溃解体，以分权化为基础的政治体制开始形成。这最终以"初期权门体制"的形式确立下来是在后期摄关政治以及受领制成立的 10 世纪后半期的事情，国风文化的形成与确立的过程，也是与这一政治过程与社会变化相联动的。

然而 9 世纪中叶开始发生政治变动的地域不仅限于日本列岛，而是在整个欧亚大陆东部都发生了巨大的变化。"唐—突厥—吐蕃"的三极政治构造，因为 7 世纪后半期成立的突厥第二可汗国在 840 年前后解体而崩溃；突厥与吐蕃的王权几乎同时瓦解，不久之后唐王朝的内乱也逐渐加深。这或许也可说是以汉字及汉传佛教为中心的唐文化、以突厥文字与摩尼教为中心的突厥文化，以及以藏文与印度佛教为中心的吐蕃文化的文化上的三极构造的崩溃与分散。这一变动与分权的历史潮流最终持续到 10 世纪，唐、渤海、新罗与南诏灭亡，被新王朝所取代；中国最终确立辽宋并立的秩序也是在 10 世纪后半期。南北两王朝同时继承了唐文化的遗产，形成了与新的国际秩序及国内情况相适应的文化。

国风文化的形成发生在遣唐使停止、唐王朝灭亡前的 9 世纪中叶，这一点是本文反复强调的内容。将视野推广到整个欧亚大陆的话，或许国风文化的形成也可以视为整个欧亚大陆东部的政治文化秩序变动与分权化进程的一部分从而对国风文化加以评价。"文化的直接受容"的衰退在这一大背景下发生，和汉思想以及日本占据优势地位的三国思想也绝不会与这一国际秩序的变化无关。而且与国风文化的形成

---

① 前揭吉川真司：『平安京』。同「律令体制の展開と列島社会」，『列島の古代史 8』，東京：岩波書店，2008 年。

有密切关联的古代政治与社会的变化，也正是与整个欧亚大陆东部一样，以分权化为其基本特征。由这一观点出发，想必可以更为具体且多角度地对日本古代文化受容问题加以检证。

这一时代中"唐物"也经由海商陆续传入日本，然而如果说是"唐物"的传入导致了国风文化的形成，这一点我无论如何也难以相信。

六、结语

本文讨论的内容是古代日本的中国文化受容以及其变化，将论点集中于和汉思想与三国思想，是因为这两思想虽然是国风文化的理念基础，关于其形成过程的研究却还很不充分。

强调伴随遣唐使活动而生的人的往来，以及由人的往来造成的"文化的直接受容"的重要性，我知道这不过是非常常识性的议论；我觉得奇怪的不如说是现在广为流传的很多学说不能理解这一基本常识。此外，关于 9 世纪中期的文化变容，我的观点也可说是对"由遣唐使的废止而导致的国风文化的形成"这一旧有观点时隔半世纪的修正。然而由此我们打开了一条在欧亚大陆东部地区的历史变动中重新再评价日本的文化变容的道路，希望今后能够有更多的分析与实证来验证这一观点。

文末最后列举两个无法省略的论点，作为今后研究的检讨课题。

第一是中国文化受容的比较史研究。尤其需要注意的是与同属汉字文化圈的新罗与渤海的比较。新罗的史料相对比较丰富，考虑到新罗也接受过唐王朝的册封，似乎可以说在对中国文化的接纳上新罗比起日本要更近一步。在佛教方面，元晓的教学对于法藏的华严宗大成有很大帮助，圆测和景法师为唐代唯识学的发展做出了巨大贡献[1]等，在中国佛教发展史上留下自己名字的新罗僧侣层出不穷，这与一边倒地接受唐文化的日本是完全不同的。此外以慧超为代表，前往天竺学习佛教的新罗僧人也有许多名，这也与完全没有往返天竺经验的日本大相径庭。那么在这一基础上，新罗又形成了怎样的世界观呢？《三国遗事》中能够看到新罗自视为佛国土的记载，然而像日本一样的三国思想，又或者是以中国、朝鲜相对的思想是否存在呢？以崔致远等文人贵族的意识为代表，通过比较史的手段考虑新罗对中国文化的受容形态

---

① 佐藤厚：「統一新羅時代の仏教」，『新アジア仏教史 10』，佼成出版社，2010 年。

与其变化过程，想必是一个很有趣的课题。如果要对这一课题进行考察，就有必要从文学、语音、音乐、美术、生活方式等各方面进行全方位的探讨。

第二是中国的华夷思想的问题。这次的报告中避开了这一问题，但是古代日本的世界观受到华夷思想的影响可以说是众所周知的事情，这是一种将自己视为"中华"并位居周围的"蕃国"和"夷狄"的上位的政治性世界观。这一世界观随着8—10世纪的国际关系的变化以及和汉思想与三国思想的形成，又产生了怎样的变化呢？华夷思想与日本国内的氏族编成相联动，9世纪初期的《新撰姓氏录》将日本旧来的氏族根据"神别"与"皇别"进行分类，而将"大汉与三韩之族"分类在了"诸蕃"之下。然而在《新撰姓氏录》成书之前，曾有一部名为《倭汉总历帝谱图》的氏族系谱，如其名所示，这是一个"倭汉"诸氏族共同奉天御中主为祖神的系谱，在这里的"汉"与华夷思想下的"诸蕃"统一，包含着中国与朝鲜。这一认识经历了怎样的过程才最终与国风文化的和汉思想合流呢？这个问题其实与雅乐的两部编成以及"高丽"的称呼问题也有关联性，虽然很复杂，却也并非没有柔性地解答这一问题的可能性。

虽然还留有许多课题，但我的报告到此结束，谨盼诸位的批判与指点。

（译者：梁晓弈）

从七世纪东亚的局势看上宫王家灭亡事件

○ ［韩］李在硕　汉城大学

一、序言

据《日本书纪》记载，皇极天皇二年（643 年）十一月，在当时握有实权的苏我入鹿消灭了包括山背大兄王在内的上宫王家一族。众所周知，山背大兄王是圣德太子的儿子，他在斑鸠之地建起斑鸠宫、法隆寺等建筑，权倾当地，将山背大兄王称作当时倭国的顶级名门也绝非夸张。然而，这一王家却被苏我大臣家灭门，这一事件一般被称为"上宫王家灭亡事件"。两年后苏我大臣家的灭亡通常被称为"乙巳之变"，为求一致，不妨将王家灭门事件称为"癸卯之变"。

一直以来，学界对"癸卯之变"的观点大致分为两种，一种是将其视为"王位继承问题"，另一种是将其看作"与东亚国际局势紧密相关的问题"。① 严格地说，这两种论点并非没有关联，而是联系极为紧密的问题，详细内容后文会作专门阐述。简单而言，在当时，与东亚的政治局势变动相联动，倭国也出现了"集中权力"的倾向，为此苏我氏在王位继承问题上，通过压制强有力的王族甚至王家，以达到维持自身大权的目的。权力集中的必要性来源于"与东亚国际局势紧密相关的问题"，而必须驱逐某个特定的王家则与"王位继承问题"直接相关。

---

① 《日本书纪》正是将这一问题当作王位继承问题进行记述的。門脇禎二：「上宫王家滅亡事件」（『「大化改新」史論上卷』，京都：思文閣出版，1991 年）也持同样观点。

笔者想了解的是，上宫王家在哪一领域不符合苏我大臣家的意愿，以至于成为被排除的对象。毕竟从血统的角度而言，上宫王家不存在被苏我大臣家排除的理由。[①]如果苏我家排斥上宫王家的理由与当时东亚的国际局势存在关联的话，我们就有必要说明上宫王家究竟在什么地方成为苏我大臣家的"问题"。然而，前辈学者的研究并没有对此问题给予充分的说明。由于苏我大臣家支持古人大兄皇子[②]，因此必须排除上宫王家的理论不过是站在苏我氏的立场上推理出的"上宫王家排除论"，并没有指出原因所在。

在与东亚国际局势的关联中思考苏我氏和上宫王家的联结点，可以使上宫王家灭亡事件在七世纪东亚史中的政治意义更加明晰，特别是这一事件为何发生在643年等问题，恐怕必须要在东亚局势论的视角下方能找到答案。

二、相关史料和诸论点

记载上宫王家灭亡事件的史料如下：

【史料1】《日本书纪》皇极天皇二年（十月）戊午条。

> 蘇我臣入鹿獨謀將廢上宫王等而立古人大兄爲天皇。于時。有童謠曰。伊波能杯儞。古佐·渠梅野俱。渠梅多儞母。多礙底騰裒囉栖。歌麻之之能烏臘。（蘇我臣入鹿深忌上宫王等威名振於天下獨謨僭立。）[③]

【史料2】《日本书纪》皇极天皇二年（十一月）丙子朔条。

> 蘇我臣入鹿遣小德巨勢德太臣。大仁土師娑婆連掩山背大兄王等於斑鳩。〈或本云。以巨勢德太臣。倭馬飼首爲將軍〉於是。奴三成與數十舍人出而拒戰。土師娑婆連中箭而死。軍衆恐退。軍中之人相謂之曰。一人當千謂三成歟。山背大兄仍取馬骨投置內寢。遂率其妃幷子弟等。得間逃出。隱贍駒山。三輪文屋君。舍人田目連及其女菟田諸石。伊勢阿部堅經從焉。巨勢德太臣等燒斑鳩宮。灰中見骨。誤謂王死。解圍退去。由是山背大兄

---

① 圣德太子的父亲是苏我坚盐媛所生的用命天皇，母亲是苏我小姐君所生的穴穗部间人皇女，父母都是苏我氏人。山背大兄王的母亲是苏我马子大臣的女儿刀自古郎女。

② 古人大兄皇子的父亲是舒明天皇，母亲是苏我马子大臣的女儿苏我法提郎女。

③ 『日本書紀 後編』，吉川弘文館，1974年，第199頁。

王等。四五日間淹留於山。不得喫飲。三輪文屋君進而勸曰。請移向於深草屯倉。從茲乘馬。詣東國。以乳部爲本。興師還戰。其勝必矣。山背大兄王等對曰。如卿所噵。其勝必然。但吾情冀十年不役百姓。以一身之故豈煩勞萬民。又於後世不欲民言由吾之故喪己父母。豈其戰勝之後。方言丈夫哉。夫損身固國。不亦丈夫者歟。有人遙見上宮王等於山中。還噵蘇我臣入鹿。入鹿聞而大懼。速發軍旅。述王所在於高向臣國押曰。速可向山求捉彼王。國押報曰。僕守天皇宮不敢出外。入鹿卽將自往。于時。古人大兄皇子喘息而來問。向何處。入鹿具說所由。古人皇子曰。鼠伏穴而生。失穴而死。入鹿由是止行。遣軍將等求於膽駒。竟不能覓。於是。山背大兄王等自山還入斑鳩寺。軍將等卽以兵圍寺。於是山背大兄王使三輪文屋君謂軍將等曰。吾起兵伐入鹿者。其勝定之。然由一身之故不欲傷殘百姓。是以吾之一身賜於入鹿。終與子弟妃妾一時自經俱死也。于時五色幡蓋。種種伎樂。照灼於空臨垂於寺。众人仰觀稱嘆。遂指示於入鹿。其幡蓋等變爲黑雲。由是入鹿不能得見。蘇我大臣蝦夷聞山背大兄王等惣被亡於入鹿。而嗔罵曰。噫入鹿極甚愚癡。專行暴惡。儞之身命不亦殆乎。時人說前謠之應曰。[1]

【史料3】《上宫圣德法王帝说》

飛鳥天皇〈皇極天皇也〉御世，癸卯年十月十四日，蘇我豊浦毛人大臣兒入鹿，□□林太郎，坐於伊加留加宮，山代大兄及其昆弟等，合十五王子等，□□□□□悉滅之也。[2]

【史料4】《上宫圣德太子传补阙》

十一月十一日亥时，宗我林臣入鹿等，興軍燒滅宮室，王子王孫二十三王等，一時解尸，共昇蒼天。

——癸卯年十一月十一日丙戌亥时，宗我大臣，幷林臣入鹿，致奴王子兒名輕王，巨勢德太古臣，大臣大伴馬甘連公，中臣鹽屋枚夫等六人，發惡逆至計太子子孫，男女二十三王無罪被害。〈今見計名二十五人王〉[3]

---

① 『日本書紀 後編』，吉川弘文館，1974 年，第 199–201 頁。
② 塙保己一編：『群書類従』，第五輯，続群書類従完成会，1960 年，第 333 頁。
③ 塙保己一編：『群書類従』，第五輯，続群書類従完成会，1960 年，第 339 頁。

【史料5】《藤氏家传　上》

　　後崗本天皇（皇極）二年，歲次癸卯，冬十月，宗我入鹿与諸王子共謀，欲害上宫太子之男山背大兄等，曰，山背大兄，吾家所生，明德惟馨，聖化猶余，崗本天皇嗣位之时，諸臣云云，舅甥有隙，亦依誅境部臣摩理势。怨望已深，方今天子崩殂，皇后臨朝，心必不安，焉无亂乎，不忍外甥之親，以成國家之計，諸王然諾，但恐不從害及於身，所以共許也，以某月日，遂誅山背大兄於斑鳩之寺，識者傷之。①

【史料6】《圣德太子传历》

　　（皇極天皇二年）十一月，入鹿臣，獨遣小德巨势臣德太等，欲率兵殺山背大兄王等於斑鳩宫。於是，大兄王奴三成率數十人拒戰。出於萬死，鋒不可當。然而大兄王，即取獸骨，投置內寢。率子弟，從間道出，隱膽駒山。軍眾燒斑鳩宫，見于骨灰中，而皆謂王已死。解圍退去。大兄王謂左右曰，我以一身，豈煩萬民。不欲使言後世之人由吾故而喪父子兄弟。還斑鳩宫，遂與子弟等，自絞而死。于時，雲色變化，為五色幡蓋。種種妙樂，照灼於空，臨垂於寺。有人指示入鹿，則變為黑雲。大臣聞入鹿弒大兄王等，歎曰，我亡不久。

　　山背大兄王，殖粟王，茨田王。王次位，卒末呂王，菅手女王，春米女王，近代王，桑田女王，磯部女王，三枝王，三枝王末呂古王，馬屋女王，財王，日置王，片岡女王，白髮部王，手嶋女王。孫難波王，末呂女王，弓削王，佐保女王，佐佐王，三嶋女王，甲可王，尾張王等也。于時，王子等皆入山中。經六箇日，辛卯辰時，弓削王在斑鳩寺，大狛法師手弒此王。（后略）②

　　【史料1】记载，643年十月，苏我入鹿为了拥立古人大兄为天皇而私自策划消灭上宫王家的计谋，史料2则记载了事件的具体过程。同年十一月苏我入鹿以小德巨势德太臣、大仁土师婆婆连、倭马饲首等人为将军出兵斑鸠之地。为了与此对抗，上宫王家派出奴三成和数十名舍人出战，土师婆婆连中箭而死。山背大兄带着家人藏身于胆驹山，三轮文屋君、舍人田目连及其女菟田诸石、伊势阿部坚经等人也随

---

① 塙保己一编：『群書類従』，第五輯，続群書類従完成会，1960年，第342頁。
② 高楠順次郎他编：『聖德太子御伝叢書』，金尾文淵堂，1942年，第31頁。

之前往。巨势德太臣等人放火烧毁了斑鸠宫，在此发现了一些人骨，误以为是山背大兄王的尸骸，因此解除包围打道回府。

三轮文屋君建议山背大兄王先往深草屯仓，在此换乘马匹前往东国，如果能召集乳部的势力共同作战的话，则胜利指日可待。然而山背大兄王却说不能给百姓增添负担，拒绝了这一提案。而另一边，接到有目击者称山背大兄王依然生存这一消息的苏我入鹿命令高向臣国押领兵再次出击，但是国押以必须守卫王宫为借口拒绝参战。入鹿不得已只好自己亲自率军前往，却被古人大兄皇子出言挽留，最后还是派遣了其他将军出阵。此时，山背大兄王已经下山进入了斑鸠寺，因此当斑鸠寺被围之时，上宫王家一族全部自杀而亡。听到这一消息的苏我大臣虾夷对儿子入鹿的愚蠢恶行暴跳如雷，悔叹不已。

《日本书纪》所记载的事件经过大致如上所述。但是，其他史料中记载有《日本书纪》中没有的内容。【史料3】记载了被灭亡的王族共有15人，但【史料4】却写着23或25人。【史料6】中记载了这25人的姓名，其中弓削王没有一起逃到山中，而是在斑鸠寺被大狛法师杀死。此外，【史料4】中的记载与《日本书纪》不同，写到宗我大臣，林臣入鹿，轻王，巨势德太古臣，大伴马甘连公，中臣盐屋枚夫等六人参与了这一事件。【史料5】记载这一事件并非苏我入鹿的"独谋"，而是与诸王子共谋，然而一般认为诸王子的参与是出于恐惧，怕如果不遵从入鹿就会殃及其身。此外，【史料5】记载道：共谋阶段的状况是"现在天子刚刚驾崩、皇后临朝"。

整理上述史料的内容，可以总结出如下问题点：

1. 苏我大臣虾夷是否从一开始就参加了这一事件；

2. 这一事件是苏我臣入鹿的独谋，还是与诸王子的共谋；

3. "诸王子"中轻王（之后的孝德天皇）等人的参加是否属实。

首先考虑苏我大臣虾夷是否参加这一问题。对于灭亡强有力的王家这种极为敏感的事情，苏我臣入鹿几乎不可能不与父亲商量就自作主张、擅自行事。而且，【史料1】中记载苏我臣入鹿废黜上宫王家，拥立古人大兄为天皇，决定下任天皇的人选不可能是"独谋"可以完成的。此外，【史料2】记载苏我大臣虾夷批评入鹿的行为，将之称为"专行暴恶"，这一记载也缺乏可信性。虾夷之后"尔之身命不亦殆乎"的发言很可能是文书的作者借虾夷之口批判入鹿的行为，借此强调"乙巳之变"的正当性。

如果说《日本书纪》记载的苏我入鹿"独谋"并非事实的话，【史料4】《上宫圣德太子传补阙记》反映的很可能是事实。不可否认，《上宫圣德太子传补阙记》成书在《日本书纪》之后，有可能参考了成书较早的《日本书纪》和《藤氏家传》等文书。《藤氏家传》就此事的记载为"宗我入鹿与诸王子共谋"，对于独谋还是共谋这一问题，《藤氏家传》的记载比《日本书纪》更有可信性。远山美都男认为《藤氏家传》的上述内容（特别是"皇后临朝"与"诸王子共谋"）是藤原仲麻吕以光明皇太后临朝理政及橘奈良麻吕之变为模板的虚构创作，而《上宫圣德太子传补阙记》则是以这一创作为蓝本的再创作。① 对于苏我臣入鹿的"独谋"，远山美都男将其看作以大王（天皇）的命令为前提的大臣的一种工作方式，因此从结果上来讲"诸王子共谋"并非事实，实际上是苏我臣入鹿与皇极天皇两人的共谋。②

正如远山美都男所指出的那样，《藤氏家传》中记载有"皇后临朝"这一独特的状况。③ 然而，笔者很难赞同这全部是藤原仲麻吕的创作。"独谋"按照字面理解是"独自谋划"之意，从此推导出与皇极天皇的关系只可谓牵强附会。门胁祯二提出，《上宫圣德太子传补阙记》记载了有关调使和膳臣家记的内容，因此六位共谋者的姓名很可能出自这里。④ 此外，记载着"独谋"的《日本书纪》也提到了古人大兄、巨势德太臣、土师娑婆连、倭马饲首等人的协助，再加上前文所述，入鹿无疑曾与苏我大臣虾夷进行商谈，因此讨论是"独谋"还是"共谋"并无意义。

另一方面，上宫王家的灭亡往往被认为与下述两篇史料的内容存在关联。

【史料7】《日本书纪》皇极天皇二年冬（十月）丁未朔己酉条

　　饗賜群臣伴造於朝堂庭。而議授位之事。遂詔國司如前所勅。更無改換。宜之厥任慎爾所治。⑤

【史料8】《日本书纪》皇极天皇二年（十月）壬子条。

　　蘇我大臣蝦夷、緣病不朝。私授紫冠於子入鹿。擬大臣位。復呼其弟

---

① 遠山美都男：『蘇我氏四代』，京都：ミネルブア書房，2006，第243-248頁。
② 遠山美都男：『蘇我氏四代』，第243-248頁，第249-250頁。但是遠山之前的作品『大化改新』（中公新書，東京：中央公論社，1993年，第209頁）認同了諸王子共謀一說。
③ 門脇禎二對這一表現持肯定態度，當時皇極天皇尚未繼位。參考門脇禎二：「上宮王家滅亡事件」，『「大化改新」史論上卷』，京都：思文閣出版，1991年，第130-131頁。
④ 門脇禎二：「上宮王家滅亡事件」，『「大化改新」史論上卷』，第159頁。
⑤ 『日本書紀 後編』，第198頁。

日物部大臣。大臣之祖母物部弓削大连之妹。故因母财取威於世。①

有关【史料7】中提到的"授位之事"，在朝廷上群臣、伴造们曾进行讨论，三天后，如【史料8】所记载，苏我大臣虾夷称病不上朝，私自将紫冠授予自己的儿子入鹿，将大臣职位委任给了儿子。如此一来，上宫王家灭亡事件是苏我臣入鹿接受紫冠、行使大臣职务后立即发生的事件。苏我臣入鹿为何如此急于灭亡上宫王家呢？一直以来的解释是，王位继承问题在当时是瞩目的焦点，而【史料7】记述的授位之事正反映了这一状况。②这种解释是将"授位之事"理解为王位继承问题，即让位一事。然而，"授位之事"究竟是不是王位继承问题呢？

有关"授位之事"大致有三种理解，认为是"授予國司冠位"的坂本太郎③、认为是"授予官人冠位"的北山茂夫④，以及认为"授予王位即让位"的关晃⑤等。"授位"的确既可以被看为王位，又可以被看作冠位。大多数学者都支持让位说，但笔者对让位说持反对态度。

"议授位之事"必须与随后的"遂詔國司如前所勅。更無改換。宜之厥任慎爾所治"在内容上有所关联。后文提到"遂"，即意味着随后的文章是议论"授位之事"的结果⑥，因此如果将后文的内容作为前提的话，前文的"授位"就不能解释为让位。后文的内容是对国司的命令，没有必要重申前文的敕令的内容，其大意在于督促国司前往赴任地完成使命。因此，"议授位之事"应当被理解为就国司之位的任命问题展开的讨论。当然，讨论的主题并不限于国司的地位问题，一般官人的冠位⑦以及与此相关的国司的地位等均提到了议事日程上。【史料8】中记载的"私授紫冠於子入鹿。拟大臣位"也与此相似，在这里也出现了"授""位"两字，特别是"大臣位"与【史料7】的国司之位进行了对比。而且，根据《日本书纪》的日期记录，这两者在时

---

① 『日本書紀 後編』，第198–199頁。
② 市大樹：「大化改新と改革の実像」，『岩波講座 日本歴史 第2巻 古代2』，東京：岩波書店，2014年，第259–260頁。
③ 坂本太郎：「大化改新の研究」，『坂本太郎著作集 六 大化改新』，東京：吉川弘文館，1988年，第163頁，初版为1938年。
④ 北山茂夫：『大化の改新』，東京：岩波書店，1961年，第32–33頁。
⑤ 關晃：「大化の東國國司について」，『關晃著作集 二』，東京：吉川弘文館，1996年，第111–112頁，初版为1962年。
⑥ 如坂本太郎所指出的，国司进京的理由是同年9月6日舒明天皇改葬或11日吉备岛皇祖母命的过世。坂本太郎：「大化改新の研究」(同前书，第163頁)。
⑦ "群臣伴造"也被招待参加宴会，因此参加讨论的不局限于国司。

间上仅隔了三天。也就是说，在朝廷上进行了有关包括"国司之位"在内的政治讨论，三天后苏我大臣在自宅中擅自将"大臣位"让给了入鹿，这样解释颇为顺理成章，因为两者都是对冠位及与其相符的地位的认定。比如《日本书纪》皇极天皇元年八月丙申条中记载"以小德授百济质达率长福。中客以下授位一级"，在此"授位"应当与上述史料记载的"授位之事"如出一辙。因此，笔者不认为先出现了有关让位的讨论，以此为契机上官王家遭到灭绝。

三、"嗣位·韩政"和"癸卯之变"

在序言中笔者提到了研究这一事件的两个视角，即"王位继承问题"和"东亚国际局势相关问题"两个视角。用这两个视角解释上宫王家灭亡事件的基本逻辑与用此视角解释645年的乙巳之变的逻辑基本相同。[1] 众所周知，在乙巳之变的现场[2]，入鹿在被杀之前向皇极天皇说道"當居嗣位天之子也。臣不知罪。乞垂審察"。对此，中大兄皇子向皇极天皇解释诛杀入鹿的理由时说道"鞍作盡滅天宗。將傾日位。豈以天孫代鞍作耶"。无论是被杀的入鹿（鞍作）还是下杀手的中大兄皇子都提到了"嗣位"这一问题。然而，同样在现场的古人大兄向别人说道"韓人殺鞍作臣。〈謂因韓政而誅〉"，暗示了在入鹿被暗杀事件的背后，存在着与"韩政"相关的问题。所谓的"韩政"是指倭国对外关系上的诸多问题。因此有必要考虑上宫王家灭亡事件，即癸卯之变与"韩政"的关联。

首先不妨研究一下山背大兄王和王位继承问题。从【史料1】中可以得知，当时苏我大臣家计划推举古人大兄为下一任天皇。[3] 从舒明天皇死后，皇极天皇即位一事也可看出，舒明死后苏我大臣并不支持山背大兄王。[4] 再追溯到推古天皇死后的王位继承纠纷，[5] 当时苏我大臣同样没有支持山背大兄王，而是支持田村皇子（舒明天

---

① 市大樹：「大化改新と改革の実像」，『岩波講座 日本歴史 第2巻 古代2』，東京：岩波書店，2014年，第253頁。

② 『日本書紀』卷二四，東京：経済雑誌社，1897年，第422頁。

③ 中大兄皇子所说的"鞍作盡滅天宗。將傾日位。豈以天孫代鞍作耶"意为入鹿本人想当天皇，这很可能是为中大兄皇子的行动正当化而杜撰出的。

④ 如果苏我大臣支持山背大兄王的话，依靠当时苏我大臣家的影响力不可能无法立其为天皇。

⑤ 『日本書紀』卷二三，東京：経済雑誌社，1897年，第397-402頁。

皇）。[1]不支持苏我大臣的决断，直到最后都支持山背大兄王的境部臣摩理势最终被杀，纷争才得以终结。从此看来，苏我大臣家对山背大兄王的排斥在推古天皇死后即有表现[2]，如果再向前追溯的话，恐怕在圣德太子晚年或其过世后不久[3]，苏我氏反山背大兄王的态度就已经形成。

为何苏我大臣家从圣德太子死后就一直反对上宫王家继承王位呢？在山背大兄王和田村皇子竞争皇位之时，从血缘上来看山背大兄王与苏我氏更近。实际上在王位纷争中，上宫王家也很清醒地意识到了自己与苏我氏的血缘关系。从被推定为山背大兄王异母弟的泊濑仲王[4]对中臣连和河边臣的发言"我等父子並自蘇我出之。天下所知。是以如高山恃之"中可以明确体会到这一点。[5]众所周知，山背大兄王的父亲圣德太子的父母都是苏我氏出身，山背大兄王自己的母亲也是苏我马子大臣的女儿刀自古郎女。正因为有这一关系，山背大兄王才会在听到叔父苏我大臣支持田村皇子时，惊叹道"叔父以田村皇子欲爲天皇。我聞此言立思矣居思矣。未得其理"。[6]正如境部臣摩理势的没落所象征的那样，这次继承人纷争的真正原因恐怕在于苏我氏的内讧。[7]626年，苏我马子大臣死后，继承了其地位的苏我大臣虾夷和境部臣摩理势之间产生了微妙的对抗关系，而境部臣选择了与上宫王家联合，这造成了苏我大臣无法积极支持上宫王家。然而，就算推古天皇死后是这种情况，舒明天皇死后的情况则完全不同。

对于山背大兄王来说，舒明天皇的死是继承王位的最后机会。而且，山背大兄王无疑是继承下任天皇的最有力的竞争者。然而，结果是舒明天皇的皇后宝皇女（皇极）继位为天皇。使得皇极天皇得以继位的始作俑者无疑是当时的掌权者苏我大臣虾夷，皇极的即位是苏我大臣家为推举古人大兄为下一任天皇所使出的缓兵之计。[8]苏我氏很有可能是为了阻止山背大兄王继位才急于让皇极天皇继位的。[9]不管怎么

---

① 李在硕：「舒明天皇即位蘇我大臣群臣」，『亞細亞研究』，2002 年，第 43 頁。
② 有观点认为针对这一纷争，苏我大臣虾夷原本支持山背大兄王，但受到群臣反对，不得以财推举田村皇子。笔者持反对态度。
③ 『日本書紀』卷二二，第 390 頁。
④ 参考『日本書紀』下，東京：岩波書店，1965 年，第 223 頁的頭註。
⑤ 『日本書紀』卷二三，第 397–402 頁。
⑥ 『日本書紀』卷二三，第 397–402 頁。
⑦ 井上光贞：「大化改新と東アジア」，『岩波講座 日本歷史 古代 2』，東京：岩波書店，1975 年，第 132 頁。
⑧ 坂本太郎：「大化改新の研究」，『坂本太郎著作集 六』，第 142 頁。
⑨ 在皇极天皇继位时，没有关于大臣和群臣的推戴的记载。有可能是单纯的漏记，也可能是因为皇极的继位并未获得统治阶层共同的支持。

说，上宫王家是被苏我大臣排斥在了继位人选之外。根据《日本书纪》皇极天皇元年十二月条的记载，苏我大臣在建造双墓（大陵＋小陵）之时，使用了上宫王家的"乳部之民"，上宫大娘姬王大为愤怒，批评苏我大臣"专擅国政。多行无礼。"[①] 无论具体事件为何，在皇极元年，上宫王家一方对于苏我大臣家无疑抱有强烈的不满。

苏我大臣先后支持皇极、古人大兄皇子，这是用苏我系王统血缘原理无法解释的。这意味着血统以外的要素发挥着重要作用。针对苏我大臣的选择，一直以来被解释为苏我氏积极与非苏我氏的王族势力协作，其政治行动已经超出了氏族部落的局限。[②] 此外，还有的学者将这一选择的原因解释为苏我氏将斑鸠的都市空间的灭绝也放在了考虑之内，因此与皇极缔结协作关系。[③] 从整体史角度进行思考，将入鹿对上宫王家的攻击看作飞鸟势力对斑鸠势力的牵制行为进行考虑是合理的。然而，入鹿为何反对山背大兄王即位呢？换言之，山背大兄王究竟在哪里惹得苏我大臣家厌恶呢？如果不能解释这一点，"飞鸟／斑鸠"的对抗图也就缺乏了具体性。我认为，山背大兄王惹得苏我氏厌恶的要素正在于"韩政"。

众所周知，7 世纪是东亚地区激烈变动的时代。变动的最初震源在中国大陆。589 年隋统一了大陆，618 年唐登场，为东亚诸国带来了强烈的战争威胁。有关 7 世纪东亚的国际关系，前辈学者的论著颇为丰硕，以此为基础，笔者整理了倭国在这一时期的外交路线的变化，具体如下。

直到 6 世纪中期，倭国的外交路线如金铉球所说，采取"亲百济一边倒"的外交路线。[④] 然而，以新罗攻占汉江流域为契机，韩半岛诸国的势力关系不断变化[⑤]，这些变化无疑影响了倭国的对外关系。高句丽、新罗与倭国的关系改善正是基于这一国际环境的变化。倭国则接受了这一变化，从"亲百济一边倒"的外交转向了多面外交的新时代。同时，倭国又于 600 年开始了对隋朝的交流，这是继于 5 世纪末期断绝的对中国外交的再开，时隔 120 年之久。

对于多面外交的展开，倭国统治阶层的内部逐渐产生了一种新倾向，即对百济的反感。《日本书纪》推古天皇三十一年是岁条记载，当时推古天皇的朝廷中，亲百

---

① 『日本書紀』卷二四，第 412 页。
② 門脇禎二：「上宫王家滅亡事件」，『「大化改新」史論 上卷』，京都：思文閣出版，1991 年，第 174-176 页。
③ 遠山美都男：『蘇我氏四代』，第 249-250 页。
④ 金鉉球：『大和政權の對外關係研究』，東京：吉川弘文館，1985 年。
⑤ 延续自四世纪的高句丽和百济的直接对立关系以新罗掌握汉江流域为契机发生了变化。高句丽和百济均与新罗接壤，对立关系出现了变化。

济势力和反百济势力各自聚集在一起。

【史料9】《日本书纪》推古天皇三十一年是岁条

> 是岁。新羅伐任那。任那附新羅。於是。天皇將討新羅。謀及大臣詢于
> 群卿。田中臣對曰。不可急討。先察狀以知逆、後击之不晚也。請試遣使觀
> 其消息。中臣連國曰。任那是元我内官家。今新羅人伐而有之。請戒戎旅征
> 伐新羅。以取任那附百濟。寧非益有于新羅乎。田中臣曰。不然。百濟是多
> 反覆之國。道路之間尚詐之。凡彼所請皆非之。故不可附百濟。則不果征焉。
> 爰遣吉士磐金於新羅。遣吉士倉下於任那。令問任那之事。(下略)①

这一记载是关于因任那问题而引起的新罗征伐一事，任那已于562年被新罗兼并，在此时谈到新罗侵略任那，无异于天方夜谭。正如鬼头清明所指出的那样，这一记载的更大意义在于揭示了大和朝廷内部，以中臣连国的发言为代表的亲百济路线和以田中臣的发言为代表的亲新罗路线的对立。② 在推古朝末期出现了批判百济的势力，这意味着一直以来亲百济一边倒的外交路线开始出现变化。这一在外交路线上的对立关系的形成与608年时隋使臣裴世清访问倭国时发生的百济夺取国书事件有关。③

隋使裴世清回国之时，同行的留学生、学问僧提议经由新罗回国，借此加深与唐的亲密关系。④ 亲"新罗—唐"的外交路线逐渐占据主流。推古朝末期的外交路线的对立是否与推古死后的王位继承纷争毫无关系呢？毕竟两者都体现了统治阶层在利害关系上的分裂与对立，因此笔者认为两者之间绝非毫无关系。

舒明天皇继位事件中最大的谜题在于，苏我大臣家为何不支持血缘上更加亲密的山背大兄王，而是支持田村皇子。笔者认为，理由在于圣德太子—山背大兄王等上宫王家持亲新罗的外交立场。上宫王家与新罗系的渡来人秦氏关系紧密⑤，加之新罗系佛教也与上宫王家存在特殊关系。⑥ 圣德太子本人的登场即被公认为是"亲百济"的苏我

① 『日本書紀』下，第207頁。
② 鬼頭清明：『日本古代国家の形成と東アジア』，東京：校倉書房，1976年。
③ 『日本書紀』卷二二，第383頁。
④ 『日本書紀』卷二二，第391頁。
⑤ 加藤謙吉：『秦氏とその民』，東京：白水社，1998年；仁藤敦史：「斑鳩宮の経営について」，『古代王権と都城』，東京：吉川弘文館，1998年。
⑥ 平野邦雄：『大化前代社會組織の研究』，東京：吉川弘文館，1969年，第207頁；田村圓澄：『古代朝鮮佛教と日本佛教』，東京：吉川弘文館，1980年，第72—129頁。

氏为了展开多面外交而树立起的旗帜[①]，上宫王家与新罗的亲近关系是不可否认的。然而，这并不意味着上宫王家是反百济的，只不过与亲百济的苏我大臣家不同，上宫王家带有亲新罗的性格[②]，这使得此后上宫王家的政治中有可能体现更多的亲新罗的倾向。

亲新罗派、亲百济派的对抗出现于推古朝末期，在对抗逐渐明显化时，推古天皇过世，下一任天皇的人选成了当务之急。在这一时期，下一任天皇的对外政策的倾向当然也是颇受关注。如果亲新罗的天皇即位的话，此后大和朝廷的对外路线很可能倾向于亲新罗，这样一来天皇与苏我大臣的对抗就不可避免了。从这个角度而言，一直以来持亲百济路线的苏我大臣家不可能支持亲新罗的山背大兄王。正如诸多研究者指出的那样，苏我大臣家基本上是坚持亲百济路线的政权，只要自己没有失权，这一倾向不会改变。对于苏我本宗家而言，亲唐—新罗路线的抬头是必须戒备的对象，在王位继承问题上，也必须选择能够维持亲百济路线的人选。

进入舒明朝之后，外交路线的问题依然是热门话题。然而由于苏我氏独掌大权，对立难以表面化，朝廷的外交路线往往追随苏我氏的意向，至多是以亲百济路线为前提的多面外交。从以僧旻为代表的亲唐—亲新罗留学派不受苏我大臣家重用、对唐关系的强化也并不积极等诸多方面可以看出这一时期朝廷的对外路线仍然是以亲百济为主。632 年高表仁访问倭国，却在难波交涉决裂，不欢而散，这一事例体现了此时倭国与唐的关系。[③]唐国派遣高表仁的目的在于强化与倭国的关系。与此同时，从留学生的回国路径可以发现，唐与新罗的协力是非常密切的。[④]

然而，唐派遣使臣强化与倭国的关系，却被倭国拒绝的这一事件在倭国内部并未引起多大影响。史料中并无相关记载，也许亲"唐—新罗"路线的人们心怀不满，但是境部臣摩理势被杀之后，众人惧怕苏我大臣的军事力量，不敢公开反对苏我大臣。

推古朝末期亲"唐—新罗"势力的抬头、舒明即位过程中的纠纷、对唐朝外交关系的断绝，继承了这些外交遗产的倭国进入了 630 年代的舒明朝。是接受亲"唐—

---

① 金铉球：『大和政權の對外關係研究』，東京：吉川弘文館，1985 年，第 305–322 頁。

② 石母田正：『日本の古代國家』，東京：岩波書店，1971 年，第 51–52 頁。石母田指出亲百济的苏我氏方式与亲新罗的太子式方式外交路线存在对立。平野邦雄在《归化人与古代国家》（平野邦雄：『歸化人と古代國家』，東京：吉川弘文館，1993 年）中也提到圣德太子在某种程度上反对苏我氏的亲百济路线。

③ 《旧唐书》中《倭国传》有"遣新州刺史高表仁，持節往撫之。表仁無綏遠之才，與王子爭禮，不宣朝命而還"，《旧唐书》，中华书局，1975 年，第 5340 頁；《日本书纪》中只有"舒明天皇四年八月、十月條に、高表仁の入國記事、同五年正月條に高表仁の歸國"这一记载。

④ 铉球：『大和政權の對外關係研究』，第 340–348 頁。

新罗"路线，还是坚持亲百济路线无疑是当时的重要问题。因苏我大臣家支持得以即位的舒明天皇于639年兴建百济大宫和百济大寺[①]，舒明天皇过世之后的葬仪被称为"百济大殡"[②]，舒明天皇无疑向内外展示了自己与苏我大臣一样坚持百济路线。百济川是从舒明天皇的祖父敏达天皇以来押坂王家的根据地[③]，是否持亲百济路线蕴含重要政治意义的时期，天皇亲自将"百济"这一词语用在宫殿、寺院的建造中，这一事情本身就包含着政治意义。

642年皇极天皇即位后不久，东亚剧变的情报就接连不断地传入朝廷。根据《日本书纪》的记载，皇极天皇元年，百济义慈王政变[④]和高句丽渊盖苏文政变[⑤]的消息接踵而来。紧接着百济攻占新罗西部四十余城和大耶城陷落[⑥]的消息接踵而至，倭国朝廷最晚也是在第二年得知了这些消息。这些政变和战争的激化无疑使得倭国朝廷的气氛大为紧张。

石母田正曾经指出，641年渊盖苏文的政变属于臣下独裁型的权力集中，642年义慈王的政变属于专制君主型的权力集中。[⑦]以高句丽的政变为起点，百济的政变、645年倭国的乙巳之变、647年新罗的毗昙之变接踵而至，东亚的政变呈现多米诺骨牌现象，唐的东方政策造成了东亚诸国局势的紧张状况，为了与此相对抗，权力集中成了必然，这是学界对上述现象的一般性认识。而上述诸政变全部与对外路线的问题直接相关，这正是上述政变的共同之处。

643年的癸卯之变在时间上讲发生在高句丽和百济政变后一年左右，处于连锁性政变的最中心。镰田元一认为癸卯之变是目睹了唐的东方政策和韩半岛局势的入鹿为应对外界变化、强化倭国的体制而策划的解决方案，即通过灭亡上宫王家来解除皇极天皇之后王位继承候选人群雄鼎立的不安定格局，借此谋求自身权力的集中。[⑧]笔者对此深表赞同。

---

① 『日本書紀』卷二三，第406頁に。"詔曰。今年造作大宮及大寺。則以百濟川側爲宮處。是以西民造宮。東民作寺。便以書直縣爲大匠。"
② 『日本書紀』卷二三，第407頁。"殯於宮北。是謂百濟大殯。"
③ 『日本書紀』卷二十，第349頁。"是月。宮于百濟大井。"
④ 『日本書紀』卷二四，第408頁，皇極天皇元年二月戊子條。
⑤ 『日本書紀』卷二四，第408頁，皇極天皇元年二月丁未條。
⑥ 『三國史記』「百濟本紀」義慈王二年七月、八月條。
⑦ 石母田正：『日本の古代國家』，東京：岩波書店，1971年。
⑧ 鎌田元一：「七世紀の日本列島」，『岩波講座 日本通史 第3卷』，東京：岩波書店，1994年，第25-26頁。

高句丽与百济的政变与其说是 640 年代外交路线的选择，不如说是事关政权的生死存亡的重要问题。从此后历史的发展可以发现，其影响不仅局限于政权领域，就像百济和高句丽先后灭亡一般，逐渐上升到了国家的生存问题这一高度。

东亚国际局势的急剧变化，危机感逐步增强，苏我大臣家在谋求自家主导的集权之时，不得不率先拿亲"唐—新罗"路线的萌芽——上宫王家开刀，将其斩草除根。位于斑鸠之地的上宫王家中有下一任王位的有力竞争者，加之斑鸠地区经济实力强劲，这都使得飞鸟朝廷无法忽视其存在。[1] 如果苏我大臣家与上宫王家保持友好关系的话，这些要素对于苏我家来说自然是有利无弊。因此，问题的本质在于为何苏我氏最终与上宫王家走上了对立的道路。正因为两家站在对立面上，上宫王家的一切优势在苏我氏看来都是威胁。笔者认为对立的根本理由在于自圣德太子以来上宫王家所坚持的对外路线与苏我氏存在矛盾。

四、结语

如果说使苏我大臣家权力遭到解体的 645 年乙巳政变的要因在于"韩政"的话，那么 643 年癸卯之变中苏我大臣家强化自身权力的要因同样在于"韩政"。其差别仅在于在前者苏我氏是失败者，而在后者苏我氏是胜利者。如果按这个方向考虑的话，上宫王家在 628 年推古天皇死后以及 641 年舒明天皇死后，两次被苏我大臣家排斥在王位继承人之外的原因正在于其对外路线上的倾向。643 年，东亚的国际局势愈加风起云涌，上宫王家的没落只可谓时运不济。

本文在此仅是考察了当时的状况，并基于自己的考察做出了一些推测，无疑它们还需更加实证性的研究来论证，这也是笔者今后努力的方向。

（译者：丁诺舟）

---

[1] 横田健一：「滅亡前における上宮王家の勢力について」，『日本古代神話と氏族傳承』，東京：塙書房，1982 年，初版为 1974 年；仁藤敦史「斑鳩宮の経営について」，『古代王権と都城』，東京：吉川弘文館，1998 年；遠山美都男「上宮王家論」，『古代王権と大化改新』，東京：雄山閣出版，1999 年。

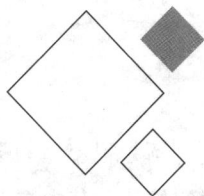

结束语

中国日本古代史研究的现状与课题

○ 李　卓　南开大学

在短时间内把中国的日本古代史研究状况做一下梳理不是很容易的事情。好在近年来由于各种需要，有多家机构组织了中国的日本研究综述，其中都有关于中国的日本古代史研究的内容，可供我们了解中国的日本古代史研究现状。[①] 本文仅就 21 世纪以来中国的日本古代史研究现状进行简要回顾，并就今后的研究课题提出个人的看法。

一、中国日本古代史研究成就简要回顾

中国的日本古代史研究的真正发展是在改革开放以后。1980 年中国日本史学会成立是一个重要契机。经过几代学者的努力，近年来日本古代史整体上呈发展之势。表现在以下几方面：

一是古代史专门著作及多部通史性著作相继出版。

在 20 世纪八九十年代，以"古代史"为题的著作仅有王金林的《简明日本古代史》；包含有古代史内容的通史性著作仅有赵建民、刘予苇主编的《日本通史》和吴

[①] 如李玉主编的《新中国日本史研究的回顾与展望》（天津：天津人民出版社，2012 年）一书中，有汤重南、李玉、宋成有、王金林等人的多篇综述文章；李薇主编的《当代中国的日本研究 1981—2011》（北京：中国社会科学出版社，2012）；在南开大学组织的"近十年来中国的日本研究 1997—2008"综述中，有宋成有的"日本史研究"（《南开日本研究》，天津：天津人民出版社，2010）等，可资参考。

廷璆主编的《日本史》。21 世纪以来，不仅有了王海燕的《日本古代史》，而且王金林撰写的国内第一部《日本中世史》也已经出版。随着民众对日本的关注度越来越高，为满足需求，通史性著作的出版从数量上远远超过前 20 年。相继有刘建强用日语写作的《新编日本史》，浙江大学日本文化研究所的《日本历史》，王新生的《日本简史》，王保田的《日本简史》，王仲涛、汤重南的《日本史》等出版；冯玮著 80 余万字《日本通史》更是创新国内个人独撰日本通史字数的记录；李卓的《"儒教国家"日本的实像——社会史事业的考察》，是社会史角度的通史。在这些"通史"著作中，古代史均占很大比例，从内容到观点都有不少新意。

二是日本古代史相关研究取得长足进步。

经过多年的研究积累，21 世纪以来日本古代史研究成果呈爆发之势。如刘毅的《高天原浮世绘——日本神话》《悟化的生命哲学——日本禅宗》、沈仁安的《日本史研究序说》《日本起源考》，王金林的《日本天皇制及其精神结构》《日本人的原始信仰》《日本神道研究》，王海燕的《古代日本的都城空间与礼仪》，刘晓峰的《东亚的时间——岁时文化的比较研究》，王勇的《日本文化：模仿与创新的轨迹》，徐建新的《好太王碑研究》，韩昇的《正仓院》《遣唐使和学问僧》，李卓的《中日家族制度比较研究》，娄贵书的《日本武士兴亡史》，范景武的《神道文化与思想研究》，左学德、吴玲的《日本社会历史转型期的土地问题研究》等。也有不同领域的通史性著作，如杨曾文的《日本佛教史》、王建的《神体儒用的辨析：儒学在日本历史上的文化命运》、王维坤的《中日文化交流的考古学研究》、王维先的《日本垂加神道的哲学思想》、彭恩华的《日本俳句史》《日本和歌史》等从不同视野补充了日本古代史研究。新时期古代史研究的明显特点是领域拓宽，专业性强，理论上有深度。

三是近世史研究成为热点。

进入 21 世纪以来，学界已经摈弃了近世日本是"黑暗""落后""封闭"的社会的旧观点，尤其是出于对日本近代化转型研究的需要，加强了对近世史的研究。北京大学在此方面做出了开创性的工作，2001 年刘金才的《町人伦理思想研究——日本近代化动因新论》、2003 年沈仁安的《德川时代史论》及李文的《武士阶级与日本的近代化》开启了中国的近世史研究。此后仅以"近世日本"为题的研究著作，就可以举出韩东育的《日本近世新法家研究》、王青的《日本近世儒学家荻生徂徕研究》和《日本近世思想概论》、蒋春红的《日本近世国学思想——以本居宣长研究为中心》、朱玲莉的《日本近世寺子屋教育研究》、杨晶鑫的《近世日本汉方医学变迁研究》等专题性研究著作。此外还有大量从不同角度研究近世史的著作出版，如探讨西学对日本影响的就有赵德宇的《西学东渐与中日两国的对应》、于桂芬的《西风东渐——中日摄取西方文化的比较研究》、郑彭年的《西风东渐——日本崛起的历史考察》、李虎的《中朝日三国西学史比较研究》；研究日本对外认识的有冯天瑜的《"千岁丸"上海行——日本人一八六二年的中国观察》、郭丽的《近代日本的对外认识——以幕末遣欧美使节为中心》、邢永凤的《前近代日本人的对外认识》等；探讨近代化转型的如唐利国的《武士道与日本的近代化转型》、郭连友的《吉田松阴与近代中国》、谭建川的《从往来物看日本前近代教育的嬗变》；研究宗教及民间信仰的如戚印平的《日本早期耶稣会史研究》、刘琳琳的《日本江户时代庶民伊势信仰研究》等；研究日本儒学的如赵刚的《林罗山与日本的儒学》、龚颖的《"似而非"的日本朱子学：林罗山思想研究》、覃启勋的《朱舜水东瀛授业研究》等。近世史研究成果的突出特点是涉猎广泛，具有近代化研究的视野。

二、中国日本古代史研究面临的问题

总结中国的日本古代史研究，尽管成绩显著，但也存在不少问题。

第一，存在各种不均衡。

首先，研究者中中老年研究者成果多，青年学者研究成果有待加强。老一辈日本古代史研究学者如沈仁安、王金林、赵建民等至今笔耕不辍，著书立说，他们是我们后学的楷模。此外，诸多研究成果多是被称为"第三代""第四代"学者[①]的著作，如徐建新的好太王碑研究，韩昇的日本古代大陆移民研究，娄贵书、李文的武士道研究，刘金才的町人文化研究等，青年学者如何继往开来，实现日本古代史研究的创新与超越是日本史学界面临的课题。再创20世纪80年代前期王仲殊、王金林等先生的对邪马台国地理位置所在的观点与著述，以及被日本学者称为"迄今为止一个由中国人来把握日本儒学的壮举"的王家骅先生对日本儒学的研究那样具有国际化影响的成果是学者们的责任。

[①] 关于中国日本研究学者的研究队伍，一般认为：民国时期培养的、在20世纪五六十年代活跃于日本史坛的以周一良、吴廷璆、邹有恒、吴杰为代表的老一辈学者为第一代学者；"文革"前培养的日本研究学者是第二代学者；20世纪80年代以后成长起来的学者是第三代学者；21世纪初崛起的日本研究学者被称为第四代学者。

其次，研究领域分布不均衡。古代中日关系的研究成果多，日本古代政治、经济、社会的研究有待加强。在古代中日关系研究方面，以王勇为领军的浙江工商大学日本研究团队取得了傲人的成就，其组织参与的中日学者合编的日文十卷本《中日文化交流史大系》在20世纪90年代中期就已经由中日两国同时出版，还在中日两国出版了大量古代中日关系研究与中日文化交流的著作与论文，是学术研究国际化程度最高的研究机构，奠定了我国中日关系史研究重镇的地位。相比之下，如徐建新在做"中国的日本古代中世纪史研究30年综述"时指出的，我们还存在"政治制度与经济制度社会等级与阶级、宗教等问题的研究相对薄弱"的问题。

再次，断代研究布局也不均衡。总体看来，20世纪80年代至90年代中期，古代研究成果较为集中，进入21世纪以后，由于一些青年学者的加入，出现了一些对律令制、官僚制等方向研究的新成果，近世研究也有急速升温趋势，而对中世的研究一直较为薄弱，由于资料匮乏、史料解读能力有限等因素的影响，仅有少量中世庄园制度、城下町、太阁检地等相关的论文。稍感欣慰的是王金林2013年出版了国内首部《日本中世史》，填补了这段历史研究的空白，童云扬《十五十六世纪日本社会经济史论》尽管是对过往研究论文的辑录，但也反映了我国对这段历史研究的成果。这两部著作的作者都是80多岁的高龄学者，这也是该领域后继乏人的缩影。

最后，我国的日本史研究在整个世界史研究体系中尚未确立应有的位置，多年来笔者曾参加过一些世界古代中世史、世界近代史的学术会议，有明显的被"边缘化"的感觉，日本史研究，尤其是古代史研究的课题立项有一定难度。个人认为，在从事日本史研究的学者不多的情况下，主动参与的积极性不够是主要原因。故日本史研究学者们要开阔视野，树立"世界史中的日本史"的学术意识，加强在世界史学术圈的学术交流，改变满足于在日本史圈内自说自话的局面。

第二，面临培养研究人才的艰巨任务。

搞好日本史研究，核心在于有高水平的研究队伍。

回顾我国的日本古代史研究，可以说第一代学者做出了奠基式贡献，第二代学者做出了开创式贡献，中国的日本古代史研究在这两代人手中创造了辉煌，有些成就至今还未被后人超越；第三代、第四代学者继往开来做了发展式贡献。学术队伍稳定的时期，就是古代史研究顺利发展的时期。进入21世纪以来，学术环境的变化，使日本古代史研究队伍受到一定冲击，后备人才培养遇到新的挑战。

首先，高等院校学科建设的要求制约了日本史研究人才的培养。如大家所知，中国日本研究者的主要构成是高校教师（其中许多为历史专业）以及大学日语教师。这两大不同的学科，对日本史研究人才的培养始终没有得到很好的协调与统一。多年来按照教育部突出学科建设的要求，长期作为二级学科"世界史"之下的"世界地区与国别史"方向（2011 年世界史才升级为一级学科）的"日本史"在高校本科教学中仅占很小的部分，高校在本科生阶段开设日本史的并不多。按照我国现行高考招生制度，大学入学考试考英语，有些学习成绩优秀的学生虽然出于就业或考研的需要，会选修日语作为第二外语，但大多数学生在大学阶段不接触日语。两种因素造成在基础阶段很难培养学生对日本史研究的兴趣。另一方面，外语院校的日本史教学也多是知识性传授而不专注于学术研究。前几年国内还实行研究生入学统一考试，日本史在世界史专业的考试中占很小的比例，故入门的起点很低。根据多年来研究生培养的经验来看，在这样的基础上进入硕士研究生阶段的学生的培养要比其他专业的学生慢一个节奏，必须从基础教学开始，不能较早确认研究课题。在博士生培养方面，一直以来，博士生的生源大部分是从日语专业毕业的硕士生与历史专业毕业的硕士生。日语专业出身的博士生毕业后绝大部分都回归以日语教学为主，有继续从事日本史研究的，但极少有从事古代史研究的。这对于日本古代史者研究队伍的补充极其不利。

其次，高校考评机制的负面影响。20 世纪 80 年代到 90 年代，老一辈日本研究者之所以取得那么多有影响的成果，与当时学术条件宽松有直接关系。而在当今高校、研究单位，"核心期刊""影响因子"等学术外的因素对日本研究者的研究具有直接影响。国内虽然有几家与日本研究相关的学术刊物，但是能够刊发日本古代史研究论文的刊物却不多，进入"核心期刊"的更少。像《日本学刊》这样的日本研究"顶级刊物"还被列入"国际政治"门类，古代史研究论文很难刊登，在日语研究界地位很高的《日语学习与研究》多年来居然不能进入"核心期刊"之列。有的青年学者为了发表论文不惜花重金购买版面。研究成果难以公开发表，使面临一系列严格考评及职称晋升压力的中青年学者的研究积极性受挫，在选择研究方向时便"知难而退"，首选日本近现代史或中日关系史研究，致使日本古代史研究队伍出现后继乏人的情况。

最后，中日关系大环境的影响。进入 21 世纪以来，由于日本对历史认识问题、参拜靖国神社问题、钓鱼岛问题等一系列问题引发争议，中日关系陷入恢复邦交以来最低谷。与此形势相应，舆论重点在当代中日关系及批判日本的对外侵略，研究者们多关注与现实问题关系紧密的近现代史研究及中日关系史研究，相关论著大量发表，而日本古代史的研究居于次要位置，论文发表难度进一步加大。

上述因素交织，使近年来国内日本研究存在明显的"厚今薄古"倾向。虽然有些高校和科研机构都设有日本史研究专业，但是能够长期稳定地开展古代史研究与人才培养的机构却很少。关于国内日本研究力量的配置，根据最近一次的中国日本研究调查，若按研究者人数多少排序，我国从事日本史研究的学者占 18%，在高校所属的 800 多名日本研究者中，以研究为主的不足百人[①]，其中专门从事古代史研究的屈指可数，有些学者的日本古代史研究实际上是"兼业"或"副业"。由此可见，培养后备研究人才，是我国日本古代史研究刻不容缓的任务。令人欣慰的是，近年来中国社会科学院世界历史研究所、浙江大学历史系、清华大学历史系等单位已经开始培养日本古代史研究的博士研究生，并有博士研究生毕业，充实到国内高等院校及研究机构的日本古代史研究的队伍中。这些年轻的学者史学理论基础扎实，语言能力强，又都有在日本留学的经历，是未来中国的日本古代史研究的希望。

三、关于中国日本古代史研究的几点认识

毫无疑问，中国的日本古代史研究从改革开放以来，几代学者薪火相传，已经取得了许多令人瞩目的研究成果。但对于日本古代史，有的内容我们还缺乏认识，有的已经有所涉及的领域还需要继续深化研究甚至有重新认识的必要。尽管当今人们比较重视中日关系中的现实问题的研究，但是钓鱼岛问题不是中日关系的全部，中日关系也不是日本研究的全部。一个国家的历史发展是有连贯性的，了解日本古代史是了解当今日本的前提与基础。随着历史研究理论与方法的丰富及研究条件的改善，我们应该继续拓展研究领域，开展全面深入的日本古代史研究。个人认为，作为中国的日本研究者，对于日本古代史研究有以下几个问题值得注意。

---

① 根据 2008 年中华日本学会、南开大学日本研究院、日本国际交流基金共同开展的第三次《中国的日本研究》数据，全国日本研究机构为 107 家，研究者 1101 人。其中从事日本语言文学研究的学者占43%，从事日本经济研究的学者占 14%，从事日本政治及对外关系的学者占 12%，从事日本哲学与思想研究的学者占 5%，从事日本教育的学者占 2%，从事综合日本研究的占 2%，其他占 4%。见杨栋梁：《中国日本研究新动态》，载《南开日本研究 2010》，北京：世界知识出版社，2010 年，第 163 页。

第一，认识中日两国社会与文化的差异比仅仅强调相同性更重要。

历史研究者的责任是告诉人们历史的真实。由于地理相近，古老的中华文明对日本古代文明的产生及早期国家的发展产生了重要影响，在两国官方往来终止后，这种影响通过民间文化及经贸交流一直延续。由于我们过去的研究往往对唐风文化时代以前的日本历史研究较多，对"和风时代"及其以后的历史关注相对较少，尤其是对中世的研究刚刚起步。这样的结果就是带来一种全民的思维范式——日本文化是中国文化的延长。产生这种结果，写历史的人有责任。我们应该以历史唯物主义的观点，客观全面地认识日本历史。中国文化固然对日本产生了很大影响，但不是日本历史的全部，越是强调中日文化的共性，就越容易忽视对方文化的个性，从而对全面了解对方带来不良影响。仅就日本学习中国文化而言，并不是简单的吸收、模仿，而是有所鉴别、有所选择。归纳起来，历史上日本吸收中国文化有四种类型。第一种是积极模仿型，如汉字的使用，元号①的运用，服装、建筑的样式等，主要表现在物质文化、表层文化方面。第二种是先学后弃型，即最初模仿实施，但在实践中发现并不符合本国国情，便中途放弃，这一类型主要表现在制度层面，如律令官制、法律、户籍制度、班田制度、科举制度、历法等。第三种类型是吸收改造型，即对中国文化进行改造性吸收，以适应本国的国情和统治的需要，主要体现在社会结构、伦理道德方面，如取中国的"士农工商"，却把职业划分变成身份制度；同样以家族为社会基本单位，却忽略了血缘因素、平等因素，独创了以家业为中心、强调纵式延续的"家"制度。第四种类型是抗拒不受型，即对中国文化中不符合日本国情的内容，从一开始就不予接受，主要表现在生活方式、风俗习惯、政治制度方面，最典型的就是因强调天皇"万世一系"而彻底抵制了"异姓革命"思想，有些在儒家看来至关重要的人伦规范始终未被日本人接受。只有客观评价中国文化对日本历史的影响，才能认识日本自身历史的特点。我们过去较多关注了前两种，而对后两种重视不够。

第二，应该正视历史上日本最终放弃了中华制度文明这一事实。

人们常说的中日两国交往源远流长，是指文化层面的交流，从制度层面而言则未必如此。实际上，跨海而来的各种中国的制度，在经过奈良时代的繁荣后，从平安时代就开始逐渐被放弃。高度发达的唐文化除了在文字、文学、服装、建筑、科

---

① 也称年号，日本学习中国的成果之一，1979 年颁布的《元号法》规定在皇位更迭时改元。

技等表层文化、物质文化方面带给日本巨大影响之外，作为以中央集权制度为代表的制度文明在经历了奈良时代短暂的辉煌后，最后都被放弃了。也可以说，律令时代这段历史实际上是在外来文化的作用下脱离了日本社会的原点，在经历了与固有传统的博弈后又重回自身的轨道。从平安时代起，日本在大规模吸收唐文化之后，在基本社会秩序方面脱离汉文化圈、回归固有传统的倾向日益明显：天皇、皇室衰落到极点，贵族（从文官贵族到军事贵族）执掌天下，社会统制（回归集团式统制，从族制到家制），等级身份制度大行其道。正因为日本社会结构与社会矛盾与中国不同，所以尽管它在表面经过中国文化修饰，呈现出某些与中国相似的表象，而实际上却走上了与中国完全不同的发展道路。可以说，日本的"入欧"始于明治以后，而"脱亚"或者说"脱华"，在平安时代就已经开始了。中世以后的日本与前资本主义的欧洲有着相近的社会结构，这使它比之于中国能够更顺利地接受近代资本主义生产关系。因此，当两国同样面临西方殖民冲击的时候，日本能够较为从容地摆脱危机，直至最后加入资本主义阵营。过去我们出于中国文化情结，在研究日本古代史的过程中比较重视中国文化影响，因而对大化改新、律令时代制度与文化、中央集权制的关注比较多，实际上，这段历史只是历史长河中的一部分，今后亟须加强对日本中世、近世的研究，尤其是平安时代以后的社会变化、幕府时代社会政治经济结构的研究，也应该探讨以皇权为核心的中央集权制度为什么在日本没有持续下去的原因。通过我们的研究，国人或可了解曾经深受中国文化影响的日本为何走上与中国社会不同的发展道路。如果我们在对漫长的日本古代史的研究中一直坚持中国文化思维，就无法真正了解日本。

第三，谈谈"古代史"分期的困扰。

如大家所知，明治维新以后，在近代西方史学影响下，日本的史学研究逐步摆脱了传统的王朝史学，在历史分期方面引进了文艺复兴以来西方史学的古代、中世、近代的历史三分断代法。20 世纪初，兰克学派史学家利斯的学生、已是京都大学教授的内田银藏首次使用"近世"一词作为历史断代，专指日本封建社会晚期的德川幕府时期（并出版了第一部《日本近世史》），此后把德川时代作为"近世"的历史分期法开始被日本史学界采用，在传统的"三分法"之外再加上"近世"的"四分法"，古代—中世—近世—近代（现代）历史分期被普遍接受，并成为日本史学界和历史教育中的主流分期方法。

中国史学界长期遵循马克思主义的"世界史基本法则"——人类社会的发展遵

循原始社会、奴隶社会、封建社会、资本主义社会这样必由之路的历史分期，把资本主义社会之前都纳入"古代史"范畴。但中国通史与世界通史的分期（主要是新中国成立以来）稍有区别。中国通史采用"两分法"，即以鸦片战争为界，之前为古代，之后为近代。在世界通史分期方面，则采用"三分法"，把从人类的产生到5世纪西罗马帝国的灭亡这段时期称为"古代"或"上古"，此后到15—17世纪的文艺复兴或地理大发现为"中世"或"中古"。但是在中国的世界通史中对日本的表述没有"近世"的提法，当今权威世界历史教科书把属于近世部分的江户时代的历史纳入近代史部分（吴于廑、齐世荣主编《世界史·近代史编》）。

国内日本史研究与教学长期以来依照中国史的传统分期法，以明治维新为界，把此后的历史作为"近代"，此前统统被作为"古代"。虽然近年来学者们在研究与教学中越来越注意与强调其中"古代""中世""近世"不同阶段的区分，但是从整体上来说，仍然以"古代史"涵盖直到明治维新以前的历史。中国关于古代史的分期与日本的历史分期不统一，与中国的世界史分期也不统一，这个看似不是问题的问题实际上一直在某种程度上影响着我国的日本历史研究，尤其是日本古代史研究。它影响了研究走向细化和专业化，也在研究中常常遇到如何恰当表述的问题。如我们研究"日本古代土地制度"，如果集中考察的是奈良、平安时代的土地制度，那么，日本学者或者了解日本历史的人不会感到题目有何不妥；但是如果不十分了解日本历史的人就会对这样的题目有不解，即奈良、平安时代并没有把"古代"全部包括进来，那么就应该在题目上表现为"奈良、平安时代的土地制度"或"律令时代的土地制度"。分期方法的不统一，也影响了中国学者与日本学者之间的学术交流，如中国研究日本近世的学者，他虽然也是研究"古代史"，但却很难与日本的"古代史"学者交流。多年来每每与国外同行（也包括日本同行）谈及中国日本史学界的"古代史"概念，往往要进行特别地解释，无形中会遇到麻烦。

当然，我们平时在研究与教学中，对笼统称为"古代史"的这段漫长的历史，也采用古代、中世、近世这样的分期，常用的还有按照帝王政权所在地的划分，如飞鸟时代、奈良时代、平安时代……若讨论两种分期方法有何不同，简单地说，前者是世界史意义的划分（即这种分期方法是世界通行的），反映了时代发展变化；后者则是日本史的划分，是朝代的概念。个人认为，作为历史分期，使用"古代""中世""近世"这样的历史分期，比按王朝时代划分更能全面反映社会的发展与进步。这样的分期，比把明治维新前的历史一概归为"日本古代史"要细密、科学得多。

在现实中"日本古代史"概念很难变化的大环境下，作为日本史教育工作者应该有意识地对"日本古代史"的具体分期进行强调与引导，让学生们明了此"古代"非彼"古代"，以便让他们在确立研究和论文选题时有明确的"古代"概念，少走弯路。

当然，随着国内研究的深入和中国日本史学界学术水平的提高，已经趋向于更详细、更实证的断代史研究。《东方文化集成》在"日本文化编"的选题中，把传统意义的"日本古代史"一分为三，出版了由王海燕撰写的《日本古代史》、王金林撰写的《日本中世史》，及笔者主持的《日本近世史》，毋宁说这是国内日本史研究领域的一项重要突破。在近年出版的若干部通史著作中，多使用了古代、中世、近世这样的历史分期。南开大学日本研究院承担的国家社会科学基金重大项目"新编日本史"也分为"古代卷""中世卷""近世卷"。这些不仅是分期问题，而说明了学者们对日本史的认识走向深化，研究在走向深入。相信这些通史性的新成果对我国的日本史研究与教学及日本史知识的普及会有很好的促进作用。

后　记

　　编辑这本日本古代史研究的论文集，是清华大学日本史研究很早以前就该做的工作。直到今天才完成这一工作，我们深感抱歉。

　　本书收入的论文，主要是在清华大学和北京大学召开的几次学术研讨会的学术成果。从 2012 年起，我们先后召开了两次大型国际学术研讨会和多次专题讲座，对提高清华大学的日本史研究水平起到了很大的促进作用。所以，在这里首先要感谢参加会议的各国专家学者，感谢为会议服务的同学们。今天这些论文能够结集出版，相信对中国日本古代史研究的发展，会有推动促进作用。

　　在本书编辑过程中，龚卉与王洪浩同学负责前期的论文集整理和作者联络等工作，井上亘、许美祺、孙晓宁、梁晓弈、徐仕佳、寇淑婷、姚琼、丁诺舟等老师和同学参与部分论文的翻译整理工作，还有黑羽亮太、葛栩婷、李欣子等同学都付出了不少的辛苦，在此一并致谢。还要感谢清华大学出版社高翔飞和梁斐两位编辑，为本书出版所付出的辛勤工作。

刘晓峰　刘晨

2021 年 4 月 15 日